岩溶发育区
桥梁桩基力学特性与工程技术

冯忠居　陈慧芸　夏承明　黄骤屹　著

科 学 出 版 社

北 京

内 容 简 介

溶洞具有隐蔽性、随机性，溶洞的特征、数量、位置、规模、施工技术的差异，都会引起桩基荷载的传递机理不同，使岩溶发育区桥梁桩基承载特性及计算方法仍处于探索中。本书结合工程实际，分析岩溶发育区桩基竖向承载机理影响因素，建立桩基-岩土体-溶洞相互作用模型；通过现场试验，研究回填溶洞型桩基竖向荷载传递规律，以及溶洞规模和位置影响下回填溶洞型桩基竖向承载特性及负摩阻力；基于离心模型试验和数值仿真分析，给出溶洞洞跨、洞高、数量、顶板厚度及桩基嵌岩深径比等因素影响下的岩溶发育区套管处理溶洞桩基的承载特性；通过理论分析和工程实例，提出岩溶发育区桩基承载力计算方法、桩基设计计算方法与关键参数取值；介绍岩溶发育区桥梁桩基施工关键技术与质量控制指标；建立岩溶发育区桥梁桩基安全评价模型及安全预警模型。

本书可供公路、铁路、工业与民用建筑、地下空间工程等专业领域的科研、设计、施工与管理人员参考，亦可供高等院校相关专业的教师和研究生借鉴。

图书在版编目（CIP）数据

岩溶发育区桥梁桩基力学特性与工程技术 / 冯忠居等著. -- 北京 : 科学出版社, 2025. 7. -- ISBN 978-7-03-080391-7

Ⅰ. U443.15

中国国家版本馆 CIP 数据核字第 2024EF1914 号

责任编辑：王 钰 / 责任校对：赵丽杰
责任印制：吕春珉 / 封面设计：东方人华平面设计部

科学出版社出版
北京东黄城根北街 16 号
邮政编码：100717
http://www.sciencep.com

北京中科印刷有限公司印刷
科学出版社发行 各地新华书店经销
*
2025 年 7 月第 一 版 开本：B5（720×1000）
2025 年 7 月第一次印刷 印张：20 1/4
字数：396 000

定价：208.00 元

（如有印装质量问题，我社负责调换）
销售部电话 010-62136230 编辑部电话 010-62137026

前　言

岩溶是公路工程建设中常见的不良地质现象之一。我国岩溶分布广泛，约占陆地国土面积的30%。岩溶发育破坏了岩石的完整性，大幅降低了岩石的强度和稳定性，岩溶发育具有显著的不均一性，基岩表面溶槽、溶沟起伏不平，形成许多临空面。岩溶发育区公路桥梁普遍采用的基础为桩基础，溶洞的隐蔽性、随机性使岩溶发育区桥梁桩基承载力的确定、计算方法与参数取值至今仍处于探索中，特别是当溶洞的特征、数量、位置、规模变化时，以及桥梁桩基施工技术的差异，都会引起桩基的荷载传递机理不同。目前有关岩溶发育区公路桥梁桩基础的设计计算方法、施工与安全评价技术受到工程界的普遍关注。随着桩基在岩溶地区的大量使用，公路桥梁桩基稳定性的问题越来越突出。

岩溶发育区嵌岩桩设计与施工中存在以下问题：①因受岩溶分布、溶洞尺寸、溶洞顶板厚跨比、溶洞与桩基相对位置关系等因素影响，岩溶发育区公路桥梁桩基础边界条件复杂多变，公路桥梁桩基础的受荷机理尚不明确；②采用不同方法处理溶洞时，桩基-岩土体-溶洞相互作用机理差异显著，回填法处理溶洞可能造成溶洞范围内桩侧负摩阻力而降低桩的承载力，给桩基功能安全带来隐患；③现行设计技术规范缺少针对岩溶发育区桩基础的设计计算方法及参数取值方法，致使工程技术人员设计时产生较大的盲目性。因此，岩溶发育区桥梁桩基竖向承载特性及设计计算方法是岩溶发育区桩基设计计算亟须解决的问题。

本书在分析国内外相关研究成果的基础上，基于现场试验、离心模型试验、数值仿真方法，分析不同溶洞处治措施、桩基设计参数、溶洞规模、位置等因素下桥梁桩基承载特性、荷载传递机理及破坏模式；通过理论分析，提出岩溶发育区桩基设计计算方法及关键参数取值，提出岩溶发育区公路桥梁桩基施工关键技术及质量控制指标与标准，构建适用于岩溶发育区公路桥梁桩基的设计与施工标准化安全评价体系。

全书共10章。第1章阐述了本书的研究背景与意义；第2章分析了影响岩溶发育区桩基承载特性的主要因素，建立了桩基-岩土体-溶洞相互作用模型；第3章通过现场试验，探明了回填溶洞型桩基的竖向荷载传递规律，提出了回填溶洞材料固结沉降会引起桩侧负摩阻力；第4章阐述了溶洞规模和位置影响下回填溶洞型桩基竖向承载特性及负摩阻力的分布规律；第5章基于离心模型试验，研究了溶洞洞跨、洞高、顶板厚度、数量及桩基嵌岩深径比等因素影响下岩溶发育区套管处理溶洞桩基承载特性与荷载传递机理；第 6 章建立了岩溶发育区套管处理溶洞桩基仿真模型，提出了桩基-岩土体-溶洞系统的整体破坏模式；第 7 章提出了岩溶发育区桩基承载力、嵌岩深度和溶洞顶板合理厚度的计算方法，并结合工程实例进行验证；第 8 章提出了岩溶发育区桩基设计计算方法与关键参数取值；第 9 章结合实体工程，提出了岩溶发育区公路桥梁桩基施工关键技术及质量控制指标与标准；第 10 章建立了岩溶发育区公路桥梁桩基安全评价模型，以及考虑岩溶的覆盖层特征、岩体质量、发育程度、桩基与溶洞的位置关系、设计及施工等因素的安全预警模型。

本书的内容是作者及课题组近 10 年来结合广东、福建、湖北、云南等省多条高速公路建设实际的研究成果完成的。在本书脱稿之际，对姚宏生、袁川峰、陈思晓、周桂梅、尹川、聶鑫磊、马立铭、孔陆明、陈续鸿、曾祥福、周海彬、郑杰、王强、皮军、邵怀峰、陈凯、朱凯、徐仁华、周伟、张国炳、吴玉财等在现场试验中的协调与配合表示感谢；对董芸秀、王蒙蒙、赵亚婉、李宇杰、郝宇萌、李少杰、方元伟、贾明晖、李云涛、文军强、胡海波、冯凯、于翔、何静斌、徐浩、李铁、武敏、成圆梦、郭穗柱、霍建维、陈锦华、白少奋、全超文等在现场试验、室内离心模型试验、数值仿真分析中的帮助与付出深表感谢。

由于作者水平有限，书中不足之处在所难免，敬请读者指正。

作　者

2024 年 6 月

目　　录

第1章　绪　　论

1.1　概　　述

岩溶是公路工程建设中常见的不良地质情况之一[1-4]。全球岩溶分布约占陆地总面积的15%，我国岩溶分布广泛。岩溶发育破坏了岩石的完整性，大幅降低了岩石的强度和稳定性，岩溶发育具有显著的不均一性，基岩表面溶槽和溶沟起伏不平，形成许多临空面，岩体内溶洞发育，直接影响着公路工程的施工与运营安全[5-6]。随着公路桥梁的大量建设，越来越多的桥梁穿越岩溶发育区，桩基础因其承载力高、变形小，成为公路桥梁工程在岩溶发育区广泛采用的基础形式之一，受溶洞影响的桩基础的承载安全对公路桥梁的稳定安全运营极其重要，故其承载特性和稳定性越来越多地受到关注。

由于岩溶地质规模、分布位置、发育形式等复杂多样，使建设在岩溶发育区的公路桥梁桩基础边界条件十分复杂。岩溶发育区桩基设计与施工中存在以下问题。

（1）当桩位处存在溶洞时，常因溶洞顶板厚度达不到设计的承载要求，桩基需穿过溶洞并嵌入稳定岩层而形成溶洞型桩基，此时，桩基的设计参数和溶洞高度、跨度、分布位置等因素的变化使其承载特性和荷载传递机理与普通桩基存在较大差异，溶洞型桩基的受荷机理和设计计算方法尚不完善。

（2）当桩位处存在多层溶洞且桩基穿过多层溶洞时，在各层溶洞与桩周岩土体的共同作用下，桩基的受力与变形特性十分复杂，目前桩基-岩土体-溶洞体系的整体破坏模式尚不明确。

（3）现行规范中针对岩溶发育区桩基的设计计算方法及其参数取值差异显著。由于地勘探测结果往往与实际差异较大，且施工工艺存在很大不确定性，在工程设计时，岩溶发育区桩基的设计计算参数常依据经验保守取值，具有较大的盲目性。多地要求岩溶区下伏溶洞顶板厚度不小于3倍桩径，甚至不小于5倍桩径。当桩位处存在多层溶洞时，大量桩基需穿过所有溶洞嵌入深处的稳定岩层以满足规定的嵌岩深度和顶板厚度，大幅增加了桩长，提高了桥梁基础的建设成本和难度。

因此，桩基是否需同时穿过所有溶洞有待进一步研究，当穿过下伏溶洞时，桩基的竖向承载力、合理嵌岩深度和溶洞顶板安全厚度的计算方法成为岩溶发育区桩基设计计算亟须解决的难题。

目前国内外相关规范和研究尚缺少全面考虑溶洞参数、桩基设计参数等因素影响下桩基的承载特性成果，尚无同时考虑桩身溶洞和下伏溶洞的桩基设计计算方法[7-16]。因此，建立桩基-岩土体-溶洞相互作用模型，研究岩溶发育区桩基穿过单层溶洞、穿过多层溶洞时的承载特性和荷载传递机理，提出合理可行的岩溶发育区桩基设计计算方法及关键参数取值，可为岩溶发育区桩基设计与施工提供理论支撑与工程指导，具有非常重要的工程实际意义。

1.2 国内外研究现状与评述

1.2.1 岩溶发育区桩基承载特性及破坏模式研究现状

由于桩基承载力高且变形小，其被广泛应用于公路桥梁基础建设[17-18]。在上部构造物的竖向荷载作用下，桩基的承载力由桩侧阻力、桩端阻力和嵌岩段的嵌固力三部分组成[19-22]。桩基的承载特性和荷载传递模式受桩基长径比、桩端岩层强度、嵌岩深度等因素的影响而具有显著差异。在岩溶发育区，由于溶洞的不确定性和覆盖层厚度不够，对桥梁桩基承载特性造成威胁，因此，为满足公路桥梁承载要求，岩溶发育区桥梁桩基一般设计为嵌岩桩。目前，众多学者采用室内试验、现场试验、数值仿真、理论分析等方法，集中于研究常规地质条件下的桩基承载特性与荷载传递机理，而关于岩溶发育区桥梁桩基承载特性研究的理论方法较少[23-24]。由于溶洞的不规则性和桩基工程的隐蔽性，桩基用于岩溶发育区公路桥梁基础建设时，桩基-土层-岩层-溶洞体系的承载特性和荷载传递模式与常规地区桩基相比更加复杂，溶洞特性、顶板特性、桩基特性、岩土体特性等因素均会对桩基承载状况产生较大影响，这些因素的不确定性会对岩溶发育区桥梁桩基的安全性造成威胁，因此研究岩溶发育区桥梁桩基的承载特性和荷载传递机理十分必要。

1.2.2 岩溶发育区桩基承载力计算方法研究现状

常见的单桩承载力计算方法有现场静载试验、规范法、原位测试法、静力分析法、荷载传递法，以及拟合曲线法等[25-38]。桩基穿过溶洞时，溶洞的存在导致桩周土体缺失，溶洞不稳定易造成桩身溶洞上下面坍塌而形成塌落拱，这些问题影响着桩侧阻力的有效发挥，导致桩基竖向承载力计算的不确定性。桩基存在下伏溶洞时，溶洞顶板厚度、顶板稳定性、溶洞尺寸等因素的复杂性直接影响着桩端阻力发挥程度及桩端岩层稳定性，这些均给桩基竖向承载力计算带来了很大困难[39-50]。

目前关于岩溶发育区桥梁桩基承载力计算方法研究较少。岩溶发育区桩基的承载力组成与普通桩基一致的是，桩基竖向承载力由桩侧阻力、嵌固力和桩端阻力共同组成。不同之处在于桩基穿过溶洞或位于溶洞上方时，溶洞的存在造成桩侧阻力和桩端阻力的发挥均与普通桩基有较大差异，导致岩溶发育区桩基的承载力计算方法较复杂，但已有的众多关于溶洞对桩基的承载力计算方面的研究依旧采用普通桩基承载力计算方法，通常忽略溶洞型桩基的全部桩侧阻力的作用，采用荷载传递法和顶板破坏准则，计算桩端岩层的极限承载力作为岩溶发育区桩基极限承载力，未考虑桩基特性——桩长、桩径、嵌岩深度和溶洞特性（尺寸、围岩模量、位置及顶板厚度）影响下桩基承载力计算的复杂性，计算结果偏于保守且仅适用于桩底下部存在溶洞的情况[51-99]。因此，结合已有研究成果，开展岩溶发育区桥梁桩基承载力计算方法研究十分必要。

1.2.3　岩溶发育区顶板安全厚度和稳定性分析方法研究现状

桩底溶洞顶板的受力与变形控制着桩端阻力的发挥，岩溶发育区桥梁桩基设计计算时需要重点考虑的两大问题分别是溶洞顶板岩层是否满足承载要求、溶洞顶板是否稳定[100-107]。因此，近 50 年来国内外众多学者针对岩溶顶板安全厚度和稳定性的计算与分析展开了大量研究。20 世纪 70 年代至 90 年代，国外大量学者重点研究了岩溶顶板在上覆荷载作用下的弯曲变形、坍塌机理与防治措施[108-112]。

针对岩溶发育区桩基穿过的溶洞顶板的破坏模式及顶板安全厚度计算方法的研究较少。目前的研究主要是关于桩端下伏溶洞顶板、路基下伏顶板的破坏模式、稳定性及安全厚度计算方法[113-115]。当岩溶发育区桥梁桩基既穿过浅层溶洞又存在下伏溶洞时，各层溶洞的顶板受力复杂。桥梁桩基作用下溶洞顶板的稳定性问题不同于天然地质条件下及地下水影响下溶洞的稳定性分析[116-119]。在上部桩基荷载的作用下，嵌岩段岩层和桩底溶洞顶板的受力和破坏模式受桩顶荷载、岩层性质、溶洞尺寸的影响较大，采用不同的力学模型、破坏模式和破坏准则计算所得溶洞顶板安全厚度具有较大差异。溶洞顶板常见的破坏模式有冲切破坏、剪切破坏、冲剪破坏等。众多学者通过半定量方法——荷载传递法、控制厚跨比经验法、按岩层抗剪强度计算法、按梁板抗弯能力计算、顶板坍塌填充估算法、按普氏理论估算等，采用突变尖点理论、格里菲斯（Griffith）强度准则、霍克-布朗（Hoek-Brown）强度准则等理论研究溶洞顶板受力与变形特性，建立顶板受力力学模型并确定其破坏模式，从而给出顶板安全厚度计算方法[120-128]。目前设计施工中的顶板厚度取值方法过于保守，尤其是针对串珠状溶洞，嵌岩深度和溶洞顶板通常不能同时满足经验容许值，从而无法确定桩底设计标高[129-143]。因此，岩溶发育区桥梁桩基穿越复杂溶洞区域的顶板安全厚度取值亟须研究。

1.2.4 岩溶发育区桩基设计计算方法研究现状

桩基的设计计算需满足桩基强度与稳定性要求，确保桥梁结构的安全。由于岩溶发育区桩基穿过溶洞或置于溶洞上部，在设计计算中需确定合理的嵌岩深度和溶洞顶板厚度，从而计算溶洞影响下的桩基承载力[144-153]。因此，明确的设计流程、桩型选择、桩端岩层厚度确定、嵌岩深度合理取值对岩溶区桥梁桩基设计计算十分重要。目前，一些学者针对岩溶发育区桩基的设计内容和方法进行了研究。已有研究中更多的是普通桩基的嵌岩深度计算方法，在关于岩溶发育区桩基设计计算的研究中，常忽略桩侧阻力的作用，单纯考虑溶洞顶板受力力学模型和破坏模式来确定桩基承载力、嵌岩深度和合理顶板厚度[154-162]。然而，大量现场试验结果证明，岩溶发育区桩基的桩侧阻力占承载力的比例较大，忽略桩侧阻力的作用无疑会在工程设计与施工中造成浪费；此外，桩基穿过溶洞且桩底存在溶洞时，溶洞顶板所受桩底荷载与仅是桩底存在溶洞的情况存在较大差异，桩侧土抗力也大不相同，采用现行规范和研究中的模型进行设计计算存在盲目性。

岩溶发育区见溶率高，桩基穿过溶洞或存在下伏溶洞直接影响着桩侧阻力和桩端阻力的发挥。桩基-岩土体-溶洞体系下，溶洞参数、桩基参数、围岩参数等因素使桩基的承载特性、荷载传递机理和破坏模式极其复杂[163-165]。在设计计算中，如何确定桩基是否需要穿过多层溶洞置于新鲜基岩上？如何计算合理的顶板厚度和嵌岩深度？如何确定浅层溶洞和深层溶洞共同作用下桩基承载特性和承载力？这些是岩溶发育区桩基设计及施工的关键所在。目前国内外相关规范和研究尚缺乏全面考虑溶洞参数、桩基参数、围岩参数等因素影响下桩基的承载特性和破坏模式，尚无同时考虑桩身溶洞和下伏溶洞的桩基设计计算方法。因此，建立岩溶发育区桩基-岩土体-溶洞力学模型，探明其承载特性，建立岩溶发育区桩基设计计算方法，对指导我国岩溶发育区桩基设计与施工具有重要的理论与工程意义。

1.3 本书的目标

基于国内外岩溶发育区桥梁桩基承载特性及设计计算方法研究现状和目前存在的问题，针对岩溶发育区桥梁桩基工程的特点，以福建省莆炎高速公路三明境尤溪中仙至建宁里心段桥梁桩基工程实际情况为依托，采用现场试验、离心模型试验、数值仿真、理论分析相结合的方法，分析岩溶发育区桩基承载特性、荷载传递机理，提出岩溶发育区桩基设计计算方法及关键参数取值、施工技术及质量控制指标与标准，构建岩溶发育区桩基安全评价体系。主要内容如下。

1）岩溶发育区桩基承载特性及设计计算方法的调研与分析

通过分析大量国内外桩基承载特性及设计计算方法研究成果，并调研收集莆炎高速公路岩溶区桥梁设计和地质勘察资料，分析岩溶发育区桩基承载特性和设计计算方法的复杂性，为开展岩溶发育区桩基承载特性现场试验、室内离心模型试验和数值仿真提供依托。

2）岩溶发育区桩基承载特性影响因素及力学模型

基于调研成果，分析溶洞尺寸和位置、桩径和桩长、溶洞顶板稳定性、围岩模量对桩基承载特性的影响，建立桩基-岩土体-溶洞相互作用模型。

3）溶洞回填后溶洞型桩基荷载传递规律分析

依托莆炎高速公路桥梁桩基地质勘探资料，分析莆炎高速公路岩里大桥、跨省道 204 分离立交桥、雪峰大桥桥址区溶洞分布情况；结合现场施工中溶洞处治技术，选取代表性桩基开展现场试验，探明单层、多层溶洞原充填状态、溶洞大小、回填法处治等因素共同作用下的桩基荷载传递规律。

4）溶洞规模和位置影响下回填溶洞型桩基竖向承载特性及负摩阻力

分析回填法处治溶洞时溶洞高度、溶洞跨度、溶洞位置变化下的桥梁桩基竖向承载特性及荷载传递机理，重点研究溶洞范围内的负摩阻力问题，分析不同溶洞规模和位置下负摩阻力最大值和负摩阻力范围占比的变化规律。

5）竖向荷载作用下岩溶发育区桩基承载特性分析

在岩溶发育区荷载传递规律现场试验成果的基础上，采用离心模型试验和数值仿真方法，分析桩基长径比、嵌岩深径比、溶洞高度、溶洞跨度、溶洞位置、溶洞顶板厚度、溶洞数量、串珠状溶洞的位置、顶板厚径比对桩基承载特性的影响，探明岩溶发育区桩基桩身轴力、桩侧阻力、桩端阻力占比、桩侧阻力占比等荷载传递机理，分析不同因素下桩侧土体沉降规律，分析上述各因素对岩溶发育区桩基承载特性的影响程度。

6）岩溶发育区桩基极限承载力计算方法

基于桩侧阻力和桩端阻力修正法、荷载传递法及突变理论，给出溶洞影响下桩侧阻力与桩端阻力修正系数；提出仅下伏存在溶洞时桩侧阻力和桩端阻力修正系数；改进岩溶发育区桩基荷载传递计算模型，提出岩溶发育区桩基竖向荷载作用下荷载-位移关系和极限承载力计算方法；基于尖点突变理论，建立穿过溶洞桩基屈曲稳定分析模型，提出桩基屈曲稳定临界荷载计算方法；结合现场试验桩情况，对比分析规范法、数值仿真与理论法计算结果，验证桩基极限承载力理论计算方法的可靠性。

7）岩溶发育区桩基设计计算方法与关键参数取值

结合岩溶发育区桩基承载特性的复杂性，分析现有桩基设计计算方法存在的不足，综合考虑桩基竖向承载力、稳定性和全寿命周期溶洞溶蚀量，提出岩溶发育区桩基合理嵌岩深度计算方法；基于突变理论，推导不同岩溶裂隙发育情况下溶洞顶板厚度计算公式；提出岩溶发育区桩基设计计算方法与关键参数取值。

8）岩溶发育区公路桥梁桩基施工关键技术及质量控制指标与标准

基于莆炎高速公路桥梁桩基成孔实施过程中的技术问题与经验总结，着重阐述岩溶发育区桥梁桩基成孔过程的技术问题及施工技术，提出相应的控制指标与标准。

9）岩溶发育区公路桥梁桩基安全评价

基于现场调研、数值仿真、离心模型试验及理论分析成果，提出适用于岩溶发育区桥梁桩基的安全评价方法，建立岩溶发育区桥梁桩基安全评价模型及灰色理论安全预警模型，并评价依托工程桥梁桩基的安全性。

第 2 章　岩溶发育区桩基竖向承载机理影响因素及力学模型

2.1　概　　述

为满足承载要求，岩溶发育区桩基可能穿过溶洞，也可能置于下伏深层溶洞之上。由于溶洞的存在，桩周土体不连续或缺失、桩底持力岩层不稳定，使得穿过溶洞的溶洞型桩基和存在下伏溶洞的桩基与桩周岩土体的相互作用与普通桩基不同，从而导致岩溶发育区桩基竖向承载机理与普通桩基具有显著差异。溶洞参数、桩基设计参数、围岩参数等因素直接影响着岩溶发育区桩基竖向承载特性与机理。本章针对岩溶发育区环境的特殊性，研究影响岩溶发育区桩基竖向承载机理的主要因素，建立桩基-岩土体-溶洞相互作用模型，为探明岩溶发育区桩基竖向承载特性与机理、研究桩基竖向承载力理论计算方法奠定基础。

2.2　岩溶发育区桩基承载特性主要影响因素

综合分析国内外相关研究成果可以发现，岩溶发育区桩基竖向承载特性的影响因素多样，可以分为内因和外因。其中内因为桩基的主要设计参数，如桩长、桩径、嵌岩深度等；外因有溶洞发育情况（跨度、高度、顶板厚度）、围岩模量等。岩溶发育区桩基设计参数、地质条件等因素复杂多样，且各因素之间存在相互影响，使得探明岩溶发育区桩基承载机理十分困难。为了深入研究各因素对桩基承载机理的影响，对主要影响因素——桩径、桩长、嵌岩深度、溶洞尺寸和位置、溶洞顶板厚度、围岩模量，以及其他因素进行分析。

1）桩径、桩长

根据现有研究成果可以发现，桩径、桩长与桩基竖向承载力均呈线性正相关性。桩基穿过溶洞或存在下伏溶洞时，桩径、桩长也是影响岩溶发育区桩基竖向承载机理的重要因素。桩长决定了桩基与桩侧岩土体的作用面积，直接影响着桩侧阻力的发挥；同时，桩长影响了桩基嵌岩深度，使桩端嵌固力的发挥程度产生差异，从而影响桩基竖向承载力。桩径变化对桩基竖向承载机理的影响较大，桩径增大使桩侧受力面积和桩端受力面积增大，同时影响着桩侧阻力和桩端阻力的发挥。但桩长和桩径对桩基竖向承载力的影响均存在限值，两种因素对桩基竖向承载力的正相关影响一般存在于桩径、桩长不大的情况下，而当桩径、桩长增大到一定限值后，相同荷载作用下桩顶位移不再明显减小，桩侧阻力受桩基尺寸的影响趋于稳定，桩基竖向承载力提高也趋于稳定。

2）嵌岩深度

嵌岩深度是岩溶发育区桩基竖向承载机理的重要影响因素。嵌岩深度增大，桩基竖向承载力逐渐增大，荷载（Q）-沉降（s）曲线的最大曲率点对应的桩顶沉降亦增大，但沉降的增幅相对较小。其主要原因是嵌岩深度增大，桩基的嵌岩段嵌固力显著增大，相同荷载作用下，桩顶沉降减小，桩端阻力的发挥也随之受到影响。但桩基竖向承载力随嵌岩深度的线性增幅不大，桩侧剪应力随嵌岩深径比的增大呈先增大后减小的趋势，而桩端荷载占比随嵌岩深径比的增大逐渐减小，桩基竖向承载机理转化为摩擦桩。因此，通过增大桩基的嵌岩深度来提高桩基竖向承载力是不合理的。

当桩基穿过溶洞时，嵌岩深度 h_r 为溶洞底到桩底之间的岩层厚度，顶板厚度 h_c 为溶洞顶到覆盖层底之间的岩层厚度，如图 2-1 所示。此时，嵌岩段-顶板-溶洞的耦合作用会对岩溶发育区桩基的竖向承载特性产生较大影响，使其与常规桩基的竖向承载特性存在显著差异。当桩基存在下伏溶洞时，嵌岩深度 h_r 为覆盖层底到桩底之间的岩层厚度，顶板厚度 h_c 为溶洞顶到桩底之间的岩层厚度，如图 2-2 所示。此时，嵌岩深度直接影响着桩端顶板厚度范围内承担的荷载，从而决定着溶洞顶板安全厚度的确定和溶洞的稳定性，顶板厚度又影响着桩端阻力和桩侧阻力的发挥。

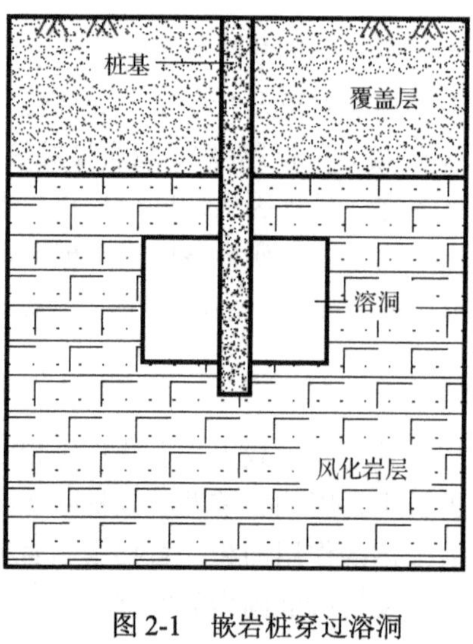

图 2-1　嵌岩桩穿过溶洞

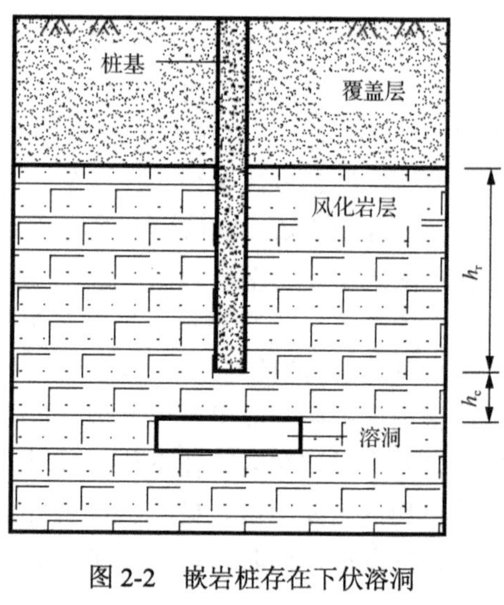

图 2-2　嵌岩桩存在下伏溶洞

3）溶洞尺寸和位置

岩溶发育区桩基的竖向承载机理受溶洞尺寸和位置的影响显著。当桩基穿过溶洞时，溶洞处岩体缺失或强度弱，使溶洞范围内桩侧阻力消失或大幅度减小，从而影响桩基竖向承载机理；溶洞高度和溶洞跨度越大，桩周岩土体缺失越多，导致溶洞围岩稳定性变差，覆盖层桩侧阻力占比逐渐减小，而嵌岩段桩侧阻力占比逐渐增大，且桩端阻力占比逐渐增大，桩基竖向承载力显著降低；同时，溶洞高度和跨度的增大，易导致在较大荷载作用下桩基所穿过溶洞的顶板产生坍塌，在桩周形成塌落拱，进一步影响桩基竖向承载机理。当桩底存在溶洞时，溶洞高度对桩基竖向承载机理的影响较小，而溶洞跨度对桩基竖向承载机理影响显著。多层溶洞位置不同，使桩侧土体剪应力突变位置改变，桩底持力层承担荷载占比不同，从而对桩基竖向承载机理产生影响。

4）溶洞顶板厚度

现有研究成果表明，岩溶发育区桩基竖向承载机理与溶洞顶板厚度的相关性极强。无论桩基穿过溶洞或置于下伏溶洞之上，顶板厚度均会对竖向荷载作用下溶洞的稳定性产生影响，从而影响桩基的竖向承载力。当桩基穿过溶洞时，顶板厚度越大，顶板的塑性区发展范围越小，溶洞越稳定，桩侧阻力的发挥产生差异，桩基竖向承载力受到影响。此外，溶洞顶板厚度不同时，同一竖向荷载作用下顶板破坏模式不同，桩端阻力的发挥程度也不同。

5）围岩模量

围岩模量对岩溶发育区桩基竖向承载机理的影响十分重要，尤其是桩基嵌入岩层后，存在岩层-溶洞-岩层的交叉介质与桩基共同作用的情况，围岩模量的变化导致穿过溶洞的桩基竖向承载机理与常规桩基竖向承载机理存在较大差异。对于常规桩基来说，围岩模量与桩基竖向承载力的关系呈现指数型规律，由于围岩模量增大，使桩基-岩接触面的剪切刚度和桩端岩层的变形模量同时增大，从而提高了嵌岩段桩侧阻力与桩端阻力。当桩基穿过溶洞时，围岩模量的变化可改变溶洞顶板与嵌岩段桩侧阻力的发挥，桩基竖向承载机理受到较大影响。对置于下伏溶洞之上的桩基来说，围岩模量增大可提高桩基竖向承载力，同时减小溶洞顶板破坏时的应力扩散范围。

6）其他因素

岩溶发育区桩基竖向承载机理的影响因素还包括成桩工艺、孔壁粗糙度、溶洞形态、暗河贯通情况、岩体初始应力水平等。岩溶发育区桩基成桩工艺一般有人工挖孔和钻孔灌注两种，其中钻孔灌注相较于人工挖孔工艺来说，成孔的孔壁粗糙度、桩底沉渣厚度等不易控制，会直接影响桩侧阻力与桩端阻力的发挥，从而对桩基竖向承载机理产生影响。溶洞是岩体受地下水溶蚀而形成的洞体，其形态千变万化，溶洞形态不同时，在相同荷载作用下，溶洞的稳定性存在较大差异，从而影响着穿过溶洞的桩基的桩侧阻力的发挥。桩位处若暗河贯通，溶洞处的回填材料会逐渐被暗河侵蚀带走，桩侧岩体缺少范围增大，桩侧阻力的发挥会受到影响；此外暗河若进一步侵蚀溶洞，会造成桥梁全寿命周期内桩基嵌岩深度减小，对桩基承载特性和荷载传递机理产生影响。岩体初始应力水平决定了岩体剪应力峰值的大小，从而决定了嵌岩段的嵌固力与桩端阻力的峰值，岩体初始应力水平提高会在一定程度上提高桩基的承载力。

2.3　溶洞的常规处理方法

不同类型溶洞常见处理方法见表 2-1。

表 2-1　不同类型溶洞常见处理方法

序号	种类	处理方法
1	岩溶裂隙及小型溶洞（H≤0.5m）	抛填片石、黏土
2	一般溶洞（0.5m<H≤4m）	抛填片石、黏土
3	大型溶洞（H>4m）	回填封堵漏浆法，钢护筒跟进法
4	不完整溶洞	抛填片石、黏土，或压浆固结
5	其他溶洞	片石、水泥、黏土造浆
6	岩溶通道串浆、串孔	间隔施工，片石、水泥、黏土造浆

注：H 为溶洞高度。

1. 岩溶裂隙及小型溶洞的处理

当岩溶存在裂隙或 H≤0.5m 时，对桩基施工的影响较小，在桩基成孔过程中采用冲击钻孔的方法通过岩溶裂隙较密集的区域或小型溶洞时，一般要求在成孔过程中钻杆进尺每隔一段要进行回填处理，回填材料为黏土，在冲锤的冲击作用下会将回填的黏土挤入岩溶裂隙将其堵塞，与此同时回填的黏土可以用来保持泥浆的密度。岩溶裂隙及小型溶洞的存在会使桩基施工过程中产生漏浆，主要处理措施如下。

1）入岩前施工措施

钻孔进入岩层之前，需要先准备好水和水泵，水泵大约需要 2 台，与此同时，需要准备好回填材料，一般为黏土和片石，片石使用石灰岩，其强度须不低于 30MPa，片石的直径为 15～50cm。

2）注意护筒泥浆面的变化

须时刻关注护筒内的泥浆面，若发现泥浆面突然下降，说明发生漏浆，需要立即进行补水，随后把片石、黏土填入桩孔内，片石和黏土的比例为 2∶3，完成后重新钻孔。若再一次发生漏浆，仍按照前述方法进行处理，就可以逐渐处理裂隙或小型溶洞在钻孔时的漏浆问题。

2. 一般溶洞处理

当 0.5m<H≤4m 且为弱连通溶洞时，可将其定义为一般溶洞。对于一般溶洞的处理主要是采取预防的方法。需要在钻孔进入岩层前准备好足够的回填材料。在施工过程中，需要准备好充足的水和水泵，如果发生漏浆，需要及时进行补水。

当溶洞为空洞或者半充填溶洞时，尤其是一些超前钻时就发生漏浆的溶洞，一定要在钻头到达溶洞顶之前，将钻头改为小冲程，慢慢把溶洞顶部击穿，以防出现卡钻，需要时刻关注打桩机的底盘是否水平和护筒内泥浆的水平面是否发生变化，若发现泥浆面迅速下降、钻孔内的水位明显降低，说明钻机已进入溶洞。溶洞的尺寸和溶洞填充状态不同时应当采取相应的处理办法，先立即进行补水补浆，同时迅速提升钻头，防止钻头被埋，随后需要使用挖掘机或者铲车将片石和黏土投入孔内，片石和黏土需提前按一定比例准备，必要时加入一定量的袋装水泥，此时仍采用冲击钻的小冲程进行冲击，使用桩锤将投入的黏土和片石都挤入溶洞内。当发现钻孔内的泥浆不再下降且缓慢上升时，可进行挤压，一直到把空洞或者半充填的溶洞全部填满或者将其堵死。若溶洞被填满之后仍然发生漏浆，应向孔内抛入水泥和黏土并使用冲击钻的小冲程进行挤压，使用此方法可将水泥和泥浆的混合物挤压进漏浆的缝隙中，混合物凝结后可防止继续漏浆。当不再出现漏浆现象之后才可继续进行钻孔。

3. 大型溶洞处理

1）回填封堵漏浆

大型溶洞是指 H>4m 的溶洞。施工过程中若遇到大型溶洞，尤其是溶洞底部有漏浆的通道和空间，在溶洞逐渐形成时存在粉土或者卵石等填充物将其堵塞，在钻孔过程中，已有的充填物可能会滑落导致再次发生漏浆。在发现漏浆时，需要堵塞漏浆的源头，及时用水泵进行补水，同时向孔内迅速抛入水泥，最后投入一定比例的黏土和片石，3～5m 厚，停止漏浆后才可继续钻孔。如此循环往复，直到黏土和袋装水泥的混合物凝结将漏浆处堵塞。

2）钢护筒跟进法

在施工中若遇到特大型的空洞，为了防止发生漏浆导致的孔壁坍塌现象，需要先进行预钻孔，随后将钢护筒埋入上覆层。遇到半充填溶洞或者大型空洞时采用钢护筒处理效果较好。钢护筒跟进法的关键是：①内护筒一定要位置准确；②内护筒一定要有足够的刚度；③溶洞被击穿后需要迅速回填一定比例的片石和黏土。

一般在桩基穿越大型或者特大型溶洞时，用钢护筒跟进法进行溶洞处治，同时还需结合回填法，否则溶洞处治的效果可能较差。

4. 不完整溶洞处理

岩溶地区经常会遇到溶沟、溶槽、斜状岩面和石笋等，处理这些不完整溶洞，一般情况下采取以下两种方法。

1）抛填黏土片石

钻孔过程中需要进行反复冲击，将片石和黏土的混合物分层抛入孔内，使用冲击钻不断冲击。如果钻头发生偏移，须立即向孔内抛入片石和黏土混合物，之后再进行反复冲击，冲击冲程大约为2m，同时要密切关注钻孔内的泥浆稠度。抛填黏土、片石的优点是工期较短、成本较低、操作步骤简单且可以连续钻进，但是当上覆土层为砂土或者是含砂量较高的黏土时，成孔完成后清孔较困难，而且非常容易产生漏浆现象。

2）压浆固结

在采用压浆固结法处理时，首先应调查桩孔处的岩体情况，随后使用地质钻机进行钻孔压浆，钻孔压浆的位置要布置均匀，对一些岩面较低的部位和溶沟、溶槽可以适当加密布置，钻孔的深度需要根据固结厚度及勘探到的岩面情况来确定，压浆固结结束一段时间达到所需强度后，即可开始钻孔施工。采用压浆固结法的优点是清孔较简单，压浆固结完成后可直接进行钻孔施工，不必担心漏浆现象发生，且成孔质量较好；该方法的缺点是施工成本过高，施工工期较长。

5. 岩溶通道串浆、串孔处理

当岩溶裂隙发育较多、岩溶地下水较丰富、溶洞之间相互连接时，在桩基成孔或灌注混凝土的过程中会互相影响。例如，当在其中一个桩位处进行钻孔时，距离较近桩位的孔内泥浆面可能产生变动。在灌注混凝土的过程中，混凝土可能会通过溶洞的裂隙通道进入相邻的桩孔内，导致相邻的桩孔无法正常施工。

由于溶洞的存在，当两根相邻的桩施工相互影响时，应根据溶洞的尺寸确定处治措施。若溶洞为小型溶洞时，可以向孔内抛入一定比例的片石和黏土形成护壁，堵塞两孔间的通道，防止施工时相互影响；当溶洞为大型溶洞时，可以向孔内加入黏土，并加入一定量的水泥，以防止漏浆和塌孔现象的出现。

综上所述，岩溶区桩基穿越溶洞时可采用钢护筒跟进法或回填片石黏土混合料的方法进行处理。通常情况下，只有大型溶洞会考虑钢护筒跟进法，其他类型的溶洞均采用回填法处理。在实际施工中，采用回填法进行溶洞处治，施工难度小且工期较短；钢护筒跟进法不仅需要根据实际情况定制钢护筒，而且需要进行溶洞回填辅助钢护筒下放，施工难度较大；另外，一般桥梁桩基工程所在位置回填法所需的土石方等原材料较多且取材方便，能够节约大量人力物力，故现场施工一般采用回填法进行溶洞处治。

2.4　岩溶发育区桩基-岩土体-溶洞相互作用模型

桩基穿过溶洞或置于下伏溶洞之上时，溶洞的充填情况对桩基竖向承载特性具有较大影响；多层溶洞作用下，桩基竖向承载特性随溶洞位置和填充情况的变化而不同；此外，施工扰动及溶洞回填材料可能使溶洞发生坍塌且回填体沉降，在桩侧产生负摩阻力，使得桩基的安全系数降低，甚至产生破坏。建立桩基-岩土体-溶洞相互作用模型是开展岩溶发育区桩基竖向承载机理的现场试验、离心模型试验和数值仿真的基础条件。因此，考虑溶洞尺寸、处治措施、充填情况和位置等因素，建立桩基-岩土体-单层溶洞相互作用模型、桩基-岩土体-多层溶洞相互作用模型。以 $H\leqslant 0.5\mathrm{m}$ 为小型溶洞、$0.5\mathrm{m}<H\leqslant 4\mathrm{m}$ 为一般溶洞、$H>4\mathrm{m}$ 为大型溶洞。桩基-岩土体-溶洞相互作用模型见表 2-2。

表 2-2　桩基-岩土体-溶洞相互作用模型

<table>
<tr><th>序号</th><th>溶洞规模</th><th>原充填情况</th><th>充填材料</th><th>溶洞处治措施</th><th>溶洞范围内桩侧阻力类型</th></tr>
<tr><td>1</td><td>小型</td><td>空洞</td><td>无</td><td>黏土片石水泥回填</td><td>施工结束初期回填材料沉降，桩基与其相对位移向上</td></tr>
<tr><td>2</td><td rowspan="5">一般</td><td>空洞</td><td>无</td><td>黏土片石水泥回填</td><td>施工结束初期回填材料沉降，桩基与其相对位移向上</td></tr>
<tr><td>3</td><td rowspan="2">半充填</td><td>黏性土</td><td>片石水泥回填</td><td>施工结束初期回填材料沉降，桩基与其相对位移向上，后期回填材料可提供一定桩侧阻力</td></tr>
<tr><td>4</td><td>卵石</td><td>黏土水泥回填</td><td>施工结束初期回填材料沉降，桩基与其相对位移向上，后期回填材料可正常提供桩侧阻力</td></tr>
<tr><td>5</td><td rowspan="2">全充填</td><td>黏性土</td><td>片石水泥回填</td><td>回填材料少，原充填材料可提供一定桩侧阻力</td></tr>
<tr><td>6</td><td>卵石</td><td>黏土水泥回填</td><td>回填材料少，原充填材料可正常提供桩侧阻力</td></tr>
<tr><td rowspan="2">7</td><td rowspan="8">大型</td><td rowspan="2">空洞</td><td rowspan="2">无</td><td>钢护筒跟进</td><td>几乎无岩土体侧向挤压桩基</td></tr>
<tr><td>黏土片石水泥回填</td><td>施工结束初期回填材料沉降，桩基与其相对位移向上</td></tr>
<tr><td rowspan="2">8</td><td rowspan="4">半充填</td><td rowspan="2">黏性土</td><td>钢护筒跟进</td><td>侧向挤压桩基的岩土体较少</td></tr>
<tr><td>黏土片石水泥回填</td><td>施工结束初期回填材料沉降，桩基与其相对位移向上，后期回填材料可提供一定桩侧阻力</td></tr>
<tr><td rowspan="2">9</td><td rowspan="2">卵石</td><td>钢护筒跟进</td><td>侧向挤压桩基的岩土体较少</td></tr>
<tr><td>黏土片石水泥回填</td><td>施工结束初期回填材料沉降，桩基与其相对位移向上，后期回填材料可正常提供桩侧阻力</td></tr>
<tr><td>10</td><td rowspan="2">全充填</td><td>黏性土</td><td>片石水泥回填</td><td>回填材料少，原充填材料可提供一定桩侧阻力</td></tr>
<tr><td>11</td><td>卵石</td><td>黏土水泥回填</td><td>回填材料少，原充填材料可正常提供桩侧阻力</td></tr>
<tr><td rowspan="2">12</td><td rowspan="2">暗河</td><td rowspan="2">空洞</td><td rowspan="2">无</td><td>钢护筒跟进</td><td>几乎无岩土体侧向挤压桩基</td></tr>
<tr><td>黏土片石水泥回填</td><td>施工结束初期回填材料沉降，桩基与其相对位移向上</td></tr>
</table>

由表 2-2 可以看出，当溶洞原充填情况为无填充时，若采用黏土片石水泥回

填法处治后，灌注完成初期，在上部荷载作用下桩基的沉降小于回填材料的固结沉降，可能受到回填材料的下拉力；随着上部荷载增大和回填材料沉降稳定，该下拉力逐渐减小或转为向上的桩侧阻力，此时回填体可提供桩侧阻力，但由于回填体模量较溶洞围岩模量很小，提供的桩侧阻力不显著。若溶洞为半充填时，根据原充填物选取合适的充填材料，回填结束后相互作用模型的发展趋势与前述相似；但若溶洞原充填物为卵石类时，由于原充填物强度较高且相对稳定，沉降稳定的回填体可为桩基提供较明显的桩侧阻力。若溶洞充填情况为全充填，仅需根据原充填物类型选择回填材料进行少量填充处理，保证施工过程中不漏浆即可顺利成孔，此时不会在桩侧产生向下的负摩阻力。

2.4.1　桩基-岩土体-单层溶洞相互作用模型

根据桩基穿过的溶洞所采用处治措施，建立桩基穿过大型空洞的桩基-岩土体-单层溶洞相互作用模型如下。

1）桩基-岩土体-单层溶洞-钢护筒相互作用模型

当桩基受到上覆竖向荷载时，桩基产生向下的位移，带动桩周覆盖层产生向下的位移，而覆盖层位移远小于桩基位移，提供向上的桩侧阻力，同时溶洞顶板亦可提供较大的桩侧阻力。若桩身溶洞尺寸较大，采用回填片石水泥土无法保证桩基施工的顺利进行，则需采用钢护筒跟进法进行施工，此时钢护筒与桩身连为一体，桩基可视为钢管混凝土复合桩，而溶洞处岩土体的缺失导致此部分桩侧阻力缺失；因此传递至嵌岩段和桩底的竖向荷载相对较大，桩底岩层受压，提供较大的桩端阻力。竖向荷载 Q 作用下桩基-岩土体-单层溶洞-钢护筒相互作用模型如图 2-3 所示。

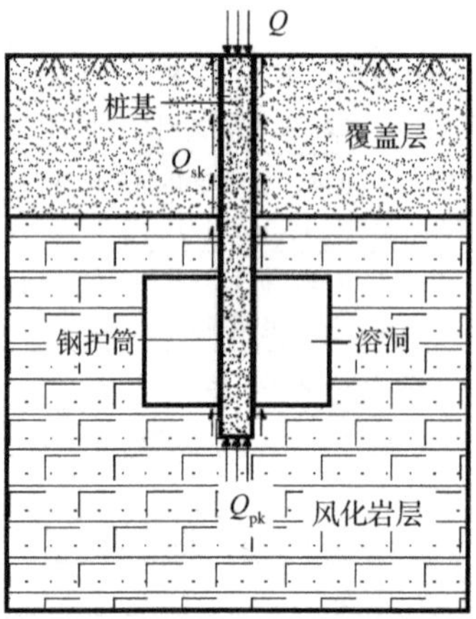

Q_{sk} 为桩侧阻力；Q_{pk} 为桩端阻力

图 2-3　桩基-岩土体-单层溶洞-钢护筒相互作用模型

2）桩基-岩土体-单层溶洞-回填体相互作用模型

当桩基受到上覆竖向荷载，覆盖层、溶洞顶板提供的桩侧阻力与采用钢护筒跟进法处理溶洞时相同。不同之处在于，采用回填法处治溶洞时，由于回填材料一般为片石、黏土、水泥及水，在桩基施工完成后的一段时间内，自重作用下回填材料会随着时间产生沉降，当桩基沉降小于回填体沉降时，在桩侧产生负摩阻力，对桩基竖向承载特性产生不利影响。回填体沉降使其高度变小，桩侧岩土体空缺处负摩阻力消失，随着回填体沉降稳定且上部荷载增大，剩余的溶洞回填体可为桩基提供桩侧阻力；竖向荷载逐渐传递至嵌岩段和桩底，嵌岩段和桩底岩石分别提供向上的桩侧阻力和桩端阻力。竖向荷载 Q 作用下桩基-岩土体-单层溶洞-回填体相互作用模型如图 2-4 所示。

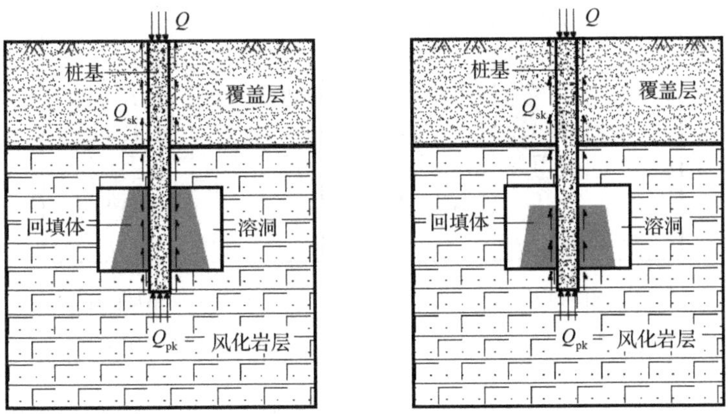

（a）Q作用下施工完成初期　（b）Q作用下回填体沉降稳定

图 2-4　桩基-岩土体-单层溶洞-回填体相互作用模型

2.4.2　桩基-岩土体-多层溶洞相互作用模型

若桩位处存在多层溶洞，为满足桩基承载需求，可能存在桩基穿过多层溶洞、桩基既穿过溶洞又置于下伏溶洞之上的情况。考虑最不利因素，以 3 层溶洞为例进行分析，将各溶洞视为空洞，则桩基-岩土体-多层溶洞相互作用模型如下。

1）桩基穿过多层溶洞

当桩基受到上覆竖向荷载，覆盖层、溶洞顶板提供的桩侧阻力与采用回填法处治单层溶洞时相同。不同之处在于，采用回填法处治桩基所穿过多层溶洞时，由于回填材料一般为片石、黏土、水泥及水，在桩基施工完成后的一段时间内，溶洞内的回填材料均会产生沉降，在桩身产生负摩阻力，两层溶洞之间的溶洞顶板提供桩侧阻力，桩基在溶洞-岩层-溶洞交界处既受到压力又受到拉力；随着回填体沉降趋于稳定且上部荷载增大，剩余回填体可为桩基提供桩侧阻力。竖向荷载 Q 作用下桩基-岩土体-桩身多层溶洞-回填体相互作用模型如图 2-5 所示。

2）桩基穿过多层溶洞，置于下伏溶洞之上

当桩基受到上覆竖向荷载，覆盖层、溶洞顶板提供的桩侧阻力同前所述。不同之处在于，当桩基穿过多层溶洞且存在下伏溶洞时，若采用回填法处治溶洞，在施工完成初期，被穿过的两层溶洞内的回填体产生沉降，在桩身沉降小于回填体沉降时产生桩侧负摩阻力，两层溶洞间的溶洞顶板提供桩侧阻力，下伏溶洞的存在影响着桩端岩层的强度与稳定性，进而影响着桩端阻力的发挥；随着回填体沉降趋于稳定且上部荷载增大，剩余回填体可为桩基提供桩侧阻力。竖向荷载 Q 作用下桩基-岩土体-桩身多层溶洞-下伏溶洞-回填体相互作用模型如图 2-6 所示。

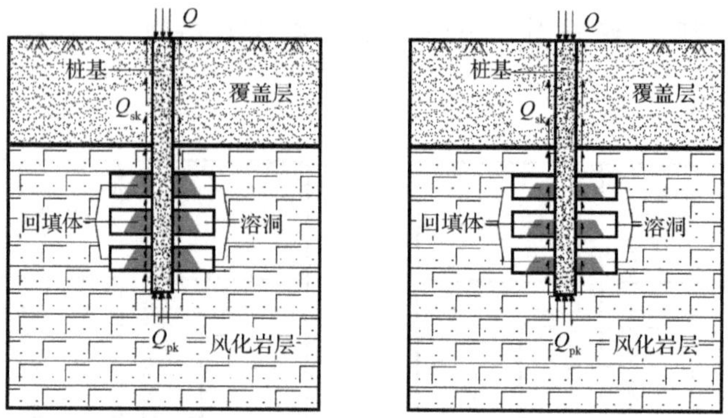

(a) Q作用下施工完成初期　　(b) Q作用下回填体沉降稳定

图 2-5　桩基-岩土体-桩身多层溶洞-回填体相互作用模型

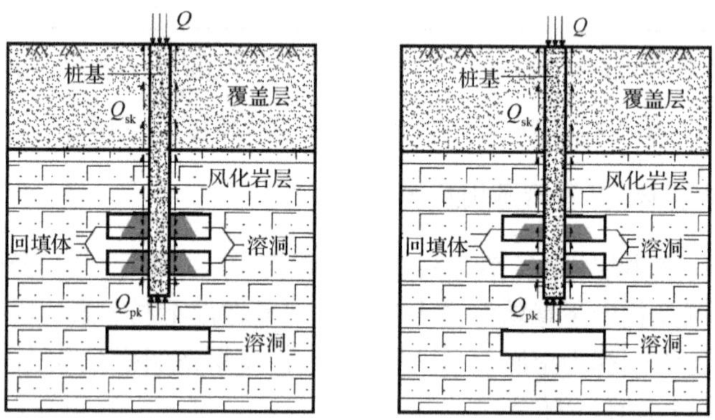

(a) Q作用下施工完成初期　　(b) Q作用下回填体沉降稳定

图 2-6　桩基-岩土体-桩身多层溶洞-下伏溶洞-回填体相互作用模型

2.4.3　桩基-岩土体-桩底溶洞相互作用模型

当桩底存在溶洞时，溶洞的存在使得桩端持力层承受荷载的能力下降；下伏溶洞的跨度、顶板厚度等因素会改变桩底持力层的强度与稳定性，从而影响桩端阻力及嵌固力的发挥；同样荷载作用下，桩端持力层产生的压缩变形相比桩底无溶洞时增大，桩基竖向位移增加，从而使桩土相对位移增加，桩侧阻力发挥更加充分，桩基竖向承载力将受到显著影响。竖向荷载 Q 作用下桩基-岩土体-桩底溶洞相互作用模型如图 2-7 所示。

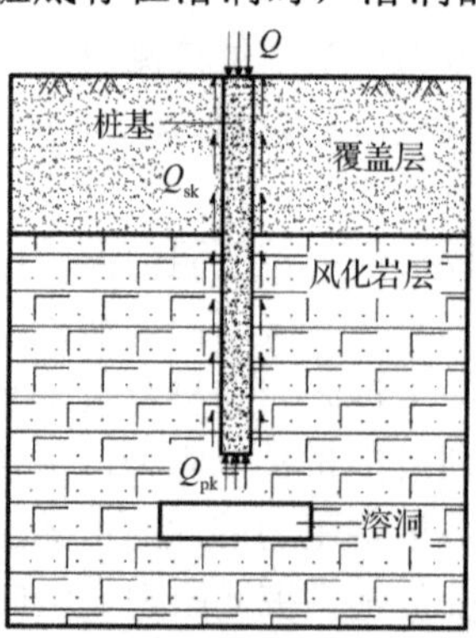

图 2-7　桩基-岩土体-桩底溶洞相互作用模型

2.4.4　桩基-岩土体-桩侧溶洞相互作用模型

当桩侧存在溶洞时，溶洞高度增加且溶洞距桩身水平距离较近时，溶洞的存在影响到岩层对桩身的侧向挤压作用，在竖向荷载作用下，溶洞与桩身之间的岩层对桩身的约束作用减弱，直接影响溶洞位置深度范围内桩侧阻力发挥，从而影响桩基承载力，桩基-岩土体-桩侧溶洞相互作用模型如图 2-8 所示。

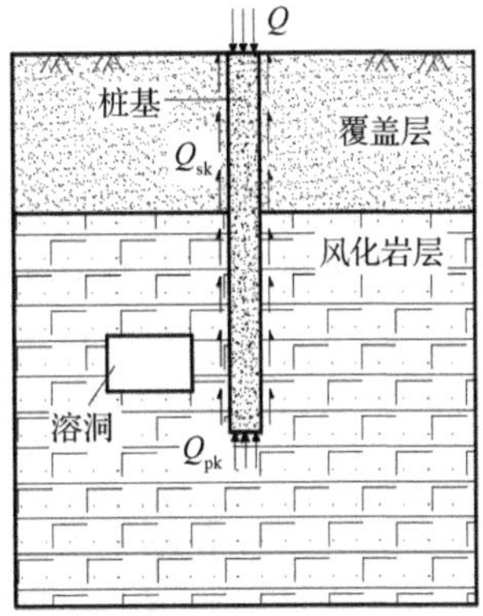

图 2-8　桩基-岩土体-桩侧溶洞相互作用模型

2.4.5　桩基-岩土体-暗河相互作用模型

桩位处存在溶洞和暗河时，若采用回填法处治溶洞时，由于回填材料一般为片石、黏土、水泥及水，即使回填冲砸密实，在桩基施工完成后的一段时间内，回填体随着时间逐渐固结沉降，但由于暗河的冲刷，回填体也会逐渐被侵蚀带走，溶洞范围内桩侧产生负摩阻力；随着回填体的沉降稳定、上部荷载增加及暗河继续冲刷，回填体高度变小，桩侧岩土体空缺处负摩阻力消失，随回填体继续沉降，在桩侧产生一定的负摩阻力；随着暗河的进一步冲刷，回填体完全冲散，溶洞变为空腔，不能为桩基提供侧阻力。竖向荷载 Q 作用下，桩基-岩土体-暗河相互作用模型如图 2-9 所示。

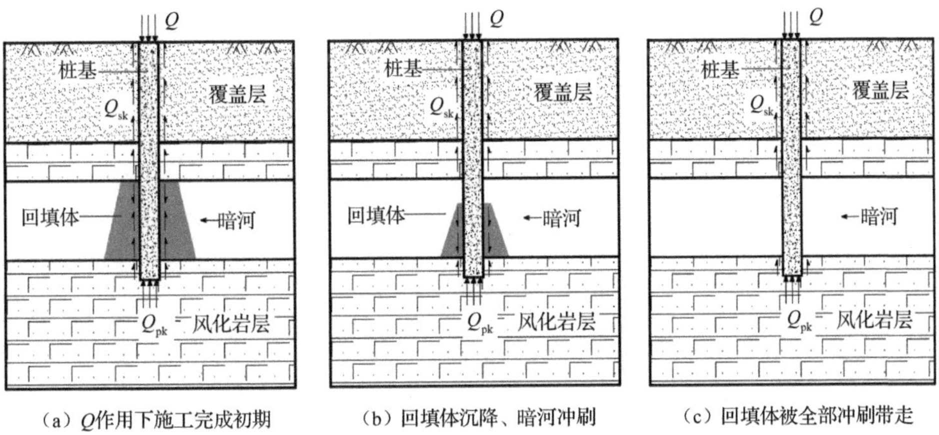

图 2-9　桩基-岩土体-暗河相互作用模型

2.5 小　　结

本章重点分析了岩溶发育区桩基竖向承载机理的主要影响因素，介绍了溶洞的常规处理方法，建立了桩基-岩土体-溶洞相互作用模型。主要结论如下。

（1）岩溶发育区桩基竖向承载机理影响因素复杂多样，在内因方面有桩长、桩径、嵌岩深度；在外因方面有溶洞跨度、溶洞高度、溶洞顶板厚度、围岩模量等。

（2）本章介绍了溶洞的常规处理方法，根据溶洞规模、原充填情况、充填材料和溶洞处治措施，可针对性选择桩基-岩土体-溶洞相互作用模型。

（3）若溶洞为空洞，采用钢护筒跟进法处治溶洞时，可按桩基-岩土体-溶洞-钢护筒相互作用模型分析桩基竖向受力与变形。若采用回填法处治单层溶洞，需考虑回填材料沉降对桩基竖向受力与变形的影响，可采用桩基-岩土体-单层溶洞-回填体相互作用模型。若采用回填法处治桩位处的多层溶洞，可按桩基设计参数选择桩基-岩土体-桩身多层溶洞-回填体相互作用模型或桩基-岩土体-桩身多层溶洞-下伏溶洞-回填体相互作用模型。

第3章　回填溶洞型桩基竖向荷载传递规律现场试验

3.1　概　　述

影响岩溶发育区桩基竖向承载特性与荷载传递机理的因素复杂多样，使其与常规桩基存在显著差异。为满足承载要求，岩溶发育区桩基通常需穿过浅层溶洞嵌入新鲜岩层，置于稳定持力层之上，形成溶洞型桩基。当溶洞埋深较大时，须根据承载需求判断桩基是否需要穿过深层溶洞，因此可能出现桩基穿过单层溶洞、穿过双层溶洞、穿过多层溶洞、置于下伏溶洞之上、穿过单层溶洞+置于下伏溶洞之上、穿过双层溶洞+置于下伏溶洞之上等情况，导致桩基竖向承载特性与荷载传递机理十分复杂。本章通过分析莆炎高速公路桥梁桩基设计情况与桥址区溶洞分布情况，选取具有代表性的桩基，开展岩溶发育区桩基竖向荷载传递规律试验，分析不同溶洞尺寸与充填情况下桩基的荷载传递规律。

3.2　桩基设计和溶洞分布的位置关系

经地质勘探资料分析与动态跟踪现场桩基施工遇溶情况，得到了岩里大桥、跨省道204分离立交桥、雪峰大桥的桩基设计情况和溶洞分布情况。

1. 岩里大桥

岩里大桥桩位布设、桩基类型与参数分布如图3-1和图3-2所示。

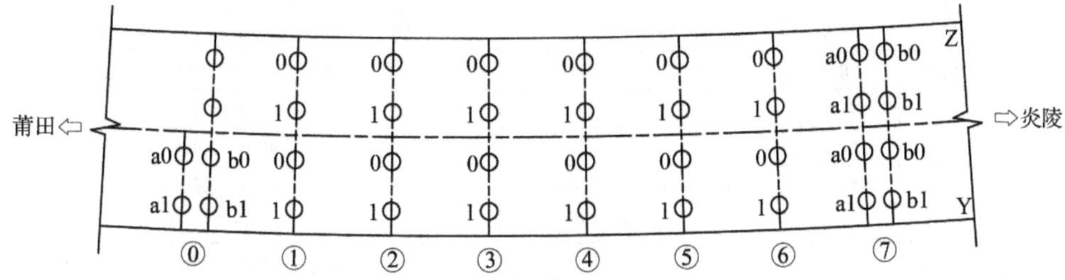

图3-1　岩里大桥桩位布设

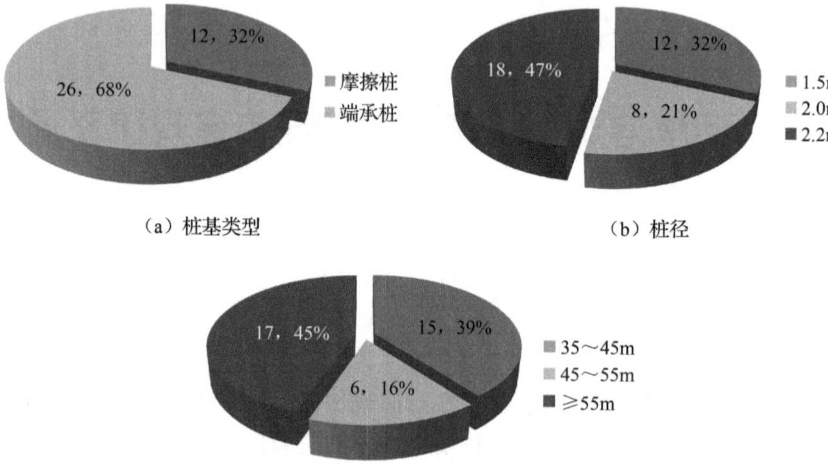

（a）桩基类型　（b）桩径　（c）桩长

图 3-2　岩里大桥桩基类型与参数分布

由图 3-1 和图 3-2 可以看出，岩里大桥共计 38 根桩，以端承桩为主，桩径主要分布在 1.5～2.2m，多数不小于 2.0m，桩长均不小于 35m。其中摩擦桩 12 根、端承桩 26 根，分别占总数的 32%、68%；桩径为 1.5m 的 12 根、2.0m 的 8 根、2.2m 的 18 根，分别占总数的 32%、21%、47%；桩长为 35～45m 的 15 根、45～55m 的 6 根、不小于 55m 的 17 根，分别占总数的 39%、16%、45%。

岩里大桥桩位处实际存在溶洞的情况与地勘结果有所差异，溶洞规模见表 3-1，遇溶情况、溶洞规模分布、溶洞数量分布分别如图 3-3～图 3-5 所示。

表 3-1　岩里大桥桩位处溶洞规模

序号	桩号	桩长/m	地勘溶洞位置（洞高）	实际溶洞位置（洞高）
1	Y1-0	60.0	无	孔口下 54m（1.3m）
2	Y1-1	60.0	无	孔口下 45m（1.3m）；62.4m（3.0m）
3	Y2-1	55.0	无	孔口下 9.0m（1.9m）；43.6m（2.8m）；50.5m（3.3m）
4	Y3-0	44.0	无	孔口下 30m（2.0m）；34.8m（1.5m）
5	Y3-1	45.1	无	孔口下 35m（1.6m）
6	Y4-0	45.8	孔口下 38.3m（4.5m）	孔口下 10m（1.2m）；35.2m（0.8m）；40.0m（4.5m）
7	Y4-1	38.8	孔口下 25.8m（1.4m）	孔口下 27m（1.1m）；30m（1.6m）
8	Y5-0	43.4	无	孔口下 41m（1.1m）
9	Y5-1	47.7	无	孔口下 40m（1.4m）
10	Y6-0	41.0	孔口下 24.3m（12.4m）	孔口下 31m（5.9m）
11	Y6-1	48.0	孔口下 43.4m（1.9m）	孔口下 33.8m（1.4m）
12	Y7a-0	33.0	无	孔口下 29m（1.0m）
13	Y7b-1	43.8	孔口下 40.6m（2.3m）	孔口下 40m（2.5m）
14	Z1-0	56	无	孔口下 44.0m（1.1m）

续表

序号	桩号	桩长/m	地勘溶洞位置（洞高）	实际溶洞位置（洞高）
15	Z1-1	49.5	孔口下 3.95m（0.75m）	孔口下 43.5m（2.5m）
16	Z2-0	41	孔口下 36.8m（0.8m）	孔口下 40.5m（1.4m）
17	Z3-1	46.8	无	孔口下 40m（3.0m）
18	Z3-0	50.7	无	孔口下 41m（3.4m）
19	Z4-1	30.5	孔口下 22m（4.9m）	孔口下 20.5m（1.3m）
20	Z4-0	30.5	孔口下 4m（3.5m）	孔口下 20.5m（1.3m）
21	Z6-1	32.5	孔口下 38.7m（1.6m） 孔口下 43.8m（5.6m）	孔口下 27m（1.2m）；38.7m（1.6m）；43.8m（5.6m）
22	Z6-0	39.5	孔口下 36.2m（0.8m）	孔口下 37m（1.4m）
23	Z7a-1	46	孔口下 50.5m（2.1m）	孔口下 38m（1.3m）
24	Z7b-1	43	无	孔口下 38.5m（1.4m）
25	Z7b-0	51	无	孔口下 43.5m（2.9m）；48m（1.1m）

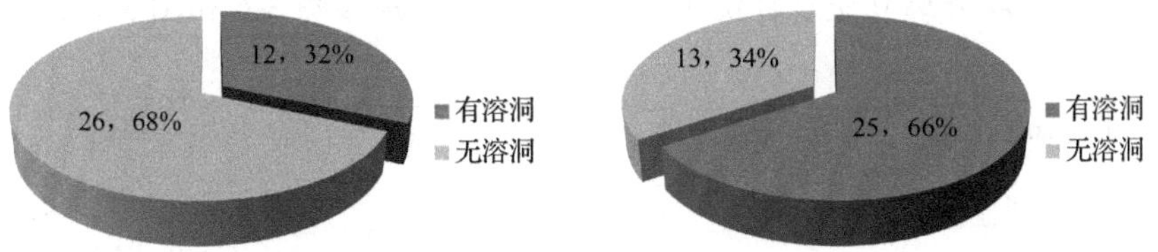

（a）地勘阶段　　（b）实际施工阶段

图 3-3　岩里大桥桩位处地勘及实际遇溶情况

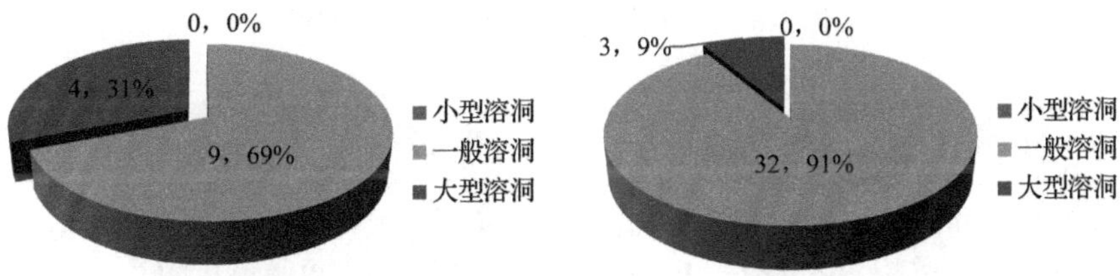

（a）地勘阶段　　（b）实际施工阶段

图 3-4　岩里大桥桩位处地勘及实际溶洞规模分布

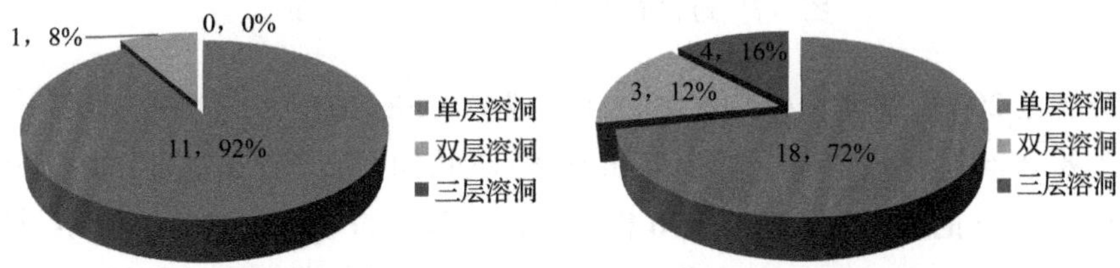

（a）地勘阶段　　（b）实际施工阶段

图 3-5　岩里大桥桩位处地勘及实际溶洞数量分布

由表 3-1、图 3-3～图 3-5 可以看出，岩里大桥桩基穿过溶洞居多。在地勘阶段仅 2 根桩置于下伏溶洞之上；共计 38 个桩位中勘探到溶洞的桩位有 12 个，占桩位总数的 32%；其中一般溶洞 9 个、大型溶洞 4 个，分别占溶洞总数的 69%和 31%；地勘中存在溶洞的 12 个桩位中仅 1 个桩位为双层溶洞，其余均为单层溶洞。在实际施工中存在溶洞的桩位有 25 个，占桩位总数的 66%；其中一般溶洞 32 个、大型溶洞 3 个，分别占溶洞总数的 91%和 9%；存在溶洞的 25 个桩位中单层溶洞 18 个、双层溶洞 3 个、三层溶洞 4 个，分别占存在溶洞的桩位总数的 72%、12% 和 16%。因地勘钻芯取样直径小，很多桩位处溶洞分布情况勘探不明，共 13 个桩位存在误判，漏勘率达 52%。

2. 跨省道 204 分离立交桥

跨省道 204 分离立交桥桩位布设及几何参数分别如图 3-6 和图 3-7 所示。

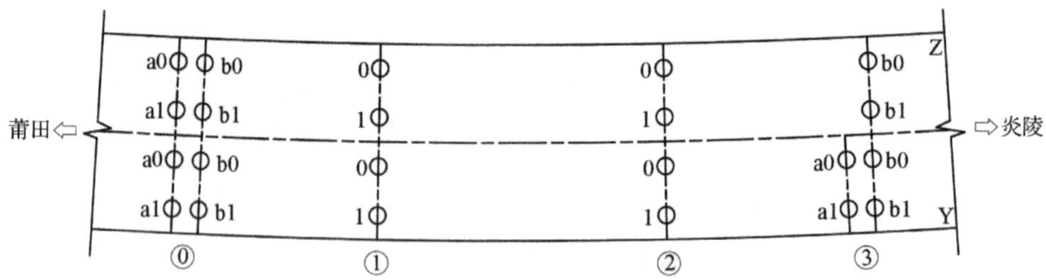

图 3-6　跨省道 204 分离立交桥桩位布设

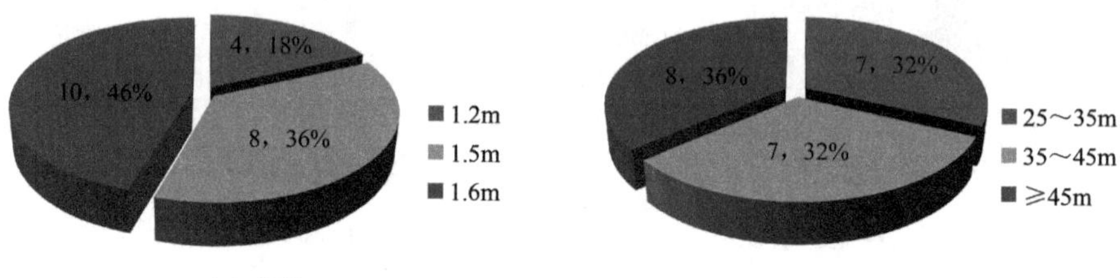

(a) 桩径　　(b) 桩长

图 3-7　跨省道 204 分离立交桥参数分布

跨省道 204 分离立交桥共计 22 根桩均为端承桩。由图 3-6 和图 3-7 可以看出，桩径主要分布在 1.2～1.6m，大于 1.2m 居多；桩长均不小于 25m。其中桩径为 1.2m 的 4 根、1.5m 的 8 根、1.6m 的 10 根，分别占总数的 18%、36%、46%；桩长为 25～35m 的 7 根、35～45m 的 7 根、不小于 45m 的 8 根，分别占总数的 32%、32%、36%。

跨省道 204 分离立交桥桩位处实际存在溶洞的情况与地勘结果有所差异，溶洞规模见表 3-2，遇溶情况、溶洞规模分布、溶洞数量分布分别如图 3-8～图 3-10 所示。

表 3-2　跨省道 204 分离立交桥溶洞规模

序号	桩号	桩长/m	地勘溶洞位置（洞高）	实际溶洞位置（洞高）
1	Z0a-0	41.5	孔口下 36.7m（4.3m）	孔口下 35.4m（4.3m）
2	Z0a-1	41.5	孔口下 36.0m（1.6m）；38.2m（3.1m）	孔口下 35m（1.6m）；38m（1.6m）
3	Y0a-0	39	孔口下 36.4m（1.0m）	无
4	Y0a-1	61	孔口下 35.5m（25.7m）	孔口下 34.2m（25.5m）
5	Z0b-0	38.5	无	孔口下 35m（2.0m）
6	Z0b-1	47.5	孔口下 33.7m（2.6m）；37.3m（10.1m）	孔口下 38.5m（0.7m）；41m（5.1m）
7	Y0b-0	58	孔口下 40.9m（6.4m）；50.8m（4.9m）；56.1m（1.7m）	孔口下 46.1m（1.6m）；50m（4.9m）；56m（0.9m）
8	Y0b-1	48	孔口下 42.3m（1.3m）；44.7m（2.5m）	孔口下 41m（0.3m）；45.7m（0.6m）；47m（0.6m）
9	Z1-0	37.5	孔口下 28.3m（1.4m）；33.4m（0.9m）	无
10	Y1-0	40.5	无	孔口下 33m（3.2m）
11	Y1-1	24	无	孔口下 23m（0.5m）
12	Z2-0	47	无	孔口下 33m（2.0m）；36m（7.8m）
13	Z2-1	31	无	孔口下 27m（3.0m）
14	Y2-1	41.5	孔口下 20.3m（8.7m）；36.1m（1.9m）	孔口下 33.6m（5.1m）
15	Z3a-0	36	无	孔口下 28.9m（4.0m）
16	Z3a-1	39	无	孔口下 28m（2.5m）；34m（2.8m）
17	Y3a-0	36	无	孔口下 32.5m（1.6m）
18	Y3a-1	32	无	孔口下 30m（1.0m）
19	Y3b-0	41	孔口下 35.5m（5.6m）	孔口下 34.7m（4.0m）

（a）地勘阶段　　（b）实际施工阶段

图 3-8　跨省道 204 分离立交桥桩位处地勘及实际遇溶情况

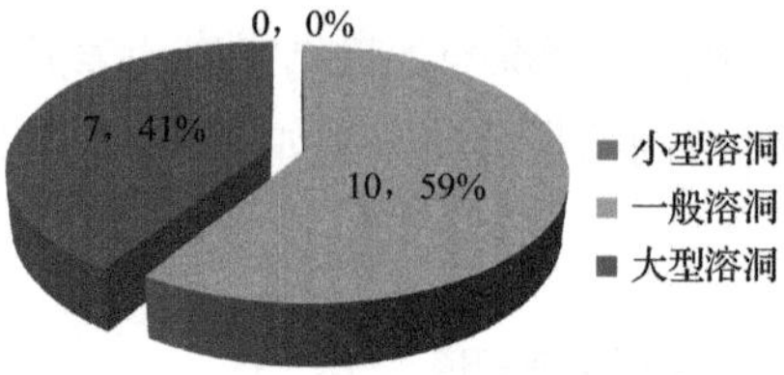

（a）地勘阶段

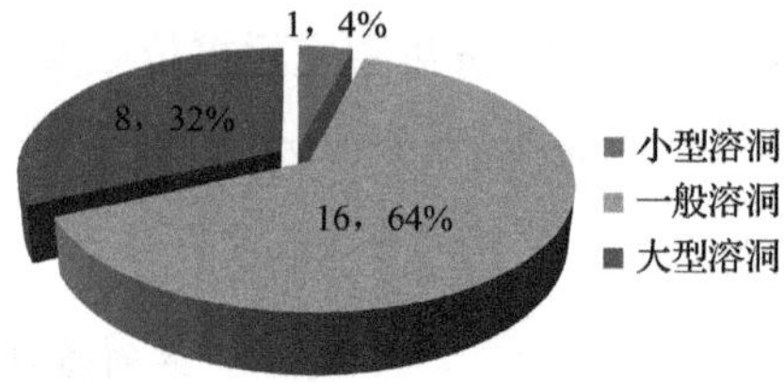

（b）实际施工阶段

图 3-9　跨省道 204 分离立交桥桩位处地勘及实际溶洞规模分布

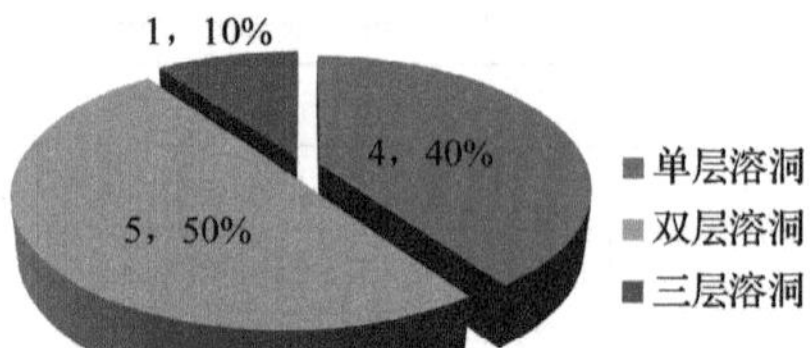

（a）地勘阶段

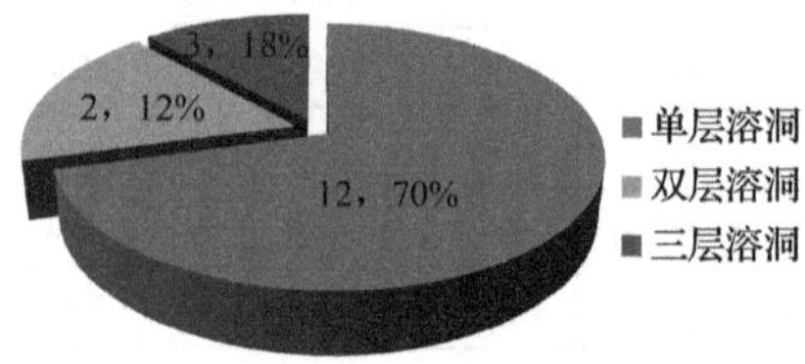

（b）实际施工阶段

图 3-10　跨省道 204 分离立交桥桩位处地勘及实际溶洞数量分布

由表 3-2、图 3-8～图 3-10 可以看出，跨省道 204 分离立交桥共计 22 个桩位中，勘探到溶洞的桩位有 10 个，占总数的 45%；溶洞总数 17 个，其中一般溶洞 10 个、大型溶洞 7 个，分别占溶洞总数的 59%和 41%；地勘中存在溶洞的 10 个桩位中单层溶洞 4 个、双层溶洞 5 个、三层溶洞 1 个，分别占存在溶洞桩位总数的 40%、50%和 10%。在实际施工中存在溶洞的桩位有 17 个，占桩位总数的 77%；溶洞总数 25 个，其中小型溶洞 1 个、一般溶洞 16 个、大型溶洞 8 个，分别占溶洞总数的 4%、64%和 32%；存在溶洞的 17 个桩位中单层溶洞 12 个、双层溶洞 2 个、三层溶洞 3 个，分别占存在溶洞桩位总数的 70%、12%和 18%。因地勘钻芯取样直径小，很多桩位处溶洞分布情况勘探不明，跨省道 204 分离立交桥共 13 个桩位存在误判，误勘率达 59.1%。

3. 雪峰大桥

雪峰大桥桩位布设、桩基类型与参数分布如图 3-11 和图 3-12 所示。

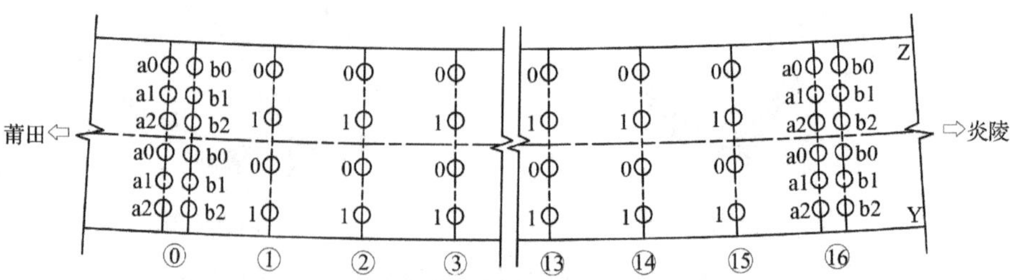

图 3-11　雪峰大桥桩位布设

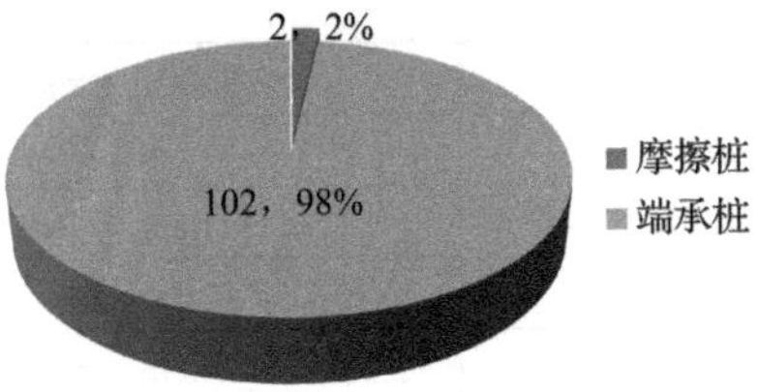

（a）桩基类型

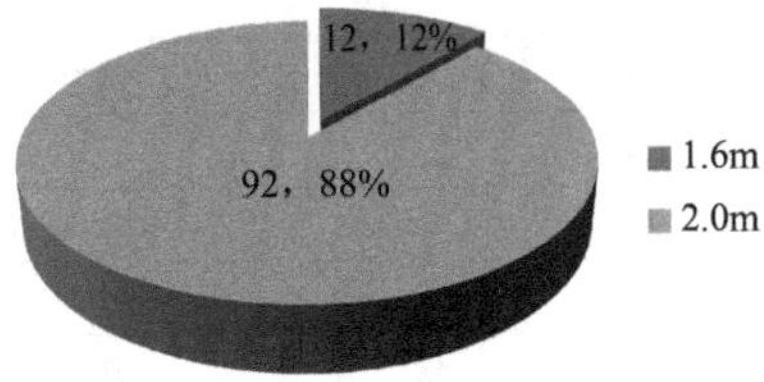

（b）桩径

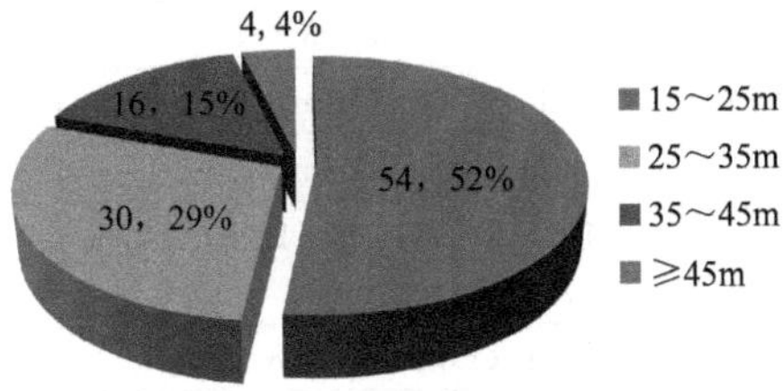

（c）桩长

图 3-12　雪峰大桥桩基类型与参数分布

由图 3-11 和图 3-12 可以看出，雪峰大桥共计 104 根桩，以端承桩为主，桩径主要为 1.6m 和 2.0m，以 2.0m 居多，桩长均不小于 15m。其中摩擦桩 2 根、端承桩 102 根，分别占总数的 2%、98%；桩径为 1.6m 的 12 根、2.0m 的 92 根，分别占总数的 12%、88%；桩长为 15～25m 的 54 根、25～35m 的 30 根、35～45m 的 16 根、不小于 45m 的 4 根，分别占总数的 52%、29%、15%和 4%。

雪峰大桥桩位处实际存在溶洞的情况与地勘结果有所差异，溶洞规模见表 3-3，遇溶情况、溶洞规模分布、溶洞数量分布分别如图 3-13～图 3-15 所示。

表 3-3　雪峰大桥桩基溶洞规模

序号	桩号	桩长/m	地勘溶洞位置（洞高）	实际溶洞位置（洞高）
1	Z0a-0	30	孔口下 23.1m（2.0m）；26.1m（1.0m）	孔口下 18.1m（4.0m）
2	Z0a-1	30	孔口下 19.1m（1.6m）	孔口下 17.2m（1.2m）
3	Z0a-0	30	孔口下 21.4m（3.8m）	孔口下 18.2m（3.5m）
4	Y0a-0	38	孔口下 22.3m（4.4m）	孔口下 31.6m（3.3m）
5	Z2-0	57	孔口下 26.7m（6.6m）；35.8m（4.1m）；43.0m（6.8m）	孔口下 36.5m（6.7m）
6	Z2-1	57	孔口下 28.25m（2.25m）	孔口下 29m（4.1m）
7	Y2-0	50	孔口下 27.0m（2.9m）	孔口下 39.5m（5.7m）
8	Y2-1	50	孔口下 26.8m（7.2m）；35.0m（3.3m）；40.1m（1.9m）	孔口下 43.0m（6.3m）
9	Z3-2	31	孔口下 18.5m（6.0m）	孔口下 18.3m（4.4m）
10	Y3-0	40	孔口下 15.2m（8.9m）	孔口下 32.0m（4.6m）

续表

序号	桩号	桩长/m	地勘溶洞位置（洞高）	实际溶洞位置（洞高）
11	Z4a-0	26	孔口下 15.0m（3.8m）	孔口下 17.8m（1.3m）
12	Z4a-1	26	孔口下 13.0m（0.8m）；14.7m（0.3m）	孔口下 11.8m（1.4m）
13	Z4b-0	26	孔口下 14.9m（8.7m）	孔口下 23.5m（1.6m）
14	Z4b-1	26	孔口下 23.0m（1.0m）	孔口下 24.3m（1.4m）
15	Z5a-0	20	孔口下 5.9m（4.7m）	孔口下 11.8m（1.3m）
16	Y5a-0	20	孔口下 10.4m（1.8m）	孔口下 15.0m（1.1m）
17	Z5b-0	20	孔口下 4.8m（1.1m）	孔口下 8.6m（1.1m）
18	Y5b-0	20	孔口下 9.5m（1.1m）	孔口下 15.0m（1.2m）
19	Y5b-1	20	孔口下 4.5m（2.3m）	孔口下 13.8m（1.3m）
20	Z6b-1	27	孔口下 14.4m（2.7m）；19.4m（1.8m）；21.7m（2.8m）	孔口下 12.2m（5.8m）
21	Y6b-0	22	孔口下 18.2m（1.6m）；20.0m（2.0m）	孔口下 14.5m（4.9m）
22	Y6b-1	22	孔口下 11.8m（5.9m）	孔口下 12.6m（4.1m）
23	Z7a-0	29	孔口下 4.0m（0.5m）；6.8m（0.9m）；8.5m（4.1m）	孔口下 5.0m（1.0m）；10.0m（1.1m）；21.0m（3.1m）
24	Z7b-1	29	无	孔口下 23.0m（4.4m）
25	Z7b-0	29	无	孔口下 19.4m（3.6m）
26	Y7b-0	26	无	孔口下 18.3m（3.1m）
27	Y7b-1	28	无	孔口下 19.6m（3.3m）
28	Z8a-1	41	无	孔口下 36.3m（5.1m）
29	Z8a-0	40	无	孔口下 34.1m（5.0m）
30	Y8a-0	39	无	孔口下 32.5m（4.6m）
31	Y8a-1	33	无	孔口下 28.0m（3.6m）
32	Z8b-1	36	无	孔口下 31.3m（5.5m）
33	Z8b-2	35	无	孔口下 27.6m（5.8m）
34	Y8b-0	43	无	孔口下 36.0m（4.5m）
35	Y8b-1	35	无	孔口下 27.4m（4.7m）
36	Z9-1	39	无	孔口下 31.8m（5.2m）
37	Z9-0	35	无	孔口下 29.5m（3.0m）
38	Y9-0	36.5	无	孔口下 29.0m（3.9m）
39	Y9-1	29.5	无	孔口下 22.0m（4.1m）
40	Z10-1	44	无	孔口下 37.5m（6.0m）
41	Z10-0	44	无	孔口下 35.0m（4.6m）
42	Y10-0	39	无	孔口下 31.3m（4.4m）
43	Z11-1	37	孔口下 8.2m（5.8m）；16.3m（11.8m）	孔口下 10.0m（5.6m）；18.0m（8.0m）
44	Z12-1	19	无	孔口下 15.0m（3.0m）
45	Z12-0	28	无	孔口下 21.6m（5.1m）

续表

序号	桩号	桩长/m	地勘溶洞位置（洞高）	实际溶洞位置（洞高）
46	Y12-0	36	无	孔口下 27.0m（5.9m）
47	Y12-1	36	无	孔口下 22.2m（5.0m）
48	Z13-1	37	无	孔口下 31.9m（4.4m）
49	Z13-2	54	无	孔口下 41.9m（5.3m）
50	Y13-0	48	无	孔口下 39.1m（5.7m）
51	Y13-1	43	孔口下 28.2m（10.0m）	孔口下 30.9m（5.4m）
52	Z14-1	46	无	孔口下 38.1m（6.1m）
53	Z14-0	29	孔口下 26.0m（1.0m）	孔口下 24.8（1.3m）
54	Y14-0	40	无	孔口下 32.3m（3.9m）
55	Z15-1	37	无	孔口下 31.0m（4.6m）
56	Y15-0	27	无	孔口下 19.2m（1.5m）
57	Y15-1	28	孔口下 6.7m（2.3m）；21.1m（0.8m）	孔口下 20.5m（1.5m）
58	Z16b-0	40	无	孔口下 27.3m（6.3m）
59	Z16b-1	35	无	孔口下 29.6m（4.1m）
60	Y16a-0	43	无	孔口下 35.5m（1.7m）
61	Y16a-1	43	无	孔口下 38.6m（1.1m）
62	Y16a-2	60	无	孔口下 50.9m（5.9m）
63	Y16b-0	51	无	孔口下 40.7m（4.2m）
64	Y16b-1	52	无	孔口下 44.2m（4.5m）
65	Y16b-2	38	无	孔口下 31.6m（3.5m）

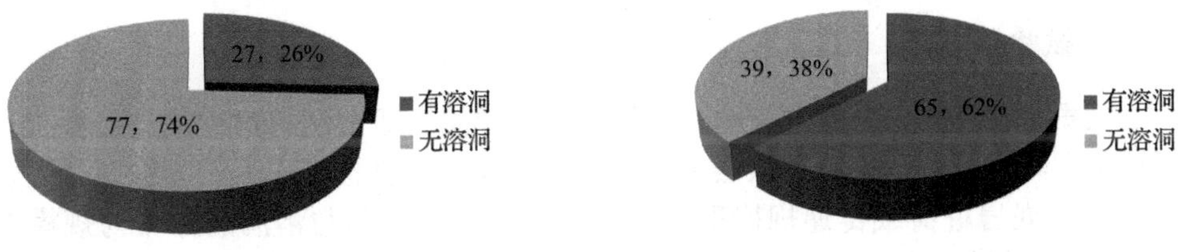

（a）地勘阶段　（b）实际施工阶段

图 3-13　雪峰大桥桩位处地勘及实际遇溶情况

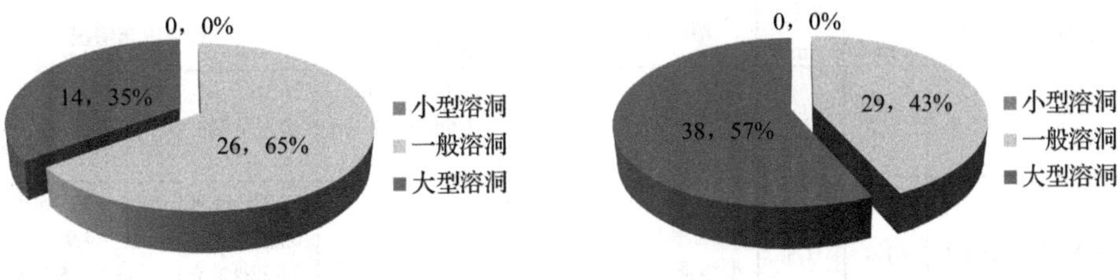

（a）地勘阶段　（b）实际施工阶段

图 3-14　雪峰大桥桩位处地勘及实际溶洞规模

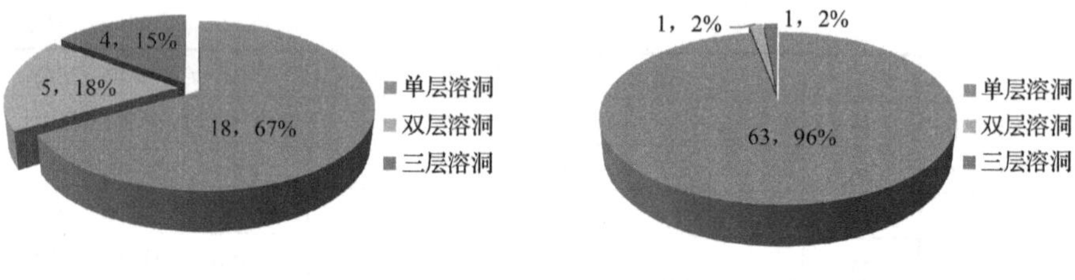

（a）地勘阶段　　（b）实际施工阶段

图 3-15　雪峰大桥桩位处地勘及实际溶洞数量分布

雪峰大桥共计 104 个桩位中，溶洞多为无充填或粉质黏土夹砂砾全充填。由表 3-3、图 3-13～图 3-15 可以看出，勘探到溶洞的桩位有 27 个，占总数的 26%；溶洞总数 40 个，其中一般溶洞 26 个、大型溶洞 14 个，分别占溶洞总数的 65%和 35%；地勘存在溶洞的 27 个桩位中单层溶洞 18 个、双层溶洞 5 个、三层溶洞 4 个，分别占存在溶洞桩位总数的 67%、18%和 15%。在实际施工中存在溶洞的桩位有 65 个，占桩位总数的 62%；溶洞总数 68 个，其中一般溶洞 30 个、大型溶洞 38 个，分别占溶洞总数的 44%和 56%；存在溶洞的 65 个桩位中单层溶洞 63 个、双层溶洞 1 个、三层溶洞 1 个，分别占存在溶洞桩位总数的 97%、1.5%和 1.5%。因地勘钻芯取样直径小，很多桩位处溶洞勘探不明，雪峰大桥共 51 个桩位存在误判，漏勘率达 78.5%。

3.3　试验桩选取与现场试验方案

3.3.1　试验桩概况

根据桩位处溶洞分布与规模，选取了穿过单层一般溶洞+置于双层溶洞之上、穿过单层特大型溶洞、穿过双层大型溶洞的 3 根代表性桩基作为试验桩，开展岩溶发育区嵌岩桩荷载传递规律现场试验，现场试验桩基与溶洞的分布与规模见表 3-4，试验桩平面示意如图 3-16 所示。

表 3-4　现场试验桩基与溶洞的分布与规模

桥名	桩号	桩长/m	桩径/m	溶洞分布	溶洞位置（洞高）	溶洞填充情况
岩里大桥	Z6-1	32.5	2.0	穿过单层一般溶洞+置于双层溶洞之上	孔口下 27.0m（1.2m）；38.7m（1.6m）；43.8m（5.6m）	均为空洞
跨省道 204 分离立交桥	Y0a-1	61.0	1.5	穿过单层特大型溶洞	孔口下 34.2m（25.5m）	34.2～44.9m、57.6～59.7m 为含砾黏性土半充填；44.9～48.0m 为细砂半充填；48.0～57.6m 为卵石全充填
雪峰大桥	Z11-0	37.0	2.0	穿过双层大型溶洞	孔口下 10.0m（5.6m）；18.0m（8.0m）	①灰岩角砾夹粉质黏土全充填；②空洞

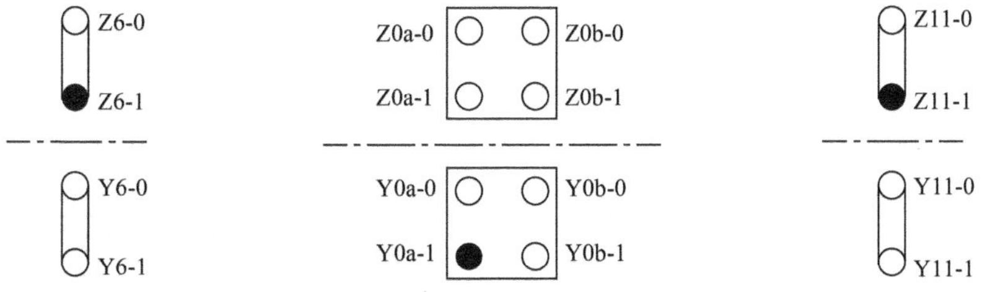

（a）岩里大桥Z6-1　（b）跨省道204分离立交桥Y0a-1　（c）雪峰大桥Z11-1

图 3-16　试验桩平面示意

3.3.2　试验元件布设方案

1. 试验元件布设原则

桩基应力测点布设的原则：①土层交界处应力变化较大，在土层交界面附近布设测点；②在溶洞处适当加密布设测点；③应力计布设避开钢筋笼接头位置；④为分析荷载传递至桩底的情况，最底层的应力计布设位置尽可能靠近桩底，且应避免过于靠近桩底，导致灌注首盘混凝土时破坏信号线。

试验元件为 YT-ZX-0400 型智能弦式钢筋应力计，用于测量桩基中的钢筋应力，量程为 20～220kN，精度为±0.25%F.S（full scale，满量程），分辨率为 0.1～1kN，工作温度为-40～125℃。钢筋应力计在钢筋笼主筋横断面上对称布设，沿桩基纵向形成串联的两列应力监测点，加密位置则在同一断面按两两对称式布设 4 处测点，相邻布设点间距为 2m 左右，同侧应力计布设在同一根主筋上，如遇钢筋笼接头则避开接头至少 50cm。试验桩直径为 1.5m 和 2.0m，其主筋分别为 26 根ϕ25mm 和 36 根ϕ28mm 钢筋。非加密位置和加密位置应力计布设如图 3-17 所示。

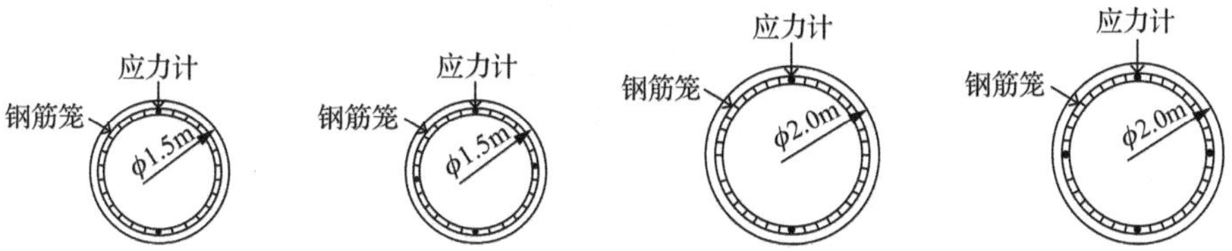

（a）非加密位置（1.5m）　（b）加密位置（1.5m）　（c）非加密位置（2.0m）　（d）加密位置（2.0m）

图 3-17　直径 1.5m 和 2.0m 的试验桩钢筋应力计布设示意

2. 试验元件布设位置

根据以上原则设计测试元件布设方案，岩里大桥 Z6-1 布设应力计 30 个，雪峰大桥 Z11-1 布设应力计 38 个，跨省道 204 分离立交桥 Y0a-1 布设应力计 56 个。各试验桩试验元件布设位置如图 3-18 所示。

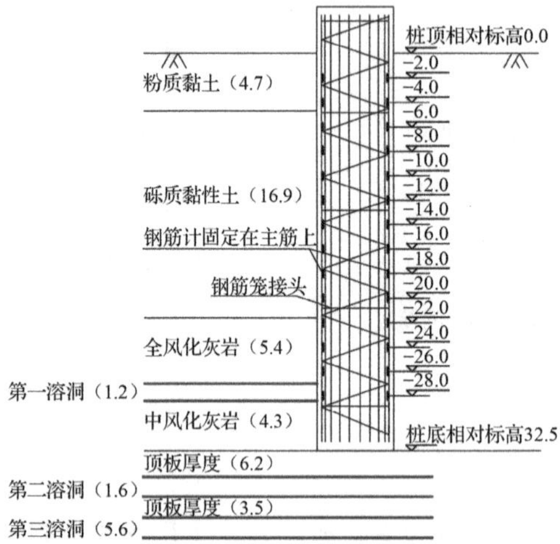

（a）岩里大桥Z6-1

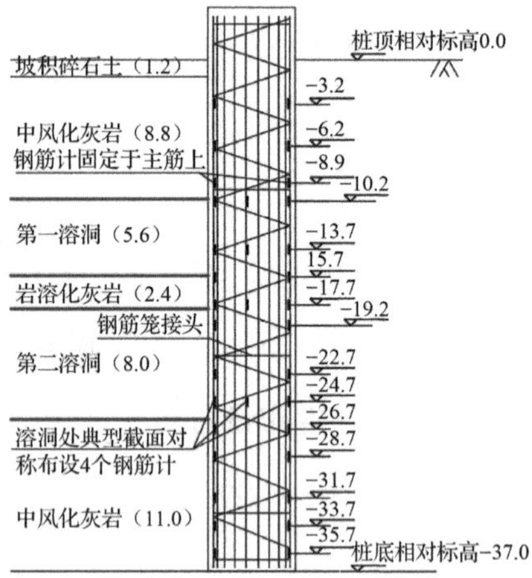

（b）雪峰大桥Z11-1

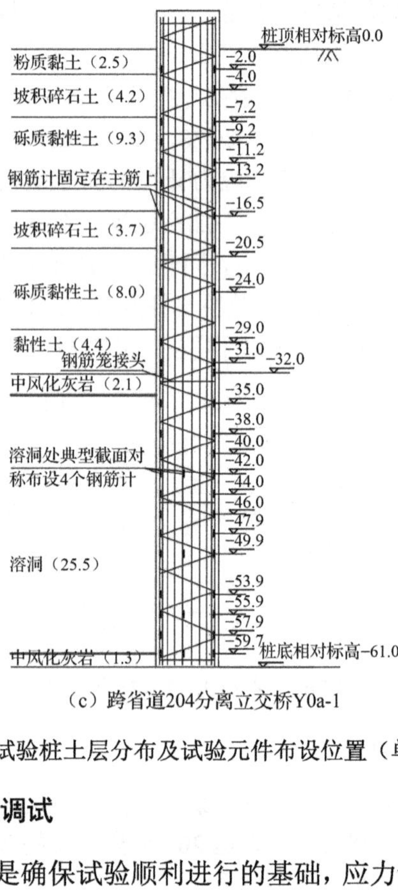

（c）跨省道204分离立交桥Y0a-1

图 3-18　试验桩土层分布及试验元件布设位置（单位：m）

3.3.3　试验元件安装与调试

应力计布设与安装是确保试验顺利进行的基础，应力计布设过程如图 3-19 所示。应力计主要安装步骤如下。

（1）钢筋笼预制好后，区分钢筋笼顺序，按既定的布设方案标记应力计布设位置；将应力计编号并焊接于对应的钢筋笼分段，焊接时及时包裹毛巾降温或洒水降温，保证应力计不被高温损坏；纵向向上将信号线绑扎于主筋，直至分段钢筋笼顶；将剩余信号线用多层防水塑料布包裹，固定在钢筋笼上。

（2）在施工现场对接钢筋笼时，将信号线取下并固定在钢筋笼接点以外，防止损坏信号线；两节钢筋笼对接时，要对齐上下节钢筋笼绑扎有信号线的主筋；待钢筋笼接长后，将下节信号线纵向向上延续绑扎于上节钢筋笼主筋上，每 20cm 绑扎一次，依次完成所有钢筋笼的应力计安装与固定。

（3）信号线延伸至桩顶后，将 4 束信号线分别穿进 PVC（polyvinyl chloride，聚氯乙烯）管，用于避免混凝土灌注完成后破桩头时信号线被破坏。

（4）由于应力计信号线是质地较软的防水信号线，破完桩头后，可适当弯曲信号线，就近每隔 20cm 绑扎在横系梁或承台纵向钢筋上，引至系梁或承台上方，放于防静电、防渗、防潮箱内，加锁后固定在安全处，保障后期能够顺利采集数据。

图 3-19　应力计布设过程

3.3.4 试验加载与测试数据读取

受现场施工条件限制，开展桩基静载试验实施难度很大，且考虑着重分析岩溶发育区桩基荷载传递规律，因此以不同施工阶段对应的上部结构自重作为现场试验中桩基所受外荷载，也就是地系梁/承台自重、地系梁/承台+柱系梁+墩柱自重、地系梁/承台+柱系梁+墩柱+盖梁自重、地系梁/承台+柱系梁+墩柱+盖梁+梁自重、地系梁/承台+柱系梁+墩柱+盖梁+梁+桥面铺装与防护栏自重 5 种工况。试验桩的各施工阶段荷载见表 3-5。

表 3-5 试验桩各施工阶段荷载 （单位：kN）

工况	岩里大桥 Z6-1	跨省道 204 分离立交桥 Y0a-1	雪峰大桥 Z11-1
工况 1：地系梁/承台自重	166	595	303
工况 2：地系梁/承台+柱系梁+墩柱自重	988	1906	1247
工况 3：地系梁/承台+柱系梁+墩柱+盖梁自重	1585	2106	1692
工况 4：地系梁/承台+柱系梁+墩柱+盖梁+梁自重	3446	2946	2953
工况 5：地系梁/承台+柱系梁+墩柱+盖梁+梁+桥面铺装与防护栏自重	4144	3506	3628

受地形条件的限制并考虑研究内容，测试分析桥梁结构相关构件自重作用下试验桩力学特性。各阶段均读取两次数据，取均值作为最终试验结果，须在以下节点完成测试。

（1）应力计焊接前。

（2）应力计焊接完成后，检测应力计的完好性。

（3）灌注混凝土前、后各测试一次，且混凝土灌注完后连续监测直至稳定。

（4）系梁/承台、墩柱、盖梁、箱梁、桥面铺装层及防撞护栏施工前、后。

3.4 现场试验结果与分析

3.4.1 试验数据处理方法

1. 桩身轴力计算

假定钢筋与混凝土紧密接触，即同一截面内钢筋与混凝土的应变相等且钢筋与混凝土均为线弹性材料，材料特性满足胡克定律，根据测试元件读数换算桩身轴力。

桩身轴力计算公式如下：

$$T_i = n \cdot F_{Gi} + \frac{E_H \cdot A_H}{E_G \cdot A_G} F_{Gi} \tag{3-1}$$

式中：T_i 为应力计所在截面桩身轴力（按应力计从上到下 i=1,2,3…）；F_{Gi} 为应力计所在主筋的轴向压力；E_G、E_H 分别为钢筋及混凝土材料弹性模量；A_G、A_H 分别为单根钢筋及混凝土横截面面积；n 为计算截面内主筋根数。

1）计算参数选取

试验桩的钢筋为Ⅱ级，混凝土为 C30，设计直径为 1.5m 和 2.0m，主筋分别为 26 根ϕ25mm 和 36 根ϕ28mm 钢筋。取Ⅱ级钢筋弹性模量 E_G=2.0×10^5 MPa；C30 混凝土弹性模量 E_H=3.0×10^4 MPa。

2）计算截面的取舍

出现下列情况时剔除该截面数据，其轴力计算取上下两截面的平均值。

（1）由于现场施工及试验仪器焊接影响，所测量的钢筋应力计数据不稳定（连续 4 次测量值变化幅度过大），或所读数据超出读数仪量程。

（2）由于混凝土灌注的不均匀性，导致某些断面处应力计读数与理论应力值相差过大，与实际受力性状不符。

2. 桩侧阻力的计算

以应力计布设位置为分段节点，计算桩身各离散分段的平均桩侧阻力。设 a_i、a_{i+1} 断面的桩身轴力分别为 T_i、T_{i+1}，则 a_i、a_{i+1} 断面间的平均桩侧阻力为

$$q_{si} = \frac{T_i - T_{i+1}}{A_{i,i+1}} \tag{3-2}$$

式中：q_{si} 为 a_i、a_{i+1} 截面间每延米长度内的平均桩侧阻力；$A_{i,i+1}$ 为 a_i、a_{i+1} 截面间的桩身侧表面积。

3.4.2　穿过单层一般溶洞+置于双层溶洞之上的桩基竖向承载特性分析

1. 穿过单层一般溶洞+置于双层溶洞之上的桩基桩身轴力分析

各工况荷载作用下岩里大桥 Z6-1 桩身不同位置桩身轴力分布规律如图 3-20 所示。

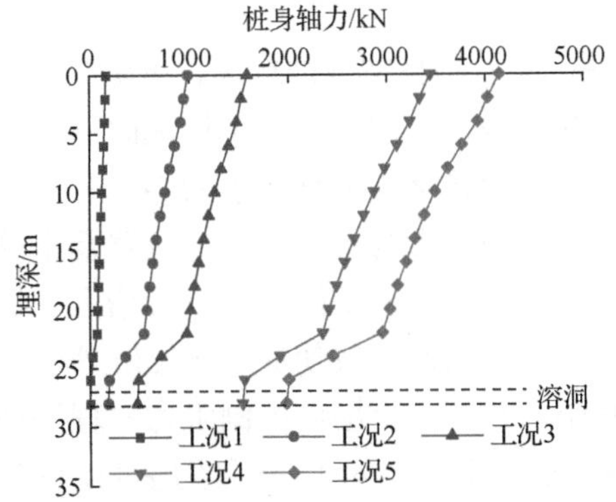

图 3-20　岩里大桥 Z6-1 桩身轴力分布规律

由图 3-20 可以看出，桩身轴力随埋深的增大而逐渐减小，在岩层范围内桩身轴力衰减速度显著增大；在不同桩顶荷载作用下，桩身轴力随埋深分布规律相似，随着桩基上部荷载增大，桩身轴力衰减速度有所增加；在溶洞 27～28.2m 范围内桩身轴力衰减速度显著降低且几乎不衰减。

主要原因是，随埋深增大，岩土体侧阻标准值变大，与桩基相互作用所提供的摩阻力增大，轴力逐渐减小；随着桩基上部荷载的增大，桩基竖向沉降增大，桩土间相对位移增大，桩侧阻力进一步发挥，桩身轴力衰减速度增大；桩基所穿过溶洞仅为 1.2m 且为空洞，施工过程中回填材料少，溶洞的存在造成桩周土体缺失，由于回填材料量小且松散，回填材料固结沉降与桩身在上部荷载作用下的沉降变形差很小，回填材料无法提供桩侧阻力，溶洞处桩身轴力衰减速度显著降低且几乎不衰减。

2. 穿过单层一般溶洞+置于双层溶洞之上桩基桩侧阻力分析

各工况荷载作用下岩里大桥 Z6-1 桩侧阻力分布规律如图 3-21 所示。

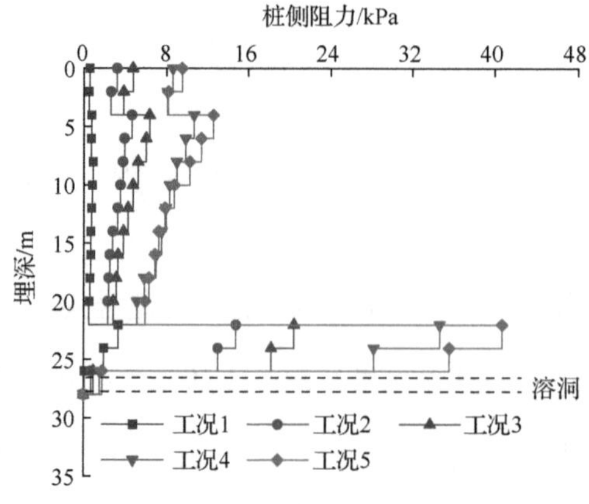

图 3-21　岩里大桥 Z6-1 桩侧阻力分布规律

由图 3-21 可以看出，随着桩顶荷载的增大，桩侧阻力逐渐增大，在嵌岩处达到最大值；同一工况荷载作用下，同一土层中桩侧阻力随埋深增大而减小，在溶洞 27～28.2m 范围内桩侧阻力显著减小且几乎为零。

主要原因是，桩侧阻力的发挥与桩土间相对位移及土的性质有关。随着桩顶荷载的增大，桩基竖向沉降增大，桩土间相对位移增大，桩侧阻力充分发挥；同一工况荷载作用下，桩侧阻力的发挥致使桩身压缩随埋深增大而减小，桩土间相对位移随埋深增大而减小，故同一土层内桩侧阻力随埋深增大而减小。溶洞的存在造成桩周土体的缺失，由于溶洞仅为 1.2m 且为空洞，即使在施工过程中回填了部分片石、黏土，但回填体少且松散，回填材料固结沉降与桩身在桩顶荷载作用下的沉降变形差很小，无法挤压桩基而产生摩阻力，致使溶洞范围内桩侧阻力显著减小且几乎为零。

3.4.3　穿过单层特大型溶洞的桩基竖向承载特性分析

1. 穿过单层特大型溶洞的桩基桩身轴力分析

各工况荷载作用下跨省道 204 分离立交桥 Y0a-1 桩身轴力分布规律如图 3-22 所示。

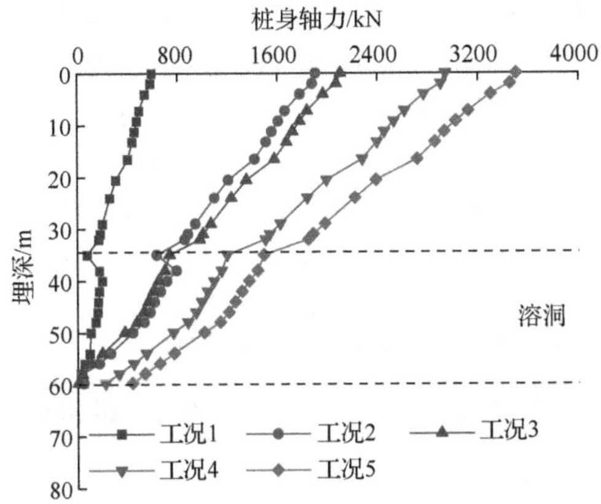

图 3-22　跨省道 204 分离立交桥 Y0a-1 桩身轴力分布规律

由图 3-22 可以看出，同一荷载作用下，溶洞以上岩土体内桩身轴力随埋深增大而减小，进入岩层后桩身轴力衰减速度显著增大；随桩顶荷载增大，溶洞以上岩土体同一深度处桩身轴力增大，桩身轴力衰减速度增大。荷载为 595kN 时，溶洞 34.2～40.0m 范围内桩身轴力随埋深增大而增大；溶洞 40.0～57.6m 范围内桩身轴力随埋深增大而减小；溶洞 57.6～59.7m 范围内桩身轴力随埋深增大而小幅增大。荷载为 1906kN 时，溶洞 34.2～40.0m 范围内桩身轴力随埋深增大而先增大后减小；溶洞 40.0～57.6m 范围内桩身轴力随埋深增大而减小；溶洞 57.6～59.7m 范围内桩身轴力随埋深增大而小幅增大。荷载大于 1906kN 时，溶洞 34.2～40.0m 范围内桩身轴力不再随埋深增大而增大；溶洞 34.2～59.7m 范围内桩身轴力随埋深增大而减小，轴力减小速度随荷载增大而增大。

分析桩身轴力变化的原因为：随埋深增大，溶洞以上岩土体所提供的摩阻力增大，轴力逐渐减小；随桩顶荷载增大，桩基沉降增大，桩土间相对位移增大，桩侧阻力进一步发挥，桩身轴力衰减速度增大。

溶洞 34.2～44.9m 范围内为含砾黏性土半充填且溶洞高度特大，施工过程中回填了大量片石、水泥、黏土，施工结束初期，回填材料产生固结沉降；桩顶荷载较小时，桩基沉降小于回填材料固结沉降，在桩侧产生下拉力，桩身轴力随埋深增大而增大。随着桩顶荷载增大，桩基沉降小于 34.2～38.0m 范围内回填材料固结沉降，大于 38.0～40.0m 范围内回填材料固结沉降，回填材料在桩侧产生的摩阻力由向下过渡为向上，桩身轴力随埋深先增大后减小。荷载大于 1906kN 且回填材料沉降趋于稳定时，桩基与回填材料相对位移向下，桩侧阻力逐渐发挥，桩身轴力随埋深增大而减小。溶洞 44.9～48.0m 范围内为细砂半充填且溶洞高度一般，施工中回填材料较少，回填材料的固结沉降较小；在桩顶荷载作用下，桩基与回填材料产生相对位移，溶洞内细砂提供摩阻力，桩身轴力小幅减小。溶洞 48.0～57.6m 范围内为灰褐色卵石全充填且溶洞特大，施工中回填材料较少且主要以黏土为主，回填材料的固结沉降影响较小；在桩顶荷载作用下，桩基与回填材料产生相对位移，溶洞中灰褐色卵石可提供较大摩阻力，桩身轴力随埋深增大而减小。溶洞 57.6～59.7m 范围内为含砾黏性土半充填且溶洞高度一般，桩顶荷载较小时，桩基沉降小于回填材料固结沉降，在桩侧产生下拉力，桩身轴力随埋深增大；随着桩顶荷载增大及回填材料沉降稳定，溶洞内的回填材料和原充填材料提供向上的摩阻力，桩身轴力随埋深减小。

2. 穿过单层特大型溶洞的桩基桩侧阻力分析

各工况荷载作用下跨省道 204 分离立交桥 Y0a-1 桩侧阻力分布规律如图 3-23 所示。

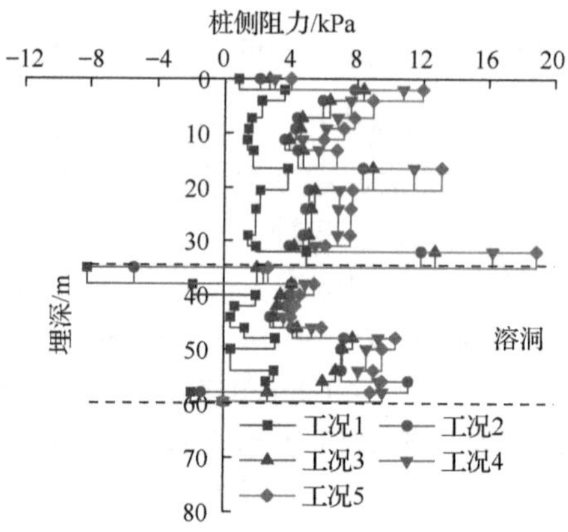

图 3-23　跨省道 204 分离立交桥 Y0a-1 桩侧阻力分布规律

由图 3-23 可以看出，同一荷载作用下，溶洞以上覆盖层内桩侧阻力随埋深增大而减小，岩层内桩侧阻力较覆盖层内大且其随埋深增大而减小；随桩顶荷载增大，同一埋深处的桩侧阻力增大。荷载为 595kN 时，溶洞 34.2～40.0m 范围内为桩侧负摩阻力；溶洞 40.0～44.9m 范围内桩侧阻力由负值变为正值，且桩侧阻力随埋深增大而减小；溶洞 44.9～48.0m 范围内桩侧阻力为正值且较小；溶洞 48.0～57.6m 范围内桩侧阻力较溶洞其他范围内大；溶洞 57.6～59.7m 范围内为桩侧负摩阻力。荷载为 1906kN 时，溶洞 34.2～38.0m 范围内为桩侧负摩阻力；溶洞 38.0～44.9m 范围内桩侧阻力由负值变为正值，且桩侧阻力随埋深增大而减小；溶洞 44.9～48.0m 范围内桩侧阻力为正值且较小；溶洞 48.0～57.6m 范围内桩侧阻力较溶洞其他范围内大；溶洞 57.6～59.7m 范围内为桩侧负摩阻力。荷载大于 1906kN 时，溶洞 34.2～40.0m 范围内桩侧阻力较小；溶洞 40.0～44.9m 范围内，桩侧阻力随埋深增大而减小；溶洞 44.9～48.0m 范围内桩侧阻力为正值且较小；溶洞 48.0～59.7m 范围内桩侧阻力较溶洞其他范围内大且随埋深增大而减小。

分析桩侧阻力变化的原因为：溶洞以上岩土体内，同一荷载作用下，桩侧阻力的发挥致使桩身压缩随埋深减小，同一土层内桩侧阻力随埋深减小。溶洞 34.2～44.9m 范围内为含砾黏性土半充填且溶洞高度特大，施工过程中回填了大量片石、水泥、黏土，施工结束初期，回填材料产生固结沉降；桩顶荷载较小时，回填材料固结沉降大于桩基沉降，在桩侧产生下拉力，桩侧阻力为负值；随着荷载的增大及回填材料沉降逐渐稳定，桩基相对回填材料向下沉降，桩侧阻力逐渐发挥，变为正值。溶洞 44.9～48.0m 范围内为细砂半充填且溶洞高度一般，施工中回填材料较少，在桩顶荷载作用下，桩基产生向下位移，溶洞内细砂仅提供较小桩侧阻力。溶洞 48.0～57.6m 范围内为灰褐色卵石全充填且溶洞特大，施工中回填材料较少，在桩顶荷载作用下桩身产生向下位移，溶洞中灰褐色卵石侧向挤压桩基，提供的摩阻力较大。溶洞 57.6～59.7m 范围内为含砾黏性土半充填且溶洞高度一般，桩顶荷载较小时，回填材料固结沉降较桩基沉降大，在桩侧产生下拉力；随着桩顶荷载增大且回填材料固结沉降逐渐稳定，回填材料可提供一定桩侧阻力。

3.4.4　穿过双层大型溶洞的桩基竖向承载特性分析

1. 穿过双层大型溶洞的桩基桩身轴力分析

各工况荷载作用下雪峰大桥 Z11-1 桩身轴力分布规律如图 3-24 所示。

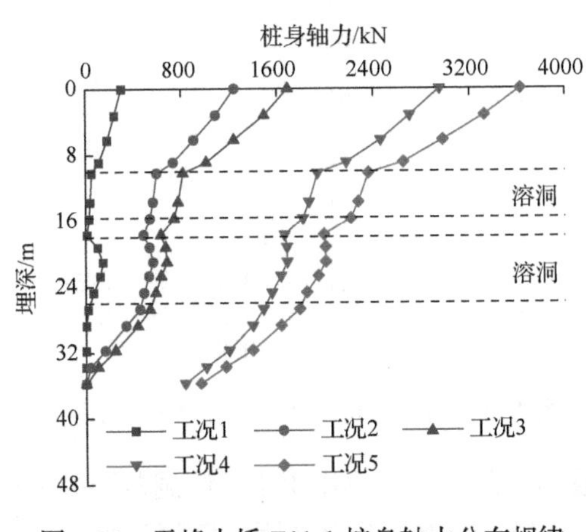

图 3-24　雪峰大桥 Z11-1 桩身轴力分布规律

由图 3-24 可以看出，同一荷载作用下，在溶洞以上岩土体内，桩身轴力随埋深增大而减小，进入岩层后桩身轴力衰减速度显著增大；随桩顶荷载增大，溶洞以上岩土体在同一埋深处桩身轴力增大，桩身轴力衰减速度增大。在溶洞 10.0～15.6m 范围内桩身轴力随埋深增大而小幅减小；在溶洞 18.0～26.0m 范围内，桩身轴力随埋深增大呈先增大后减小的趋势；桩顶荷载为 303kN、1247kN 时，桩身轴力增幅显著，随桩顶荷载增大，桩身轴力增幅逐渐减小。

分析桩身轴力变化的原因为：随埋深增大，岩土体与桩基相互作用所提供的摩阻力增大，轴力逐渐减小；随桩顶荷载增大，桩基沉降增大，桩土间相对位移增大，桩侧阻力进一步发挥，桩身轴力衰减速度增大。第一层溶洞（10.0～15.6m）为灰岩角砾夹粉质黏土全充填，施工过程中回填材料量小，溶洞中原填充材料可为桩基提供较小的摩阻力，因此，该溶洞范围内桩身轴力小幅减小。第二层溶洞（18.0～26.0m）为大型溶洞且为空洞，施工过程中回填了大量片石、水泥、黏土，施工结束初期，溶洞内回填材料产生固结沉降，其沉降大于桩基沉降，在桩侧表面出现下拉力，二者相对位移随埋深增大而减小，导致溶洞范围内出现部分桩身轴力增大且增大速度随埋深增大而变小；随桩顶荷载增大及回填材料沉降逐渐稳定，桩基与回填材料相对位移逐渐减小，桩侧的下拉力逐渐减小，桩身轴力增幅减小；溶洞内下半部分回填材料沉降小于桩基沉降，可提供向上的摩阻力，因此该范围内桩身轴力逐渐减小。

2. 穿过双层大型溶洞的桩基桩侧阻力分析

各工况荷载作用下雪峰大桥 Z11-1 桩侧阻力分布规律如图 3-25 所示。

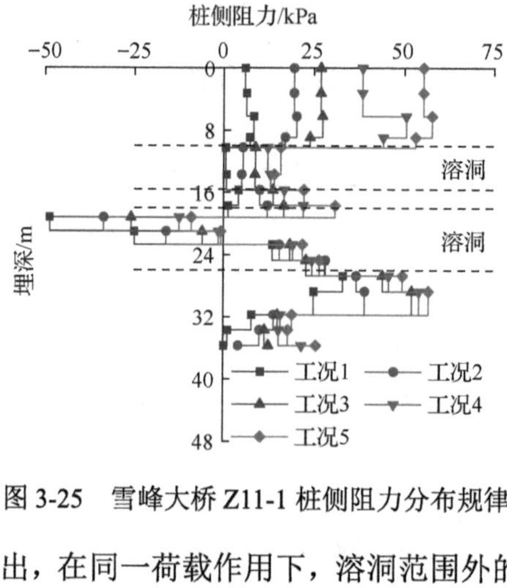

图 3-25　雪峰大桥 Z11-1 桩侧阻力分布规律

由图 3-25 可以看出，在同一荷载作用下，溶洞范围外的同一土层中桩侧阻力随埋深增大而减小，溶洞范围内桩侧负摩阻力随埋深增大而逐渐减小；随着桩顶荷载的增大，溶洞范围外同一埋深处桩侧阻力增大。在第一层溶洞 10.0～15.6m 范围内桩侧阻力显著减小；溶洞 18.0～26.0m 范围内，桩侧产生负摩阻力，随埋深增加，桩侧阻力由负转正；随着桩顶荷载的增大，溶洞范围内同一埋深处桩侧负摩阻力逐渐减小，溶洞下部分同一埋深处提供的正摩阻力逐渐增大。

分析桩侧阻力变化的原因为：同一荷载作用下，桩土间相对位移随埋深增大而减小，同一土层内桩侧阻力随埋深增大而减小；随着桩顶荷载的增大，桩基竖向沉降增大，桩土间相对位移增大，溶洞范围外桩身同一埋深处桩侧阻力增大。第一层溶洞（10.0～15.6m）为灰岩角砾夹粉质黏土全充填，桩土间产生相对位移时，溶洞中填充材料可为桩基提供较小摩阻力。第二层溶洞（18.0～26.0m）为大型溶洞且为空洞，施工过程中回填了大量片石、水泥、黏土，施工结束初期，回填材料产生固结沉降。溶洞范围 18.0～22.7m 内回填材料固结沉降大于桩基沉降，在桩侧产生较大的下拉力；溶洞范围 22.7～26.0m 内桩基与回填材料相对位移向下，桩侧阻力由负转正。随着桩顶荷载的增大，溶洞 18.0～22.7m 范围内回填材料沉降逐渐接近桩基沉降，回填材料引起的下拉力减小，桩侧负摩阻力逐渐减小；溶洞 22.7～26.0m 范围内桩基相对于回填材料的位移向下且逐渐增大，桩侧阻力逐渐增大。

3.5　现场试验规律讨论

现场试验着重分析不同溶洞分布、不同原充填材料情况下桥梁桩基荷载传递规律，试验中桩基所受分级荷载是通过上部结构自重加载来实现的。需要注意的是，桩基的设计承载力与上部结构自重相比大得多，仅考虑结构自重加载而未考虑施工与运营过程中的可变荷载和偶然荷载作用的影响，加载条件远未达到桩基所受的最不利作用且未达到极限荷载。实际工程中岩里大桥、跨省道 204 分离立交桥、雪峰大桥具有代表性的试验桩的加载总荷载（结构自重）及各单桩的容许承载力见表 3-6。

表 3-6　具有代表性的试验桩的加载总荷载（结构自重）及各单桩的容许承载力

桩号	桩长/m	桩径/m	嵌岩深度/m	溶洞分布	溶洞填充情况	试验加载/kN	单桩容许承载力/kN	结构自重占容许承载力比值
Z6-1	32.5	2.0	4.3	穿过单层一般溶洞+置于双层溶洞之上	均为空洞	4144.0	41214.7	10.1%
Y0a-1	61.0	1.5	1.3	穿过单层特大型溶洞	34.2～44.9m、57.6～59.7m 为含砾黏性土半充填；44.9～48.0m 为细砂半充填；48.0～57.6m 为卵石全充填	3506.0	28504.7	12.3%
Z11-1	37.0	2.0	11.0	穿过双层大型溶洞	①灰岩角砾夹粉质黏土全充填；②空洞	3628.0	89360.7	4.1%

由表 3-6 可知，岩里大桥 Z6-1 桩的承载力容许值为 41214.7kN，但试验加载最大值（结构自重）仅为 4144.0kN，为容许承载力的 10.1%；204 分离立交桥 Y0a-1 桩的承载力容许值为 28504.7kN，但试验加载最大值（结构自重）仅为 3506.0kN，仅为容许承载力的 12.3%；雪峰大桥 Z11-1 桩的承载力容许值为 89360.7kN，但试验加载最大值（结构自重）仅为 3628.0kN，仅为容许承载力的 4.1%，试验加载最大值（结构自重）均远小于其设计承载力，因此试验桩的侧阻力远未充分发挥，即未达到极限状态。

3.6 小　　结

本章依托莆炎高速公路桥梁桩基设计参数与溶洞分布情况，选取代表性试验桩开展了岩溶发育区桩基荷载传递规律现场试验，分析了不同桩基设计参数，以及不同溶洞数量、位置及充填情况下试验桩的荷载传递机理。主要结论如下。

（1）勘察阶段和施工阶段溶洞的类型、数量、特征相差极大，说明设计阶段桩基的设计结果仅可作为参考，施工阶段应逐桩进一步计算分析桩基设计的合理性，建议岩溶发育区桥梁桩基采用动态设计方法。

（2）在桩顶竖向荷载作用下，岩溶发育区桩基竖向荷载传递规律与普通桩基有很大差异，溶洞充填情况对桩基竖向荷载传递规律影响较大。在部分充填较少的溶洞处桩侧阻力几乎为零，桩身轴力几乎不变；在回填材料较多处，回填结束初期，溶洞处桩侧产生负摩阻力，桩身轴力随埋深增大而增大，这与第 2 章桩基-岩土体-溶洞相互作用模型一致。

（3）桩基穿过一层一般溶洞且为空洞时，溶洞的存在造成桩周土体缺失，由于回填材料量小且松散，回填材料固结沉降与桩身在上部荷载作用下的沉降变形差很小，桩侧阻力几乎为零，溶洞处桩身轴力衰减速度显著降低且几乎不衰减。溶洞为灰褐色卵石全充填且溶洞特大，施工中回填材料较少，在上部荷载作用下桩身产生沉降，溶洞中灰褐色卵石可提供较大摩阻力，桩身轴力随埋深增大而减小。

（4）桩基穿过一层特大型溶洞时，桩身轴力及桩侧阻力因不同埋深处溶洞自身充填情况、回填情况及材料的不同而存在较大差异；原充填材料为黏土、砂土或无充填时，回填体的沉降在桩侧引起负摩阻力，负摩阻力随回填体沉降稳定逐渐转为正值，但桩侧阻力较小，且桩身轴力随埋深增大而减小的速度显著降低。

（5）桩基穿过两层大型溶洞时，第一层溶洞为灰岩角砾夹粉质黏土全充填，溶洞中原填充材料可为桩基提供较小的摩阻力，该溶洞范围内桩身轴力小幅减小；第二层溶洞为大型溶洞且为空洞，施工过程中回填了大量片石、水泥、黏土，桩身轴力随埋深增大先增大后减小，随桩顶荷载增大，桩身轴力增幅减小。

第4章　溶洞规模和位置影响下回填溶洞型桩基竖向承载特性及负摩阻力

4.1　概　　述

本章采用 Midas/GTS 三维有限元数值仿真软件对不同溶洞高度、溶洞跨度、溶洞位置的桥梁桩基竖向承载特性及荷载传递机理进行模拟分析，重点研究回填法处理溶洞时产生的负摩阻力问题，分析不同溶洞规模和位置下负摩阻力最大值和负摩阻力范围占比的变化规律，为岩溶发育区桩基负摩阻力计算的优化提供依据，具有重要的工程实际意义与研究价值。

4.2　数值仿真与现场试验对比验证

采用三维有限元数值仿真软件对现场试验具有代表性的两根桩基进行数值建模，分析不同桩顶荷载作用下跨省道 204 分离立交桥试验桩 Y0a-1、雪峰大桥试验桩 Z11-1 的桩身轴力、桩侧阻力及负摩阻力变化规律，并与现场试验结果进行对比，验证数值仿真结果的可靠性，通过扩充数值仿真工况，研究穿越大型溶洞桥梁桩基竖向承载特性及荷载传递机理。

4.2.1　数值模型建立

模型假设土体材料服从莫尔–库仑屈服准则，为均质弹塑性体，桩身为线弹性材料，并且考虑桩土接触，接触单元采用允许不同材料之间或刚度相差较大的材料之间滑动的 Goodman 单元，考虑土的自重应力场为初始条件。模型的 X、Y 向均为 60m，Z 向桩端以下为 30m。数值仿真侧向土体的尺寸均大于 $10D$，将模型底面 X、Y、Z 方向位移固定，侧面 X、Y 方向位移固定，模拟半无限空间体，对桩顶施加分级荷载。桩长为 61m，桩径为 1.5m，桩的弹性模量取 30GPa，泊松比取 0.2，容重取 24kN/m^3。现场试验模型岩土体参数见表 4-1，现场试验桩的计算模型剖面图如图 4-1 所示。

表 4-1　现场试验模型岩土体参数

序号	材料名称	压缩模量 E/MPa	黏聚力 c/kPa	内摩擦角 φ /(°)	容重 γ /(kN/m^3)	桩侧阻力标准值 q_{ik}/kPa	单轴饱和抗压强度 f_{rk}/MPa
1	粉质黏土	2.0	15	14	16.5	15	
2	坡积碎石土	16.0	4	33	19.0	60	
3	岩溶化灰岩				22	100	
4	砾质黏性土	4.0	18	16	17.6	55	
5	坡积黏性土	4.4	20	18	17.9	45	
6	中风化灰岩				23	200	30
7	原充填土	4.8	15	18	18.7	35	
8	回填材料	5.0	15	18	17.6	35	

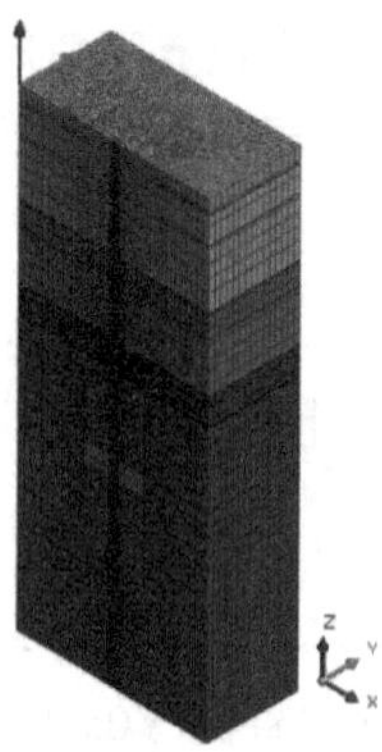

（a）跨省道204分离立交桥Y0a-1

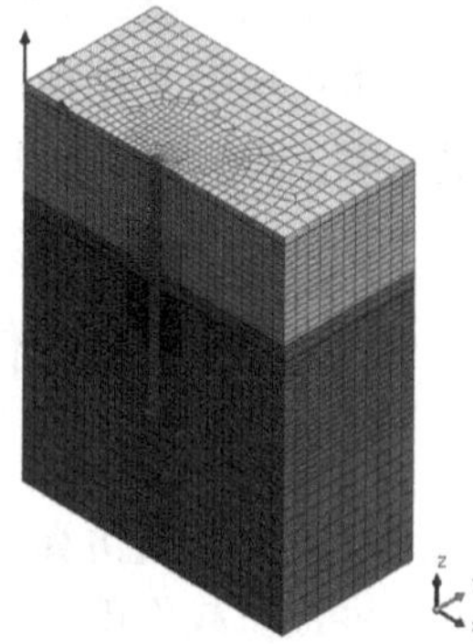

（b）雪峰大桥Z11-0

图 4-1　现场试验桩的计算模型剖面图

在数值仿真中，对桩基模型的网格划分进行了加密处理，每 1m 划分一层网格，后处理过程通过提取每层桩单元截面上的局部方向合力来获取该深度的桩身轴力。桩侧阻力是通过轴力计算得到的，为便于计算桩侧阻力，以桩单元网格划分节点为分段节点，将桩身离散为 n 个单元，假设桩体深度范围内各单元土的桩侧阻力相同，取平均桩侧阻力作为该层的桩侧阻力值，计算公式同式（3-2）。

4.2.2　跨省道 204 分离立交桥 Y0a-1 数值仿真结果验证

各工况荷载作用下跨省道 204 分离立交桥 Y0a-1 数值仿真桩身轴力分布规律如图 4-2 所示，桩侧阻力分布规律如图 4-3 所示。

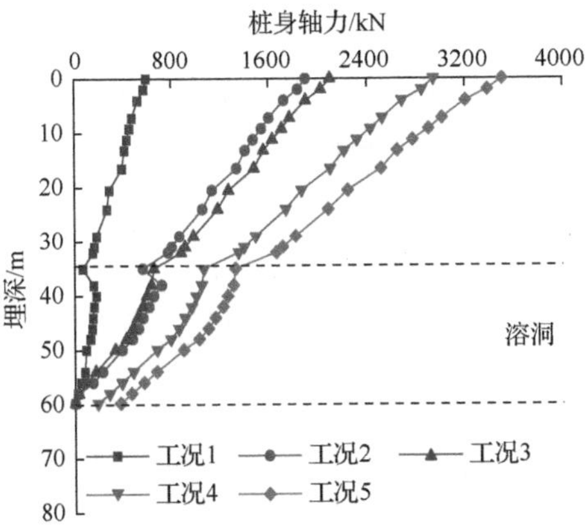

图4-2　桩身轴力分布规律

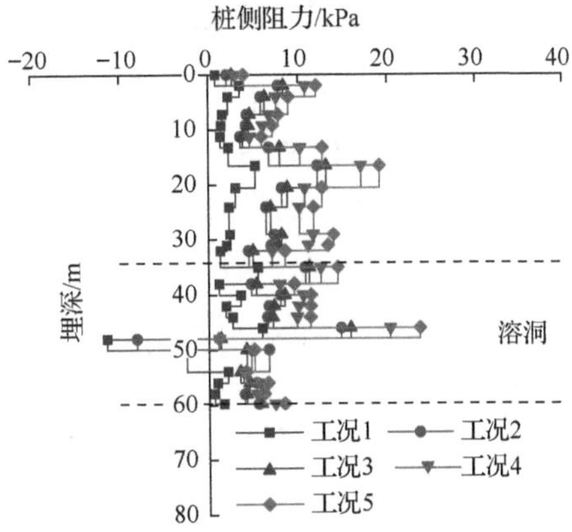

图4-3　桩侧阻力分布规律

由图4-2可以看出，数值仿真结果得到的桩身轴力整体分布规律与现场试验一致，在同一工况荷载作用下，桩身轴力随深度增大而减小，在岩层范围内桩身轴力衰减速度显著增大；在不同荷载下，桩身轴力沿深度分布规律相似，随着上部荷载增大，桩身轴力衰减速度增加；在溶洞34.2～59.7m范围内桩身轴力衰减速度有部分降低；在溶洞34.2～44.1m、57.9～59.7m范围内，上部荷载为595kN、1906kN时，桩身轴力随桩身深度增大而先增大后减小，上部荷载为2106kN、2946kN、3506kN时，桩身轴力随桩身深度增大而减小；在溶洞44.1～57.9m范围内，桩身轴力随桩身深度增大而减小。

由图4-3可以看出，数值仿真桩侧阻力分布规律与试验结果相似，在34.2～44.1m、57.9～59.7m溶洞范围内，上部荷载为595kN、1906kN时，桩侧负摩阻力随深度增大而减小，并由负值逐渐变为正值，上部荷载为2106kN、2946kN、3506kN时，溶洞内桩侧阻力为正值，且随深度增大而减小；在溶洞44.1～48.3m范围内，桩侧阻力显著减小；在溶洞48.3～57.9m范围内，桩侧阻力较黏土层大，随深度增大而减小。

现场试验桩的桩侧负摩阻力最大值的绝对值为8.374kPa，而数值仿真桩侧负摩阻力最大值的绝对值为11.385kPa，数值仿真得到的负摩阻力最大值的绝对值大于现场试验结果。这是由于数值仿真建立的是理想化模型，不受外界条件干扰，在沉降初期，相同桩顶荷载作用下现场试验中回填材料的瞬时沉降比数值仿真中的回填材料沉降小，导致数值仿真得到的负摩阻力最大值的绝对值较大，利用数值仿真结果进行桩基设计得到的结果偏于安全。因此，可采用数值仿真开展穿越超大型溶洞桩基承载特性和荷载传递机理研究。

4.2.3 雪峰大桥 Z11-1 数值仿真结果验证

各工况荷载作用下雪峰大桥 Z11-1 数值仿真桩身轴力分布规律如图 4-4 所示，桩侧阻力分布规律如图 4-5 所示，负摩阻力最大值、负摩阻力最大点距桩顶距离及负摩阻力范围占比见表 4-2。

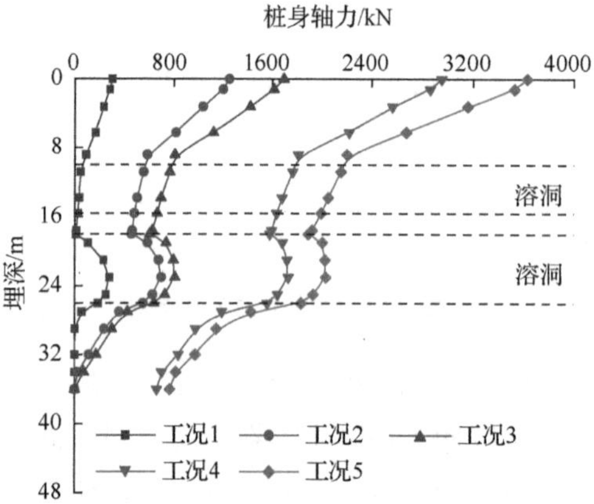

图 4-4 轴力分布规律

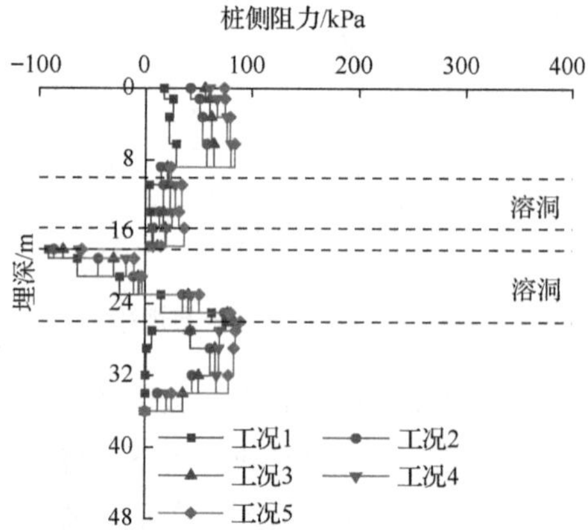

图 4-5 桩侧阻力分布规律

表 4-2 数值仿真中试验桩负摩阻力最大值、负摩阻力最大点距桩顶距离及负摩阻力范围占比

参数	工况 1	工况 2	工况 3	工况 4	工况 5
	荷载 303kN	荷载 1247kN	荷载 1692kN	荷载 2953kN	荷载 3628kN
负摩阻力最大值/kPa	-91.02	-85.98	-77.37	-62.43	-59.78
负摩阻力最大点距桩顶距离/m	22.24	21.48	21.28	21.23	21.12
负摩阻力范围占比/%	53.00	43.50	41.00	40.38	39.00

由图 4-4 可以看出，数值仿真结果得到的桩身轴力分布规律与试验结果一致，在同一荷载作用下，桩身轴力随深度增大而减小，在岩层范围内桩身轴力衰减速度显著增大；在不同荷载下，桩身轴力沿深度分布规律相似，随着上部荷载增大，桩身轴力衰减速度有所增加；在溶洞 10.0～15.6m 范围内桩身轴力小幅减小；在溶洞 18.0～26.0m 范围内，桩身轴力随深度先增大后减小，桩基上部荷载越小，桩身轴力增大的幅度越大。数值仿真所得桩身轴力在溶洞范围内的增幅较试验结果的增幅大。

由图 4-5 可以看出，数值仿真桩侧阻力分布规律与试验结果大致相似，在溶洞 10.0～15.6m 范围内桩侧阻力显著减小，溶洞 18.0～26.0m 范围内桩侧产生负摩阻力，溶洞范围内桩侧阻力由负转正；随着桩基上部荷载的增大，溶洞范围内桩身同一深度处桩侧负摩阻力逐渐减小，溶洞范围外同一深度处桩侧正摩阻力增大，在岩层部分桩侧阻力达到最大值；同一荷载作用下，溶洞范围外的同一土层中桩侧阻力随桩身深度增大而减小，溶洞范围内桩侧负摩阻力随桩身深度增大而减小。

由表 4-2 可以看出，随桩顶荷载的增大，负摩阻力最大值的绝对值逐渐减小，中性点位置逐渐上升，负摩阻力范围占比逐渐减小。负摩阻力最大值的绝对值在竖向荷载为 303kN 时最大。数值仿真得到的负摩阻力最大值的绝对值普遍大于现场试验结果，利用数值仿真结果进行桩基设计得到的结果偏于安全。

4.3　数值仿真分析方案

4.3.1　模型建立

岩溶发育区桩基的负摩阻力产生机理实际上是桩基-岩土体-溶洞-回填材料相互作用的反映。采用仿真软件提供的八节点六面体单元进行网格划分，将实体离散成有限元单元，并对桩单元及桩周的岩土体单元进行网格加密。桩基结构采用理想弹性本构模型；回填材料、桩周与桩端岩土体具有多相、多变、松散等特性，因此采用理想弹塑性莫尔-库仑（Mohr-Coulomb，M-C）本构模型。接触单元采用允许不同材料之间或刚度相差较大的材料之间滑动的 Goodman 单元。计算模型的网格划分如图 4-6 所示，剖面图如图 4-7 所示。

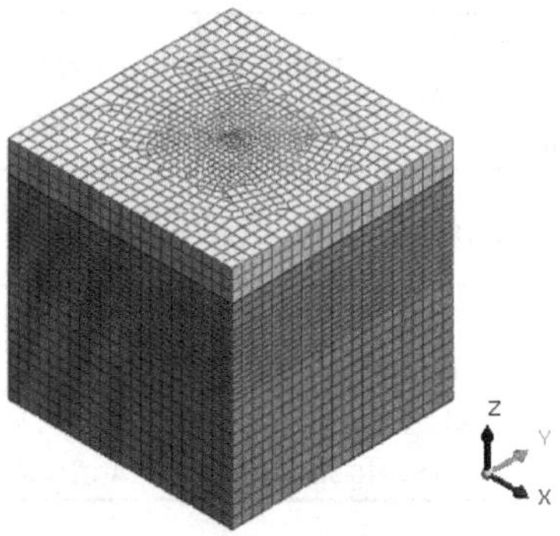

图 4-6　模型网格划分图

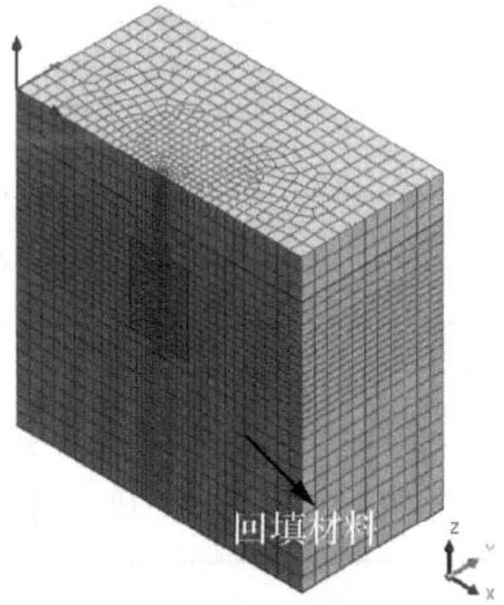

图 4-7　模型剖面图

4.3.2　参数选取

数值仿真分析中材料参数取值见表 4-3。

表 4-3　模型材料参数

材料名称	弹性模量 E/MPa	泊松比 ν	黏聚力 c/kPa	内摩擦角 φ /(°)	容重 ρ /(kN/m^3)
桩	3.0×10^4	0.20			24.0
粉质黏土	7.0	0.35	19.8	19.2	19.5
中风化岩层	7.5×10^3	0.23			27.0
回填材料	8.0	0.38	15.0	18.0	17.6

4.3.3　计算方案

本章利用有限元数值仿真软件，探明溶洞高度、跨度、位置变化对桥梁桩基承载性状的影响，重点研究桩身负摩阻力最大值和负摩阻力范围占比的变化规律。溶洞跨度在横、纵方向上简化为相同数值。具体的计算工况见表 4-4～表 4-6。

表 4-4　不同洞高工况

分析因素	桩径 D/m	桩长 l/m	嵌岩深度 h_r/m	洞高 H/m	洞跨 $B\times L$	溶洞位置	溶洞填充状态
溶洞高度	2.0	24	18	无溶洞、3、6、9、12	9m×9m	桩底以上 1.5m	无填充溶洞，采用回填法处治

表 4-5　不同洞跨工况

分析因素	桩径 D/m	桩长 l/m	嵌岩深度 h_r/m	洞高 H/m	洞跨 $B\times L$	溶洞位置	溶洞填充状态
溶洞跨度	2.0	24	18	6	无溶洞、3m×3m、6m×6m、9m×9m、12m×12m	桩底以上 1.5m	无填充溶洞，采用回填法处治

表 4-6　不同溶洞位置工况

分析因素	桩径 D/m	桩长 l/m	嵌岩深度 h_r/m	洞高 H/m	洞跨 $B\times L$	溶洞位置/m（溶洞底至桩底距离）	溶洞填充状态
溶洞位置	2.0	24	18	6	9m×9m	无溶洞、1.5m、4.5m、7.5m、10.5m	无填充溶洞，采用回填法处治

4.4　洞高对桩基竖向承载特性及负摩阻力特性影响分析

4.4.1　洞高对桩基竖向极限承载力影响分析

不同洞高下的桩基竖向荷载与桩顶沉降（Q-s，s 指桩顶沉降）的关系如图 4-8

所示，不同溶洞高度下桩基竖向极限承载力变化规律及影响度 α 的变化规律如图 4-9 所示。桩基竖向极限承载力的影响度 α 为各溶洞高度对应的桩基竖向极限承载力、无溶洞时桩基竖向极限承载力的差值与无溶洞时桩基竖向极限承载力的比值。

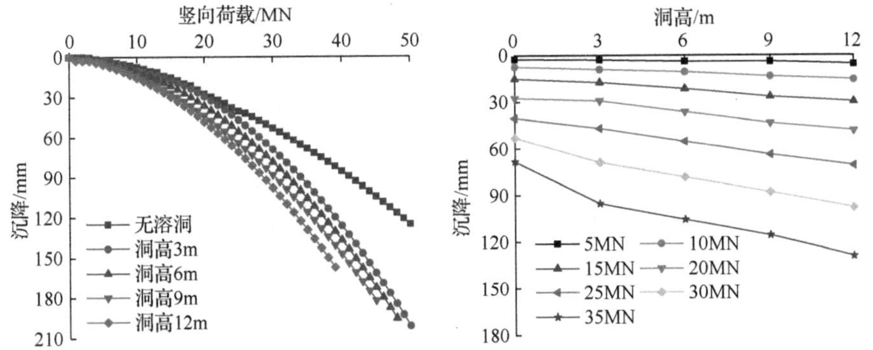

（a）嵌岩桩竖向荷载-沉降曲线　（b）洞高-沉降曲线

图 4-8　不同洞高下桩基竖向荷载与桩顶沉降的关系

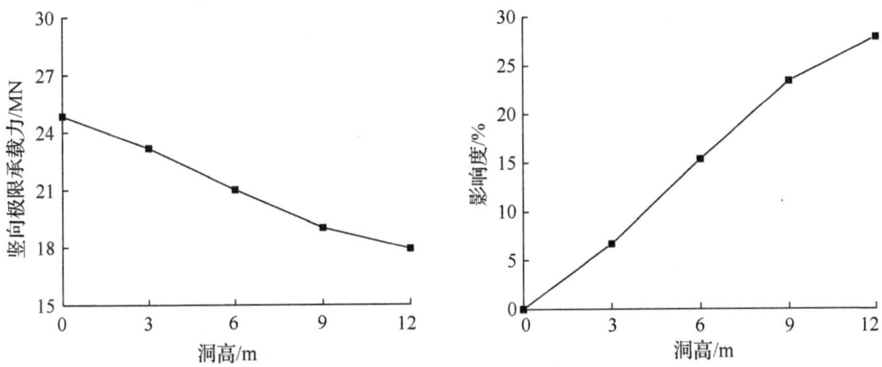

（a）竖向极限承载力　（b）竖向极限承载力影响度

图 4-9　不同洞高下桩基竖向极限承载力特性

由图 4-8、图 4-9 可以看出，随着洞高增加，桩基竖向极限承载力逐渐减小。采用回填法处理溶洞时，洞高 0m、3m、6m、9m、12m，竖向极限承载力分别为 24.85MN、23.18MN、21.02MN、19.03MN、17.91MN，桩基竖向极限承载力的影响度分别为 6.69%、15.37%、23.40%、27.90%（以无溶洞的桩基竖向极限承载力为基准）。主要原因是回填法处理溶洞时会产生负摩阻力，随着洞高的增加，回填材料的沉降增大，桩基与回填材料的相对位移增大，溶洞范围内负摩阻力逐渐增大，桩基竖向极限承载力逐渐减小。

4.4.2　洞高对桩身轴力影响分析

不同桩顶荷载作用下，桩身轴力随洞高的变化规律如图 4-10 所示。

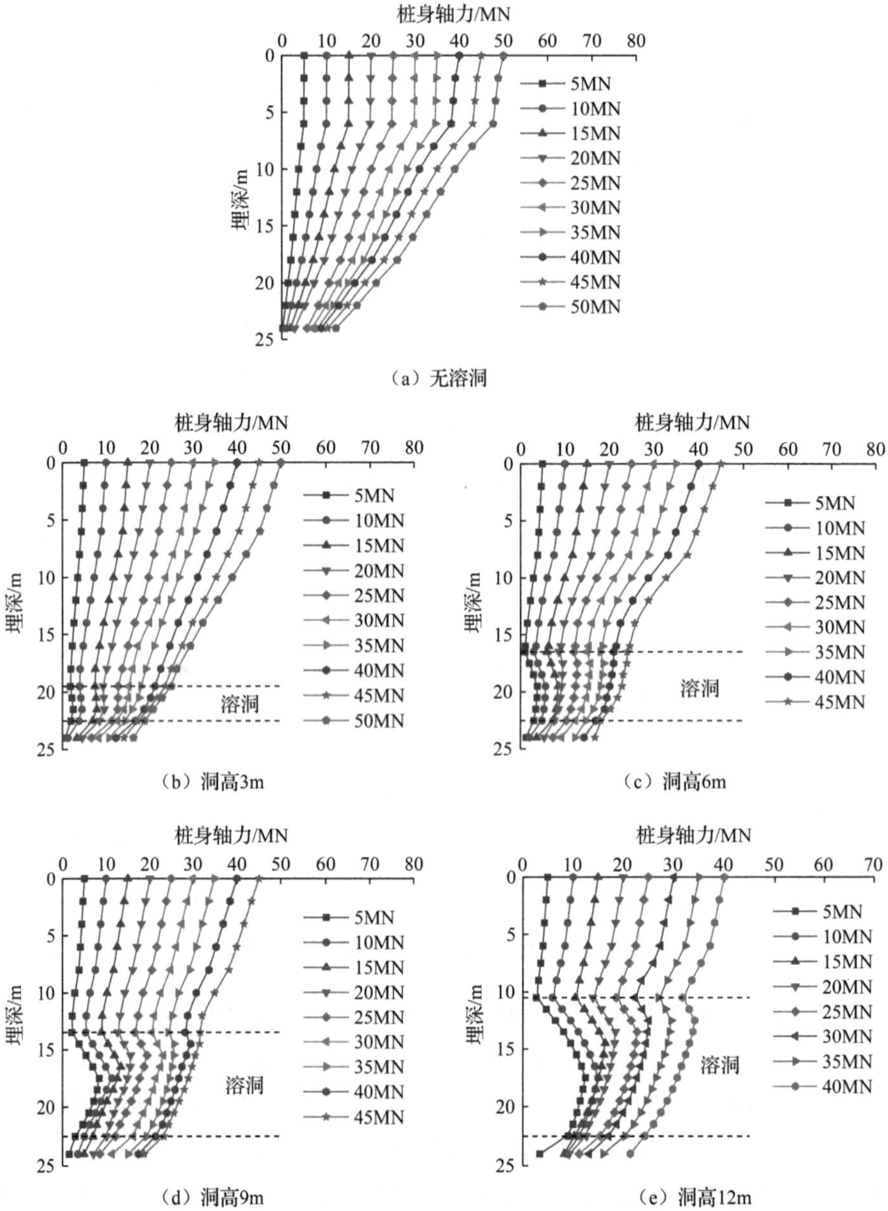

图 4-10　不同桩顶荷载下桩身轴力随洞高的变化规律

相同桩顶荷载作用下，桩身轴力随洞高的变化规律如图 4-11 所示。

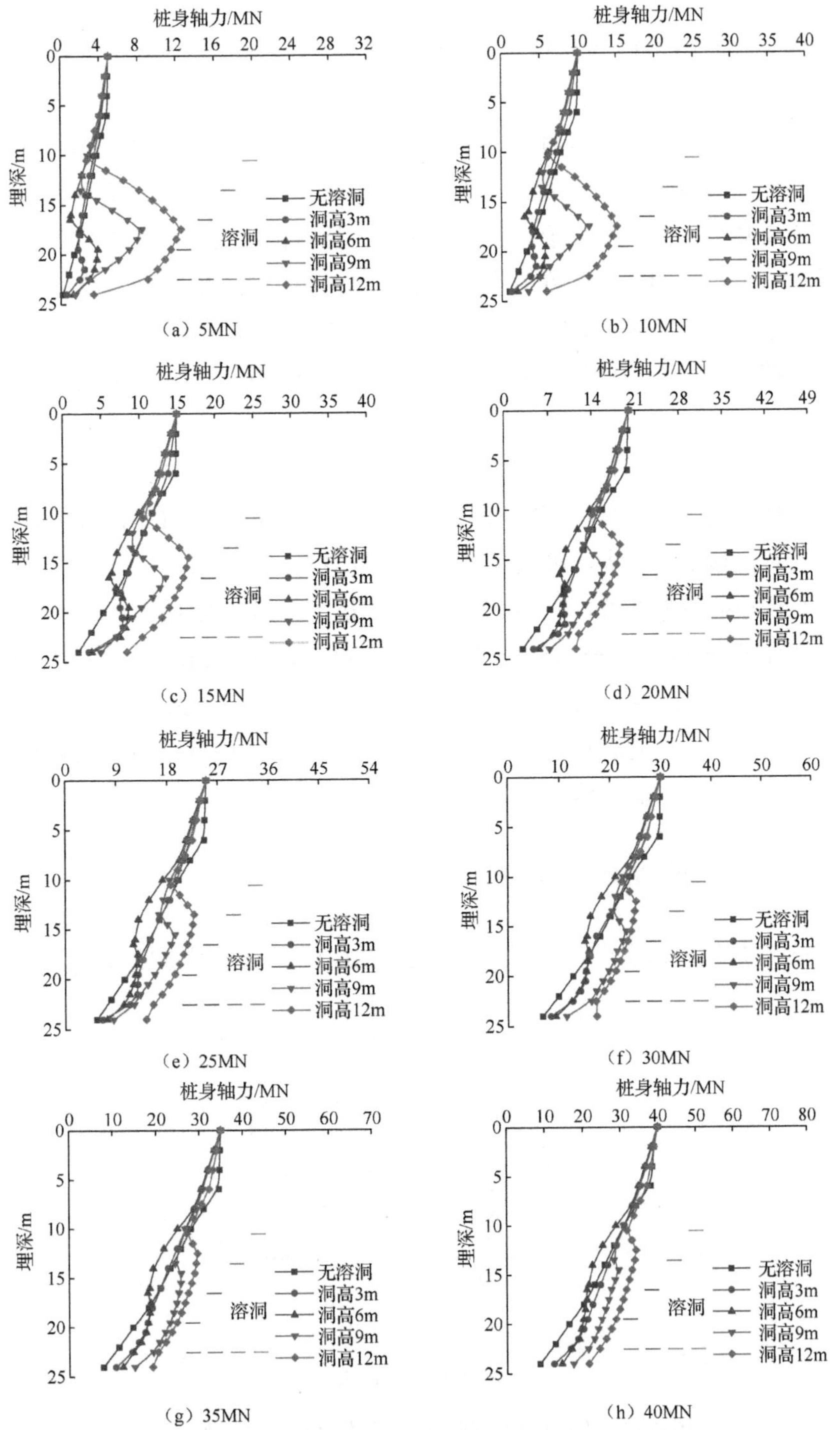

（a）5MN　（b）10MN
（c）15MN　（d）20MN
（e）25MN　（f）30MN
（g）35MN　（h）40MN

图 4-11　相同桩顶荷载下桩身轴力随洞高的变化规律

由图 4-10、图 4-11 可以得出如下结论。

（1）桩身轴力衰减规律基本相同，即桩身轴力在覆盖层范围内（0～6m）衰减速度较慢，在中风化灰岩内衰减较快；当洞高小于等于 6m、桩顶荷载较小时，溶洞范围内的桩身轴力先增大后减小，随着桩顶荷载逐渐增大，桩身轴力在溶洞范围内逐渐减小；当洞高大于 6m 时，溶洞范围内的桩身轴力先增大后减小。这主要是由于覆盖层的抗剪强度较小，提供的侧摩阻力较小，中风化灰岩能够提供更大的侧摩阻力；桩顶荷载较小时，回填材料沉降大于桩基沉降，产生负摩阻力，随着桩顶荷载的增大，桩基沉降不断增大，桩基沉降大于回填材料沉降，桩侧阻力由负转正。

（2）桩顶荷载相同，随着洞高的增加，桩身轴力在溶洞范围内增幅变大。说明随着洞高增大，回填材料沉降增大，且回填材料沉降大于桩基沉降，桩基与回填材料相对位移不断增大，桩侧负摩阻力不断增大。

（3）桩顶荷载为 5MN 时，桩身轴力增幅最大，洞高为 3m、6m、9m、12m，桩身轴力增量分别为 0.65MN、2.85MN、6.30MN、9.83MN，桩身轴力增幅为 35.66%、285.23%、299.44%、361.13%。说明洞高不大于 3m 时，负摩阻力对桩基竖向荷载传递机理的影响较小；当洞高超过 3m 后，桩身轴力增幅急剧增加，负摩阻力对桩基竖向荷载传递机理的影响较大。

4.4.3　洞高对桩侧阻力的影响分析

不同桩顶荷载作用下，桩侧阻力随洞高的变化规律如图 4-12 所示。

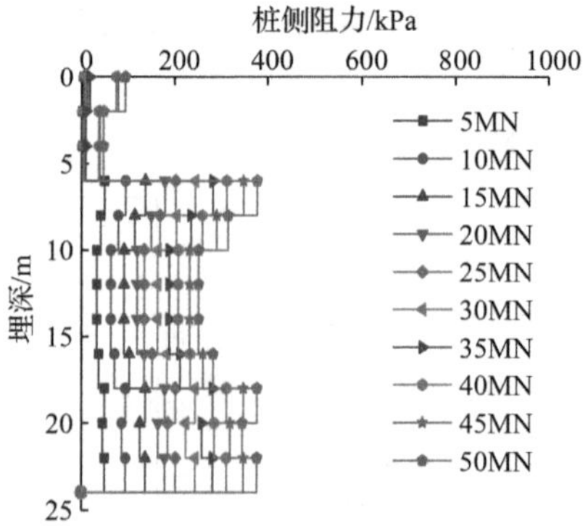

（a）无溶洞

图 4-12　不同桩顶荷载下桩侧阻力随洞高的变化规律

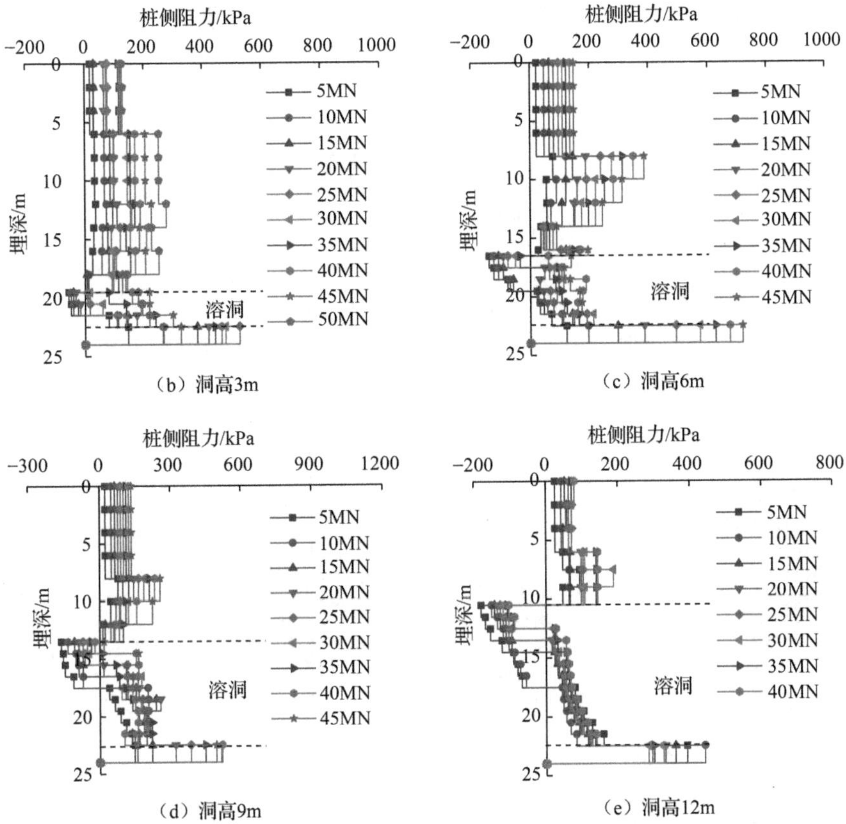

（b）洞高3m　（c）洞高6m

（d）洞高9m　（e）洞高12m

图 4-12（续）

相同桩顶荷载作用下，桩侧阻力随洞高的变化规律如图 4-13 所示。

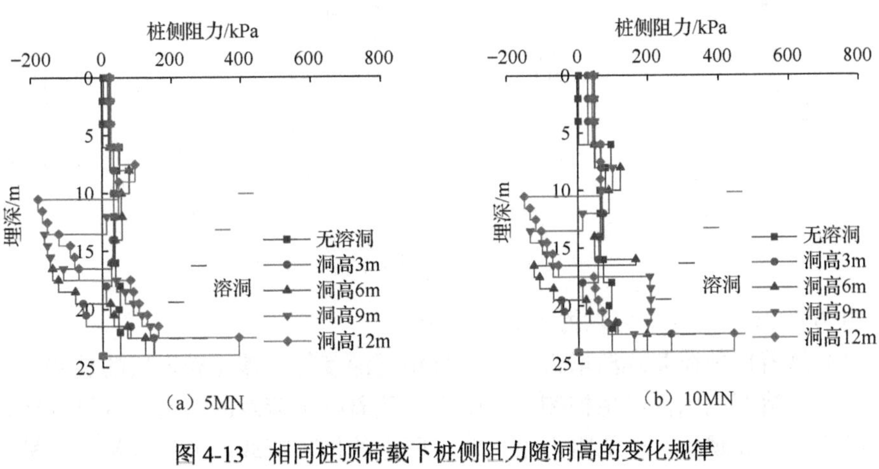

（a）5MN　（b）10MN

图 4-13　相同桩顶荷载下桩侧阻力随洞高的变化规律

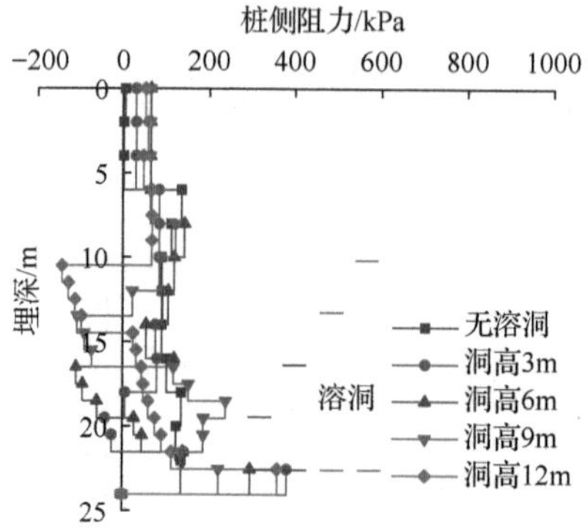

（c）15MN

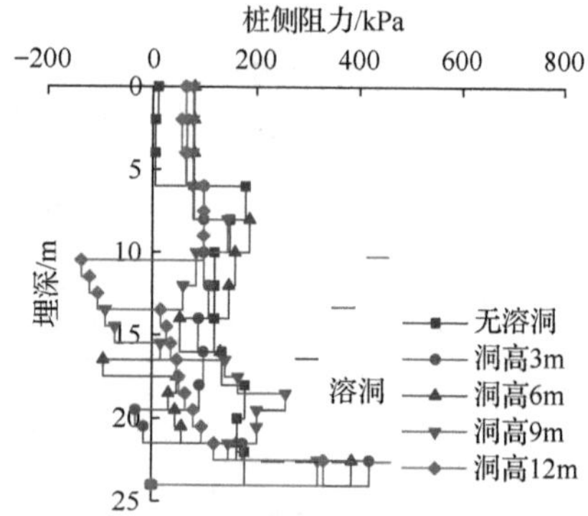

（d）20MN

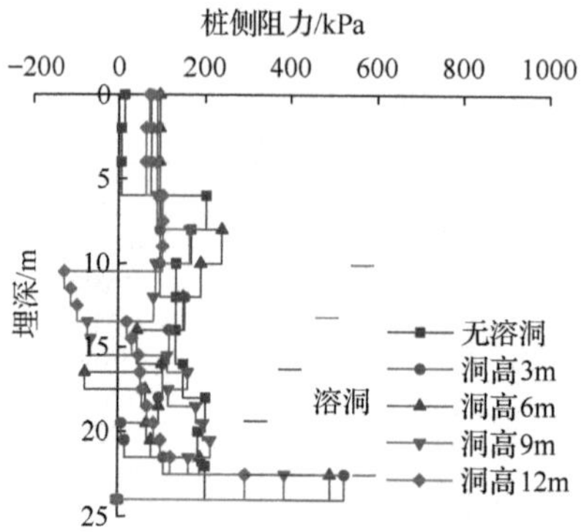

（e）25MN

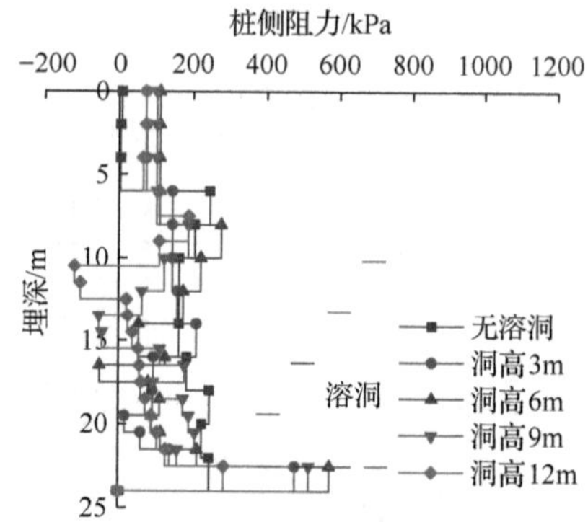

（f）30MN

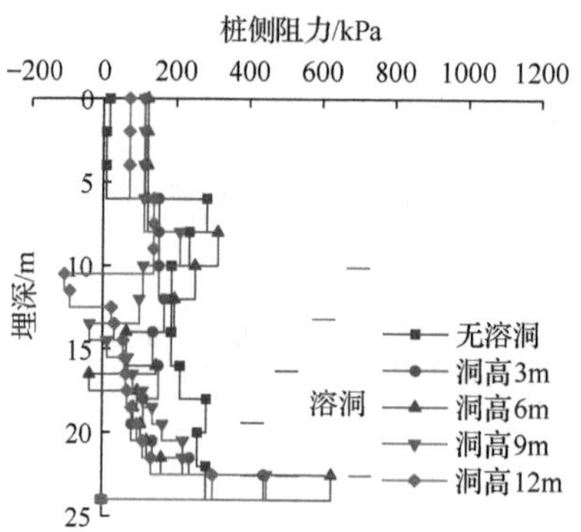

（g）35MN

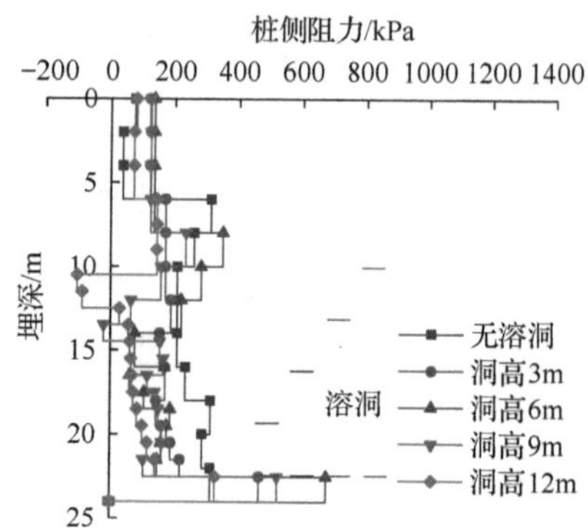

（h）40MN

图 4-13（续）

由图 4-12、图 4-13 可以得出如下结论。

（1）随着桩顶荷载逐渐增大，在桩身相同深度处覆盖层和岩层的桩侧阻力逐渐增大，在溶洞范围内产生桩侧负摩阻力；随着桩顶荷载的增大，桩侧负摩阻力逐渐减小。洞高越大，桩侧阻力由负转正所需的桩顶荷载越大。这是由于桩顶荷载较小时桩基沉降较小，回填材料沉降大于桩基沉降；随着桩顶荷载的增大，桩基沉降逐渐增大，桩与回填材料的相对位移逐渐减小，桩侧负摩阻力逐渐减小；桩顶荷载继续增大，桩基与回填材料的相对位移向下，桩侧阻力由负转正。

（2）桩顶荷载相同，在荷载较小时，洞高变化下桩侧均会产生负摩阻力，随着洞高的增加，桩侧负摩阻力增大，负摩阻力范围占比逐渐增大。当荷载大于 30MN、洞高小于等于 3m 时，溶洞范围内回填材料提供正摩阻力；当洞高大于 3m 时，桩侧负摩阻力随洞高的增加而增大。说明荷载较小时，桩基沉降小于回填材料沉降，洞高越大，回填材料沉降越大，桩基与回填材料的相对位移越大；随着桩顶荷载的增大，洞高较小时回填材料沉降小于桩基沉降，洞高较大时回填材料沉降大于桩基沉降，且回填材料的沉降随着洞高的增大而增大。

4.4.4　洞高对桩基负摩阻力影响分析

不同洞高下负摩阻力范围占比的变化规律及负摩阻力最大值的变化规律如图 4-14、图 4-15 所示。

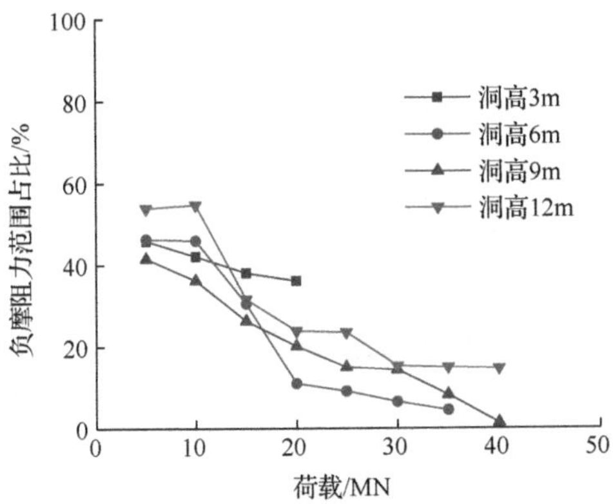

图 4-14　负摩阻力范围占比的变化规律

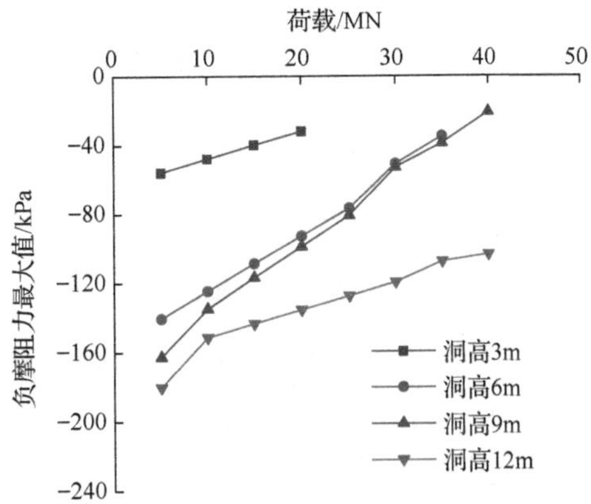

图 4-15　负摩阻力最大值的变化规律

由图 4-14 和图 4-15 可以看出，随着洞高的增加，负摩阻力范围占比逐渐增大，中性点位置逐渐下降，负摩阻力最大值的绝对值呈逐渐增大的趋势；随着桩顶荷载的增大，负摩阻力范围占比逐渐减小，中性点位置逐渐上升，负摩阻力最大值的绝对值逐渐减小。桩顶荷载为 5MN 时，负摩阻力范围占比和负摩阻力最大值的绝对值均最大；洞高为 3m、6m、9m、12m，桩基竖向极限承载力对应的负摩阻力范围占比分别为 0、10.61%、21.38%、27.14%，负摩阻力最大值的绝对值分别为 0、89.36kPa、92.22kPa、138.61kPa。主要原因是随着洞高的增加，回填材料沉降增加，与桩基沉降的差值逐渐增大，桩基与回填材料相对位移为零的位置不断下降，负摩阻力范围占比逐渐增大，中性点位置不断下降；随着桩顶荷载的增大，桩基沉降逐渐增大，桩基与回填材料的相对位移不断减小，桩基与回填材料相对位移为 0 的位置不断上升，负摩阻力范围占比逐渐减小，负摩阻力最大值的绝对值逐渐减小。

4.5　洞跨对桩基竖向荷载传递规律及负摩阻力特性影响分析

4.5.1　洞跨对桩基竖向极限承载力影响分析

不同洞跨下的桩基竖向荷载-沉降（Q-s）曲线如图 4-16 所示，不同洞跨下桩基竖向极限承载力变化规律及影响度 α 的变化规律如图 4-17 所示。

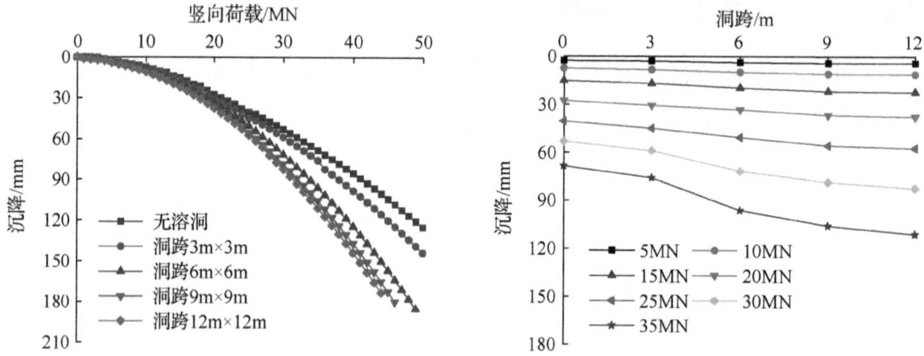

（a）荷载-沉降曲线　　（b）洞跨-沉降曲线

图 4-16　洞跨变化下桩基的竖向荷载-沉降关系①

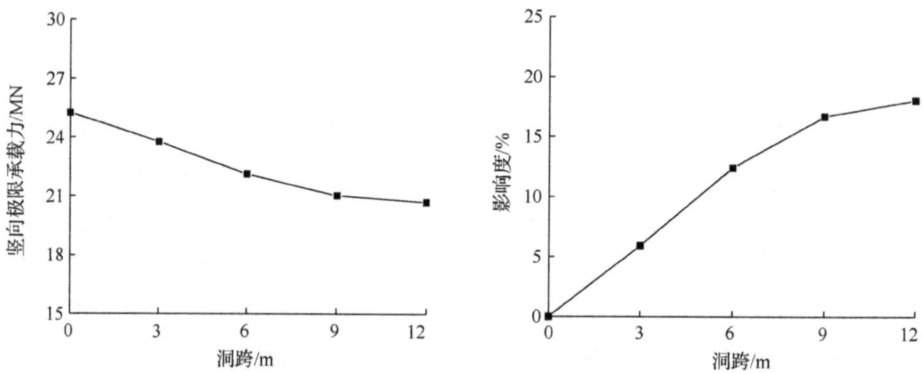

（a）竖向极限承载力　　（b）竖向极限承载力影响度

图 4-17　不同洞跨下桩基竖向极限承载力特性

① 洞跨在坐标轴上的数值实际为溶洞长、宽两个方向长度的乘积，如 3、6、9、12 分别表示 3m×3m、6m×6m、9m×9m、12m×12m。后同。

由图 4-16 和图 4-17 可以看出，随着洞跨的增加，桩基竖向极限承载力逐渐减小。采用回填法处理溶洞时，洞跨为 0、3m×3m、6m×6m、9m×9m、12m×12m，桩基竖向极限承载力分别为 24.85MN、23.75MN、22.12MN、21.02MN、20.69MN，桩基竖向极限承载力的影响度分别为 4.41%、10.99%、15.41%、16.71%（以无溶洞的桩基竖向极限承载力为基准）。与洞高相比，洞跨变化对桩基竖向极限承载力的影响较小，主要原因是随着洞跨的增大，回填材料沉降增大，桩基与回填材料的相对位移增大，溶洞范围内负摩阻力逐渐增大，桩基竖向极限承载力逐渐减小，但回填材料沉降受宽度影响小于厚度影响，桩基竖向极限承载力的减幅较小。

4.5.2　洞跨对桩身轴力影响分析

不同桩顶荷载作用下，桩身轴力随洞跨的变化规律如图 4-18 所示。

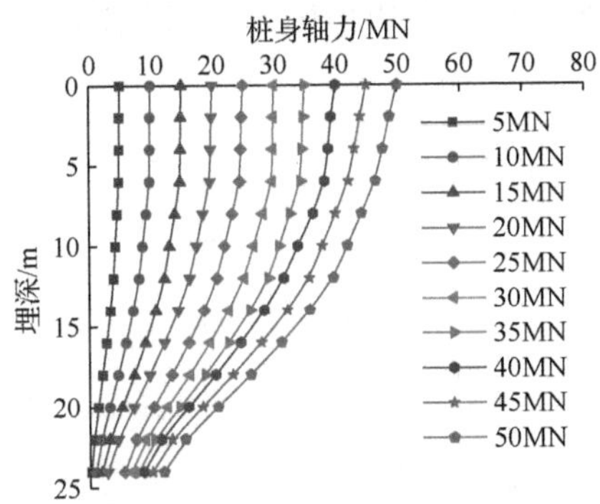

（a）无溶洞

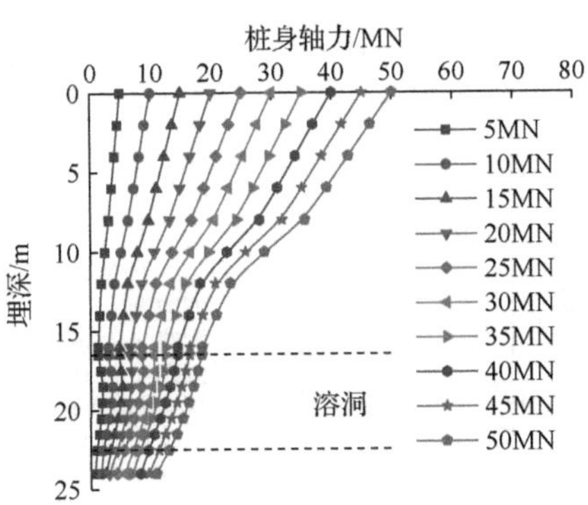

（b）洞跨3m×3m

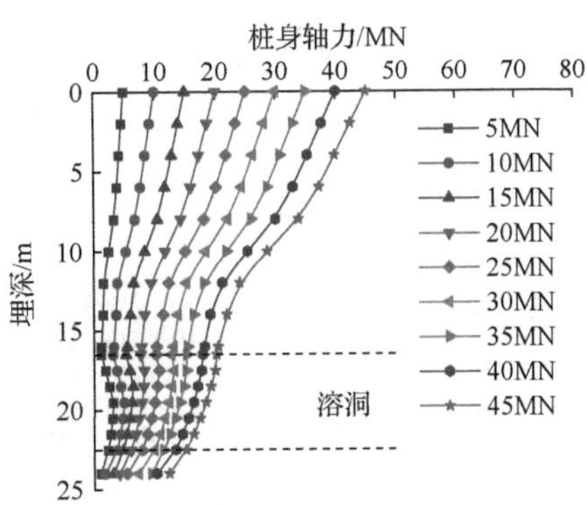

（c）洞跨6m×6m

图 4-18　不同桩顶荷载下桩身轴力随洞跨的变化规律

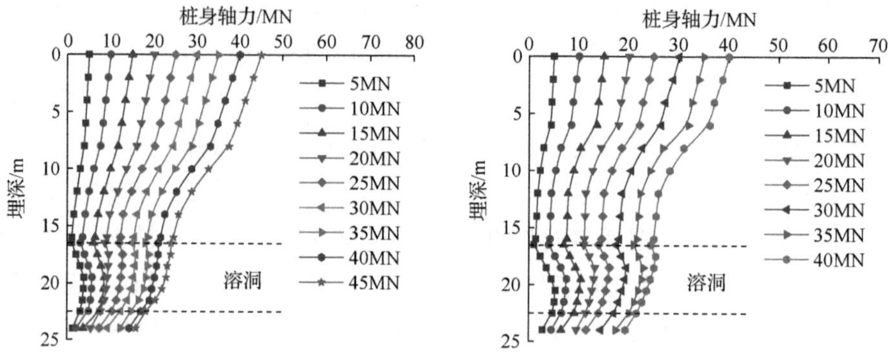

（d）洞跨3m×3m　　（e）洞跨6m×6m

图 4-18（续）

相同桩顶荷载作用下，桩身轴力随洞跨的变化规律如图 4-19 所示。

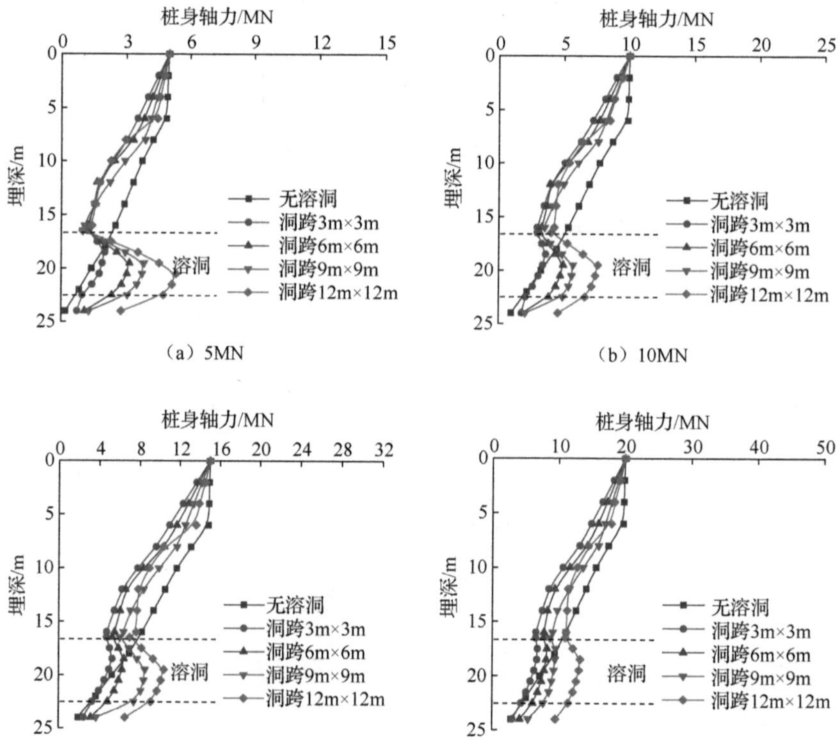

（a）5MN　　（b）10MN

（c）15MN　　（d）20MN

图 4-19　相同桩顶荷载下桩身轴力随洞跨的变化规律

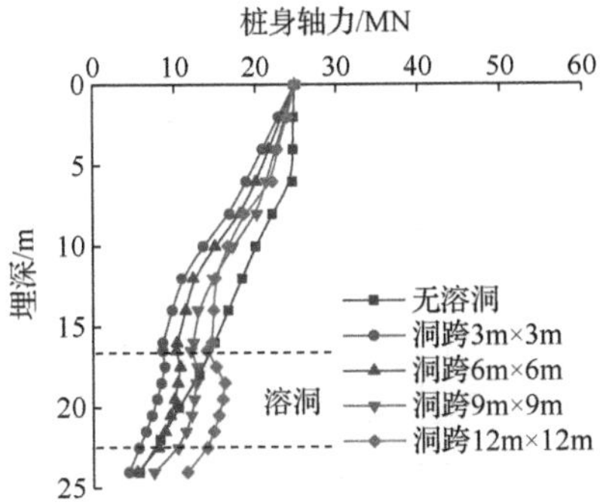

（e）25MN

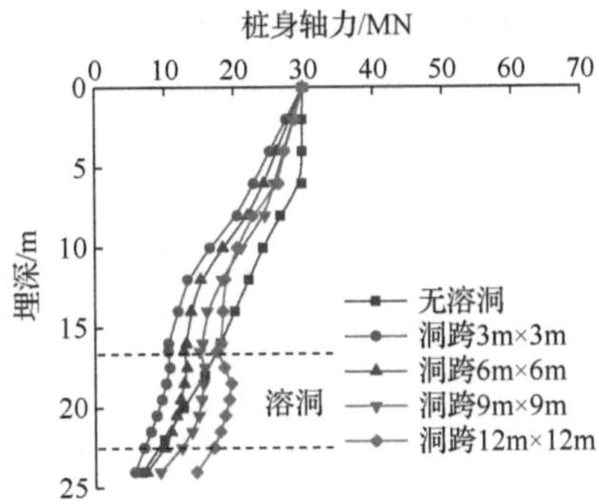

（f）30MN

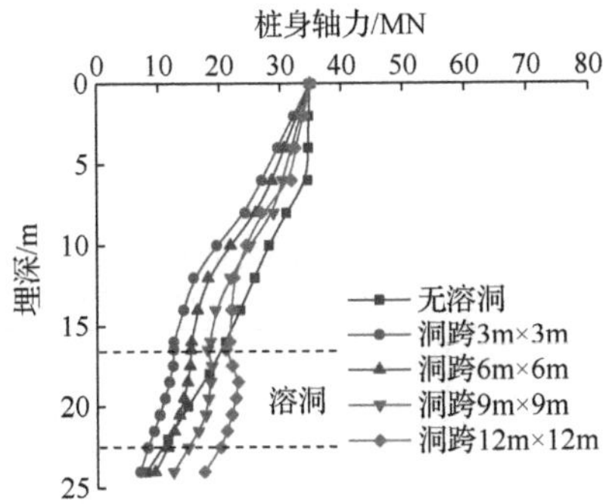

（g）35MN

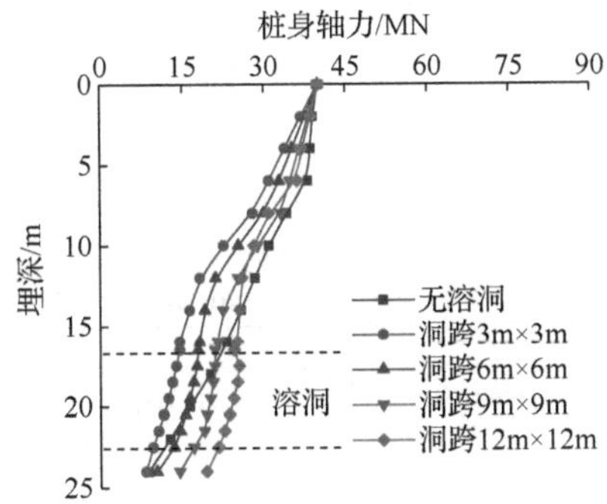

（h）40MN

图 4-19（续）

由图 4-18 和图 4-19 可以得出如下结论。

（1）不同洞跨下桩身轴力衰减规律基本相同，即桩身轴力在覆盖层范围内（0～6m）衰减速度较慢，在中风化灰岩内衰减较快；桩顶荷载较小时，溶洞范围内的桩身轴力先增大后减小，随着桩顶荷载逐渐增大，桩身轴力在溶洞范围内逐渐减小。这主要是由于覆盖层的抗剪强度较小，提供的侧摩阻力较小，中风化灰岩能够提供更大的侧摩阻力；桩顶荷载较小时，回填材料沉降大于桩基沉降，溶洞范围内的桩侧表面出现负摩阻力，随着桩顶荷载的增大，桩基沉降不断增大，桩基沉降大于回填材料沉降，桩侧阻力由负转正。

（2）当桩顶荷载相同时，随着洞跨的增加，桩身轴力在溶洞范围内的增幅变大；说明随着洞跨的增大，回填材料沉降增大，回填材料沉降大于桩基沉降，桩基与回填材料的相对位移不断增大，桩侧负摩阻力不断增大。

（3）桩顶荷载为 5MN 时，桩身轴力增幅最大，洞跨为 3m×3m、6m×6m、9m×9m、12m×12m，桩身轴力增量分别为 0.75MN、1.94MN、2.85MN、4.32MN，桩身轴力增幅分别为 59.52%、161.67%、285.23%、323.45%。

4.5.3　洞跨对桩侧阻力的影响分析

不同桩顶荷载作用下，桩侧阻力随洞跨的变化规律如图 4-20 所示。

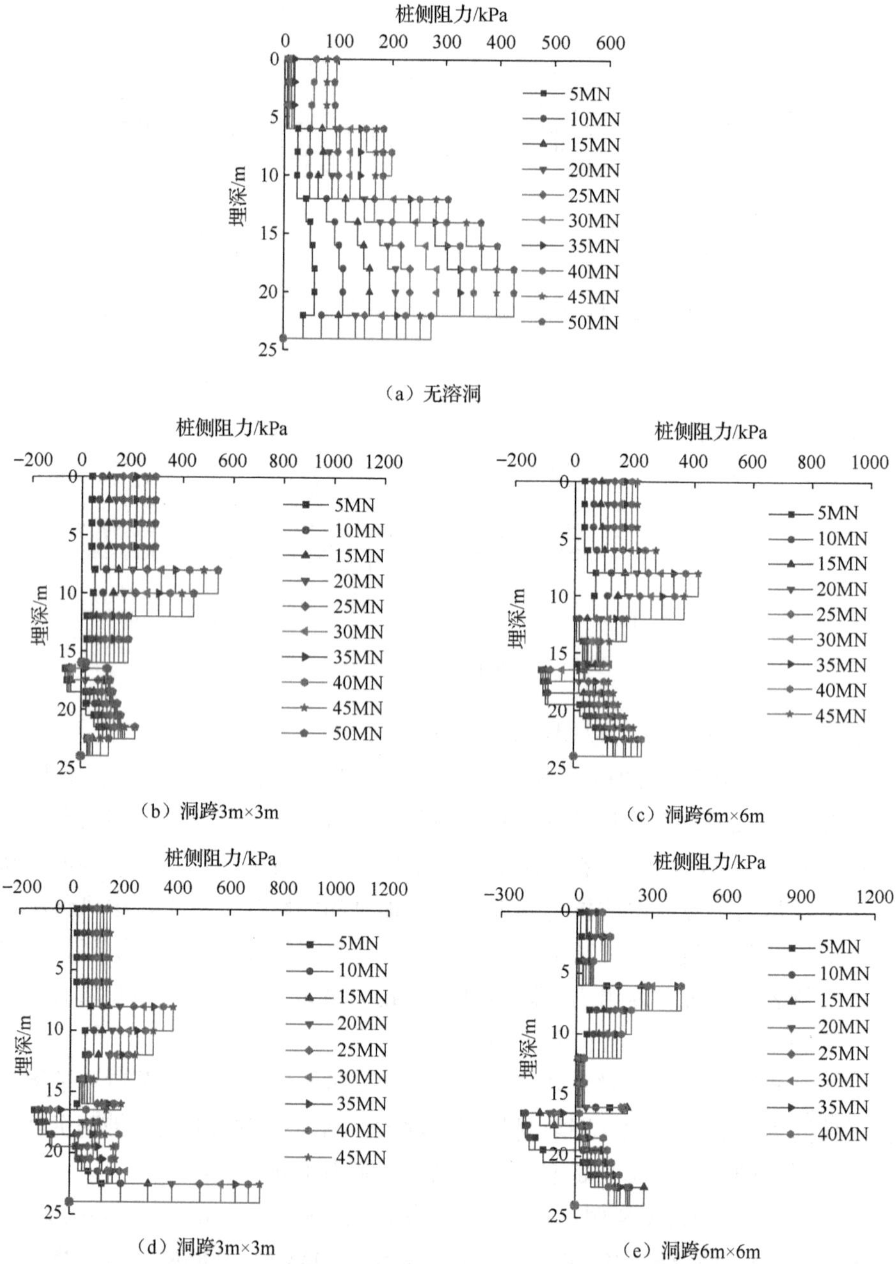

（a）无溶洞

（b）洞跨3m×3m

（c）洞跨6m×6m

（d）洞跨3m×3m

（e）洞跨6m×6m

图 4-20　不同桩顶荷载下桩侧阻力随洞跨的变化规律

相同桩顶荷载作用下，桩侧阻力随洞跨的变化规律如图 4-21 所示。

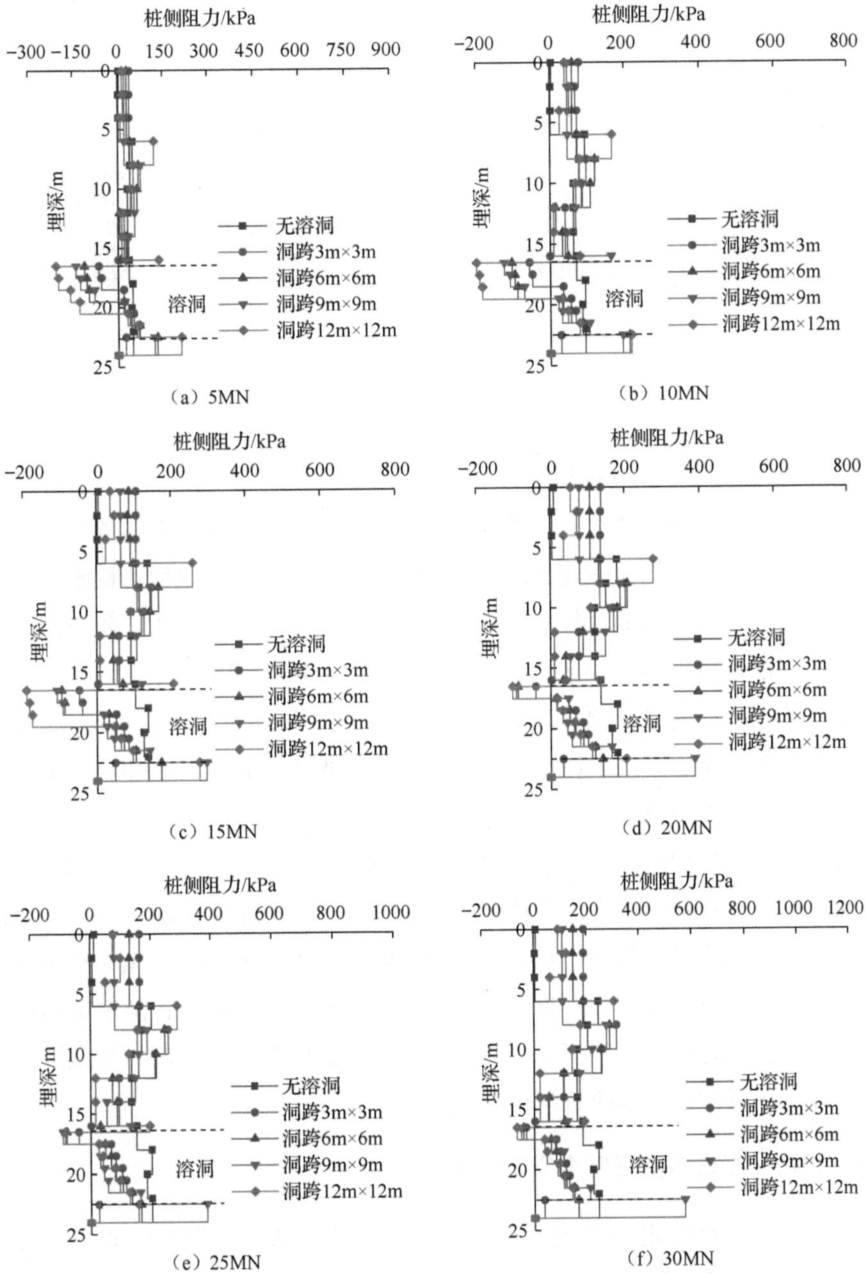

图 4-21　相同桩顶荷载下桩侧阻力随洞跨的变化规律

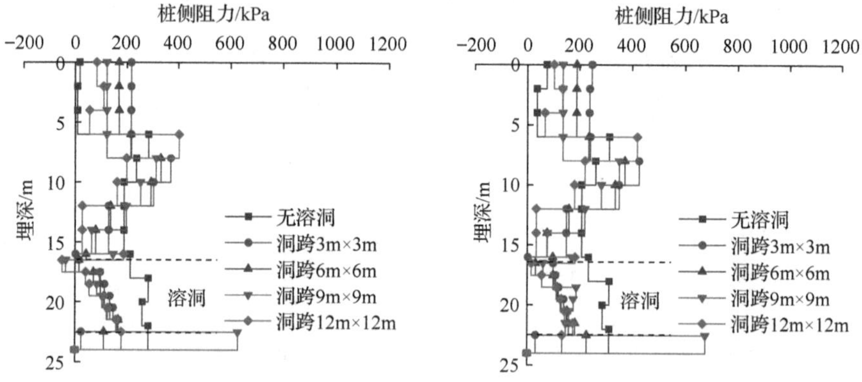

（g）35MN （h）40MN

图 4-21（续）

由图 4-20 和图 4-21 可以得出如下结论。

（1）随桩顶荷载的增大，在桩身相同深度处覆盖层和岩层的桩侧阻力逐渐增大；在溶洞范围内桩顶荷载较小时产生桩侧负摩阻力，且负摩阻力随着桩顶荷载的增大逐渐减小，桩顶荷载较大时桩侧阻力由负转正。洞跨越大，桩侧阻力由负转正所需的桩顶荷载越大。这是由于桩顶荷载较小时桩基沉降较小，回填材料沉降大于桩基沉降；随着桩顶荷载的增大，桩基沉降逐渐增大，与回填材料相对位移减小，桩侧负摩阻力逐渐减小；桩顶荷载继续增大，桩基与回填材料的相对位移向下，桩侧阻力由负转正。

（2）桩顶荷载相同，荷载较小时，洞跨变化下桩侧均会产生负摩阻力；随着洞跨的增加，桩侧负摩阻力逐渐增大。荷载较大，洞跨小于 3m×3m 时，溶洞范围内回填材料提供正摩阻力。说明荷载较小时，桩基沉降小于回填材料沉降，洞跨越大，回填材料沉降越大，桩基与回填材料的相对位移越大；随着桩顶荷载的增大，洞跨较小时回填材料沉降小于桩基沉降，洞跨较大时回填材料沉降大于桩基沉降，且回填材料沉降随着洞跨的增大而增大。

4.5.4 洞跨对嵌岩桩负摩阻力影响分析

不同洞跨下负摩阻力范围占比的变化规律及负摩阻力最大值的变化规律如图 4-22、图 4-23 所示。

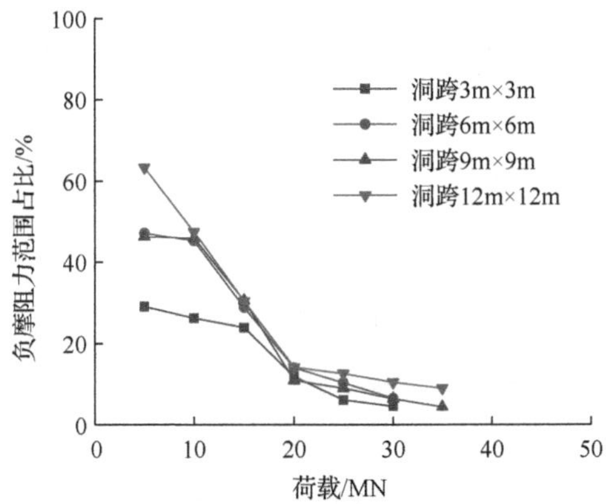

图 4-22　负摩阻力范围占比的变化规律

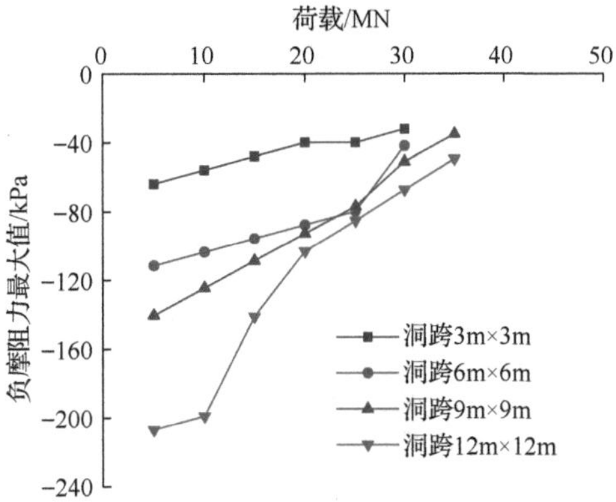

图 4-23　负摩阻力最大值的变化规律

由图 4-22 和图 4-23 可以看出，随着洞跨的增加，负摩阻力范围占比逐渐增大，中性点位置逐渐下降，负摩阻力最大值的绝对值呈逐渐增大的趋势；随着桩顶荷载的增大，负摩阻力范围占比逐渐减小，中性点位置逐渐上升，负摩阻力最大值的绝对值逐渐减小。桩顶荷载为 5MN 时，负摩阻力范围占比和负摩阻力最大值的绝对值均最大；洞跨为 3m×3m、6m×6m、9m×9m、12m×12m，桩基竖向极限承载力对应的负摩阻力范围占比分别为 7.64%、10.53%、10.61%、14.03%，负摩阻力最大值的绝对值分别为 39.79kPa、84.16kPa、89.36kPa、100.55kPa，增大了 152.7%。说明随着洞跨的增加，回填材料沉降增加，与桩基沉降的差值逐渐增大，桩基与回填材料相对位移为零的位置不断下降，负摩阻力范围占比逐渐增大，中性点位置逐渐下降；随着桩顶荷载的增大，回填材料的沉降逐渐增大，桩基与回填材料的相对位移不断减小，桩基与回填材料相对位移为 0 的位置不断上升，负摩阻力范围占比逐渐减小，负摩阻力最大值的绝对值逐渐减小。

4.6　溶洞位置对桩基竖向荷载传递规律及负摩阻力特性影响分析

4.6.1　溶洞位置对桩基竖向极限承载力影响分析

不同溶洞位置（溶洞底距桩底距离）下的桩基竖向荷载-沉降关系如图 4-24 所示，不同溶洞位置下桩基竖向极限承载力变化规律及其影响度 α 的变化规律如图 4-25 所示。

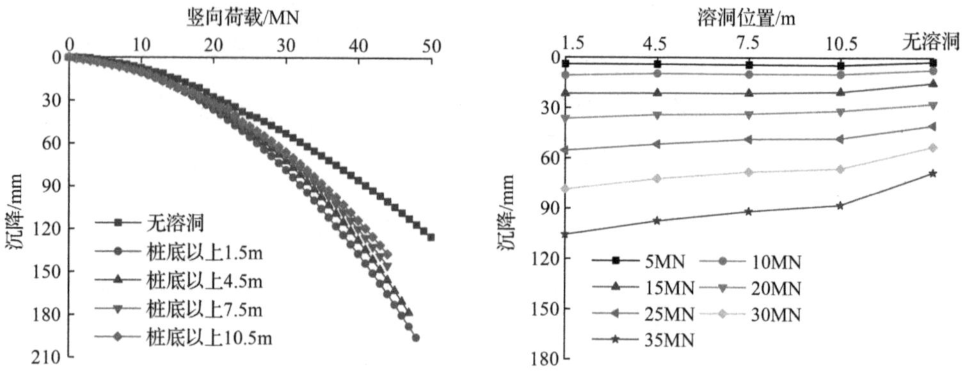

（a）荷载-沉降曲线　　（b）溶洞位置-沉降曲线

图 4-24　不同溶洞位置下桩基竖向荷载-沉降关系

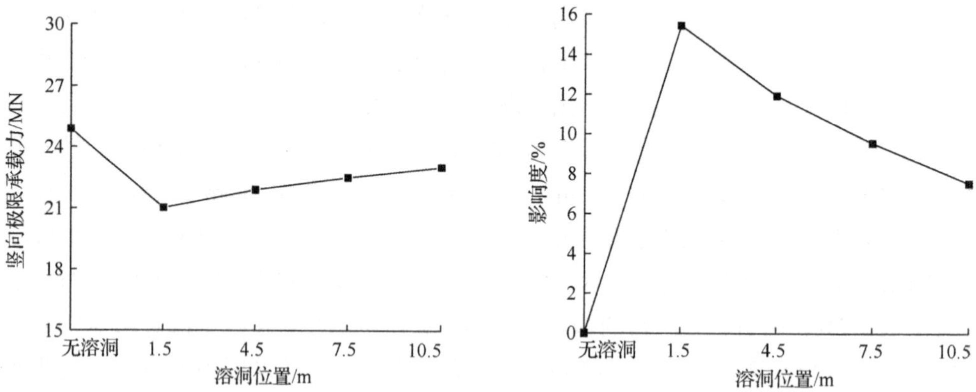

（a）竖向极限承载力　　（b）竖向极限承载力影响度

图 4-25　不同溶洞位置下桩基竖向承载力特性

由图 4-24、图 4-25 可以看出，随着溶洞位置沿桩身不断上升，桩基竖向极限承载力逐渐增大，但增长幅度不大。采用回填法处理溶洞时，溶洞位置由无溶洞～距桩底 10.5m，桩基竖向极限承载力分别为 24.85MN、21.02MN、21.89MN、22.49MN、22.99MN，竖向极限承载力的影响度分别为 15.37%、11.87%、9.48%、7.46%（以无溶洞的嵌岩桩竖向极限承载力为基准）。主要原因是随着溶洞位置的上升，溶洞范围内桩基的沉降增大，桩基与回填材料相对位移减小，溶洞范围内负摩阻力逐渐减小，桩基竖向极限承载力逐渐增大。

4.6.2　溶洞位置对桩身轴力影响分析

不同桩顶荷载作用下，桩身轴力随溶洞位置的变化规律如图 4-26 所示。

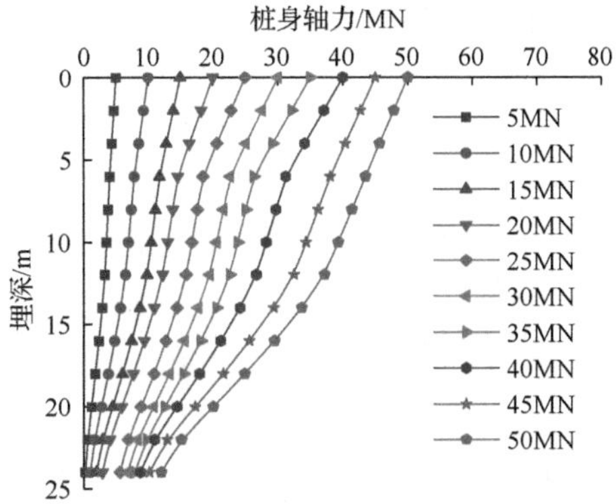

（a）无溶洞

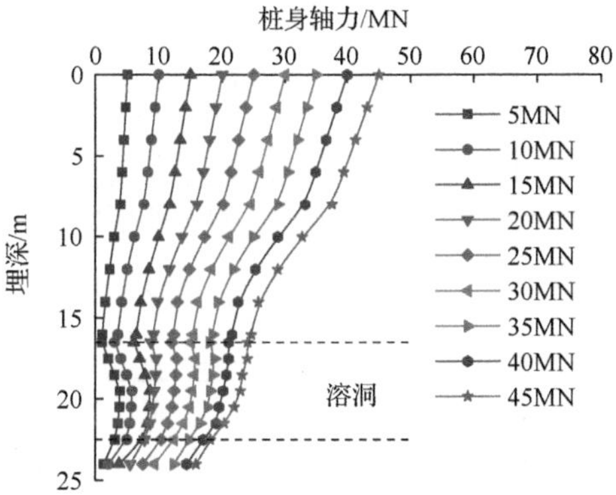

（b）桩底以上1.5m

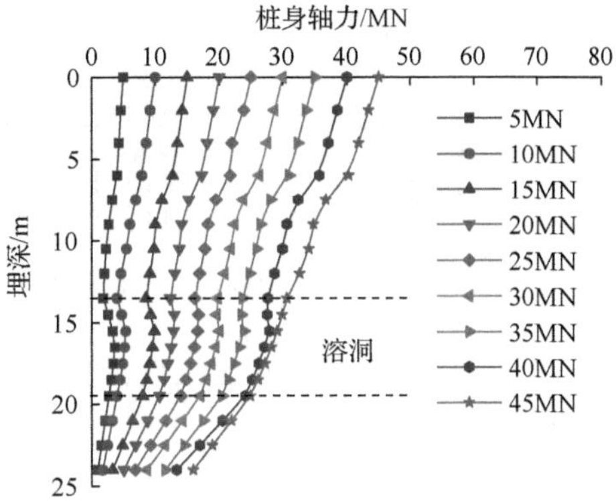

（c）桩底以上4.5m

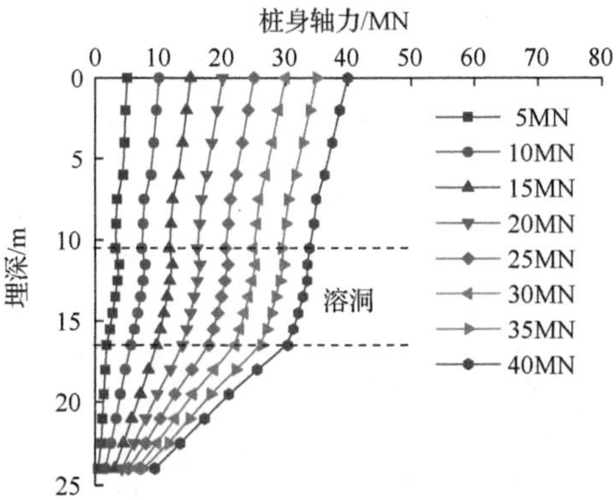

（d）桩底以上7.5m

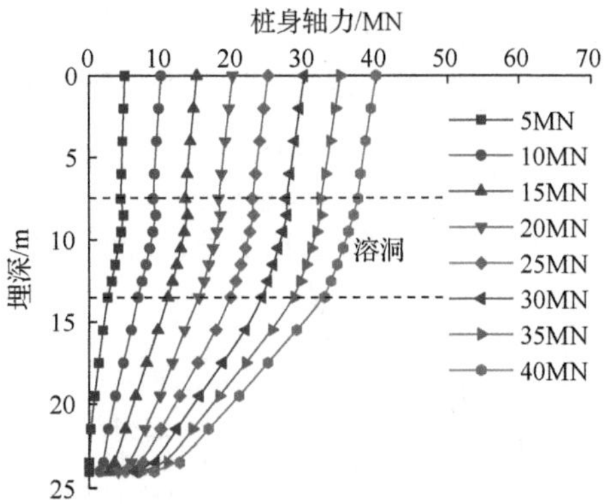

（e）桩底以上10.5m

图 4-26　不同桩顶荷载下桩身轴力随溶洞位置的变化规律

相同桩顶荷载作用下，溶洞位置变化时的桩身轴力规律如图 4-27 所示。

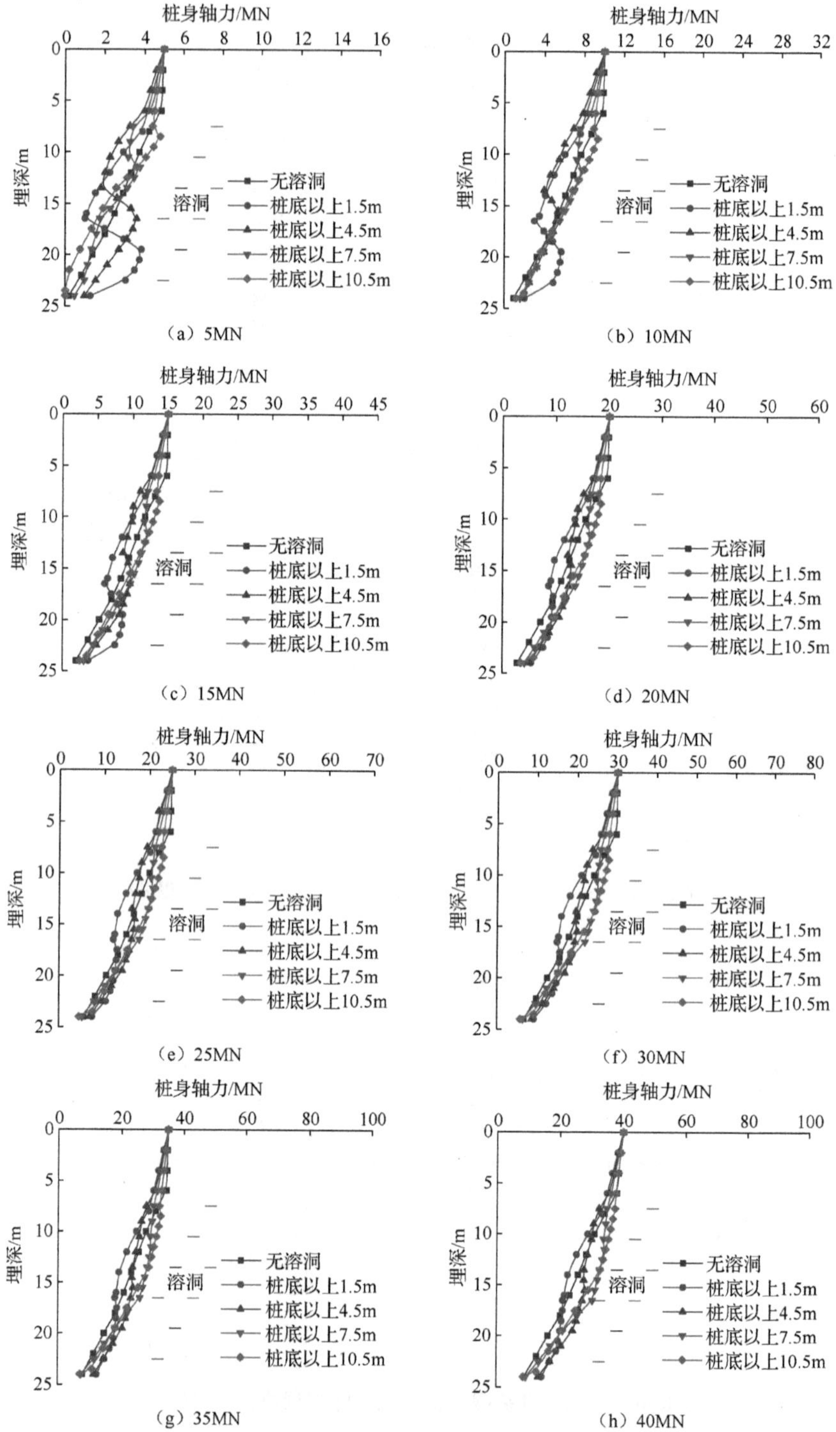

图 4-27　相同桩顶荷载下桩身轴力随溶洞位置变化规律

由图 4-26 和图 4-27 可以得出如下结论。

（1）不同溶洞位置下桩身轴力沿埋深的衰减规律基本相同，即桩身轴力在覆盖层范围内（0～6m）衰减速度较慢，在中风化灰岩内衰减较快；桩顶荷载较小时，溶洞范围内的桩身轴力先增大后减小，随着桩顶荷载逐渐增大，桩身轴力在溶洞范围内逐渐减小。这主要是由于覆盖层的抗剪强度较小，提供的侧摩阻力较小，中风化灰岩能够提供更大的侧摩阻力；桩顶荷载较小时，回填材料沉降大于桩基沉降，产生负摩阻力，随着荷载增大，桩基沉降不断增大至大于回填材料沉降，两者相对位移向下，桩侧阻力由负转正。

（2）桩顶荷载相同，当荷载小于等于 35MN 时，溶洞位置变化下桩身轴力在溶洞范围内先增大后减小，随着溶洞位置的上升，桩身轴力在溶洞范围内增幅减小；当荷载大于 35MN 时，溶洞位置距桩底大于等于 10.5m 时，桩身轴力在溶洞范围内逐渐减小，溶洞位置距桩底小于 10.5m 时，桩身轴力在溶洞范围内先增大后减小。说明荷载较小时，桩基沉降小于回填材料沉降，溶洞范围内桩侧出现负摩阻力，随着桩顶荷载增大，溶洞位置距桩底距离较大时，桩基沉降大于回填材料沉降，桩侧为正摩阻力，溶洞位置距桩底距离较小时，桩基沉降小于回填材料沉降，桩侧出现负摩阻力。

（3）桩顶荷载为 5MN 时，桩身轴力增幅最大，溶洞位置由桩底以上 1.5m～桩底以上 10.5m，桩身轴力增量分别为 2.85MN、1.81MN、0.63MN、0.39MN，桩身轴力增幅分别为 285.23%、100.03%、19.87%、8.81%。说明随着溶洞位置的上升，负摩阻力减小，溶洞的存在对桩基竖向承载特性的影响逐渐减小。

4.6.3　溶洞位置对桩侧阻力的影响分析

不同桩顶荷载作用下，桩侧阻力随溶洞位置的变化规律如图 4-28 所示。

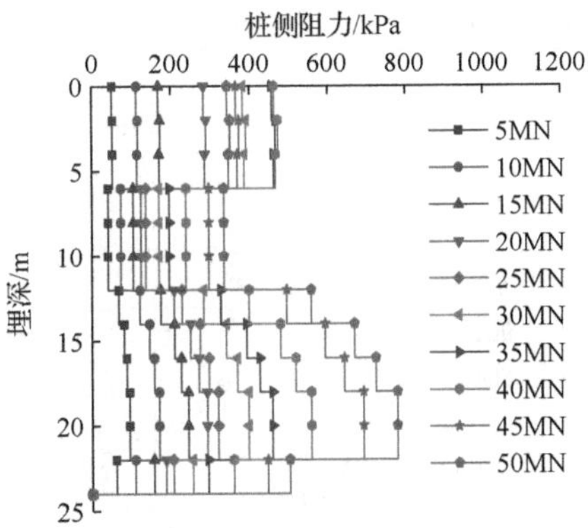

（a）无溶洞

图 4-28　不同桩顶荷载下桩侧阻力随溶洞位置的变化规律

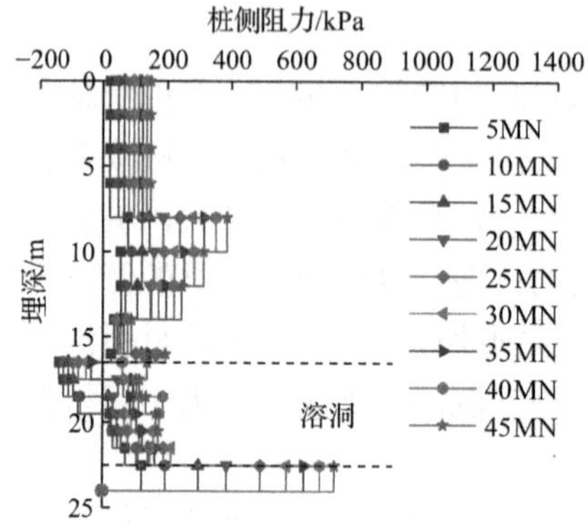

（b）桩底以上1.5m

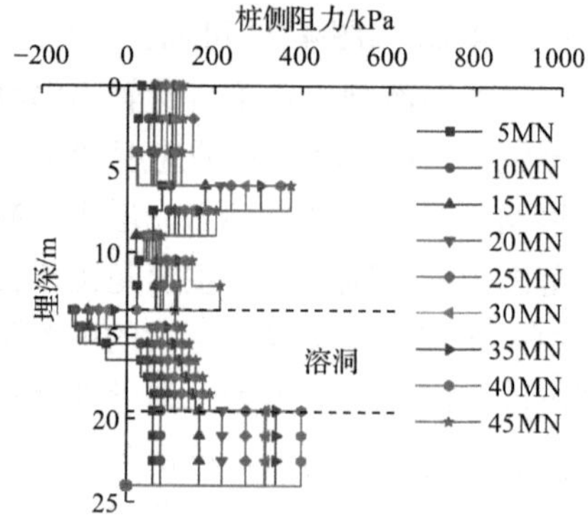

（c）桩底以上4.5m

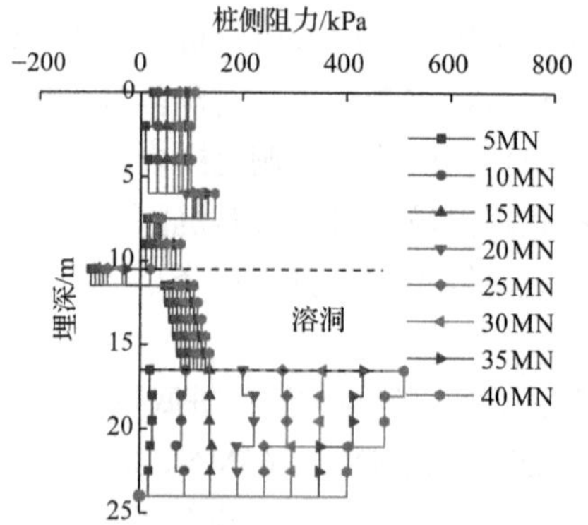

（d）桩底以上7.5m

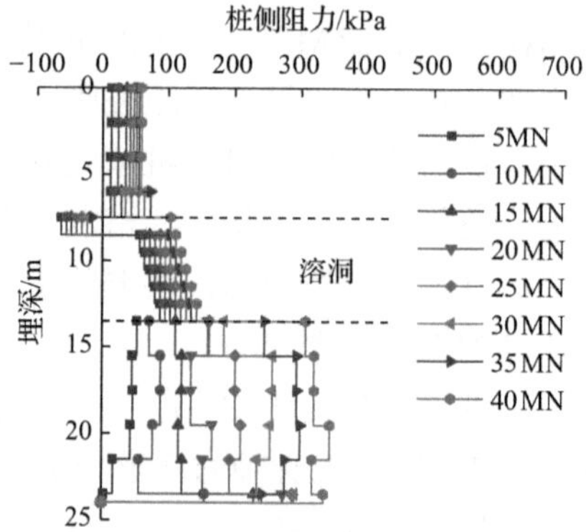

（e）桩底以上10.5m

图 4-28（续）

相同桩顶荷载作用下，桩侧阻力随溶洞位置的变化规律如图 4-29 所示。

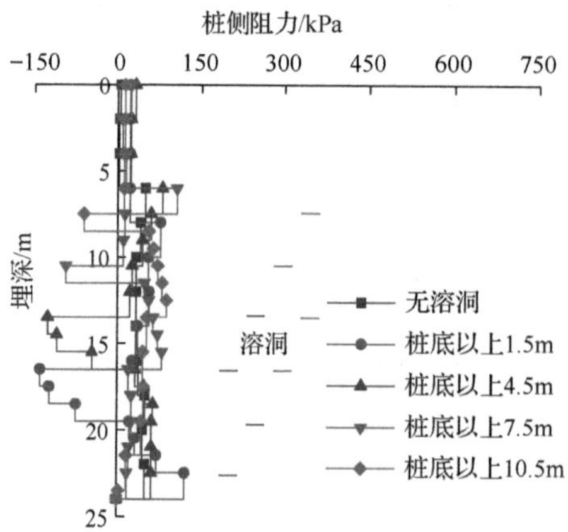

（a）5MN

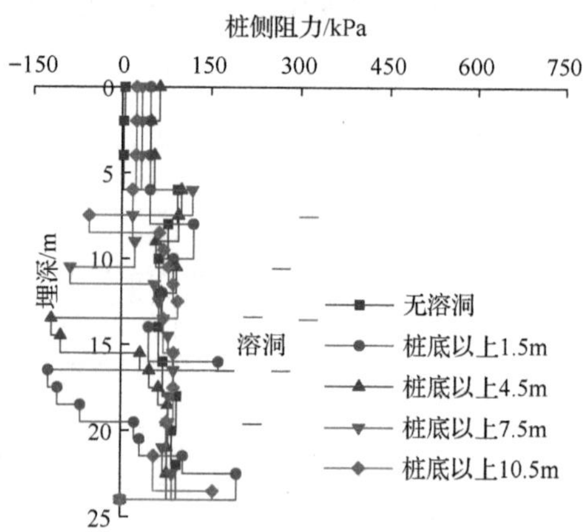

（b）10MN

图 4-29　相同桩顶荷载下桩侧阻力随溶洞位置的变化规律

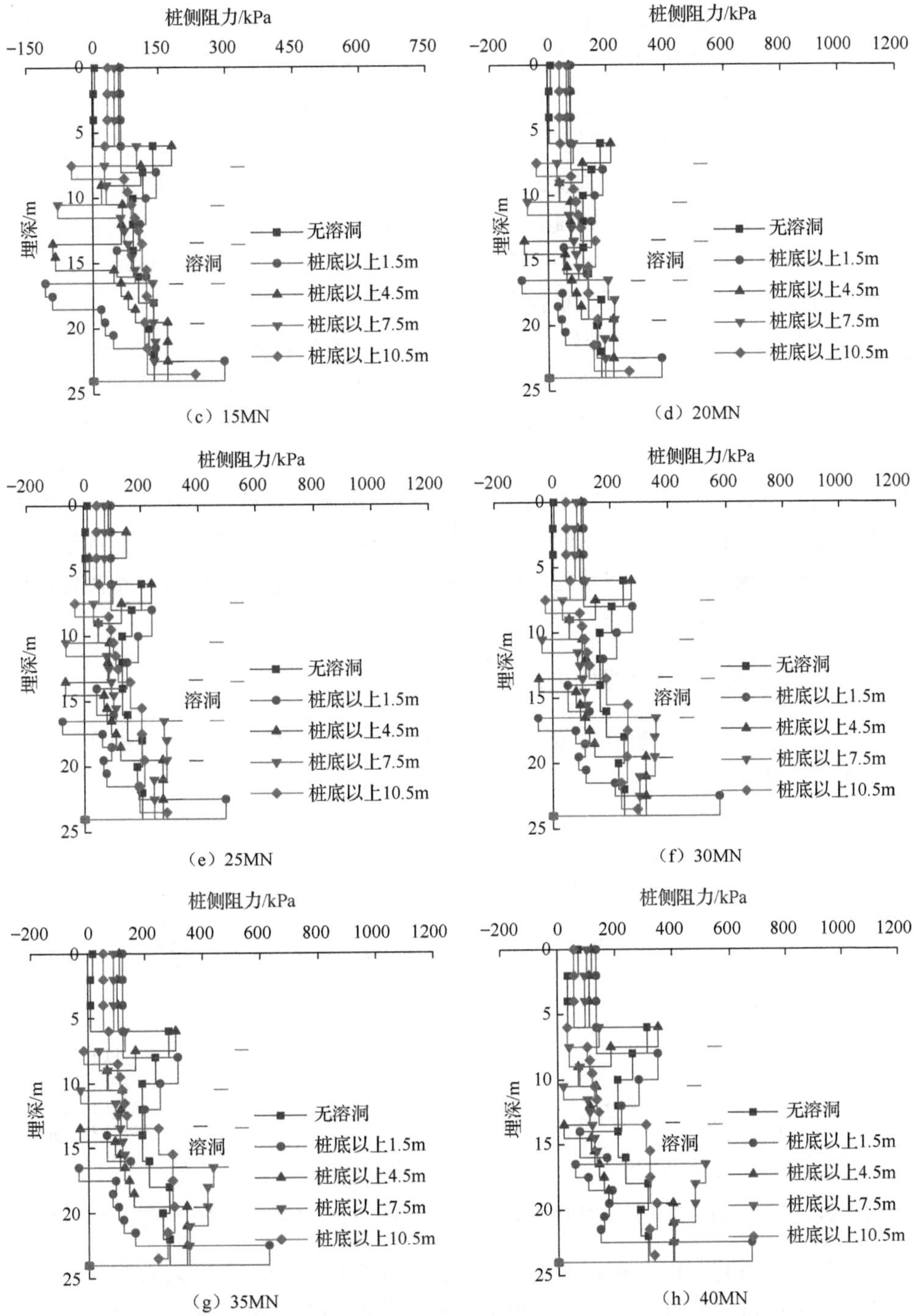
桩侧阻力/kPa
埋深/m
溶洞
无溶洞
桩底以上1.5m
桩底以上4.5m
桩底以上7.5m
桩底以上10.5m
（c）15MN
（d）20MN
（e）25MN
（f）30MN
（g）35MN
（h）40MN

图 4-29（续）

由图 4-28 和图 4-29 可以得出如下结论。

（1）随着桩顶荷载增大，在桩身相同深度处覆盖层和岩层的桩侧阻力逐渐增大；在溶洞范围内桩顶荷载较小时产生桩侧负摩阻力，且负摩阻力随着桩顶荷载的增大逐渐减小，桩顶荷载较大时桩侧阻力由负转正。溶洞底距桩底距离越小，桩侧阻力由负转正所需的桩顶荷载越大。这是由于桩顶荷载较小时桩基沉降较小，回填材料沉降大于桩基沉降，随着桩顶荷载的增大，桩基沉降逐渐增大，桩基与回填材料相对位移逐渐减小，桩侧负摩阻力逐渐减小，桩顶荷载继续增大，桩基与回填材料的相对位移向下，桩侧阻力由负转正。

（2）桩顶荷载相同，荷载较小时，溶洞位置变化下的桩侧均会产生负摩阻力，随着溶洞位置的上升，桩侧负摩阻力减小，产生负摩阻力的范围逐渐减小。当荷载大于 35MN，溶洞底距桩底距离大于等于 10.5m 时，溶洞范围内回填材料提供正摩阻力，溶洞底距桩底距离小于 10.5m 时，溶洞范围内桩侧表面存在负摩阻力。说明荷载较小时，桩基沉降小于回填材料沉降，溶洞底距桩底距离越大，溶洞范围内桩基的沉降越大，回填材料与桩基的相对位移越小，随着桩顶荷载的增大，溶洞底距桩底距离较大时回填材料沉降小于桩基沉降，溶洞底距桩底距离较小时回填材料沉降大于桩基沉降。

4.6.4　溶洞位置对桩基负摩阻力影响分析

不同溶洞位置下负摩阻力范围占比的变化规律及负摩阻力最大值的变化规律如图 4-30、图 4-31 所示。

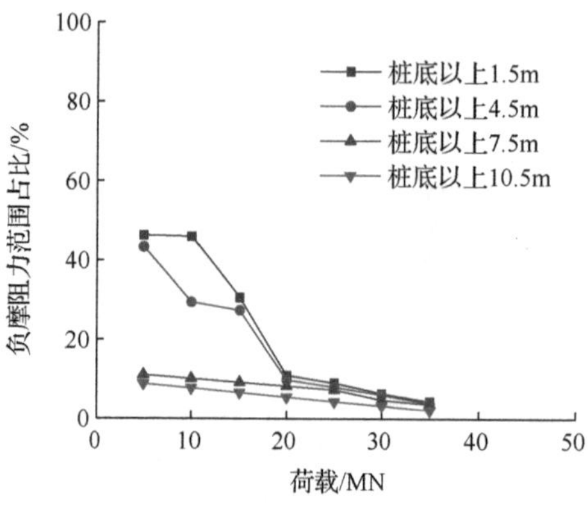

图 4-30　负摩阻力范围占比的变化规律

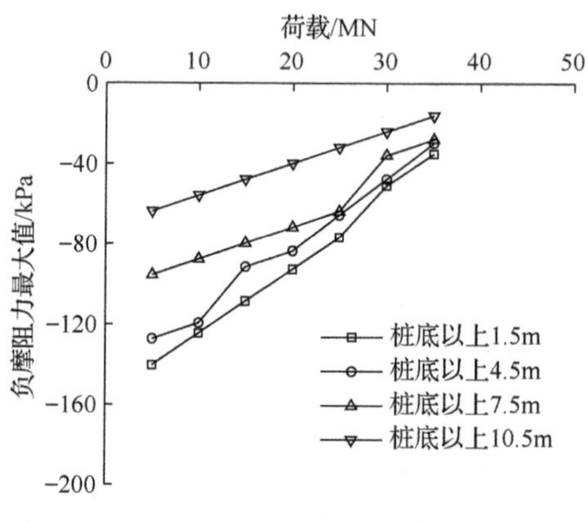

图 4-31　负摩阻力最大值的变化规律

由图 4-30 和图 4-31 可以看出，随着溶洞位置的上升，负摩阻力范围占比逐渐减小，中性点位置逐渐上升，负摩阻力最大值的绝对值呈逐渐减小的趋势；随着桩顶荷载的增大，负摩阻力范围占比逐渐减小，中性点位置逐渐上升，负摩阻力最大值的绝对值逐渐减小。桩顶荷载为 5MN 时，负摩阻力范围占比和负摩阻力最大值的绝对值均最大，溶洞位置由桩底以上 1.5m～桩底以上 10.5m，桩基竖向极限承载力对应的负摩阻力范围占比分别为 10.61%、9.19%、7.87%、4.89%，负摩阻力最大值的绝对值分别为 89.36kPa、76.66kPa、67.65kPa、35.03kPa，负摩阻力最大值的绝对值减小了 60.80%。说明随着溶洞位置的上升，溶洞所在范围内桩基的沉降逐渐增大，与回填材料沉降的差值逐渐减小，桩基与回填材料相对位移为零的位置不断上升，中性点位置不断上升；随着桩顶荷载的增大，桩基沉降逐渐增大，桩基与回填材料的相对位移不断减小，桩基与回填材料相对位移为 0 的位置不断上升，负摩阻力范围占比逐渐减小，负摩阻力最大值的绝对值逐渐减小。

4.7　岩溶发育区桩基负摩阻力的产生机理

负摩阻力不仅影响桩基承载力，还有可能导致桩基的破坏而无法正常发挥作用。岩溶发育区桩侧负摩阻力发生的主要原因是桩周岩土体沉降大于桩基沉降，产生负摩阻力主要有以下几种情况。

（1）岩溶发育区上覆层为可被冲蚀的土体，当地面的水渗透到岩土层处或者地下水位不断在岩土层处上下浮动时，水会冲刷上覆层，最后形成土洞，土洞内的松散堆积物固结下沉，在桩体局部产生负摩阻力，溶洞不断发展，最终会使地表塌陷，桩侧表面也会产生负摩阻力。溶洞的大小和形状、溶洞的发育情况与上部土层的性质、地下水位的活动情况等因素息息相关。

（2）岩溶区域地下水水位由于自然因素或者人为因素下降，密封岩溶腔压强降低产生真空吸蚀，且水位下降会减小土颗粒间的孔隙水压力，从而增加土体有效应力，有效应力的增加会引起土体的压缩，从而引发地面沉降，导致桩侧出现负摩阻力。

（3）桩基穿过溶洞，由于回填法取材方便、造价低，实际工程中一般回填黏土、片石、水泥等材料进行溶洞处治，回填完成后，回填材料会产生固结沉降，当回填材料的沉降大于桩基沉降时，在溶洞范围内桩侧会产生负摩阻力。

岩溶发育区桩基施工过程中采用回填法处理溶洞时，桩侧产生的负摩阻力主要受到洞高、洞跨、溶洞位置、回填材料性质、桩长及桩径等因素的影响。不同影响因素作用下，桩基负摩阻力的产生机理为：洞高增加，溶洞内回填材料的厚度增大，回填材料的沉降增大，导致桩基与回填材料的相对位移增大，使得桩侧产生的负摩阻力增大，中性点位置降低，溶洞内产生负摩阻力的范围增大。洞跨增加，溶洞内回填材料的厚度虽然没有改变，但回填材料的体积会增大，也会导致回填材料的沉降增大，桩基与回填材料的相对位移增大，桩侧产生的负摩阻力增大，中性点位置降低，溶洞内产生负摩阻力的范围增大。溶洞位置上升，溶洞范围内桩基的沉降增大，导致桩基与回填材料的相对位移减小，桩侧产生的负摩阻力减小，中性点位置上升，溶洞内产生负摩阻力的范围减小。回填材料弹性模量增大，回填材料的沉降减小，桩基与回填材料的相对位移减小，桩侧负摩阻力减小，中性点位置上升，溶洞内产生负摩阻力的范围减小。桩长、桩径的增加都会减小桩基沉降，从而增大桩基与回填材料的相对位移，导致负摩阻力增大，中性点位置降低，溶洞内产生负摩阻力的范围增大。

洞高、洞跨、溶洞位置、回填材料弹性模量、桩长及桩径的变化会导致桩基与回填材料的相对位移改变，如图 4-32～图 4-37 所示，沿桩身深度桩基沉降简化曲线如灰线所示，沿桩身深度回填材料沉降的简化曲线如黑线所示，阴影部分为桩侧产生负摩阻力的区域，灰线与黑线的交点为中性点，桩基与回填材料的相对位移增大，会导致桩侧负摩阻力增大，从而影响桩基的竖向承载特性。

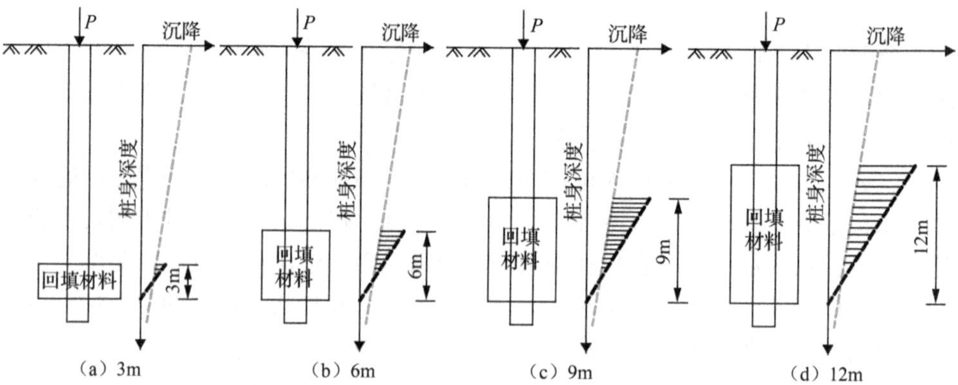

图 4-32　不同洞高下的桩基-回填材料相对位移简化曲线

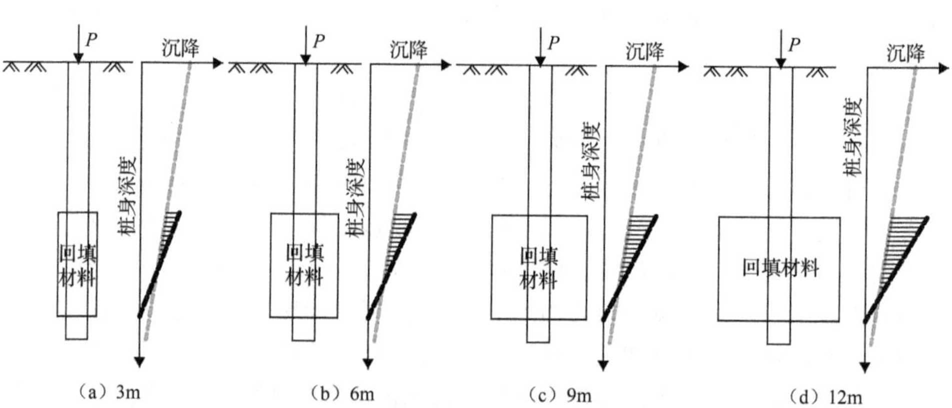

图 4-33　不同洞跨下的桩基-回填材料相对位移简化曲线

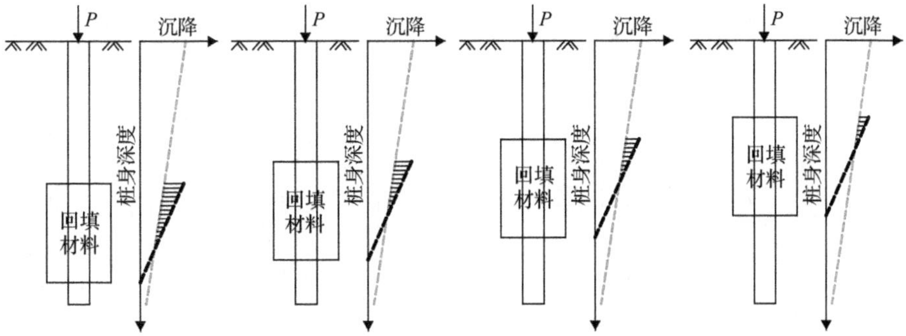

（a）1.5m　（b）4.5m　（c）7.5m　（d）10.5m

图 4-34　不同溶洞位置下的桩基-回填材料相对位移简化曲线

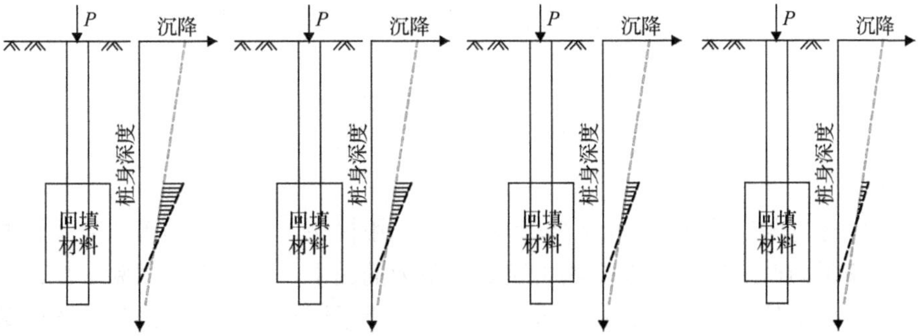

（a）4.0MPa　（b）4.5MPa　（c）5.0MPa　（d）5.5MPa

图 4-35　不同回填材料弹性模量下的桩基-回填材料相对位移简化曲线

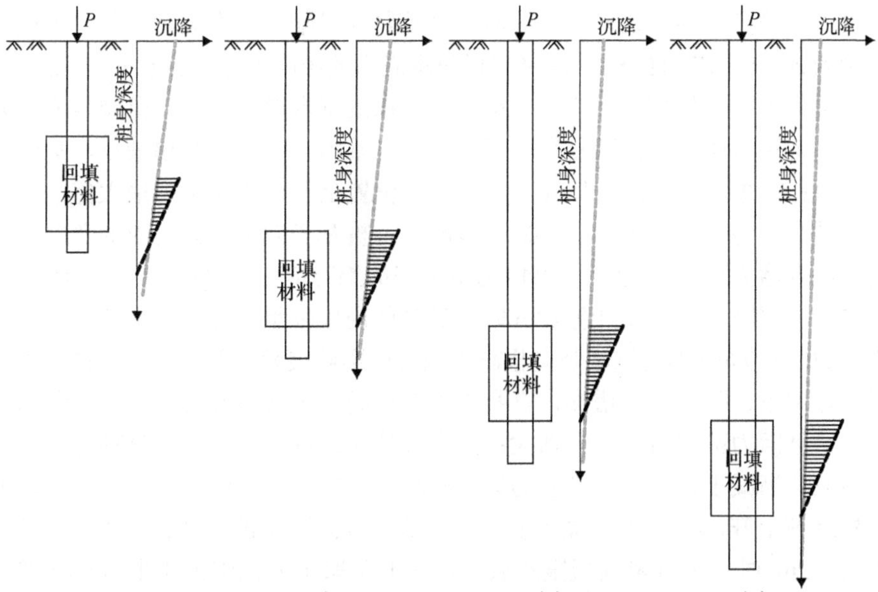

（a）20m　（b）30m　（c）40m　（d）50m

图 4-36　不同桩长下的桩基-回填材料相对位移简化曲线

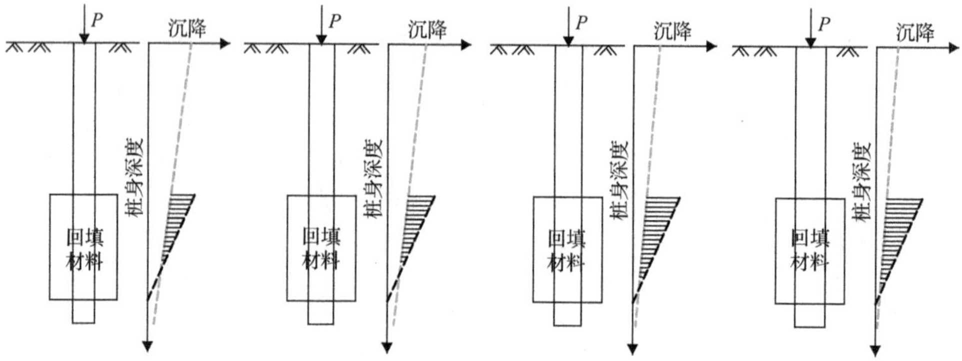

（a）1.6m　（b）1.8m　（c）2.0m　（d）2.2m

图 4-37　不同桩径下的桩基-回填材料相对位移简化曲线

4.8 小　结

本章首先验证了桩基-岩土体-溶洞相互作用模型，分析了回填法处理溶洞时桩侧负摩阻力产生的原因及影响桩基负摩阻力的因素，结合现场试验参数，对不同溶洞类型下的桥梁桩基进行了数值仿真，分析了回填法处理溶洞时桥梁桩基在不同溶洞高度、跨度及位置下的竖向荷载传递规律及负摩阻力变化规律，主要结论如下：

（1）当洞高由 0m 增加到 12m 时，桩基竖向极限承载力逐渐降低，承载力变化范围为 24.85～17.91MN，桩基竖向极限承载力的影响度范围为 6.69%～27.90%；相同荷载作用下，随着洞高增加，桩身轴力在溶洞内增幅变大，负摩阻力增大，负摩阻力范围占比增大；随着荷载增大，桩身轴力在溶洞内增幅减小，负摩阻力逐渐减小；负摩阻力范围占比减小，中性点位置上升，负摩阻力最大值的绝对值呈逐渐减小趋势；洞高由 3m 增加到 12m 时，桩基竖向承载力对应的负摩阻力范围占比由 0 增大至 27.14%，负摩阻力最大值的绝对值由 0kPa 增大至 138.61kPa。

（2）当洞跨由 0m 增加到 12m 时，桩基竖向极限承载力明显降低，承载力范围为 24.85～20.69MN，桩基竖向极限承载力的影响度范围为 4.41%～16.71%；相同荷载作用下，随着洞跨增加，桩身轴力在溶洞范围内增幅变大，桩侧负摩阻力增大，负摩阻力范围占比逐渐增大；随着桩顶荷载逐渐增大，桩身轴力在溶洞范围内增幅逐渐减小，桩侧负摩阻力逐渐减小；负摩阻力范围占比逐渐减小，中性点位置逐渐上升，负摩阻力最大值的绝对值呈逐渐减小的趋势；溶洞跨度由 3m 增加到 12m 时，桩基竖向极限承载力对应的负摩阻力范围占比由 7.64%增大至 14.03%，负摩阻力最大值的绝对值由 39.79kPa 增大至 100.55kPa，增大了 152.7%。

说明溶洞跨度对桩基竖向承载特性及负摩阻力特性的影响小于溶洞高度的影响。

（3）当溶洞位置由距桩底 1.5m 上升到 10.5m 时，桩基竖向极限承载力逐渐增大，但增长幅度不大，承载力范围为 21.02～22.99MN；在荷载小于等于 35MN 时，桩身轴力在溶洞范围内先增大后减小，负摩阻力减小，负摩阻力范围占比逐渐减小。当荷载大于 35MN 时，随溶洞位置的上升，桩侧摩阻力由负转正。随着溶洞位置的上升，负摩阻力范围占比逐渐减小，中性点位置逐渐上升，负摩阻力最大值的绝对值呈逐渐减小趋势；溶洞位置由桩底以上 1.5m～桩底以上 10.5m，桩基竖向极限承载力对应的负摩阻力范围占比由 10.61%减小至 4.89%，负摩阻力最大值的绝对值由 89.36kPa 减小至 35.03kPa，减小了 60.80%。

（4）桩基穿过溶洞时，采用回填法进行溶洞处治，回填材料固结沉降大于桩基沉降时，桩侧会出现负摩阻力。桩基负摩阻力特性通常受洞高、洞跨、溶洞位置、回填材料弹性模量、桩长、桩径等因素的影响，在桩基设计时要综合考虑各方面的影响。

第 5 章　岩溶发育区套管处理溶洞桩基承载特性离心模型试验

5.1　概　　述

现场试验成果为岩溶发育区桩基承载特性的研究提供了有力支撑，受现场实际溶洞分布规模和施工进度限制，存在可选择的工况有限、桩顶荷载无法加至桩基破坏且需耗费巨大的人力和物力等问题。因此，需开展室内离心模型试验，补充岩溶发育区桩基承载特性的试验数据支撑。本章采用离心模型试验，设计合理可行的试验模型与工况，研究嵌岩深径比、洞高、洞跨、溶洞数量等因素影响下岩溶发育区桩基的承载特性和荷载传递规律，为更全面地研究岩溶发育区桩基承载特性与机理、探明各因素影响下桩基和溶洞顶板的破坏模式提供试验支撑，为提出岩溶发育区桩基设计计算方法奠定基础。

5.2　岩溶发育区桩基离心模型试验设计

5.2.1　离心模型试验系统

与常规室内试验相比，离心模型试验可按相似比将原型大比例缩尺，通过提高离心加速度，在实现试验目标的前提下，有效减小室内试验的工作量和工作空间，大幅缩短试验时间，因此室内试验采用离心模型试验方式。

离心模型试验使用 TLJ-3 型土工离心机，离心壁有效半径为 2.0m，加速度达 100g 时所能容许的最大荷载（模型箱和模型总质量）为 600kg，加速度范围为 10～200g，最长加速时间小于 15min，该离心机适配的模型箱尺寸为 700mm（长）×360mm（宽）×500mm（高）。

试验设备主要包括离心机的控制系统、模型箱、转动装置和数据采集系统。离心机启动后，操作控制系统设定离心机的预期转速，当离心机加速至预定加速度后，可通过操作控制柜使其匀速试验，在整个过程中可观测到离心臂的平衡情况、轴承温度、离心仓环境温度、电机运行情况等，以便及时发现离心机系统的异常；试验过程中模型各元件的测试数据可通过提前连接在离心机上的采集传输模块和 40 个数据通道保存至数据接收器中，如图 5-1 所示。

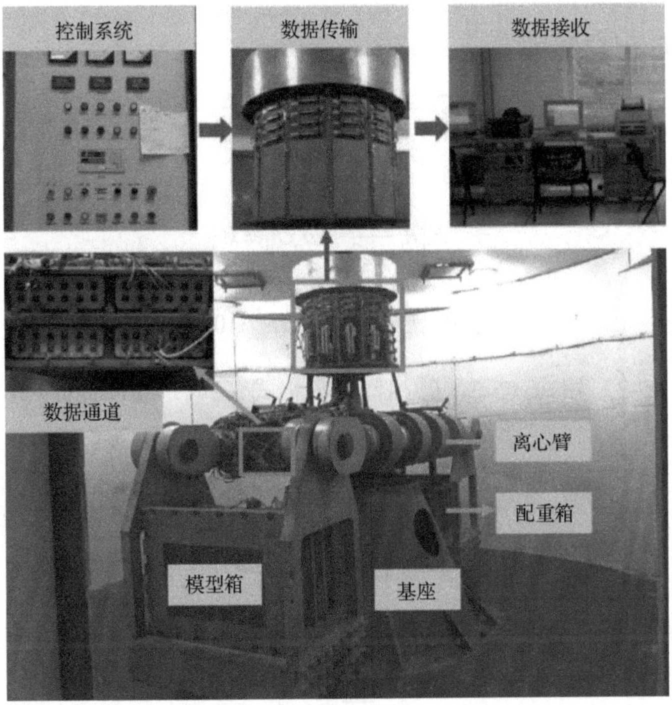

图 5-1　TLJ-3 型土工离心机

5.2.2　离心模型试验相似准则与相似比

基于土工模型相似准则和桩基荷载传递法理论公式，采用方程分析法中的相似转换法，推导岩溶发育区桩基承载特性离心模型试验相似准则。模型桩与模型岩土体、模型溶洞相互作用时的受力与变形主要有下列影响因素。

（1）模型桩的计算尺寸及埋置深度等几何因素。

（2）模型桩的材料特性。

（3）模型桩周围岩土体的性质。

（4）土体的初始应力状态。

岩溶发育区桩基荷载传递机理的基本微分方程为

$$EA\frac{\mathrm{d}^2 s}{\mathrm{d}z^2}+qU=0 \tag{5-1}$$

式中：E 为桩的弹性模量；A 为桩身截面面积；s 为桩身位移；z 为桩身深度；q 为桩侧阻力；U 为桩身周长。

考虑物理条件相似，原型与模型的各参量 k 的相似常数（原型用 k_p 表示，模型用 k_m 表示）为

$$C_E = \frac{E_p}{E_m}, \quad C_q = \frac{q_p}{q_m} \tag{5-2}$$

考虑边界条件相似时：

$$C_A = \frac{A_p}{A_m}, \quad C_S = \frac{s_p}{s_m}, \quad C_z = \frac{z_p}{z_m}, \quad C_U = \frac{U_p}{U_m} \tag{5-3}$$

原型和模型的微分方程分别为

$$E_p A_p \frac{d^2 s_p}{dz_p^2} + q_p U_p = 0 \tag{5-4}$$

$$E_m A_m \frac{d^2 s_m}{dz_m^2} + q_m U_m = 0 \tag{5-5}$$

采用式（5-2）和式（5-3）的相似常数将式（5-4）进行相似转换得

$$\frac{C_E C_A C_S}{C_z^2} E_m A_m \frac{d^2 s_m}{dz_m^2} + C_q C_U q_m U_m = 0 \tag{5-6}$$

式（5-6）与式（5-5）具有一致性，因此式（5-6）的各系数必须彼此相等：

$$\frac{C_E C_A C_S}{C_z^2} = C_q C_U \Rightarrow \frac{C_E C_A C_S}{C_q C_U C_z^2} = 1 \tag{5-7}$$

由几何量纲关系可以看出：$C_A = C_z^2 = C_U^2 = C_s^2$，则

$$\frac{C_E}{C_q} = 1 \tag{5-8}$$

将式（5-2）代入式（5-8）可得相似准则为

$$\frac{E_p}{E_m} = \frac{q_p}{q_m} \tag{5-9}$$

由式（5-9）所得相似准则可以看出，在桩基承载特性和荷载传递规律的离心模型试验中，尽可能保证模型与原型的材料弹性模量相似即可保证模型与原型的受力相似。考虑到离心模型箱的尺寸和边界条件等因素，本次离心模型试验相似比取 n=100，离心加速度为 100g。岩溶发育区桩基原型-离心模型物理量相似对应关系见表 5-1。

表 5-1　岩溶发育区桩基原型-离心模型物理量相似对应关系

物理量	符号	量纲	原型	离心模型
尺寸	l	L	1	$1/n$
面积	A	L^2	1	$1/n^2$
位移	u	L	1	$1/n$

续表

物理量	符号	量纲	原型	离心模型
含水率	w		1	1
应变	ε		1	1
应力	σ	$ML^{-1}T^{-2}$	1	1
力	F	MLT^{-2}	1	$1/n^2$
密度	ρ	ML^{-3}	1	1
质量	m	M	1	$1/n^3$
容重	γ		1	n
加速度	a	LT^{-2}	1	n

5.2.3　模型设计与布设原则

1. 模型设计

1）模型桩设计

由前述可以看出，模型桩设计要满足受力与变形特性与原型桩保持一致。结合现场试验桩的设计参数，本次离心模型试验以直径为 2.0m 的原型桩作为研究对象，桩基采用 C30 混凝土，弹性模量为 30GPa。根据离心模型相似关系，模型桩应选用ϕ125mm 的混凝土桩，然而，该直径下的混凝土桩极易被折断，且实际制作很困难，因此，模型桩需选用尽可能贴近原型桩特性的材料进行制作。目前试验桩材料主要有钢管、铝管、PVC 管、合金管等，通过压缩试验确定各材料的弹性模量（图 5-2），综合考虑质量、成本、尺寸等因素，选取弹性模量为 45GPa 的镁铝合金管制作模型桩。

图 5-2　模型桩材料力学性能试验

同时，为了使其在荷载作用下的承载特性与原型桩相似，需以模型桩的抗压刚度和抗弯刚度来控制模型桩的尺寸，即应满足式（5-10）和式（5-11）。

$$n^2E_\mathrm{m}A_\mathrm{m}=E_\mathrm{p}A_\mathrm{p}\Rightarrow n^2E_\mathrm{m}(D_\mathrm{m}^2-d_\mathrm{m}^2)=E_\mathrm{p}(D_\mathrm{p}^2-d_\mathrm{p}^2) \tag{5-10}$$

$$n^2E_\mathrm{m}I_\mathrm{m}=E_\mathrm{p}I_\mathrm{p}\Rightarrow n^2E_\mathrm{m}(D_\mathrm{m}^2-d_\mathrm{m}^2)=E_\mathrm{p}(D_\mathrm{p}^2-d_\mathrm{p}^2) \tag{5-11}$$

式中：n 为模型相似比；I_m 为模型惯性矩；I_p 为原型惯性矩；D_m、d_m 分别为模型桩外径与内径；D_p、d_p 分别为原型桩外径与内径。

通过多次试算，选取外径和内径分别为 19mm 和 11mm 的封底的镁铝合金管模拟原型桩。按照式（5-10）和式（5-11）分别计算原型桩与模型桩的抗压刚度 EA 和抗弯刚度 EI，并对比二者误差，计算结果见表 5-2 和表 5-3。由此可以看出，模型桩与原型桩的抗压刚度和抗弯刚度误差均在 10%以内，可视为在荷载作用下，该模型桩可较好地模拟原型桩承载特性。

表 5-2　模型桩与原型桩抗压刚度比较

类型	A/m^2	E/GPa	模型桩 EA/GN	原型桩 EA/GN	误差/%
原型桩	3.14	30.0	94.20	94.20	9.9
模型桩	18.85×10^{-5}	45.0	84.83×10^{-4}	84.83	

注：A 为横截面面积；E 为弹性模量。

表 5-3　模型桩与原型桩抗弯刚度比较

类型	I/m^4	E/GPa	模型桩 EI/(GN·m^2)	原型桩 EI/(GN·m^2)	误差/%
原型桩	0.79	30.0	23.56	23.56	−8.4
模型桩	56.78×10^{-10}	45.0	25.55×10^{-8}	25.55	

注：I 为惯性矩。

为更好地还原原型钻孔灌注桩的桩身粗糙度，需在模型桩表面薄涂环氧树脂，并粘上一层薄薄的砂浆，从而使模型桩与桩周岩土体相互作用时的桩侧阻力发挥情况与原型桩相似。此外，为测量模型桩的桩底受力情况，用环氧树脂将ϕ19mm、厚 3mm 的有机玻璃圆板粘贴于模型桩底，布设桩底微型土压力盒用以测量桩端阻力。模型桩制作完成后，在桩顶预留的合金管处嵌套一个 10cm×10cm 的加载平台，用以固定加载铁片。离心模型试验的模型桩如图 5-3 所示。

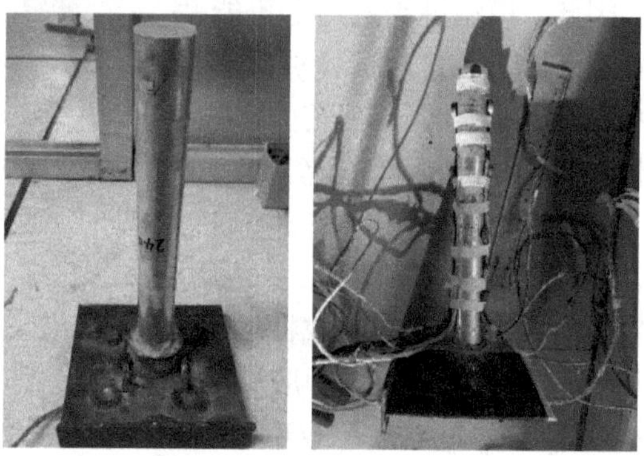

图 5-3　模型桩

2）模型地基土制备

由于在离心模型试验中需将模型地基土分层填筑压实在模型箱中，同时需模拟不同溶洞条件等工况下的桩基承载特性，在本次试验中采用人工制备的方法配制模型地基土。离心模型试验成功与否的关键在于模型地基土与实际地基土性质的相似性，因此，人工制备的模型地基土需满足两个条件：一方面模型土的物理力学指标需达到要求；另一方面不同组别的模型试验中土的物理力学指标需保持一致。为更好地控制试验的影响因素，简化模型土层为两层，上层为等代覆盖层，下层为分布着溶洞的岩层。

模型地基土上层采用粉质黏土模拟等代覆盖层。等代覆盖层的制备方法：首先将土样磨碎并过 2mm 筛，采用烘干法测得土样初始含水率；接着控制物理力学性质配制好土样，通过烘干法判断土样是否达到预定含水率；然后将含水率符合要求的土样每 9.1kg 密封至密封袋中进行储存；最后通过含水率试验（烘干法）、密度试验（环刀法）、固结试验和直剪试验（图 5-4）测定土样含水率、密度、弹性模量、黏聚力和内摩擦角，各物理力学参数见表 5-4。

（a）含水率试验　（b）密度试验　（c）固结试验　（d）直剪试验

图 5-4　土样物理力学性质试验

模型地基土下层采用水泥、石膏、砂石、水混合材料模拟中风化灰岩。水泥和石膏作为材料之间的粘结剂，砂石用来控制混合材料的单位质量。通过反复试验岩层试块的强度和变形特性（图 5-5），确定材料最终配比为水泥∶石膏∶土∶水=1∶0.5∶0.8∶1.1。试验中地基土的物理力学参数见表 5-4。

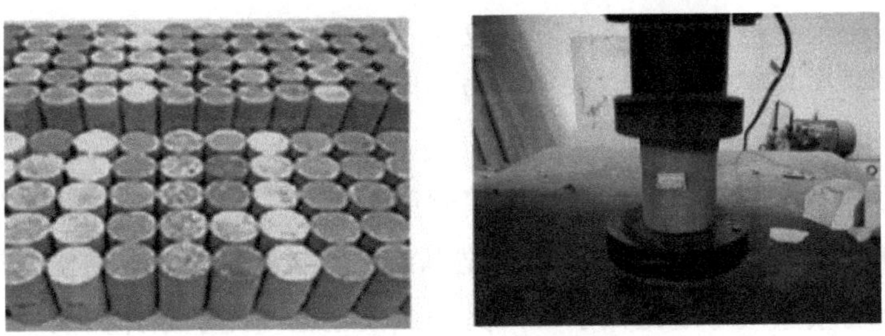

图 5-5　岩层试块压缩试验

表 5-4　离心模型试验地基土物理力学参数

地基土类别	密度 ρ/(g/cm^3)	压缩模量 E_s/MPa	含水率 ω/%	黏聚力 c/kPa	内摩擦角 φ/(°)
粉质黏土	1.8	19	25	21.5	15
中风化灰岩	2.3	2500	10		

3）溶洞模型制作

在离心模型试验中，为了真实反映原型桩的受力情况及溶洞分布情况，模型试验采用轻薄、低强且稳定的有机玻璃模拟溶洞且均简化为立柱空洞，如图 5-6 所示。由于模型箱内空间有限，不便于操作，对于桩基穿过溶洞的情况，预先将模型桩穿过溶洞模型，由于溶洞上下底的预留孔与桩径相同，溶洞可以按设计位置固定于桩身；对于溶洞位于桩底的情况，分层填筑所配制岩层，到设计溶洞底标高，将预先做好的溶洞放置到设计位置，继续填筑至设计标高来模拟溶洞及溶洞周围岩层。

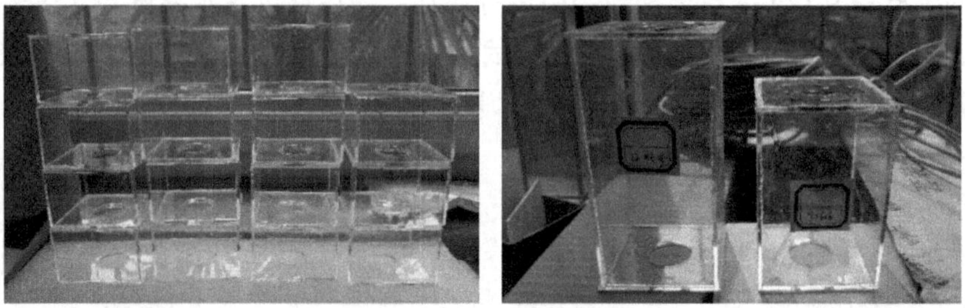

图 5-6　部分溶洞模型

2. 试验模型布设原则

为减小离心模型试验误差，试验模型需同时考虑以下三个原则进行布设。

（1）最小桩距。模型桩间最小间距为 $8D$（D 为桩径），以保证同一模型箱中的两根模型桩的力学特性不受邻桩的影响[166]。

（2）粒径效应。Craig[167]研究认为当原型土为粗粒土时，为消除粒径效应，需满足模型桩尺寸与模型土最大颗粒粒径之比不小于 40。大量研究和试验表明，细粒土粒径效应几乎不存在。本次试验采用的模型土材料均为细粒土，可忽略粒径效应的影响。

（3）边界条件。边界效应是模型箱侧壁对模型的约束导致试验产生误差的现象。徐光明等[168]提出为了大幅减小模型箱约束对试验的影响，需使模型至模型箱侧壁的距离与模型尺寸之比大于 3，另外在模型箱箱侧壁涂抹黄油，可有效减小箱壁的摩擦力。

5.2.4　试验元件布设、加载设计与试验步骤

1. 试验元件布设

1）位移传感器

采用 HG-C1030 型激光测距仪测量桩顶位移，测距仪量程为−5～5mm，精度为 10μm，测距仪固定于自主研发的位移测量和加载装置上[169]，如图 5-7 所示。

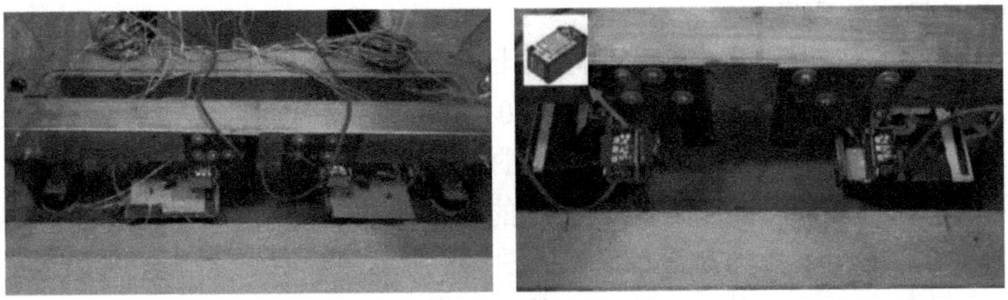

图 5-7　位移传感器布设

2）电阻式应变片

采用 BA120-5AA 电阻式应变片测量模型桩的桩身应变，应变片尺寸为 3mm×2.6mm，灵敏度系数为 2.0%，精度为 0.05με。为防止应变片脱落、损坏，保证应变片的有效率，沿轴线将模型桩剖开成两半，并在模型桩内壁的预定布设位置打磨擦净，使用万能胶将应变片对称粘贴于桩身内部，其引线固定于桩身内部并引至桩顶，将引至桩顶的信号线绑扎成束，避免试验过程中信号线断开。最后用环氧树脂粘贴复原模型桩，静置 24h 以上。应变片布设如图 5-8 所示，最后一层应变片靠近桩底内壁粘贴。应变片采用半桥接法，每个应变片对应一个补偿片，二者信号线通过九孔插座连接于同一七孔航空插头上，从而与离心机数据通道对接。应变补偿片按上述方式粘贴于镁铝合金管内部，该合金管与模型桩的材料相同，固定于离心机中轴上，不随试验过程产生转动和变形。

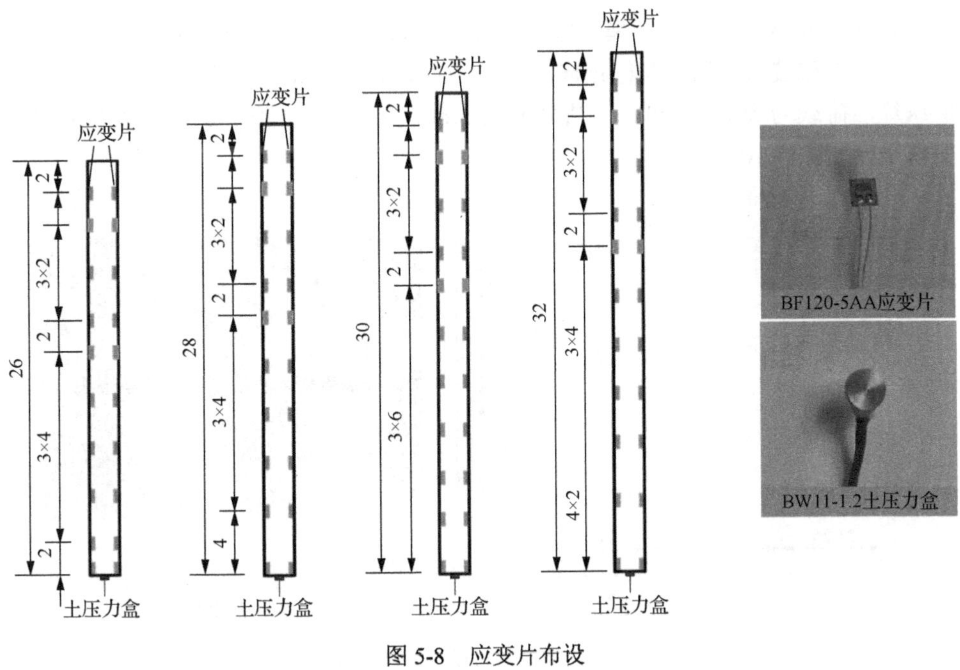

图 5-8　应变片布设

3）微型土压力盒

采用 DMTY 型土压力盒测量桩底土压力，土压力盒直径为 12mm，高度为 4.2mm，量程为 0～0.5MPa，精度为 0.001MPa。试验开始前，采用油标法对微型土压力盒进行标定，得到土压力盒标定曲线，如图 5-9 所示。待模型桩复原完成后，使用环氧树脂将 3mm 厚、ϕ19mm 的有机玻璃圆板粘贴于桩底进行封底，待静置 24h 后，固定土压力盒于桩底，如图 5-8 所示。微型土压力盒采用全桥接法，焊接于七孔航空插头，从而与离心机数据通道对接。

（a）微型土压力盒油标法标定

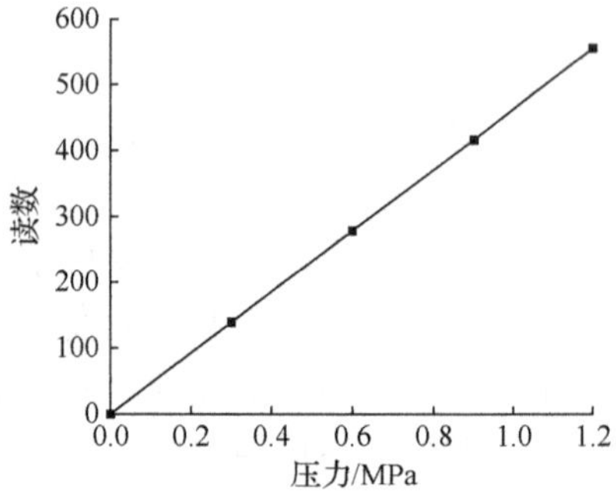

（b）标定曲线

图 5-9　土压力盒标定

2. 模型布设与加载设计

为满足最小桩距，每个模型箱最多布设两根模型桩。模型桩分级加载通过自主设计的加载装置实现，在桩顶嵌套加载平台，每级对称增加两片均为 250g 的矩形铁片，荷载为 500～3000N，共分 6 级加载，每级增加 500N。试验模型布设及加载平台如图 5-10 所示。

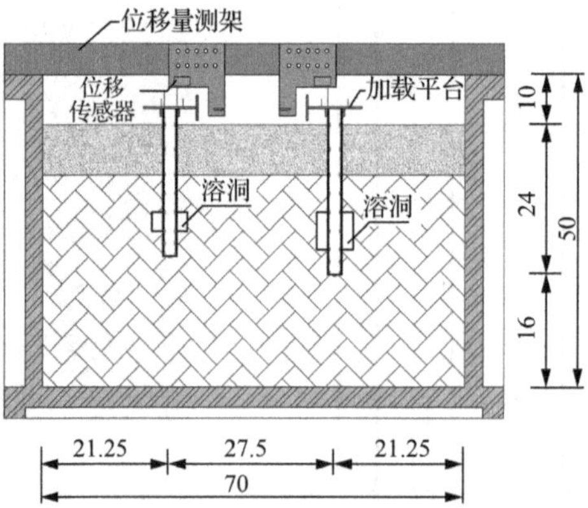

（a）试验模型布设

（b）加载平台

图 5-10　试验模型布设及加载平台示意

3. 试验步骤

离心模型试验主要步骤（图 5-11）如下。

（1）为保护应变片，将其对称粘贴在模型桩内壁，固定好后用环氧树脂还原，并用砂纸打磨桩的表面；准备溶洞模型，将桩穿过溶洞并固定。

（2）试验模型地基土采用分层填筑方法，每层 2cm，以保证密度和压实度。根据材料密度，以桩长 24cm 为例，首先称量 11592g 中风化岩层混合料，在模型箱中均匀铺开，用振动器将其均匀压缩到 2cm，共填筑 16cm。由于模型尺寸较小，模型桩难以钻孔，为更好地模拟桩侧和桩底受力，将模型桩固定于预定位置（图 5-10），共填筑 8 次中风化岩层混合料。最后称量 9072g 土作为等代覆盖层材料，共填筑 4 次。

（3）模型制作完成后，称量装好模型的模型箱，用吊机将其吊装进入离心机，用螺栓固定模型箱并配平配重箱。

（4）连接位移测量架与模型箱，将激光测距仪固定在测量架上。连接应变片、微型土压力盒与离心机的数据采集通道。

（5）关闭保护门，操作离心机设备加速到 100g 水平，匀速 8min，降速至停止。每级荷载结束试验后，关闭离心机，增加荷载。重复以上步骤，直至加载完成。

（6）拆卸模型箱固定螺栓，将模型箱吊装至外操作平台，打开模型箱侧板，拆除试验模型，重复上述步骤继续新工况试验。

图 5-11　试验主要步骤

5.2.5　试验工况

结合第 2 章中影响岩溶发育区桩基承载特性的内因与外因，开展不同荷载作用时，不同嵌岩深径比 h_r/D 和不同溶洞参数（洞高 H、洞跨 $B×L$、数量 a）、下伏溶洞参数（洞高 H、洞跨 $B×L$、顶板厚度 h_c）影响下桩基的承载特性离心模型试验。各因素的取值范围参考依托工程进行设定，得到离心模型试验的工况见表 5-5。

表 5-5　穿过溶洞的桩基承载特性试验工况

因素	h_r/D	H/cm	$B×L$	a	溶洞位置
h_r/D	1、2、3、4	6	6cm×6cm	1	桩底以上2cm
H	1	0、3、6、9、12	6cm×6cm	1	
$B×L$	1	6	3cm×3cm、6cm×6cm、9cm×9cm、12cm×12cm	1	
a	0.5	3	6cm×6cm	1、2、3（间距 2cm）	

由于模型箱的高度为 50cm 且箱顶需预留位移测量架和加载平台位置，覆盖层顶至箱底不大于 40cm。为满足最小距离要求并便于试验，模型桩均穿过溶洞中心。本次试验的覆盖层厚度取 8cm，固定顶板厚度为 3D（D 为桩基直径，本试验取 2cm），穿过溶洞后模型桩嵌入岩层 2cm。试验中嵌岩深径比的变化，通过保证桩径不变、增加桩基嵌岩深度实现，如图 5-12（a）所示；洞高变化，洞高从顶板底向下取工况设计高度，其余条件保持一致，如图 5-12（b）所示；试验中视洞跨在水平两个方向的尺寸相等，洞跨的变化，以模型桩轴线为基准，在水平两个方向均增大溶洞跨度到设计跨度，其余条件保持一致，如图 5-12（c）所示；桩基穿过溶洞数量变化时，受模型箱尺寸限制，取单层溶洞尺寸为 3cm×6cm×6cm，如图 5-12（d）所示。下伏溶洞洞高、洞跨、顶板厚度变化下的桩基承载特性试验工况见表 5-6 和图 5-13。

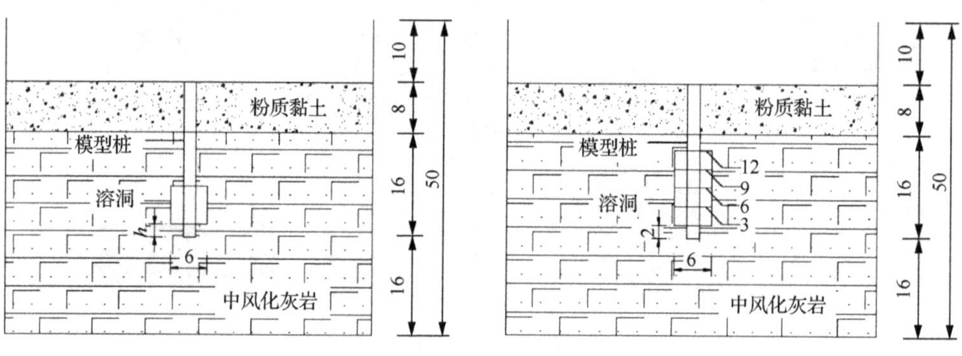

（a）嵌岩深径比变化　　（b）洞高变化

图 5-12　穿过溶洞的桩基承载特性试验工况示意（单位：cm）

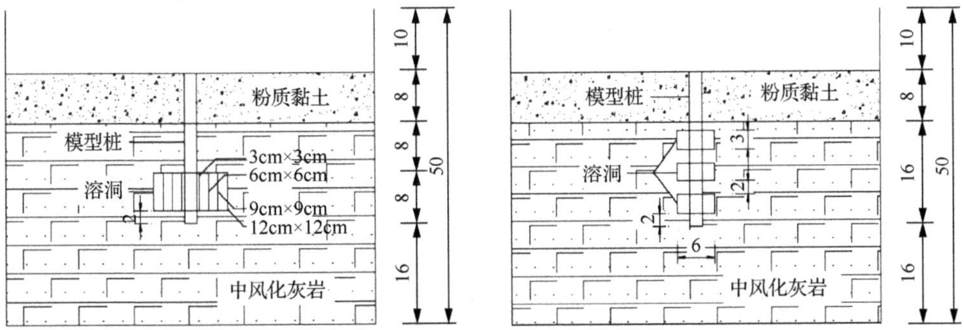

（c）洞跨变化　　（d）溶洞数量变化

图 5-12（续）

表 5-6　下伏溶洞的桩基承载特性试验工况

因素	H/cm	B×L	h_c/cm
H	0、4、6、9	6cm×6cm	2.0
B×L	4	0、4cm×4cm、6cm×6cm、9cm×9cm、12cm×12cm、15cm×15cm	2.0
h_c	4	6cm×6cm	1.0、2.0、4.0、6.0

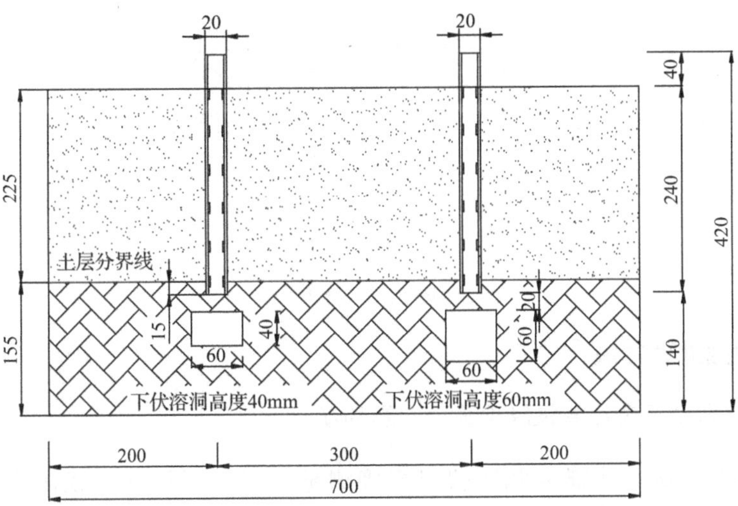

（a）洞高变化

图 5-13　下伏溶洞的桩基承载特性试验工况示意

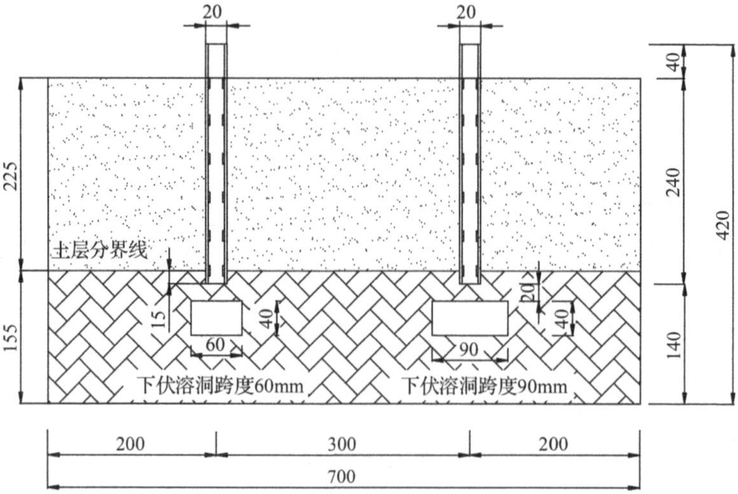

（b）洞跨变化

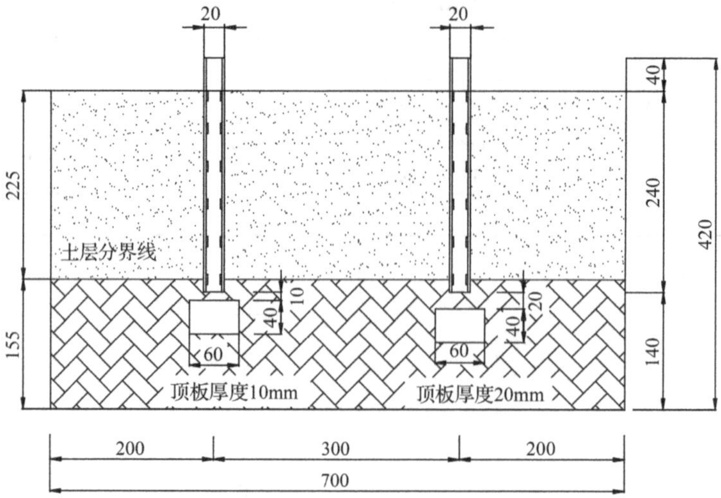

（c）顶板厚度变化

图 5-13（续）

5.2.6　数据处理方法

1. 岩溶发育区桩基极限承载力和影响度

离心模型试验中激光测距仪可直接测量各工况下不同荷载作用下桩顶沉降，基于沉降控制原则，本书取桩顶沉降为 6%D（D 为桩径）时对应的荷载为桩基极限承载力 Q_u，取桩顶横向位移为 0.04mm 时对应的横向荷载为横向极限承载力[170]。

影响度 α_i 为各因素对桩基极限承载力的影响程度，其计算公式为

$$\alpha_i = \left| \frac{Q_i - Q_0}{Q_0} \right| \times 100\% \tag{5-12}$$

影响度 β_i 为各因素对桩基横向极限承载力的影响程度，其计算公式为

$$\beta_i = \left| \frac{H_i - H_0}{H_0} \right| \times 100\% \tag{5-13}$$

式中：Q_i、H_i 为各影响因素下不同水平的桩基竖向、横向极限承载力，i 按表 5-5、表 5-6 中列举的顺序取 1、2、3…，如对于顶板厚度来说，Q_3 为顶板厚度为 4.0cm 时桩基极限承载力；Q_0 为计算基准工况下极限承载力，洞高、洞跨、溶洞数量三种因素影响下 Q_0 为无溶洞时桩基极限承载力，嵌岩深径比影响下 Q_0 为嵌岩深径比为 1 时桩基极限承载力。

2. 桩基桩身轴力和桩侧阻力

离心模型试验中应变片可直接测量桩基受力时的桩身应变，从而计算得到桩基桩身轴力和桩侧阻力。桩身轴力 F_i 计算公式为

$$F_i = E_m \bar{\varepsilon}_i A_m \tag{5-14}$$

式中：$\bar{\varepsilon}_i$ 为桩身第 i 截面处两个应变片数据平均值，i 从桩顶至桩底取 1、2、3、…、n。

根据应变片数量 n 和布设位置，将模型桩离散为 n+1 段，本书分析的桩侧阻力 q_{si} 是第 i 段桩身的平均桩侧阻力，可通过桩身轴力计算得到，其计算公式为

$$q_{si} = \frac{F_i - F_{i+1}}{A_{ci}} \tag{5-15}$$

式中：F_i 和 F_{i+1} 为桩基第 i 分段顶与底的轴力；A_{ci} 为桩基第 i 分段的侧表面积。

3. 桩基分项承载力占比

本书中分析的桩基分项承载力包括桩基极限承载力中的桩侧承载力与桩端承载力，分项承载力占比计算公式为

$$\delta_{si} = \frac{Q_{si}}{Q_{ui}} \times 100\% \tag{5-16}$$

$$\delta_{pi} = \frac{Q_{pi}}{Q_{ui}} \times 100\% \tag{5-17}$$

式中：δ_{si} 和 δ_{pi} 分别为桩侧阻力占比和桩端阻力占比；Q_{si} 和 Q_{pi} 分别为桩基极限承载力中桩侧阻力和桩端阻力；Q_{ui} 为桩基极限承载力。

5.3　穿过溶洞的桩基承载特性分析

5.3.1　洞跨变化对岩溶发育区桩基竖向承载特性影响

1. 洞跨对穿过溶洞的桩基竖向承载特性影响分析

不同洞跨下的桩基竖向荷载与沉降关系如图 5-14 所示。

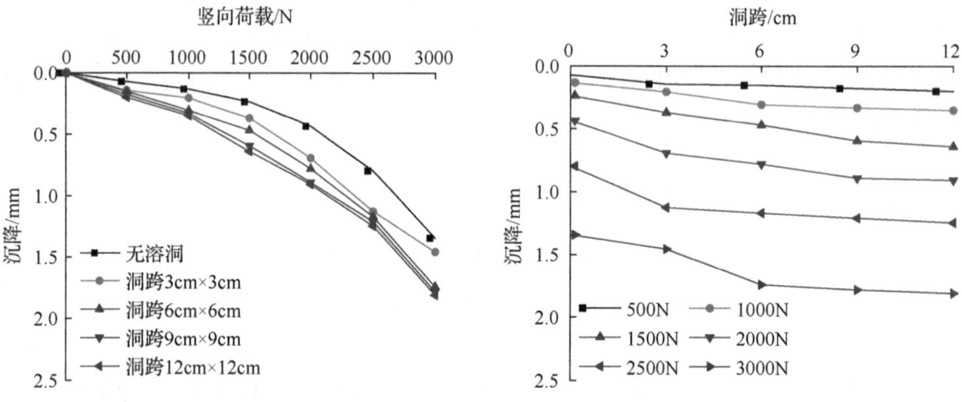

（a）桩基竖向荷载-沉降曲线　　（b）洞跨-沉降曲线

图 5-14　不同洞跨下桩基竖向荷载与沉降关系

由图 5-14 可以看出，随着竖向荷载增大，穿过同一高度、不同跨度溶洞的桩基的荷载-沉降均呈现缓变形趋势。同一荷载作用下，洞跨增大时，桩顶沉降小幅增大。荷载小于等于 1500N 时，竖向荷载作用下，洞跨增加对桩顶沉降的影响较小；荷载为 2000～3000N 时，洞跨增加与无溶洞时桩顶沉降相差较大；荷载为 3000N 时，桩顶沉降在洞跨 6cm×6cm 出现明显转折。例如，当桩顶竖向荷载为 3000N 时，与无溶洞时的桩顶沉降相比，洞跨为 3cm×3cm、6cm×6cm、9cm×9cm、12cm×12cm 时，桩顶沉降增幅分别为 8.3%、29.7%、32.7%、34.7%。说明洞跨增加使溶洞顶板受弯拉引起桩周岩土体作用于桩身的法向应力加强，桩侧阻力在一定程度上发挥更充分，荷载较大时，洞跨大于 6cm×6cm 后，相同荷载作用下溶洞顶板底部受拉破损，溶洞顶板向下的变形显著增大，对桩身提供的侧阻力增大。

不同洞跨下桩基竖向极限承载力及其影响度 α 的变化规律如图 5-15 所示。

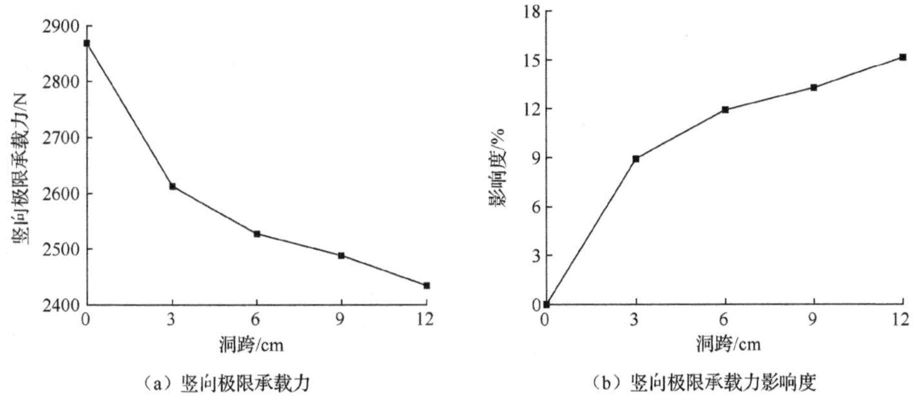

图 5-15　不同洞跨下桩基竖向极限承载力特性

由图 5-15 可以看出，与洞高变化类似，穿过溶洞的桩基竖向极限承载力与洞跨呈负相关关系。与无溶洞时相比，当洞跨为 3cm×3cm、6cm×6cm 时，桩基竖向极限承载力分别减小 256.2N、341.8N，竖向极限承载力影响度分别为 8.9%、11.9%；当洞跨为 9cm×9cm、12cm×12cm 时，桩基竖向极限承载力分别减小 380.5N、434.4N，竖向极限承载力影响度分别为 13.3%、15.1%；洞跨大于 6cm×6cm 后，洞跨增大导致桩基的竖向极限承载力减小速度变缓。主要原因是，洞跨增大，溶洞处横向土体缺失范围增大，顶板抗弯拉强度降低，相同荷载下，顶板漏斗状变形趋势变大，对桩身的侧向挤压增强；洞跨大于 6cm×6cm 后，洞跨增大导致顶板底部塑性区范围小幅增加，溶洞顶板弯拉挤压效应导致作用于桩身的法向应力增强，提供的桩侧阻力增大，嵌岩段提供的嵌固力减小。

2. 洞跨变化对穿过溶洞的桩基荷载传递规律影响分析

1）桩身轴力分布规律

不同洞跨下穿过溶洞桩基的桩身轴力分布规律如图 5-16 所示。

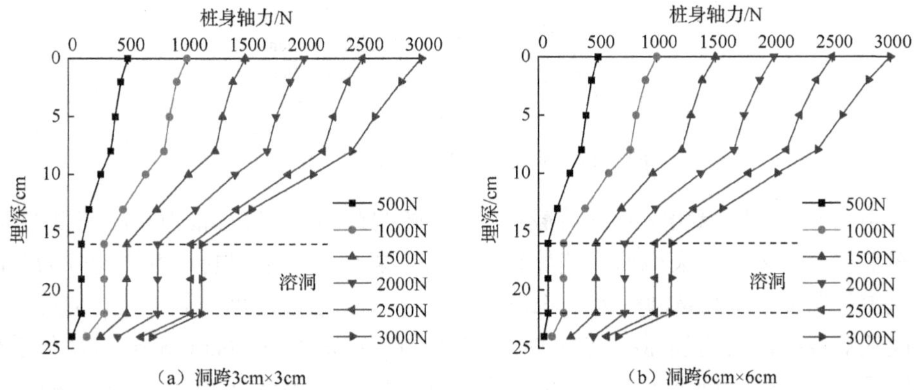

图 5-16　不同洞跨下桩身轴力分布规律

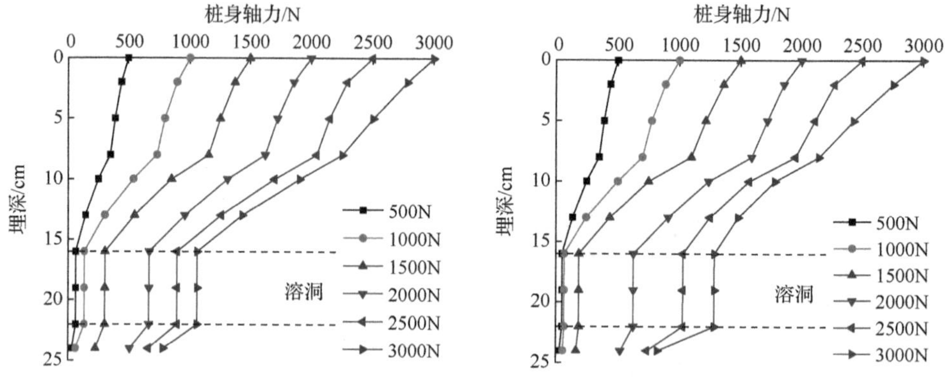

（c）洞跨9cm×9cm （d）洞跨12cm×12cm

图 5-16（续）

由图 5-16 可以看出，洞跨不同时，随着桩顶荷载的增加，在覆盖层范围内桩身轴力衰减较慢，进入岩层后桩身轴力衰减加快，穿过溶洞桩基的桩身轴力整体分布规律相似；与无溶洞桩基的桩身轴力分布规律相比，穿过溶洞桩基由桩顶至桩底的轴力衰减速度加快，在溶洞范围内轴力几乎不衰减，传递至桩底的荷载显著增加。同一荷载作用下，不同洞跨对桩身轴力分布影响具有显著差异，以荷载 2000N 为例分析不同洞跨下穿过溶洞桩基的桩身轴力分布规律，如图 5-17 所示。

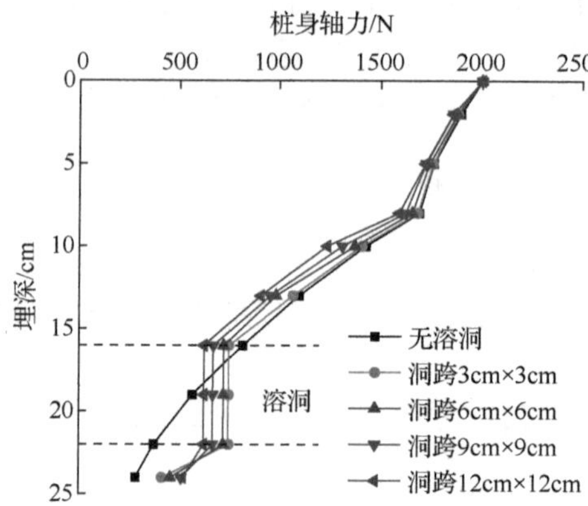

图 5-17 洞跨对桩身轴力分布的影响

由图 5-17 可以看出，相同荷载作用下，随洞跨增加，桩身轴力衰减速度增大，在覆盖层范围内轴力衰减速度差异较小，进入岩层后，不同洞跨下桩身轴力衰减速度差异明显，尤其是洞跨大于 6cm×6cm 后，轴力衰减速度显著加快，但传递至桩底的荷载随洞跨增加而小幅增大。洞跨为 0、3cm×3cm、6cm×6cm 时，传递至溶洞顶的桩身轴力减小了 1181.0N、1249.6N、1274.2N，减幅 59.1%、62.5%、63.7%；

洞跨为 9cm×9cm、12cm×12cm 时，传递至溶洞顶的桩身轴力减小了 1326.2N、1373.3N，减幅 66.3%、68.7%。主要原因是洞跨增大，溶洞顶板弯拉挤压效应导致桩侧岩土体对桩身的挤压力增大，桩侧阻力发挥充分，洞跨大于 6cm×6cm 后，溶洞顶板抗弯拉能力明显减弱，溶洞顶、底板塑性区开展，荷载引起的溶洞顶板弯拉挤压效应增强，桩侧阻力增大且传递至嵌岩段的荷载减小，嵌岩段提供的嵌固力减小。

在竖向荷载作用下，桩基所穿过溶洞顶板的弯拉变形使溶洞以上岩土体对桩基的侧向挤压作用增强，桩侧阻力发挥更充分的现象为“顶板弯拉挤压效应”。

2）桩侧阻力分布规律分析

不同洞跨下穿过溶洞桩基的桩侧阻力分布规律如图 5-18 所示。

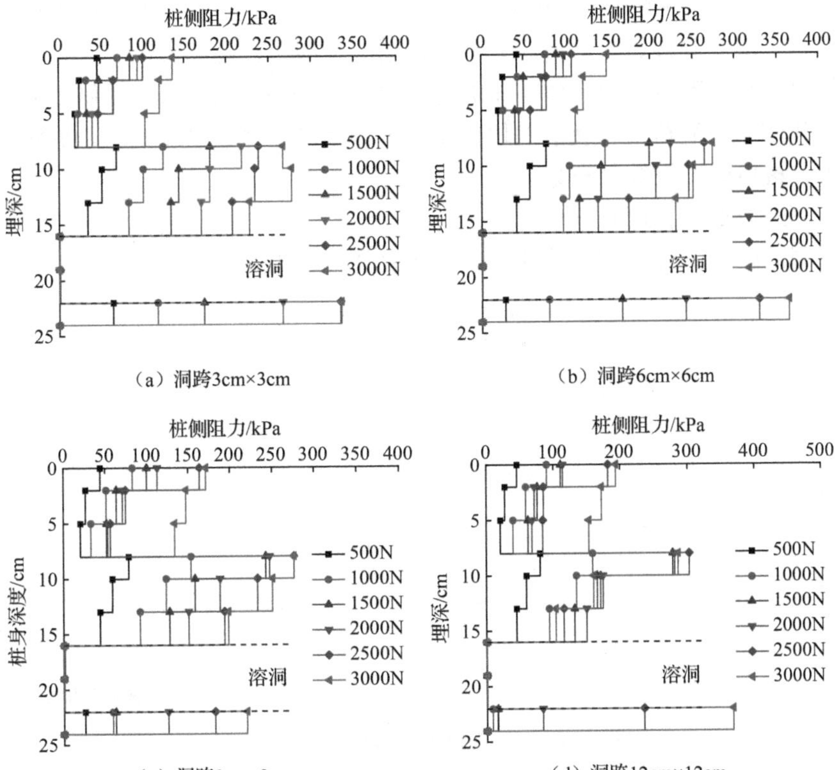

（a）洞跨3cm×3cm　（b）洞跨6cm×6cm

（c）洞跨9cm×9cm　（d）洞跨12cm×12cm

图 5-18　不同洞跨下桩侧阻力分布规律

由图 5-18 可以看出，随桩顶荷载增加，不同洞跨下在覆盖层范围内和岩层范围内，随着深度增加，穿过溶洞桩基的桩侧阻力均出现倒三角阶梯型减小，表明桩侧岩土体与桩的相对位移引起的摩阻力是自上而下逐步发挥的；在溶洞顶板处桩侧阻力骤减，且在溶洞范围内桩侧阻力接近零；随荷载增加，同一洞跨下的桩

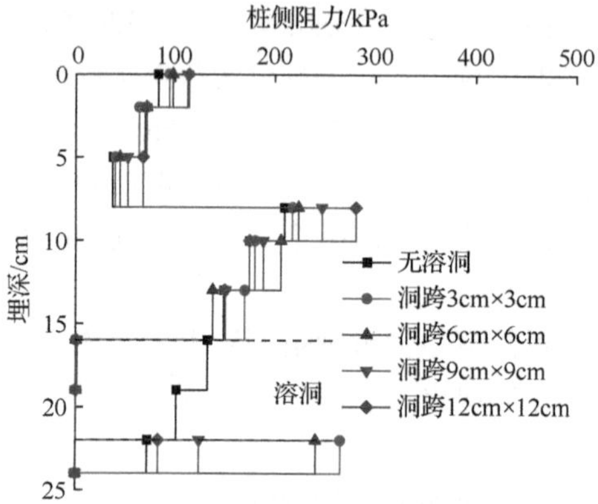

图 5-19　洞跨对桩侧阻力分布的影响

侧阻力逐渐增大，且溶洞底桩基的嵌岩段桩侧阻力增大。以荷载 2000N 为例分析洞跨对穿过溶洞桩基的桩侧阻力分布的影响，如图 5-19 所示。

由图 5-19 可以看出，洞跨小于等于 6cm×6cm 时，桩侧阻力在不同桩身深度处（溶洞范围除外）仅略大于无溶洞时的桩侧阻力，而洞跨大于 6cm×6cm 后，在覆盖层范围内桩侧阻力略大于无溶洞时的桩侧阻力，但进入岩层后桩侧阻力发挥显著增大；在溶洞范围内桩侧阻力几乎为零，溶洞底嵌岩段桩侧阻力随洞跨增大而减小。主要原因是，桩侧阻力是桩土相对位移导致桩周岩土体挤压桩身产生的，法向应力越大，桩侧阻力越大，同一荷载作用下洞跨增大使溶洞顶板受弯拉作用产生弯拉挤压效应，桩侧法向应力增大，桩侧阻力发挥更充分。

3）分项承载力分布规律

不同洞跨下穿过溶洞桩基的分项承载力分布规律如图 5-20 所示。

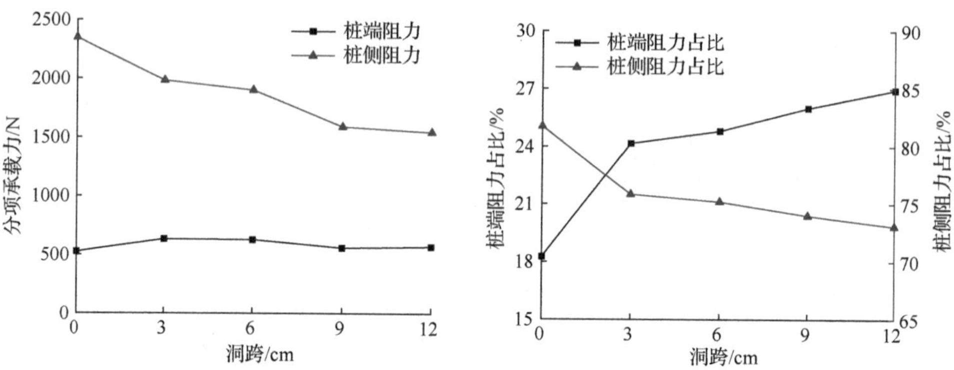

（a）桩端阻力与桩侧阻力　　（b）桩端阻力与桩侧阻力占比

图 5-20　不同洞跨下分项承载力分布规律

由图 5-20 可以看出，随着洞跨增加，穿过溶洞的桩基的竖向极限承载力中桩侧阻力和桩端阻力分别呈逐渐减小与先增大后减小再增大的趋势，当洞跨大于 6cm×6cm 后，桩侧阻力出现明显拐点，而桩端阻力由增大转为减小；随着洞跨增加，桩基竖向极限承载力中桩侧阻力占比和桩端阻力占比分别呈逐渐减小和逐渐增大的趋势，洞跨 3cm×3cm 为占比变化拐点。与无溶洞时相比，洞跨为 3cm×3cm、6cm×6cm、9cm×9cm、12cm×12cm 时，桩侧阻力分别减小了 15.5%、19.0%、32.2%、

34.1%，桩端阻力分别增大了 20.4%、19.6%、6.6%、8.6%。主要原因是，相同荷载作用下桩顶沉降随洞跨增大而增大，桩基竖向极限承载力减小，在竖向极限荷载作用下，传递至桩端的荷载变大，桩端阻力占比亦增大，由于溶洞顶板弯拉挤压效应使溶洞顶之上桩侧阻力发挥更充分。

5.3.2　洞跨变化对岩溶发育区桩基横向承载特性影响分析

1. 随洞跨变化桩基横向承载力规律分析

不同洞跨下的桩基横向荷载–横向位移（*H*-*y*）曲线如图 5-21 所示。不同洞跨下桩基横向极限承载力特性如图 5-22 所示。

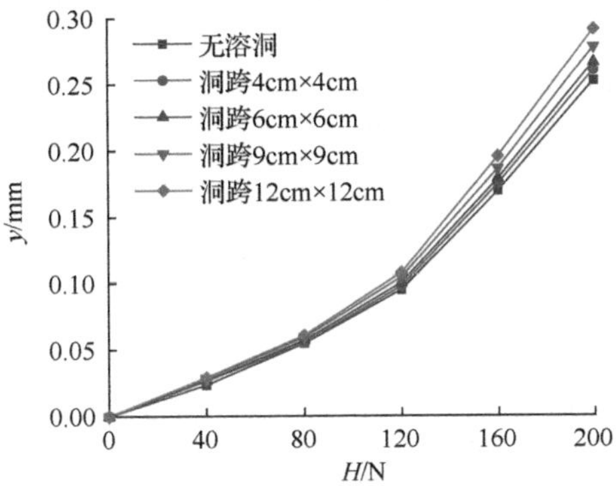

图 5-21　不同洞跨桩基 *H*-*y* 曲线

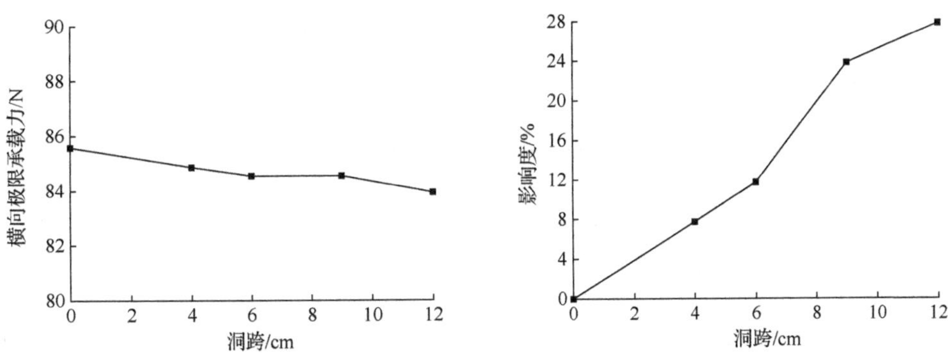

（a）横向极限承载力　（b）横向极限承载力影响度

图 5-22　不同洞跨下桩基横向极限承载力特性

由图 5-21、图 5-22 可以看出，在横向荷载作用下，随着洞跨的增加，桩基横向极限承载力变化幅度较小，洞跨 0～12cm×12cm，桩基横向极限承载力分别为 85.585N、83.271N、82.871N、82.052N、81.597N，横向极限承载力的影响度分别为 2.70%、3.17%、4.13%、4.66%（以无溶洞桩基横向承载力基准）。随桩顶横向荷载逐渐增大，桩基沿横向荷载方向产生变形，土体逐渐出现裂缝，桩基横向位移增大。当洞跨不变时，桩基的横向位移随横向荷载的增大而增大。主要原因溶洞所在位置均为桩底以上 2.0cm 处，此时溶洞位置上方的桩侧土抗力已发挥充分，因此仅洞跨变化对桩基横向承载力影响较小。另外，根据不同洞跨情况的桩基承载力情况，反映出洞跨对承载力的影响存在一定“限值”，在洞跨超过 9cm×9cm 后，不再呈现线性增长或减小的趋势。

2. 随洞跨变化桩身弯矩规律分析

相同横向荷载作用下，不同洞跨下桩身弯矩变化规律如图 5-23 所示。

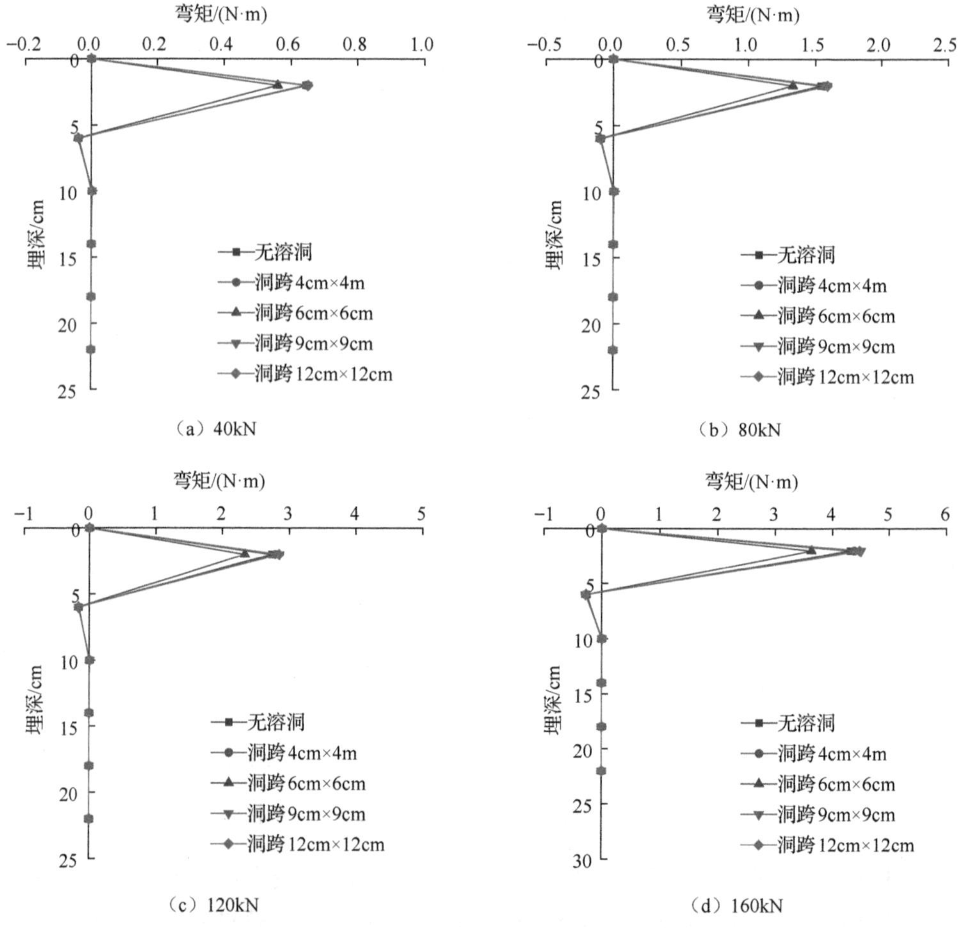

图 5-23　不同洞跨下桩身弯矩变化规律

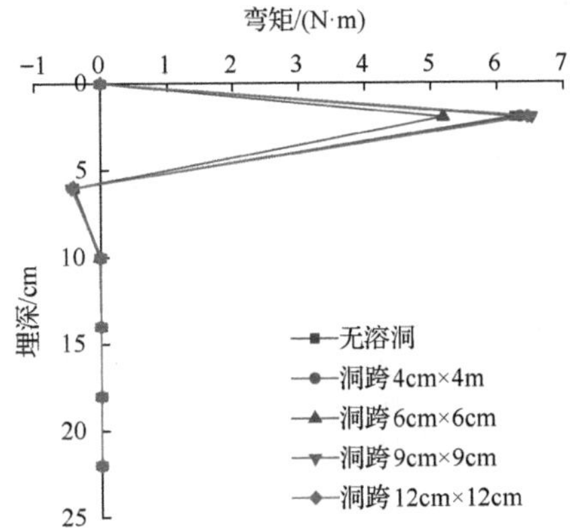

（e）200N

图 5-23（续）

相同洞跨，各级横向荷载作用下桩身弯矩变化规律如图 5-24 所示。

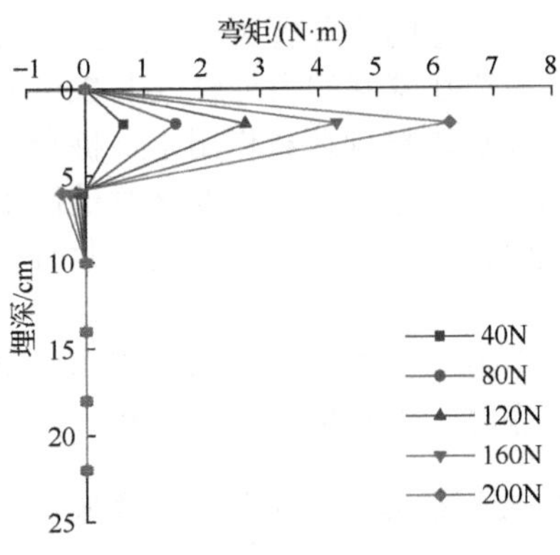

（a）无溶洞

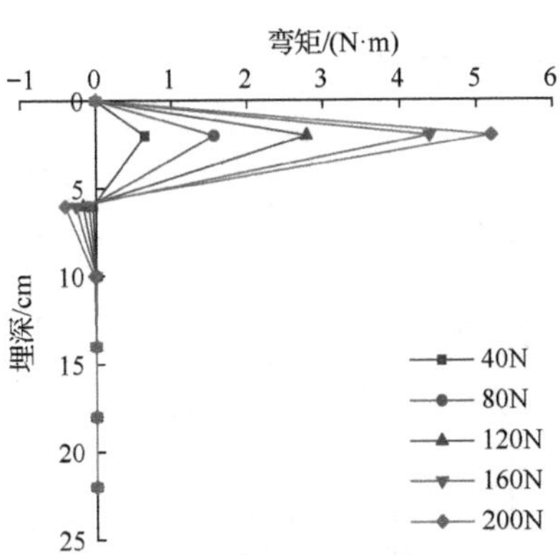

（b）洞跨4cm×4cm

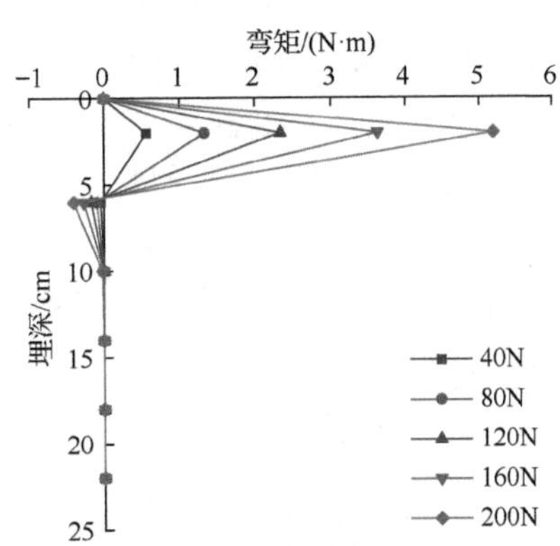

（c）洞跨6cm×6cm

图 5-24　相同洞跨各级横向荷载作用下的桩身弯矩变化规律

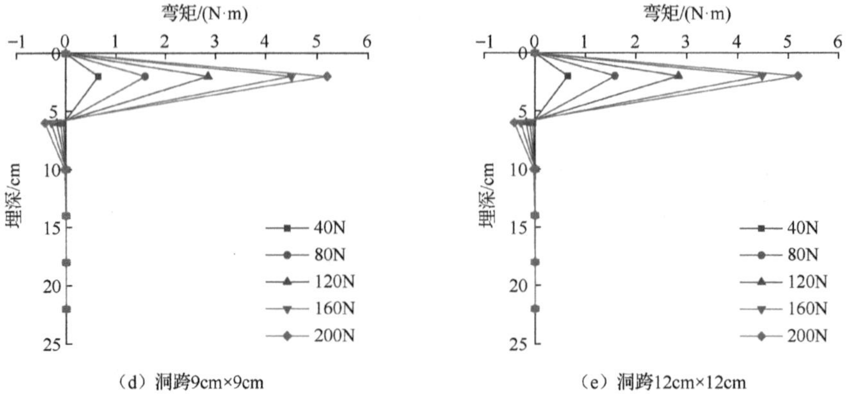

（d）洞跨9cm×9cm　　（e）洞跨12cm×12cm

图 5-24（续）

由图 5-23、图 5-24 可以看出，作用在桩顶的横向荷载相同时，洞跨变化对桩身弯矩的影响较小，桩身弯矩均呈现先增大后减小至趋于零的规律，且桩基产生最大弯矩的位置基本相同；洞跨相同时，作用于桩顶的横向荷载变化对桩身弯矩影响较大，且桩基产生最大弯矩的位置有所下移。主要原因是桩基 8cm 以下桩身均嵌入岩层中，而溶洞顶面所在位置均为桩底以上 2cm 处，因此洞跨变化对桩基横向承载力影响较小；且在桩顶横向荷载作用下，桩身弯矩的变化主要由桩顶荷载的传递与桩侧土抗力的发挥引起，而洞跨变化对桩侧土抗力的影响几乎可以忽略。当桩顶受到横向荷载时，桩身发生挠曲变形，此时桩土相互作用产生协调变形，桩身弯矩逐渐增大；当进入岩层后，桩身位移减小，桩身弯矩随之减小；而当桩基穿越溶洞时，由于溶洞范围内对桩基的约束作用小，桩基产生协调变形，弯矩减幅降低；当接近桩底时，桩身位移几乎为 0，桩身弯矩接近 0。

5.3.3　洞高变化对岩溶发育区桩基竖向承载特性影响分析

1. 洞高变化对穿过溶洞的桩基竖向承载特性影响分析

不同洞高下的桩基竖向荷载与沉降关系如图 5-25 所示。

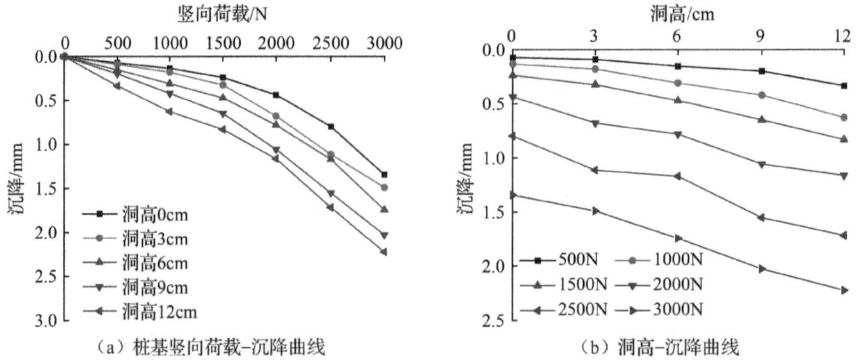

（a）桩基竖向荷载–沉降曲线　　（b）洞高–沉降曲线

图 5-25　不同洞高下桩基竖向荷载与沉降关系

由图 5-25 可以看出，随着竖向荷载增大，无溶洞桩基的桩顶沉降始终小于穿过溶洞桩基；穿过不同高度溶洞的桩基的竖向荷载-沉降均呈缓变形趋势；同一荷载作用下，洞高越大，桩顶沉降越大，竖向荷载为 500～1500N 时，洞高增加时桩顶沉降呈线性增加，竖向荷载为 2000～2500N 时，洞高 6cm 为桩顶沉降变化的分界线，竖向荷载为 3000N 时，桩顶沉降随洞高增加大幅增加。例如，当桩顶竖向荷载为 2500N 时，与无溶洞时的桩顶沉降相比，洞高为 3cm、6cm、9cm、12cm 时，桩顶沉降增幅分别为 39.4%、46.5%、94.3%、114.9%。说明洞高小于等于 6cm 时，溶洞顶板受弯拉引起桩周岩土体挤压作用加强；洞高大于 6cm 后，桩周岩土体缺失范围过大，在竖向荷载作用下，桩顶沉降显著增大。

不同洞高下桩基竖向极限承载力和竖向极限承载力影响度 α 的变化规律如图 5-26 所示。

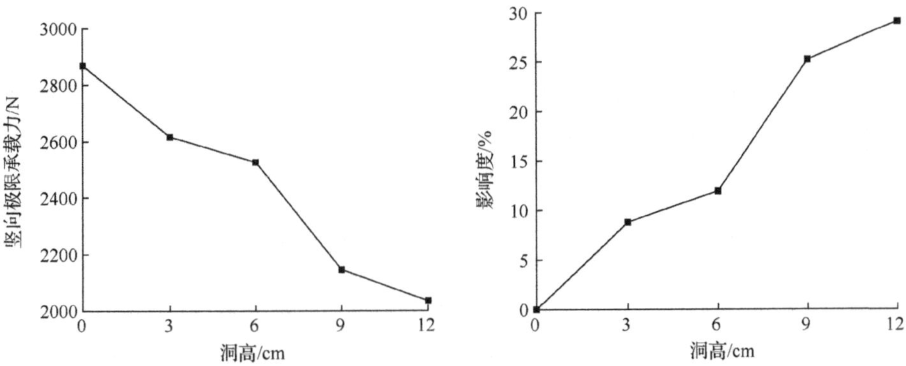

（a）竖向极限承载力　　（b）竖向极限承载力影响度

图 5-26　不同洞高下桩基竖向极限承载力特性

由图 5-26 可以看出，穿过溶洞的桩基竖向极限承载力与洞高呈负相关关系，当洞高大于 6cm 后，其对桩基竖向极限承载力的影响产生明显转折。当洞高为 3cm、6cm 时，与无溶洞时相比，桩基竖向极限承载力分别减小了 252.0N、341.8N，竖向极限承载力影响度分别为 8.8%、11.9%；当洞高为 9cm、12cm 时，桩基竖向极限承载力分别减小了 722.8N、833.8N，竖向极限承载力影响度分别为 25.2%、29.1%。洞高大于 6cm 后，洞高增大导致桩基的竖向极限承载力显著减小。主要原因是无溶洞时，桩侧阻力是由桩周岩土体自重产生的作用于桩身的摩阻力，而有溶洞时，试验中考虑最不利条件，将溶洞设置为空腔，洞高大于 6cm 后，虽然溶洞顶板弯拉效应引起的桩侧岩土体挤压应力增强，但溶洞范围内岩土体大范围缺失导致桩侧阻力缺失范围增大，且桩基作为受压杆件易发生破坏。

2. 洞高变化对穿过溶洞的桩基荷载传递规律影响分析

1）桩身轴力分布规律分析

无溶洞时桩基的桩身轴力分布规律和不同洞高下穿过溶洞桩基的桩身轴力分

布规律分别如图 5-27、图 5-28 所示。

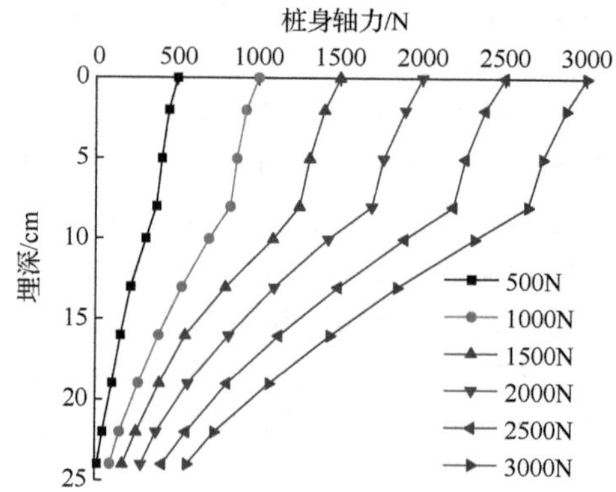

图 5-27　无溶洞时桩身轴力分布规律

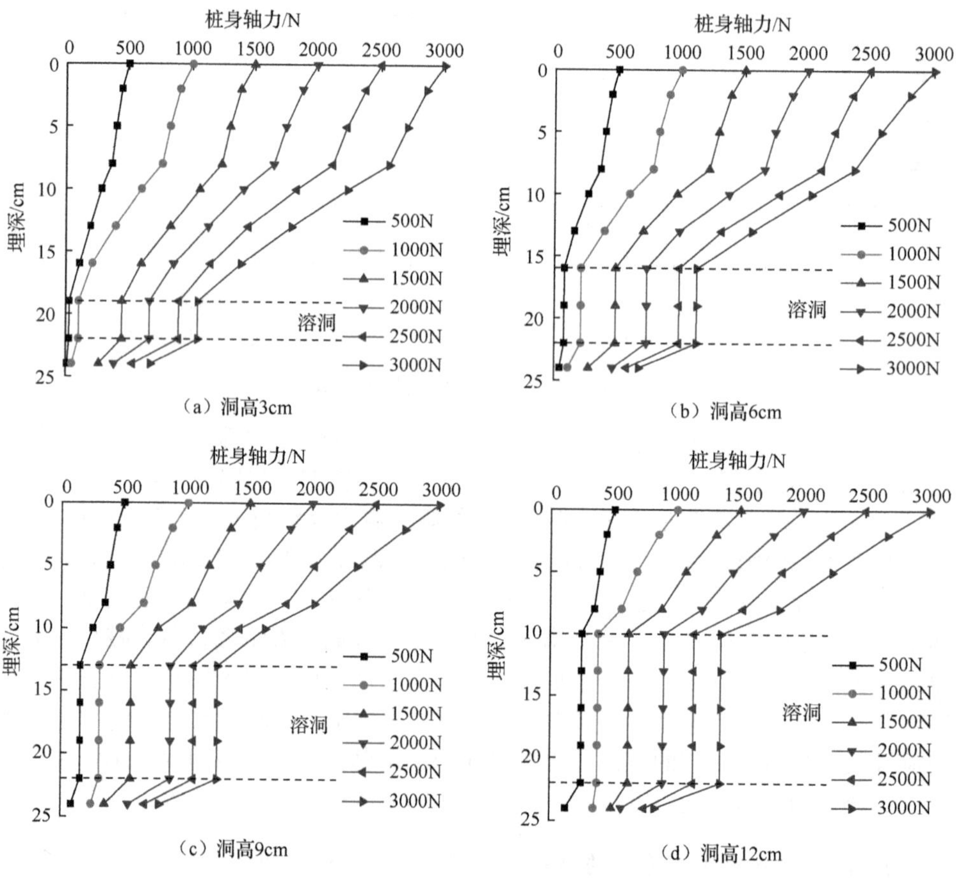

图 5-28　不同洞高下桩身轴力分布规律

由图 5-27、图 5-28 可以看出，洞高不同时，随着桩顶荷载的增加，穿过溶洞桩基的桩身轴力整体分布规律与洞跨增加时一致，在覆盖层内桩身轴力衰减较慢，进入岩层后桩身轴力衰减加快；与不穿过溶洞桩基的桩身轴力分布规律相比，穿过溶洞桩基的桩身轴力在岩土体内衰减速度加快，在溶洞范围内几乎不衰减，传递至桩底的荷载显著增加。同一荷载作用下，不同洞高对桩身轴力分布影响具有显著差异，以荷载 2000N 为例分析不同洞高下穿过溶洞桩基的桩身轴力分布规律，如图 5-29 所示。

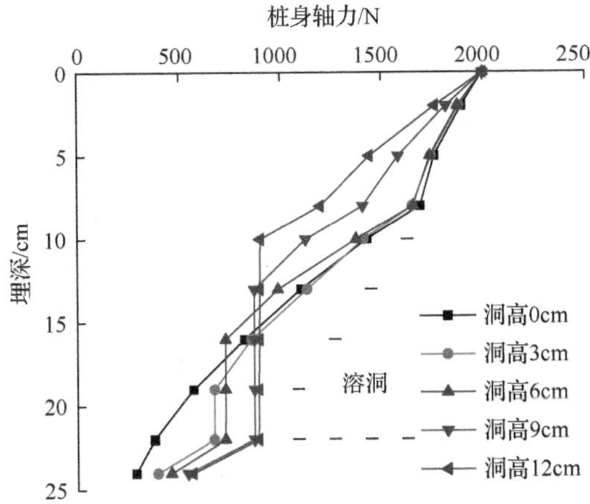

图 5-29　洞高对桩身轴力分布的影响

由图 5-29 可以看出，相同荷载作用下，洞高增大时穿过溶洞桩基的桩身轴力整体分布规律相似。不同之处在于桩身轴力衰减转折点不同，随着洞高的增加，轴力几乎不衰减的范围变大，传递至桩端的荷载增大；洞高小于等于 6cm 时，随洞高增加，溶洞顶板之上桩身轴力衰减速度仅小幅增加，而洞高大于 6cm 后，随洞高增加，溶洞顶板之上桩身轴力衰减速度显著增大。洞高为 0、3cm、6cm 时，传递至桩身深度 10cm（洞高为 12cm 时的溶洞顶位置）处桩身轴力减小了 571.3N、587.1N、624.5N，减幅 28.6%、29.4%、31.2%；洞高为 9cm、12cm 时，传递至桩身深度 10cm（洞高为 12cm 时的溶洞顶位置）的桩身轴力减小了 875.6N、1100.5N，减幅 43.8%、55.0%。主要原因是洞高增大，桩侧岩土体缺失范围逐渐增大，桩身轴力保持几乎不衰减的范围增加；溶洞小于 6cm 时，在上部荷载作用下，溶洞顶板向下的弯拉作用使其对桩身的侧向应力增大；但溶洞大于 6cm 后，桩基受压后引起周围岩土体桩侧阻力的增大量远小于由于溶洞范围内无填充物引起的桩侧阻力减小量，桩底荷载增大，桩端阻力得以发挥。

2）桩侧阻力分布规律分析

无溶洞时桩基的桩侧阻力分布规律和不同洞高下穿过溶洞桩基的桩侧阻力分

布规律分别如图 5-30、图 5-31 所示。

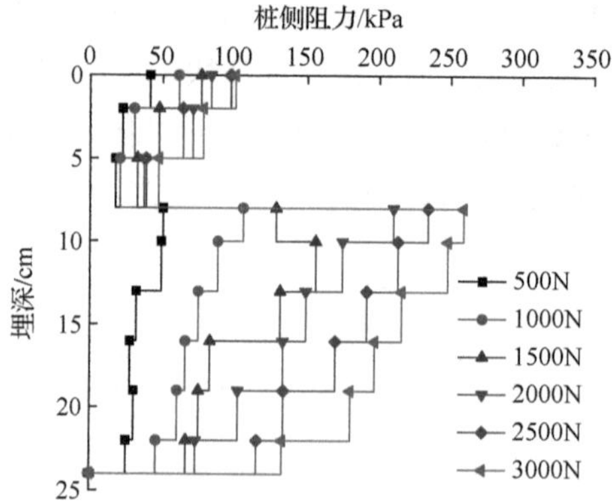

图 5-30　无溶洞时桩侧阻力分布规律

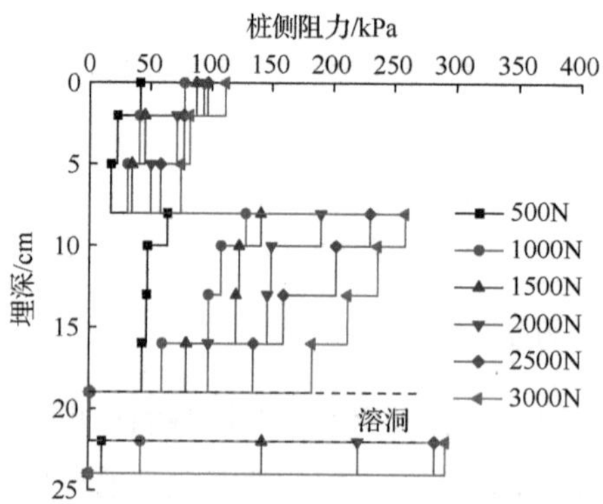

（a）洞高3cm

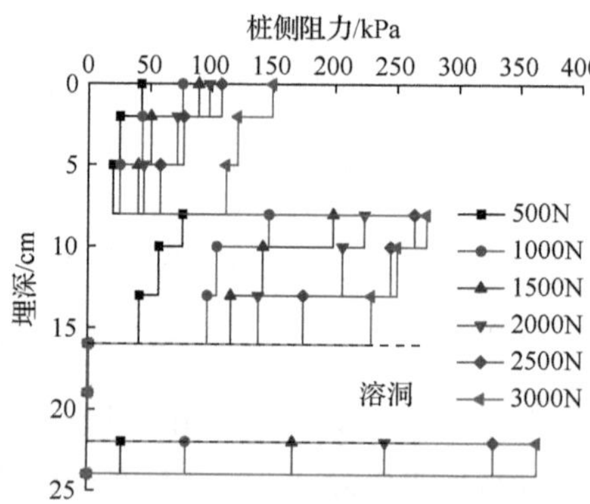

（b）洞高6cm

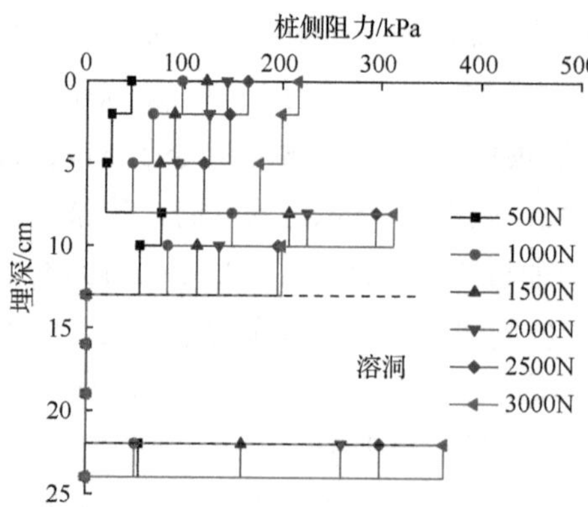

（c）洞高9cm

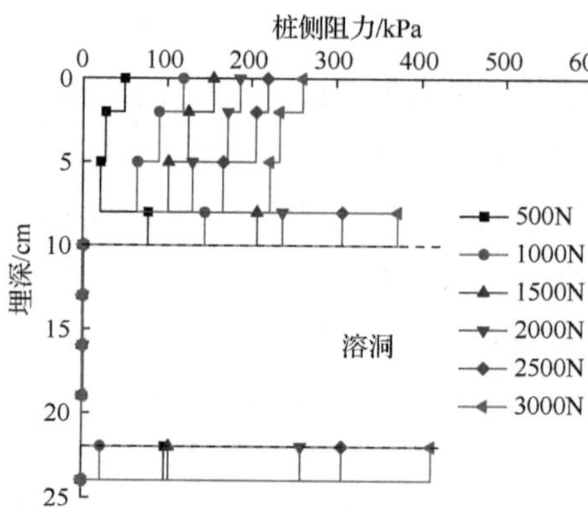

（d）洞高12cm

图 5-31　不同洞高下桩侧阻力分布规律

由图 5-30、图 5-31 可以看出，随桩顶荷载增加，无论桩基是否穿过溶洞，在覆盖层范围内和岩层范围内，随着深度增加，同一土层穿过溶洞桩基的桩侧阻力均出现倒三角阶梯型减小，表明桩侧岩土体与桩的相对位移引起的摩阻力是自上而下逐步发挥的；在溶洞顶板处桩侧阻力骤减，且在溶洞范围内桩侧阻力接近零；随着荷载增加，同一洞高下的桩侧阻力逐渐增大，当荷载较小时，嵌岩段的桩侧阻力仅稍有发挥，随着荷载的增大（1500～3000N），嵌岩段的桩侧阻力得以发挥。以荷载 2000N 为例分析洞高对穿过溶洞桩基的桩侧阻力分布的影响，如图 5-32 所示。

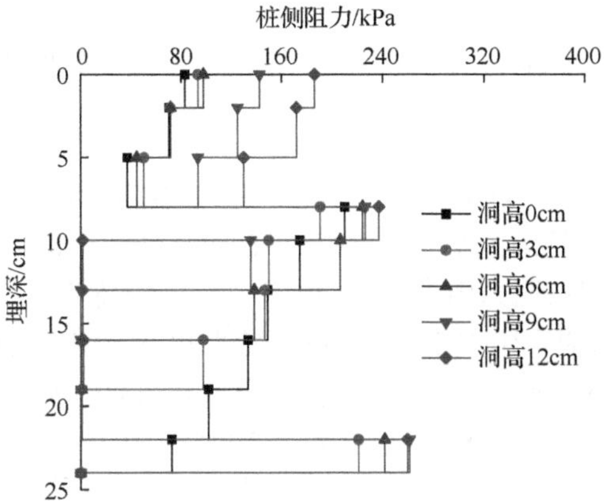

图 5-32　洞高对桩侧阻力分布的影响

由图 5-32 可以看出，在相同荷载作用下，洞高增加时，在覆盖层和岩层范围内穿过溶洞桩基的桩侧阻力整体分布规律相似。不同之处在于，洞高增大导致桩侧阻力几乎为零的范围显著增大且桩侧阻力发挥程度具有显著差异。洞高小于 6cm 时，覆盖层范围内桩侧阻力发挥程度接近；而洞高大于 6cm 后，覆盖层内桩侧阻力发挥更充分。进入岩层后，洞高小于 6cm 时，在溶洞顶之上桩侧阻力小于无溶洞时的桩侧阻力，且随洞高增大，桩侧阻力减小。洞高大于 6cm 后，在桩身深度 8～10cm 范围内桩侧阻力大于无溶洞时的桩侧阻力。主要原因之一是洞高越大，在溶洞影响下桩侧阻力被削弱的范围越大，由桩基 *Q-s* 曲线分析可以看出，桩基竖向位移有所增大，这就使桩侧阻力发挥更充分；原因之二是洞高小于 6cm 时，覆盖层对桩身的挤压作用增强，传递至溶洞顶板的荷载减小，进入岩层后桩侧阻力发挥略小于无溶洞时的情况，而洞高增加导致传递至溶洞顶的荷载增大，溶洞顶板底部先出现塑性区，在 2000N 荷载作用下洞高为 9cm 的溶洞顶板下部塑性区发展，该部分对桩身的侧向应力减小。

3）分项承载力分布规律

不同洞高下穿过溶洞桩基的分项承载力分布规律如图 5-33 所示。

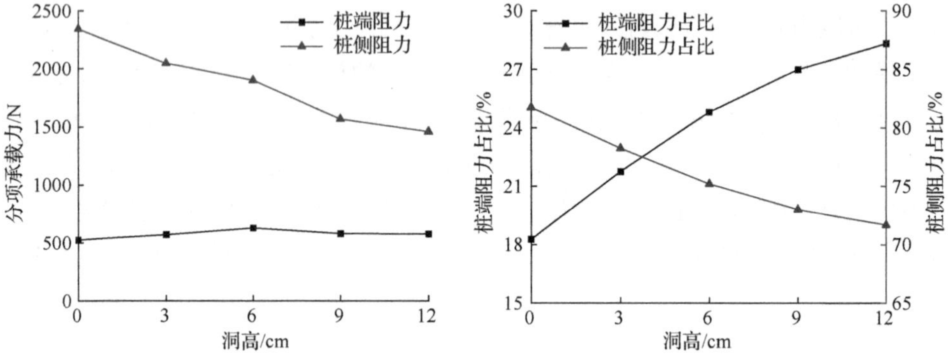

（a）桩端阻力与桩侧阻力　　（b）桩端阻力与桩侧阻力占比

图 5-33　不同洞高下穿过溶洞桩基分项承载力分布规律

由图 5-33 可以看出，随着洞高的增加，穿过溶洞桩基的竖向极限承载力中桩侧阻力和桩端阻力分别呈逐渐减小与先增大后减小的趋势；当洞高大于 6cm 后，桩侧阻力出现明显拐点，而桩端阻力由增大转为减小；随着洞高增加，桩基竖向极限承载力中桩侧阻力占比和桩端阻力占比分别呈逐渐减小和逐渐增大的趋势；与无溶洞时相比，洞高为 3cm、6cm、9cm、12cm 时，桩侧阻力分别减小了 12.7%、19.0%、33.2%、37.8%，桩端阻力分别增大了 8.6%、19.6%、10.5%、10.0%。主要原因是随着洞高的增加，穿过溶洞桩侧阻力发挥更充分，但桩周岩土体缺失范围增大，挤压桩身的介质缺失较大，桩基竖向极限承载力显著减小，竖向极限承载力中桩侧阻力占比减小。

5.3.4　洞高变化对岩溶发育区桩基横向承载特性影响分析

1. 随洞高变化桩基横向承载力规律分析

不同洞高下的桩基 H-y 曲线如图 5-34 所示。不同洞高下桩基横向极限承载力变化规律和桩基横向承载力的影响度 β 的变化规律分别如图 5-35 所示。

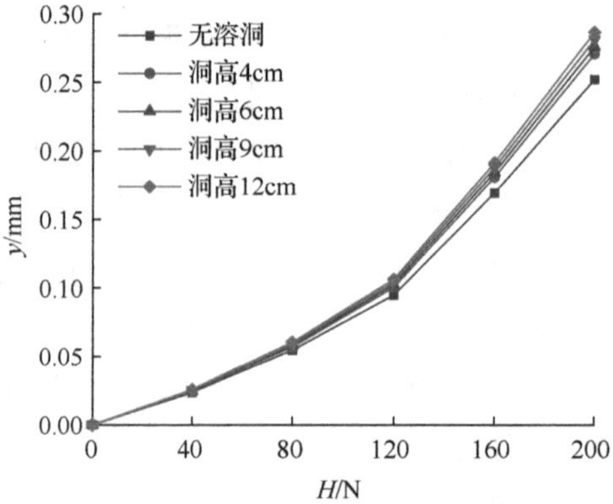

图 5-34　不同洞高桩基 H-y 曲线

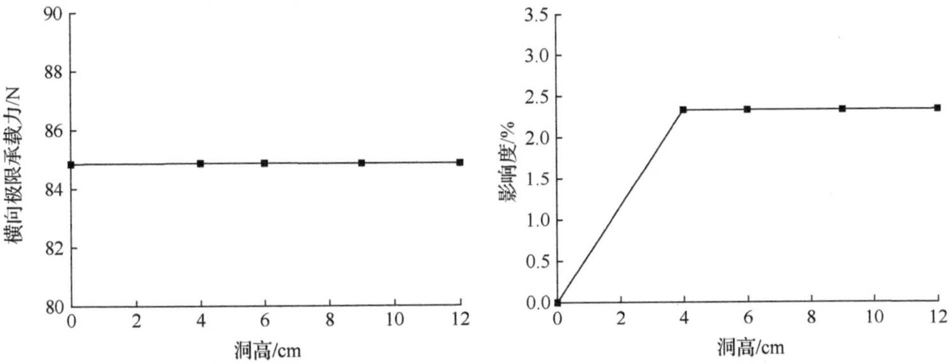

（a）横向极限承载力　　（b）横向极限承载力影响度

图 5-35　不同洞高下桩基横向极限承载力特性

由图 5-34、图 5-35 可以看出，在横向荷载作用下，随着洞高的增加，桩基横向极限承载力变化幅度极小，洞高 0～12m 桩基横向极限承载力分别为 85.85N、82.87N、82.87N、82.86N、82.85N，横向极限承载力的影响度分别为 3.17%、3.17%、3.19%、3.20%（以无溶洞桩基横向极限承载力为基准）。随桩顶横向荷载逐渐增大，桩基沿横向荷载方向产生变形，土体逐渐出现裂缝，桩基础横向位移增大。主要原因是桩基 8cm 以下均嵌入岩层中，而溶洞所在位置均为桩底以上 2cm 处，此时溶洞位置上方的桩身土抗力已发挥充分，因此仅溶洞洞高变化对桩基横向极限承载力影响较小。

2. 随洞高变化桩身弯矩规律分析

相同横向荷载作用下，不同洞高下桩身弯矩变化规律如图 5-36 所示。

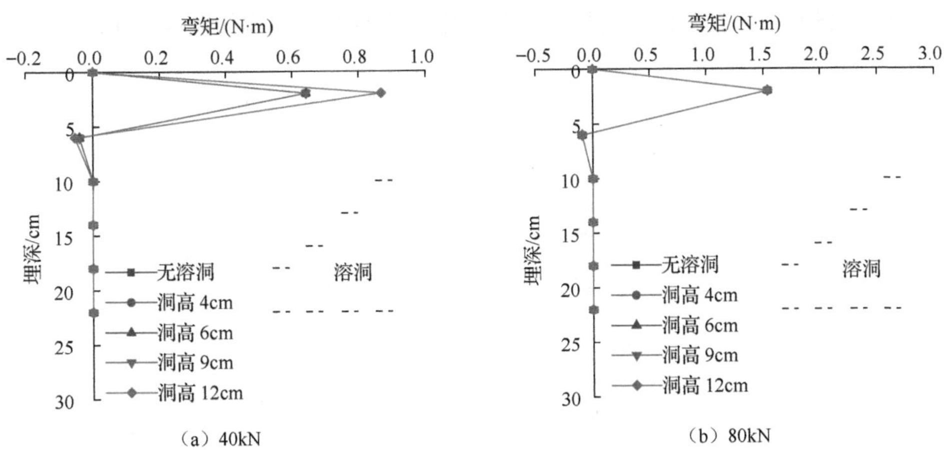

（a）40kN　　（b）80kN

图 5-36　不同洞高下桩身弯矩变化规律

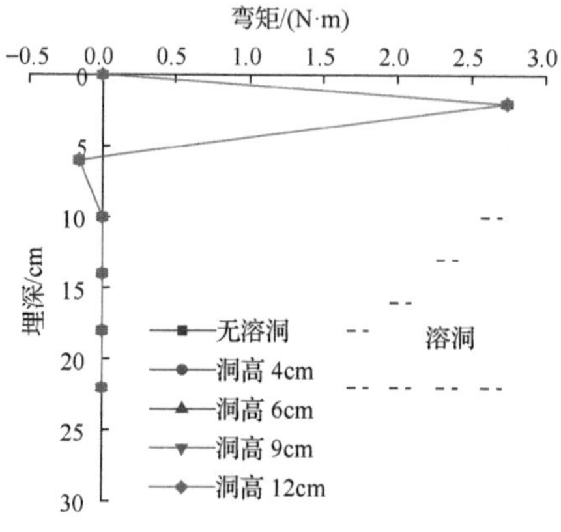

（c）120kN

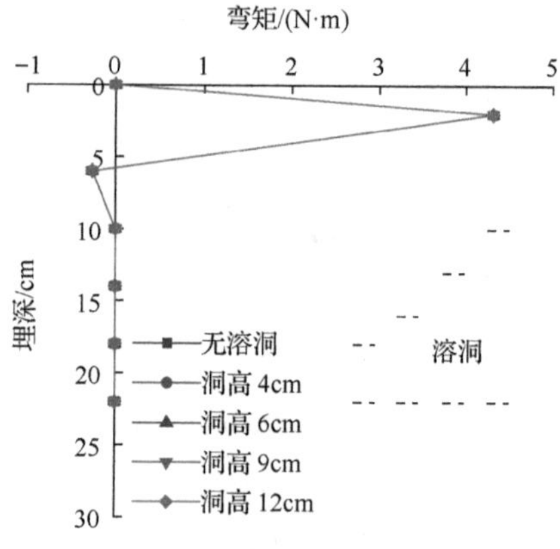

（d）160kN

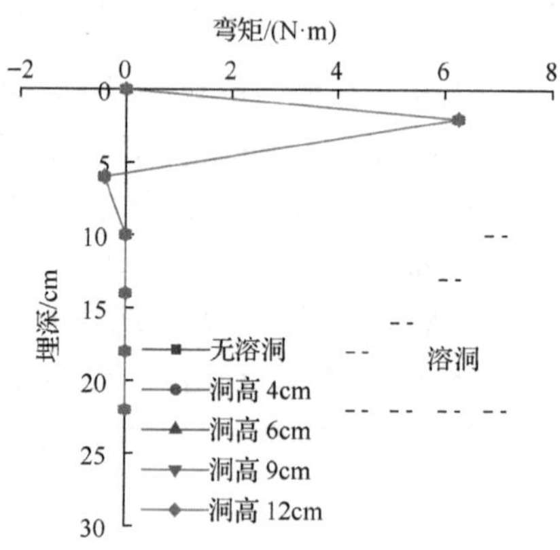

（e）200N

图 5-36（续）

同一洞高下，桩基在不同桩顶荷载作用下桩身弯矩规律如图 5-37 所示。

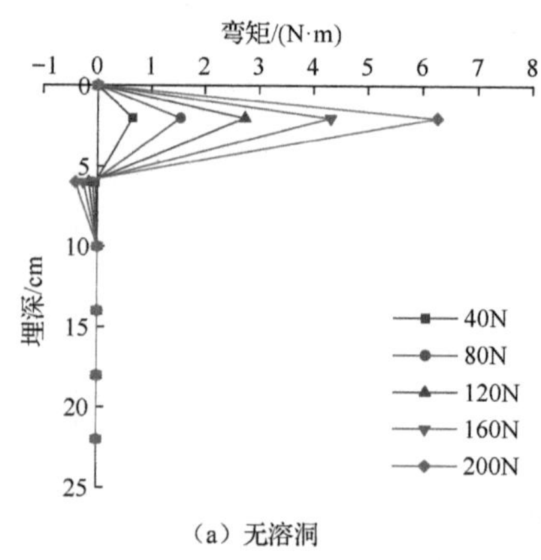

（a）无溶洞

图 5-37　各级荷载作用下的桩身弯矩分布规律

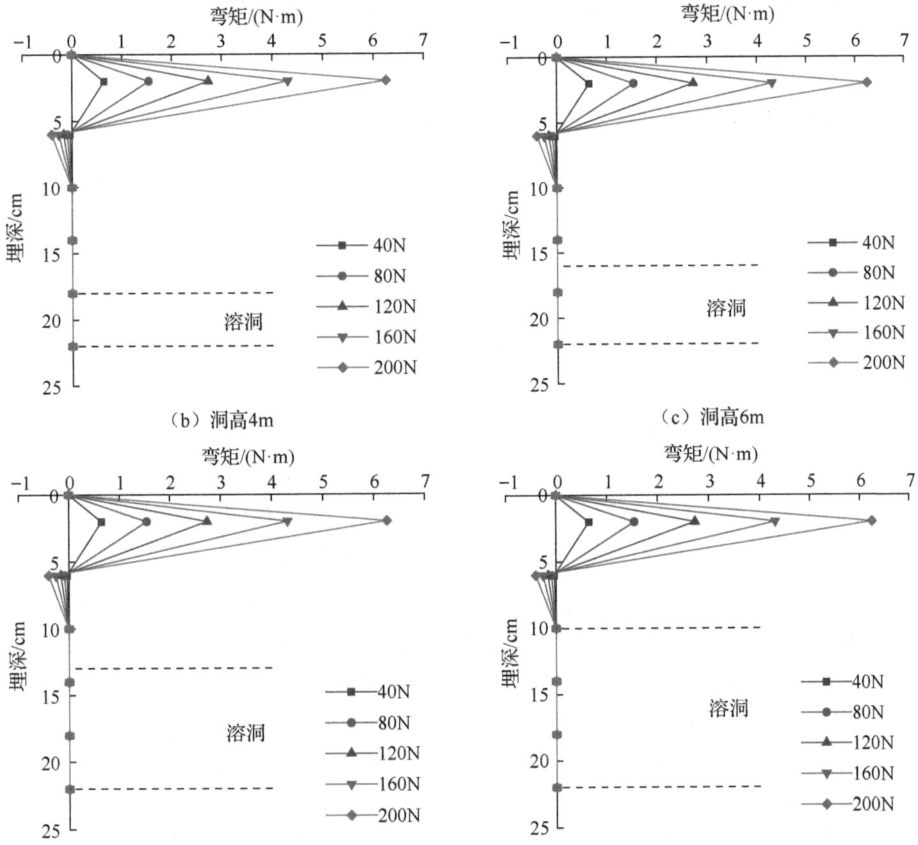

（b）洞高4m　（c）洞高6m

（d）洞高9m　（e）洞高12m

图 5-37（续）

从图 5-36、图 5-37 中可以看出，作用在桩顶的横向荷载相同时，洞高的变化对桩身弯矩的影响较小。主要原因是桩基 8cm 以下桩身均嵌入岩层中，而溶洞顶面所在位置均为桩底以上 2cm 处，洞高变化对桩基横向承载力影响较小；在桩顶横向荷载作用下，桩身弯矩的变化主要由桩顶荷载的传递与桩侧土抗力的发挥引起，而洞高的变化对桩侧土抗力的影响几乎可以忽略。桩身弯矩均呈现先增大后减小至趋于零的规律，且桩基产生最大弯矩的位置基本相同。洞高相同时，作用于桩顶的横向荷载变化对桩身弯矩影响较大，桩身弯矩随着桩顶荷载的增加而逐渐增大。这是因为当桩顶受到横向荷载时，桩身发生挠曲变形，此时桩土相互作用产生协调变形，桩身弯矩逐渐增大，当进入岩层后，桩身位移减小，桩身弯矩也随之减小，而当桩基穿越溶洞时，由于溶洞范围内对桩基的约束作用小，桩基产生协调变形，弯矩减幅降低，当接近桩底时，此时桩身位移几乎为 0，桩身弯矩接近 0。

5.3.5　溶洞数量变化对岩溶发育区桩基竖向承载特性影响分析

1. 穿过不同数量溶洞的桩基竖向承载特性分析

不同溶洞数量下的桩基竖向荷载-沉降曲线如图 5-38 所示。

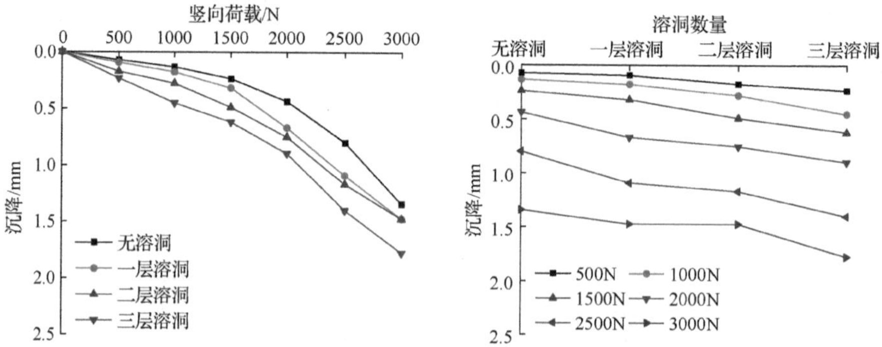

（a）桩基竖向荷载-沉降曲线　　（b）嵌岩深径比-沉降曲线

图 5-38　不同溶洞数量下桩基竖向荷载-沉降关系

由图 5-38 可以看出，随着竖向荷载增大，无溶洞桩基的桩顶沉降始终小于穿过溶洞桩基；穿过不同数量溶洞的桩基的竖向荷载-沉降均呈现缓变形趋势；桩基穿过一层溶洞与穿过二层溶洞时的竖向荷载-沉降曲线相近。同一荷载作用下，溶洞数量增加，桩顶沉降增大，荷载为 500～1500N 时，竖向荷载作用下，溶洞数量增加时桩顶沉降呈线性增加，荷载为 1500～3000N 时，溶洞数量增加导致的桩顶沉降变化具有显著拐点。例如，当桩顶竖向荷载为 2500N 时，与无溶洞时的桩顶沉降相比，溶洞数量为一层、二层、三层时，桩顶沉降增幅分别为 36.7%、46.4%、75.4%；单层洞高与多层溶洞总高度相同时，相同荷载作用下，穿过多层溶洞的桩基的桩顶沉降较小。

桩基穿过不同数量溶洞时竖向极限承载力和承载力影响度 α 变化规律如图 5-39 所示。

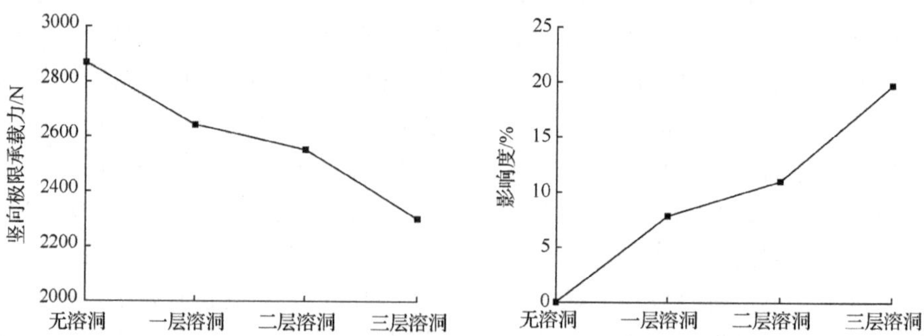

（a）竖向极限承载力　　（b）竖向极限承载力影响度

图 5-39　不同溶洞数量下桩基竖向极限承载力特性

由图 5-39 可以看出，穿过溶洞的桩基竖向极限承载力与溶洞数量呈负相关关系。与无溶洞情况相比，当桩基穿过一层溶洞、二层溶洞时，竖向极限承载力分别减小 225.9N、316.2N，承载力影响度分别为 7.9%、11.0%；当桩基穿过三层溶洞时，竖向极限承载力减小 566.6N，承载力影响度为 19.8%；当溶洞数量大于二层后，桩基竖向极限承载力显著降低。主要原因是试验中保证桩长、桩径和岩土体分层厚度一定，溶洞数量多，桩基穿过三层溶洞时，最上层溶洞顶板仅 2cm，在荷载作用下易产生塑性变形而弯拉破坏，桩侧阻力发挥受到影响，从而降低了桩基竖向极限承载力。

2. 溶洞数量变化对穿过溶洞的桩基荷载传递规律影响分析

1）桩身轴力分布规律分析

不同溶洞数量下桩基的桩身轴力分布规律如图 5-40 所示。

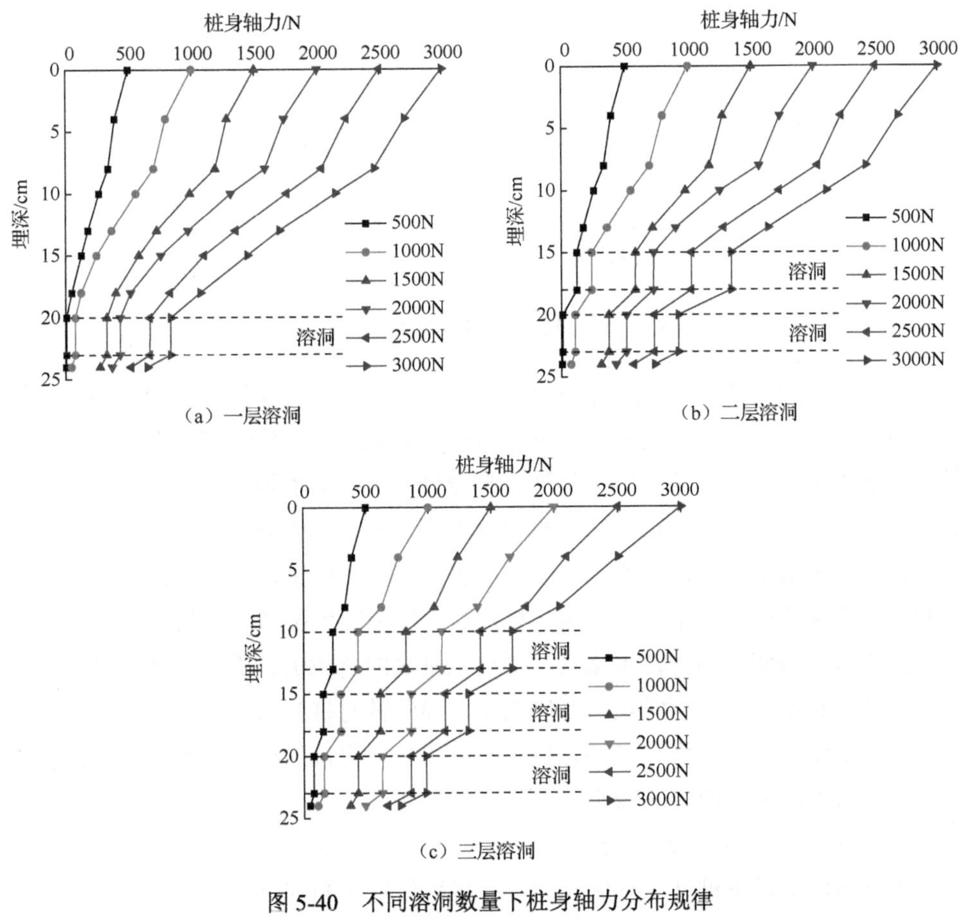

（a）一层溶洞

（b）二层溶洞

（c）三层溶洞

图 5-40　不同溶洞数量下桩身轴力分布规律

由图 5-40 可以看出，随着桩顶荷载的增加，穿过不同数量溶洞桩基的桩身轴力整体分布规律与洞高增大时一致，在覆盖层范围内桩身轴力衰减较慢，进入岩层后桩身轴力衰减加快；竖向荷载增加使穿过溶洞桩基的桩身轴力增大且由桩顶至桩底的轴力衰减速度加快，在溶洞范围内轴力几乎不衰减，传递至桩底的荷载显著增加。同一荷载作用下，不同溶洞数量对桩身轴力分布影响具有显著差异。以荷载 2000N 为例分析溶洞数量影响下穿过溶洞桩基的桩身轴力分布规律，如图 5-41 所示。

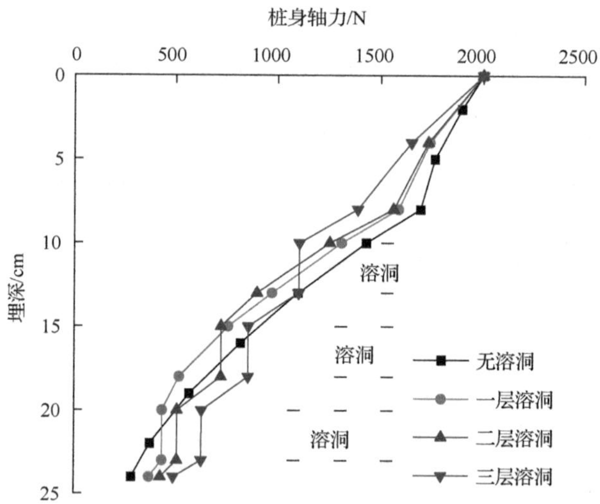

图 5-41　溶洞数量对桩身轴力分布的影响

由 5-41 可以看出，相同荷载作用下，在覆盖层范围内穿过不同数量溶洞的桩基的桩身轴力衰减较慢，进入岩层后桩身轴力衰减速度加快，在溶洞范围内桩身轴力几乎不衰减；随着溶洞数量增加，桩身轴力衰减速度增加，传递至桩端的荷载增大。溶洞数量小于二层时，自桩顶至桩底，桩身轴力分布规律相近，穿过二层溶洞桩基的桩身轴力衰减速度略大于穿过一层溶洞桩基，而溶洞数量为三层时，桩身轴力衰减速度明显增大，但由于桩周岩土体空腔范围增大，与洞高大于 6cm 类似，不提供桩侧阻力的范围增大，传递至桩底的荷载仍大于溶洞数量较少时的桩端荷载。说明三层溶洞时顶板厚度较小，导致其对桩身的弯拉挤压效应较强；桩基穿过的溶洞数量增大，溶洞顶板弯拉挤压效应提供的桩侧阻力无法抵消岩土体缺失造成的总桩侧阻力的减小。

2）桩侧阻力分布规律分析

不同溶洞数量下桩基的桩侧阻力分布规律如图 5-42 所示。

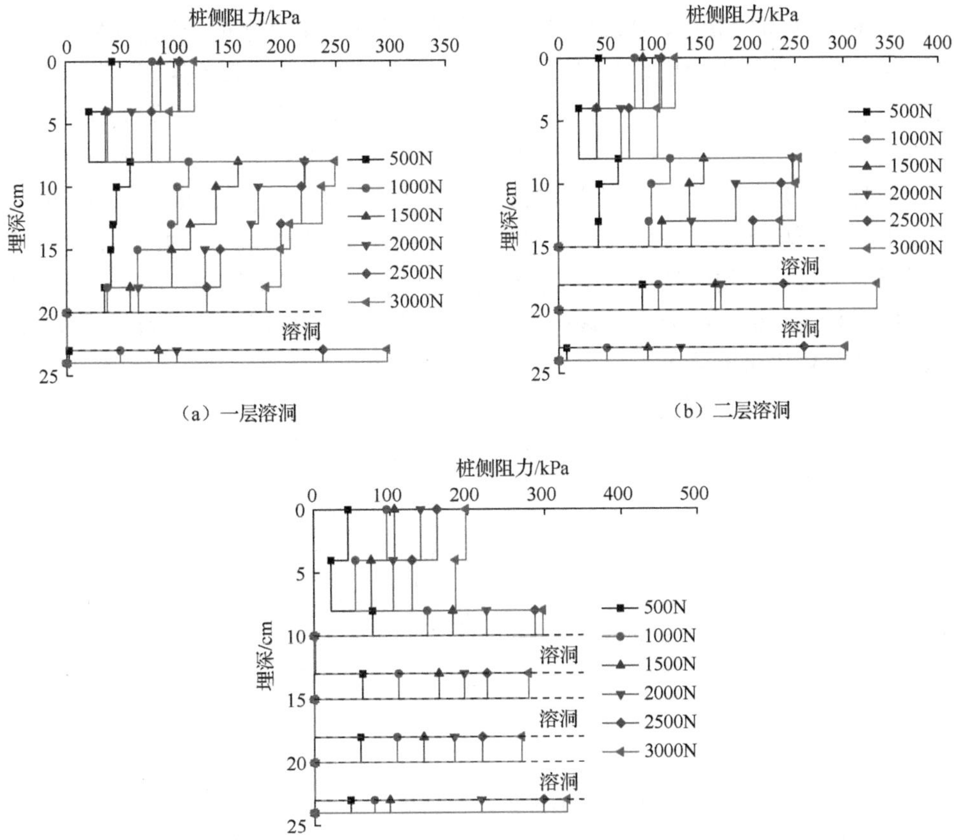

（a）一层溶洞　（b）二层溶洞　（c）三层溶洞

图 5-42　不同溶洞数量下桩侧阻力分布规律

由图 5-42 可以看出，随桩顶荷载增加，在覆盖层范围内和岩层范围内，随着深度增加，穿过溶洞桩基的桩侧阻力逐渐减小，穿过不同数量溶洞桩基的桩侧阻力整体分布规律相似，表明桩侧岩土体与桩的相对位移引起的应力是自上而下逐步发挥的；在溶洞顶板处桩侧阻力骤减，且在溶洞范围内桩侧阻力接近零；随荷载增加，穿过不同数量溶洞桩基的桩侧阻力逐渐增大，且溶洞底桩基的嵌岩段桩侧阻力增大。以荷载 2000N 为例分析穿过不同数量溶洞桩基的桩侧阻力分布规律，如图 5-43 所示。

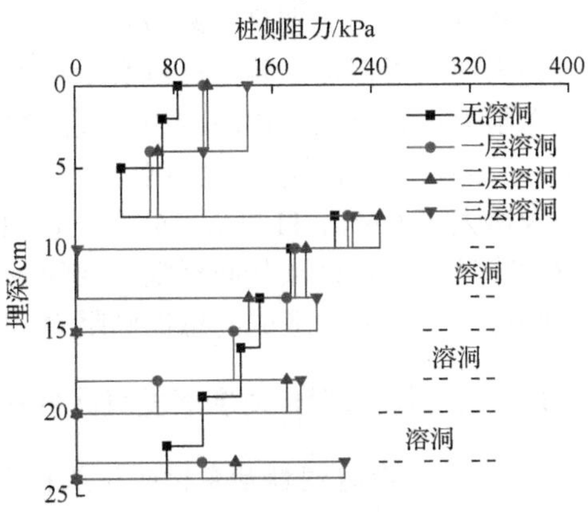

图 5-43　溶洞数量对桩侧阻力分布的影响

由图 5-43 可以看出，在相同荷载作用下，沿桩身深度方向，无论在覆盖层还是岩层范围内桩侧阻力均逐渐减小；穿过溶洞数量越多，在覆盖层范围内桩侧阻力发挥越充分。进入岩层后，三层溶洞情况下 8～10cm 范围内桩侧阻力比二层溶洞情况下小；一层溶洞情况下 15～20cm 范围内桩侧阻力小于无溶洞时的桩侧阻力。主要原因是，8～10cm 之间为三层溶洞情况下上层溶洞的顶板，在 2000N 荷载作用下，顶板产生塑性变形，抗弯拉能力减弱，对桩身的挤压力减小；一层溶洞顶板上部对桩身的弯拉挤压作用使传递至 15cm 处的荷载减小，桩周岩土体受剪切作用减弱，桩侧阻力相应减小；溶洞数量增加使桩侧阻力几乎为零的范围增大，更多荷载传递至桩底。

3）分项承载力分布规律

不同溶洞数量下穿过溶洞桩基的分项承载力分布规律如图 5-44 所示。

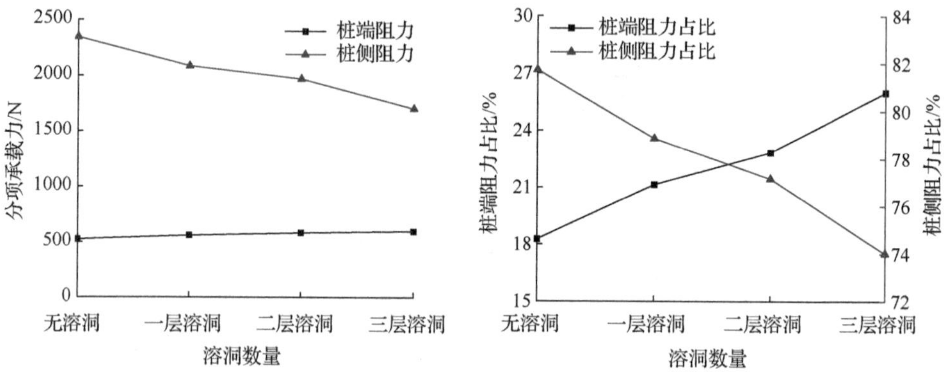

（a）桩端阻力与桩侧阻力　　（b）桩端阻力与桩侧阻力占比

图 5-44　不同溶洞数量下穿过溶洞桩基的分项承载力分布规律

由图 5-44 可以看出，随着桩基穿过溶洞数量的增加，竖向极限承载力中桩侧阻力和桩端阻力分别呈逐渐减小与线性增大趋势。当溶洞数量大于二层时，桩侧阻力出现明显拐点；随着溶洞数量增加，桩基竖向极限承载力中桩侧阻力占比和桩端阻力占比分别呈逐渐减小和逐渐增大的趋势。与无溶洞时相比，桩基穿过一层、二层、三层溶洞时，桩侧阻力分别减小了 11.1%、16.0%、27.3%，桩端阻力分别增大了 6.6%、11.2%、14.2%。说明桩基穿过的溶洞数量增加时，竖向极限承载力降低，在各桩顶竖向极限荷载作用下，桩侧阻力发挥程度增加无法弥补溶洞范围内岩土体缺失造成的总桩侧阻力减小，传递至桩端的荷载增加。

5.3.6　溶洞数量变化对岩溶发育区桩基横向承载特性影响分析

1. 随桩身溶洞数量变化的桩基横向承载力规律分析

不同溶洞数量下的桩基 H-y 曲线如图 5-45 所示。不同溶洞数量下桩基横向极限承载力变化规律和桩基横向极限承载力的影响度 β 的变化规律分别如图 5-46 所示。

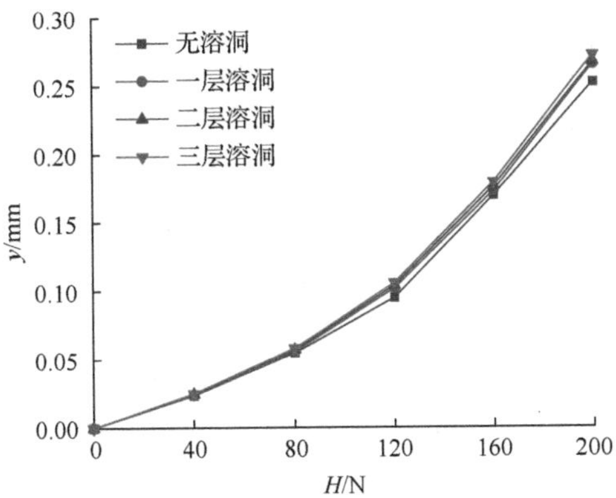

图 5-45　不同溶洞数量下桩基 H-y 曲线

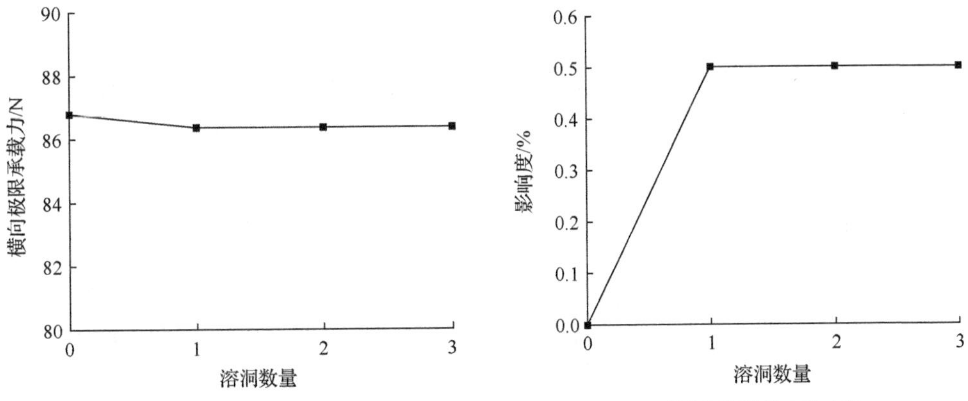

（a）横向极限承载力　（b）横向极限承载力影响度

图 5-46　不同溶洞数量下桩基横向极限承载力特性

由图 5-45、图 5-46 可以看出，在横向荷载作用下，随着溶洞数量的增加，桩基横向极限承载力变化幅度极小，溶洞数量从无溶洞至三层溶洞，桩基横向极限承载力分别为 85.59N、82.87N、81.85N、80.86N，横向极限承载力的影响度分别为 3.17%、4.34%、5.52%（以无溶洞桩基横向承载力基准）。随桩顶横向荷载逐渐增大，桩基沿横向荷载方向产生变形，土体逐渐出现裂缝，桩基横向位移增大。主要原因是溶洞所在位置均为桩底以上 2cm 处，此时溶洞位置上方的桩侧阻力已充分发挥，因此仅桩身溶洞数量变化对桩基横向承载力影响较小。由于岩层刚度较大，桩基入岩部分桩身位移基本为零，溶洞数量对入岩后桩身位移的影响基本可以忽略，因此与无溶洞时桩基横向承载力相比，溶洞数量变化对桩基横向承载力影响很小。

2. 随桩身溶洞数量变化的桩身弯矩规律分析

相同横向荷载作用下，桩身溶洞数量不同时桩身弯矩变化规律如图5-47所示。

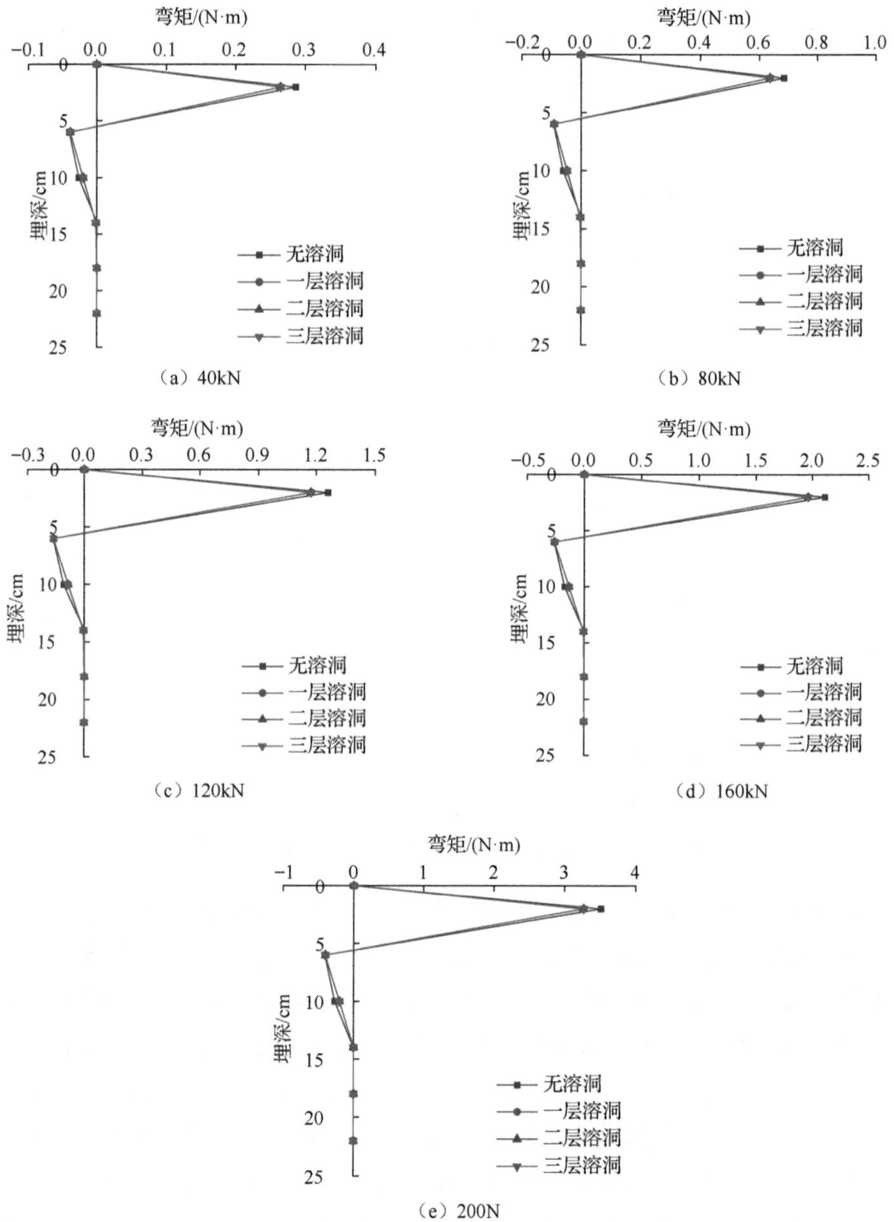

图5-47　溶洞数量不同时桩身弯矩变化规律

同一桩身溶洞数量下，各级横向荷载作用时桩身弯矩变化规律如图5-48所示。

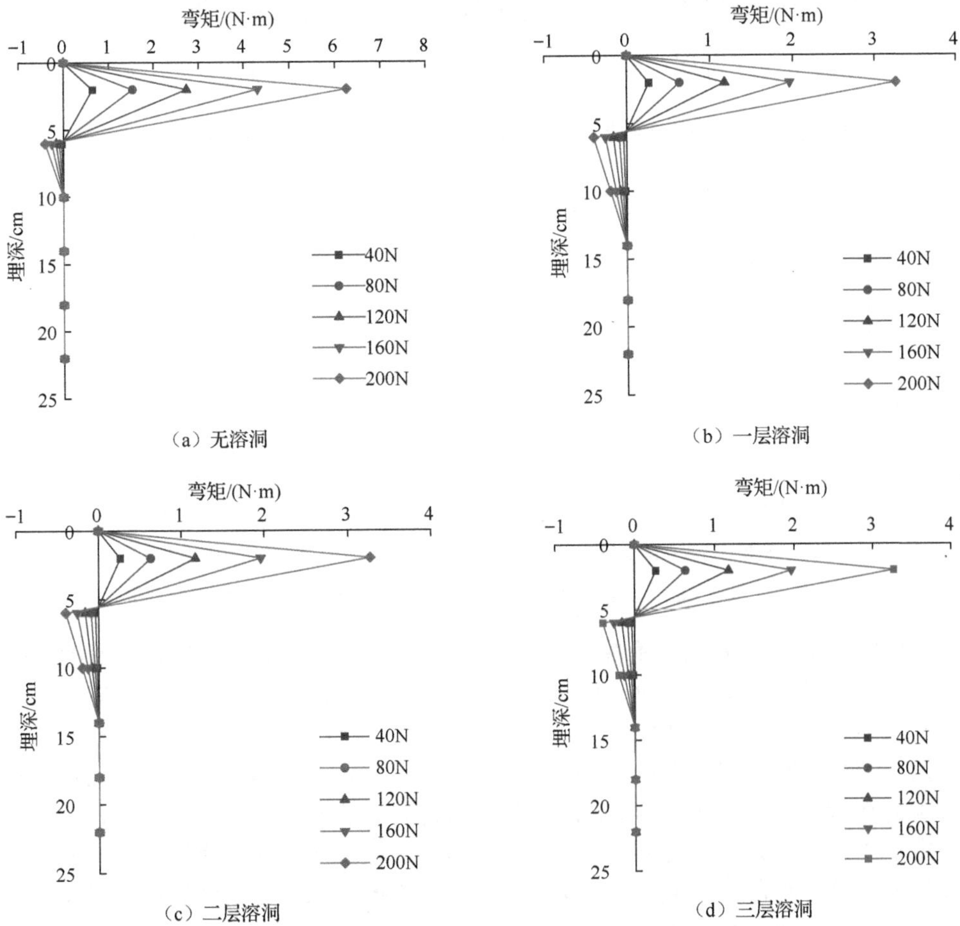

图 5-48　各级横向荷载作用下桩身弯矩变化规律

由图 5-47、图 5-48 可以看出，作用在桩顶的横向荷载相同时，溶洞数量的变化对桩身弯矩的影响较小，桩身弯矩均呈现先增大后减小至趋于零的规律，且桩基产生最大弯矩的位置几乎相同。在上部覆盖层与中风化灰岩交界处均出现弯矩反弯点，且靠近桩端处桩身弯矩趋于 0。主要原因是在桩顶横向荷载作用下，桩身弯矩的变化主要由桩顶荷载的传递与桩侧土抗力的发挥引起，入岩后的桩身部分弯矩基本趋于零，因此溶洞数量变化对桩身弯矩的影响几乎可以忽略。溶洞数量相同时，作用于桩顶的横向荷载变化对桩身弯矩影响较大，且桩基产生最大弯矩的位置有所下移。当桩顶受到横向荷载时，桩身发生挠曲变形，此时桩土相互作用产生协调变形，桩身弯矩逐渐增大；当进入岩层后，桩身位移减小，桩身弯矩也随之减小；当接近桩底时，此时桩身位移几乎为 0，桩身弯矩也接近 0。

5.3.7　嵌岩深径比变化对岩溶发育区桩基竖向承载特性影响分析

1. 嵌岩深径比对穿过溶洞的桩基竖向承载特性影响分析

不同嵌岩深径比下的桩基竖向荷载-沉降曲线如图 5-49 所示。

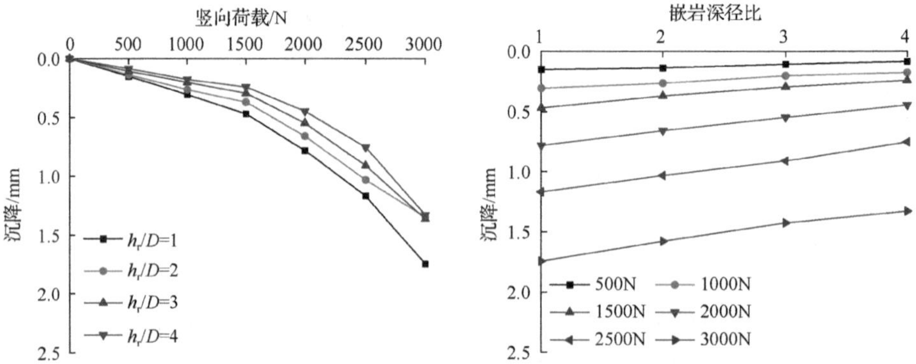

（a）桩基竖向荷载-沉降曲线　　（b）嵌岩深径比-沉降曲线

图 5-49　不同嵌岩深径比下桩基竖向荷载-沉降关系

由图 5-49 可以看出，随着竖向荷载增大，不同嵌岩深径比下穿过溶洞的桩基沉降均呈缓慢增大趋势；同一竖向荷载作用时，随着嵌岩深径比增大，桩顶沉降逐渐减小且减小幅度明显变小。例如，当桩顶竖向荷载为 1500N 时，与嵌岩深径比为 1.0 时的桩顶沉降相比，嵌岩深径比为 1.0、2.0、3.0、4.0 时，桩顶沉降减幅分别为 0、21.3%、37.4%、48.8%，说明嵌岩深径比的增大对桩顶沉降的影响具有一定限值；嵌岩深径比大于 2.0 时，穿过溶洞的桩基在竖向荷载作用下产生的沉降相近，说明嵌岩深径比大于 2.0 后，通过增大嵌岩深径比来降低桩顶沉降、提高桩基竖向承载特性的效果大幅减弱。

不同嵌岩深径比下桩基竖向极限承载力及其影响度 α 的变化规律如图 5-50 所示。

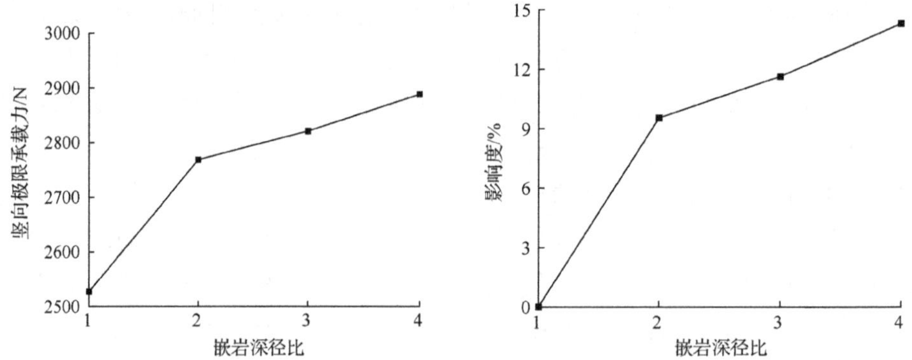

（a）竖向极限承载力　　（b）竖向极限承载力影响度

图 5-50　不同嵌岩深径比下桩基竖向极限承载力特性

由图 5-50 可以看出，嵌岩深径比与穿过溶洞的桩基竖向极限承载力呈正相关关系，而嵌岩深径比大于 2.0 后，其对桩基竖向极限承载力的影响产生明显转折。当嵌岩深径比为 1.0、2.0、3.0、4.0 时，桩基竖向极限承载力分别增加 0、241.2N、294.1N、361.4N，竖向极限承载力影响度分别为 0、9.5%、11.6%、14.3%，嵌岩深径比大于 2.0 后，固定桩径、增加嵌岩深度对提高穿过溶洞桩基的竖向极限承载力的效果减弱，说明增加嵌岩深度仅在一定范围内会显著提高穿过溶洞的桩基的竖向承载特性，与上述分析相同。由于增加嵌岩深度会极大提高设计施工难度与成本，建议嵌岩深径比控制在 1.0～2.0 范围内，且须综合考虑各因素优化设计，避免由于桩基穿过溶洞而盲目增加桩长与桩基嵌岩深度。

2. *嵌岩深径比对穿过溶洞的桩基荷载传递规律影响分析*

1）桩身轴力分布规律分析

不同嵌岩深径比下穿过溶洞桩基的桩身轴力分布规律如图 5-51 所示。

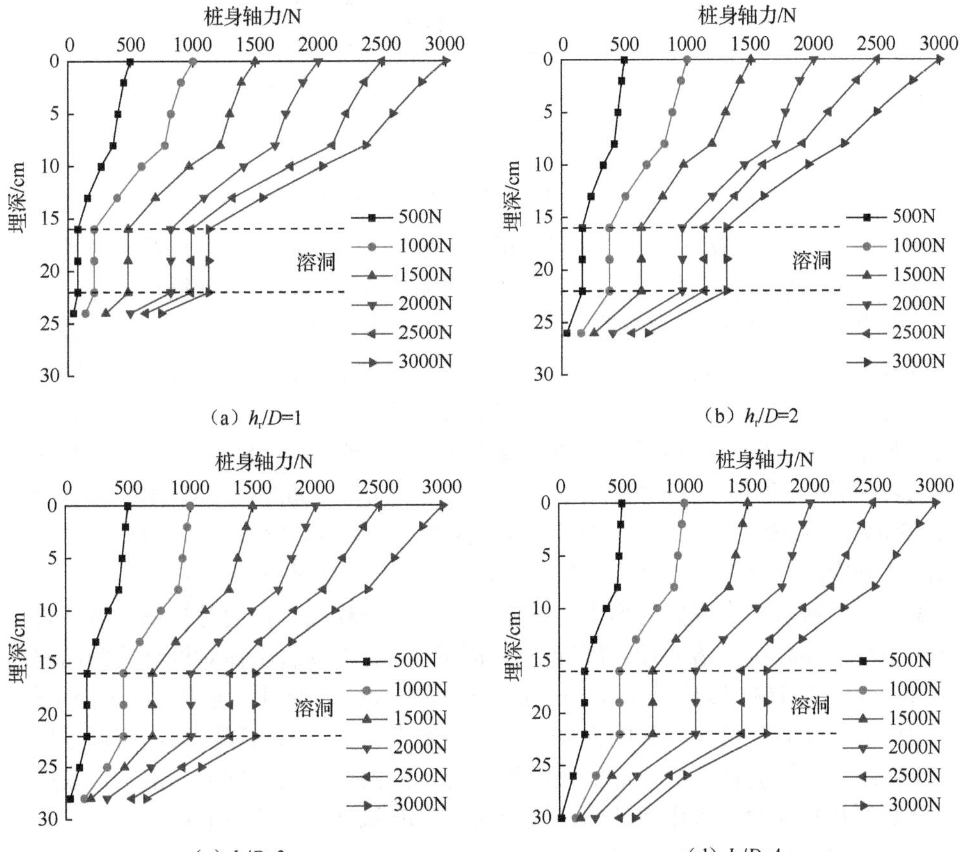

（a）$h_r/D=1$　（b）$h_r/D=2$

（c）$h_r/D=3$　（d）$h_r/D=4$

图 5-51　不同嵌岩深径比下桩身轴力分布规律

由图 5-51 可以看出，不同嵌岩深径比时，随着桩顶荷载的增加，穿过溶洞桩基的桩身轴力均逐渐增大，传递至桩底的荷载也逐渐增加；桩顶荷载较小时，桩身轴力衰减较慢，当桩顶荷载逐渐增大，桩身轴力衰减速度增加；由于桩土相互作用的发挥，从桩顶至桩底，桩身轴力逐渐减小；在覆盖层范围内桩身轴力衰减较慢，进入岩层后桩身轴力衰减加快，而在溶洞范围内轴力几乎不衰减。同一荷载作用下，不同嵌岩深径比对桩身轴力分布的影响具有差异。以荷载 2000N 为例分析嵌岩深径比对穿过溶洞桩基的桩身轴力分布的影响，如图 5-52 所示。

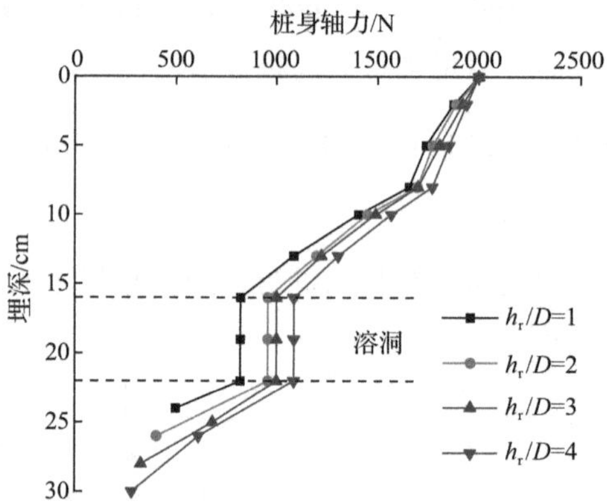

图 5-52　嵌岩深径比对桩身轴力分布的影响

由图 5-52 可以看出，相同荷载作用下，嵌岩深径比增加，穿过溶洞桩基的桩身轴力衰减速度变慢，传递至桩底的荷载增加，溶洞直接影响着桩端持力层的强度；嵌岩深径比增加时，在覆盖层内桩身轴力衰减趋势相近，进入岩层后桩身轴力衰减差异明显；嵌岩深径比为 1.0 时，溶洞顶以上的桩身轴力衰减速度明显大于嵌岩深径比大于等于 2.0 后的轴力衰减速度；嵌岩深径比为 1.0 时，进入岩层后至溶洞顶的桩身轴力减小了 835.3N，减幅 50.4%，嵌岩深径比为 2.0、3.0、4.0 时，进入岩层后至溶洞顶的桩身轴力分别减小了 740.0N、700.0N、685.7N，减幅分别为 43.6%、41.1%、38.7%。主要原因是试验中通过控制桩径一定、改变嵌岩深度来改变嵌岩深径比，随着嵌岩深度增加，溶洞以下的桩基与岩层相互作用的侧表面积增加，嵌岩段的嵌固力增大，传递至桩端的荷载减小，同时桩基与桩周岩土体的相对位移减小，溶洞顶板所受弯拉作用减弱，桩周岩土体对桩身的侧向挤压作用减小，使桩侧阻力的发挥降低；试验过程中为控制变量，溶洞均简化为空腔，溶洞范围内没有与桩身接触的介质，导致桩侧阻力的发挥出现断层，溶洞顶板弯拉产生的弯拉拱会挤压桩身而提供桩侧阻力，但由于岩层刚度大，溶洞顶板产生弯拉变形对桩身的挤压作用较弱，桩身轴力在溶洞范围内几乎不衰减。

2）桩侧阻力分布规律分析

不同嵌岩深径比下穿过溶洞桩基的桩侧阻力分布规律如图 5-53 所示。

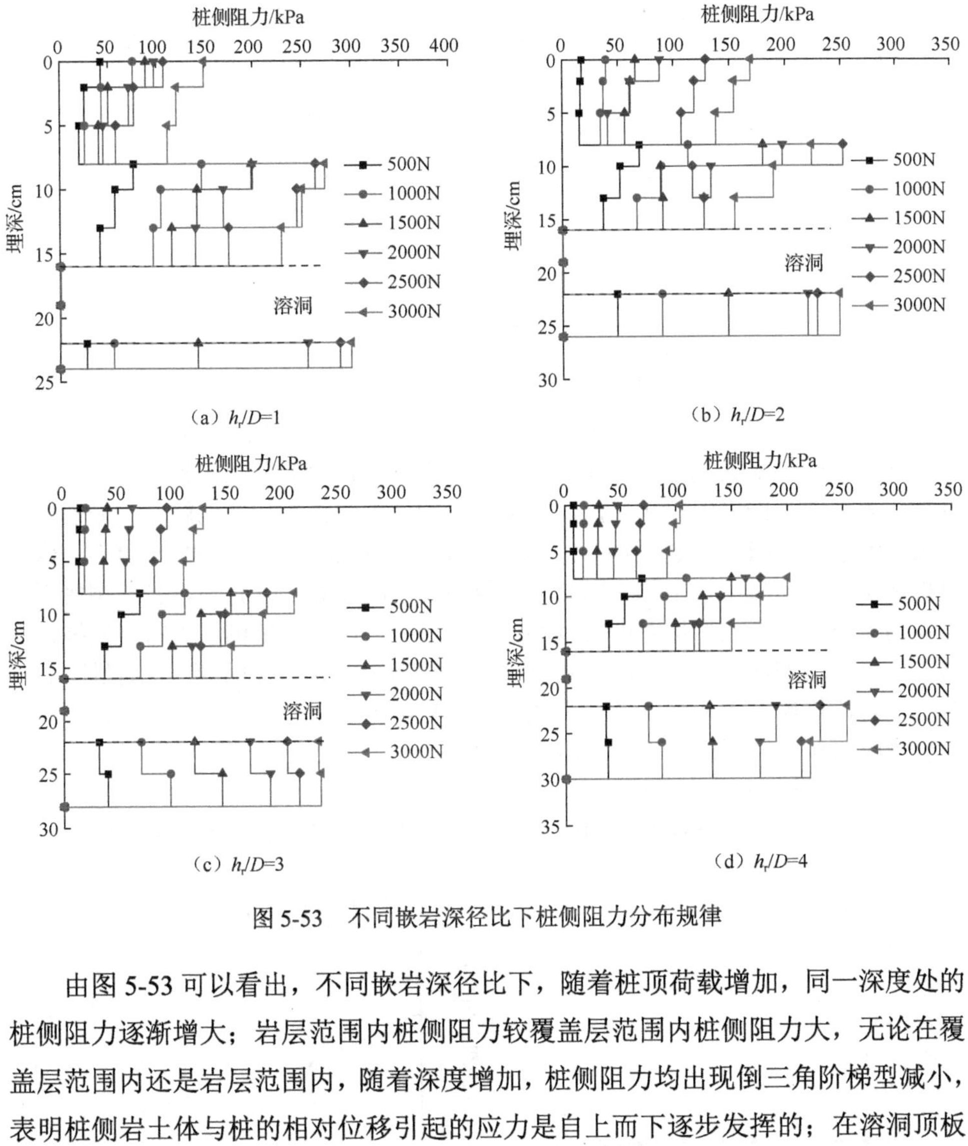

图 5-53　不同嵌岩深径比下桩侧阻力分布规律

由图 5-53 可以看出，不同嵌岩深径比下，随着桩顶荷载增加，同一深度处的桩侧阻力逐渐增大；岩层范围内桩侧阻力较覆盖层范围内桩侧阻力大，无论在覆盖层范围内还是岩层范围内，随着深度增加，桩侧阻力均出现倒三角阶梯型减小，表明桩侧岩土体与桩的相对位移引起的应力是自上而下逐步发挥的；在溶洞顶板处桩侧阻力骤减，且在溶洞范围内桩侧阻力接近零；当荷载较小时，桩基穿过溶洞后的嵌岩段桩侧阻力仅稍有发挥，随着荷载的增大（1500～3000N），嵌岩段桩侧阻力得以充分发挥，且嵌岩段桩侧阻力普遍增大，表明溶洞的存在使桩身范围内提供桩侧阻力的介质出现缺失，受溶洞底板弯拉挤压效应的影响，嵌岩段桩侧阻力发挥更充分。以荷载 2000N 为例分析嵌岩深径比对穿过溶洞桩基的桩侧阻力分布的影响，如图 5-54 所示。

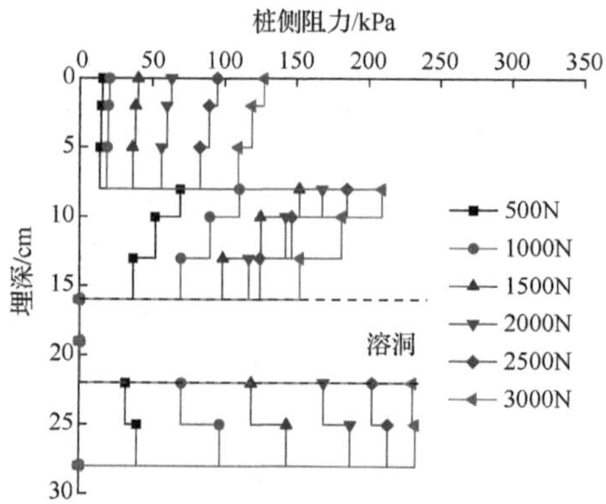

图 5-54　嵌岩深径比对桩侧阻力分布的影响

由图 5-54 可以看出，相同荷载作用下，嵌岩深径比增加，在覆盖层和岩层范围内穿过溶洞桩基的侧阻力均减小且发挥程度接近，溶洞范围内桩侧阻力近乎不发挥，表明增大嵌岩深径比对溶洞顶板以上的桩侧阻力发挥影响较小；嵌岩深径比为 1.0 时，桩基嵌岩段桩侧阻力大幅增加，而随着嵌岩深径比大于 2.0 时，嵌岩段桩侧阻力逐渐减小，主要原因是传递至嵌岩段的荷载相差较小，受溶洞底板弯拉作用的影响，周围岩层对嵌岩段的压应力增大，嵌岩段桩侧阻力得到发挥，而嵌岩深度的增加使溶洞底板弯拉效应减弱，桩侧阻力逐渐减小；嵌岩深径比为 3.0 时，嵌岩段桩侧阻力随深度增加出现增大趋势，主要原因可能是试验过程中压实该模型时溶洞底岩层的边界条件出现误差。

3）分项承载力分布规律

不同嵌岩深径比下穿过溶洞桩基的分项承载力分布规律如图 5-55 所示。

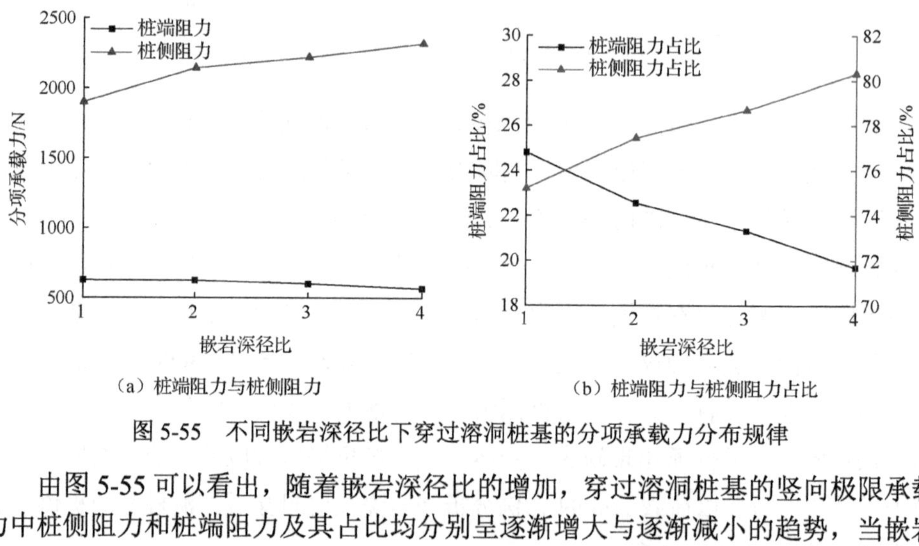

（a）桩端阻力与桩侧阻力　　（b）桩端阻力与桩侧阻力占比

图 5-55　不同嵌岩深径比下穿过溶洞桩基的分项承载力分布规律

由图 5-55 可以看出，随着嵌岩深径比的增加，穿过溶洞桩基的竖向极限承载力中桩侧阻力和桩端阻力及其占比均分别呈逐渐增大与逐渐减小的趋势，当嵌岩深径比大于等于 2.0 后，桩侧阻力出现明显拐点，而桩端阻力变化拐点不明显；

嵌岩深径比由 1.0 增加至 2.0 时，桩侧阻力增大了 12.8%，桩端阻力减小了 0.4%，嵌岩深径比为 3.0 和 4.0 时，桩侧阻力分别增大了 16.8%、22.1%，桩端阻力分别减小了 4.0%、9.3%。说明随着嵌岩深径比的增加，穿过溶洞桩基的侧阻力发挥更充分，嵌岩深度大于 2.0 后，桩侧阻力对桩基竖向极限承载力的提高作用减弱，但由于溶洞的存在，桩侧阻力的发挥出现缺失，嵌岩深度达到 4*D* 时，穿过溶洞桩基的桩端阻力占比仍近 20%，与常规桩基的荷载传递机理差异较大。

5.4　下伏溶洞影响下桩基承载特性

5.4.1　下伏溶洞洞跨变化对岩溶发育区桩基竖向承载特性影响分析

1. 下伏溶洞洞跨对桩基竖向极限承载力影响分析

随着下伏溶洞洞跨变化，桩基竖向荷载-沉降关系如图 5-56 所示。以无下伏溶洞为基准，洞跨变化下桩基竖向极限承载力特性如图 5-57 所示。

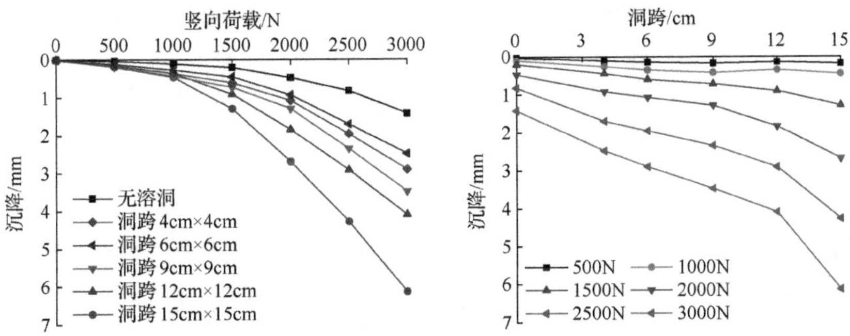

（a）荷载-沉降曲线　（b）洞跨-沉降曲线

图 5-56　下伏溶洞洞跨变化下桩基的荷载-沉降关系

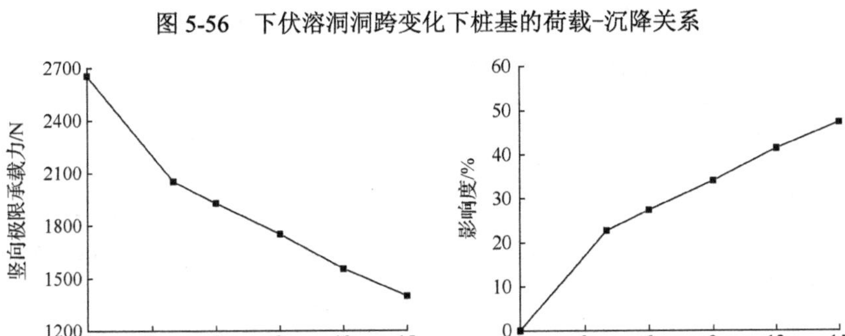

（a）竖向极限承载力　（b）竖向极限承载力影响度

图 5-57　下伏溶洞洞跨变化下桩基竖向极限承载力特性

由图 5-56、图 5-57 可以看出，下伏溶洞洞跨越大，桩身产生的竖向位移越大，桩基竖向极限承载力呈减小的趋势。下伏洞跨由 0 增大至 15cm×15cm 时，桩基的竖向极限承载力由 2655N 减小至 1399N。下伏溶洞洞跨由 0 增大到 15cm×15cm 时，桩基竖向极限承载力的影响度分别为 0、22.70%、27.36%、34.00%、41.43%、47.28%。

2. 下伏溶洞洞跨对桩身轴力影响分析

当下伏溶洞洞跨变化时，各级荷载作用下的桩身轴力变化规律如图 5-58 所示。

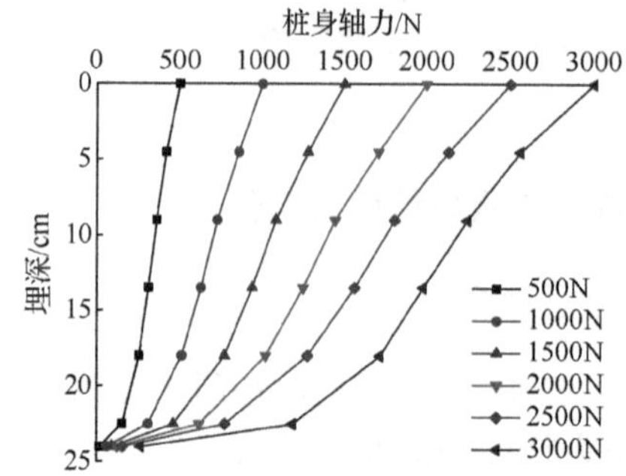

（a）无溶洞

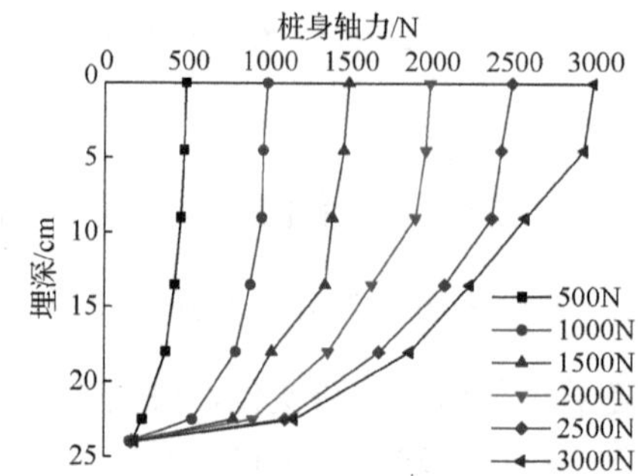

（b）洞跨4cm×4cm

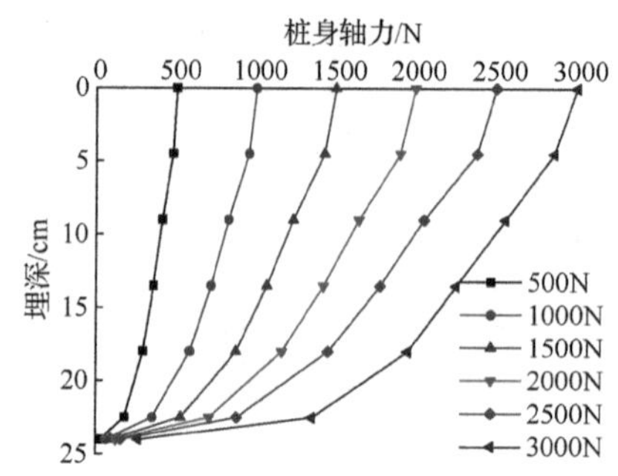

（c）洞跨6cm×6cm

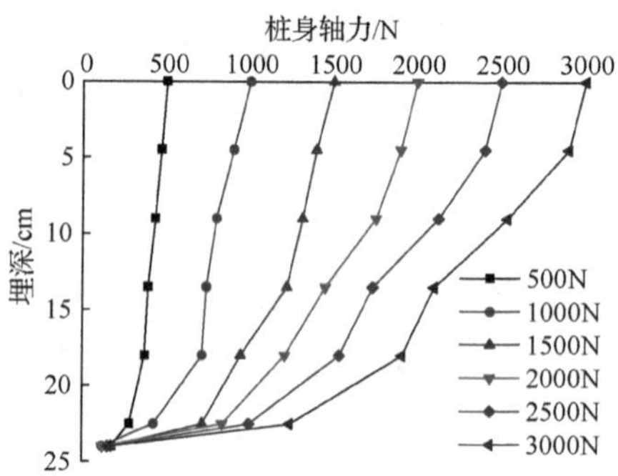

（d）洞跨9cm×9cm

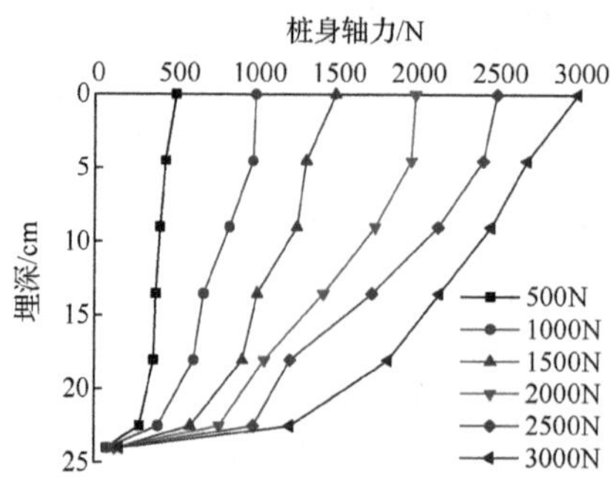

（e）洞跨12cm×12cm

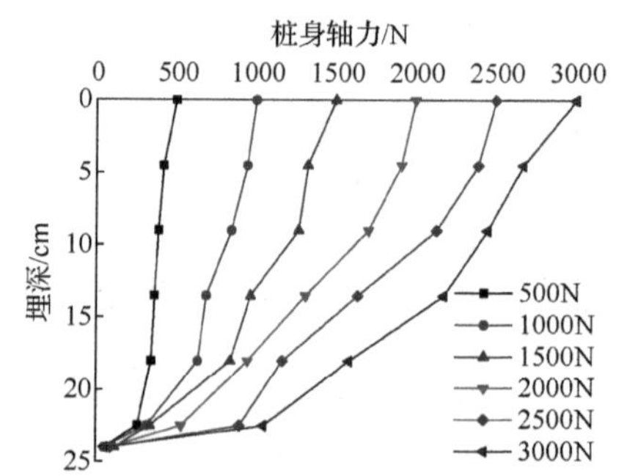

（f）洞跨15cm×15cm

图 5-58 不同荷载作用下桩基轴力变化规律

各级荷载作用下，下伏溶洞洞跨变化时的桩身轴力变化规律如图 5-59 所示。

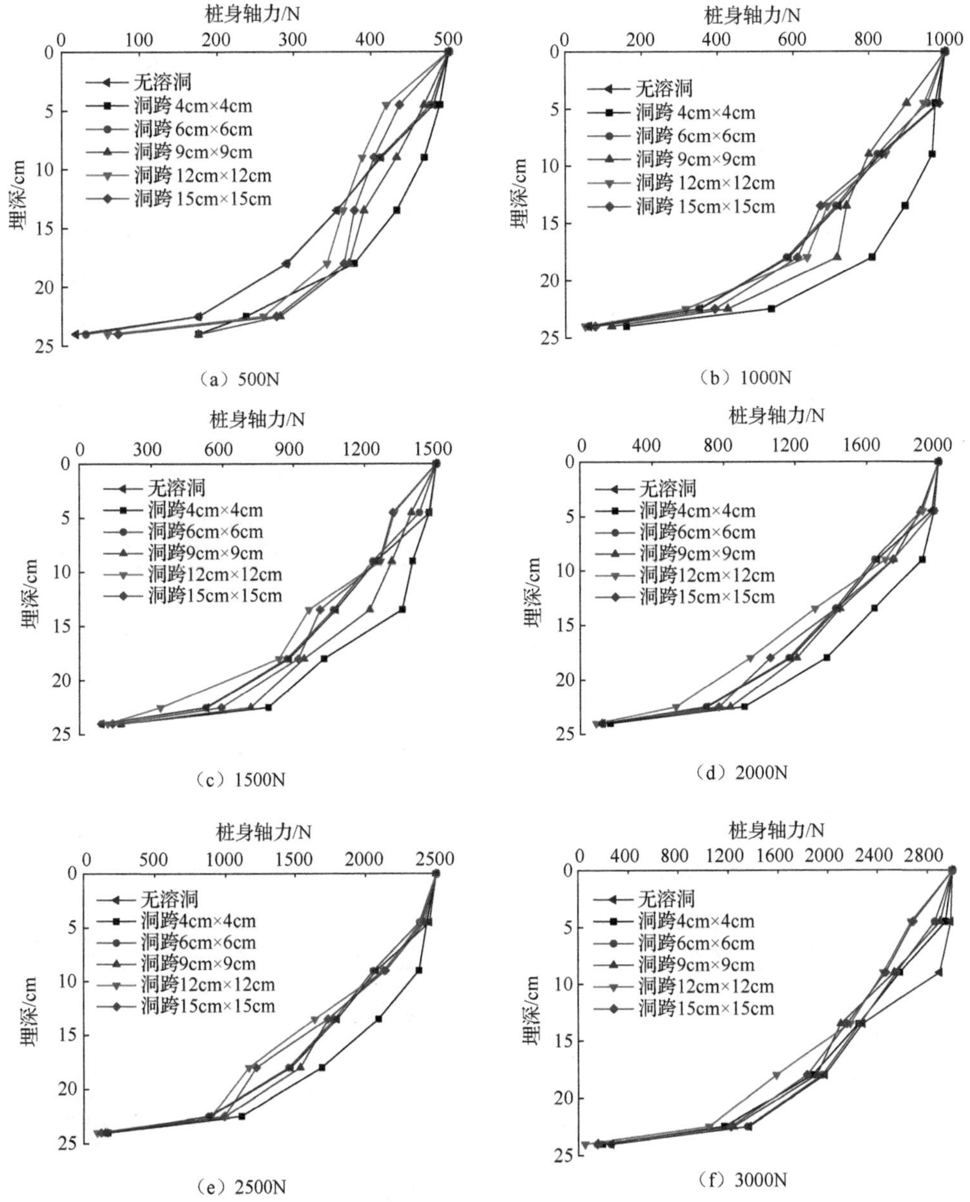

（a）500N　（b）1000N　（c）1500N　（d）2000N　（e）2500N　（f）3000N

图 5-59　下伏溶洞洞跨变化时桩基轴力变化规律

由图 5-58、图 5-59 可以看出，当桩基下伏溶洞洞跨不变时，在不同竖向荷载作用下，上部覆盖土层段的桩身轴力衰减规律相似，桩顶荷载越大，下部嵌岩段的桩身轴力衰减程度越高；下伏溶洞洞跨越大，桩身轴力的衰减程度越大。

3. 下伏溶洞洞跨对桩侧阻力的影响分析

下伏溶洞洞跨变化下，各级荷载作用下的桩侧阻力变化规律如图 5-60 所示。

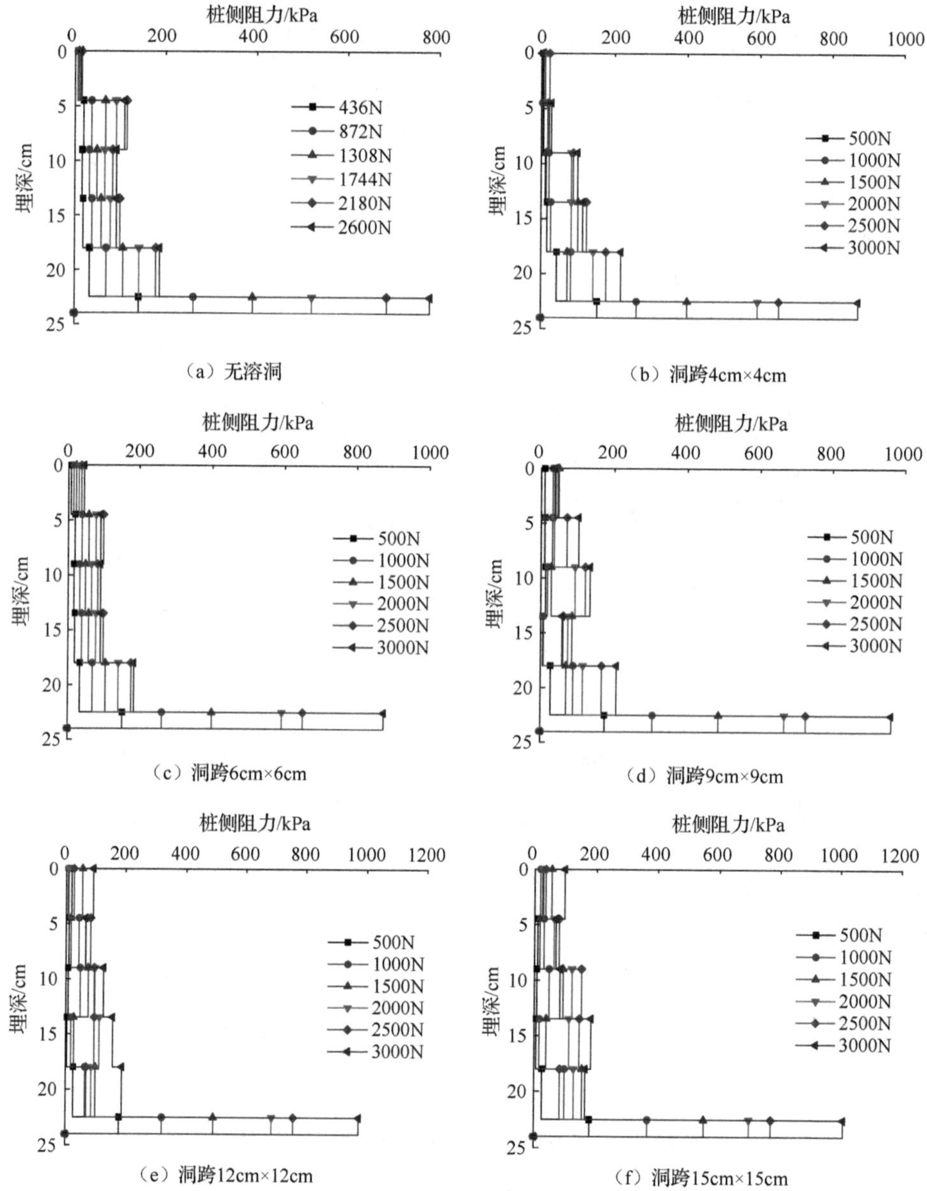

图 5-60　不同荷载作用下桩侧阻力变化规律

各级荷载作用下，下伏溶洞洞跨变化时的桩侧阻力变化规律如图 5-61 所示。

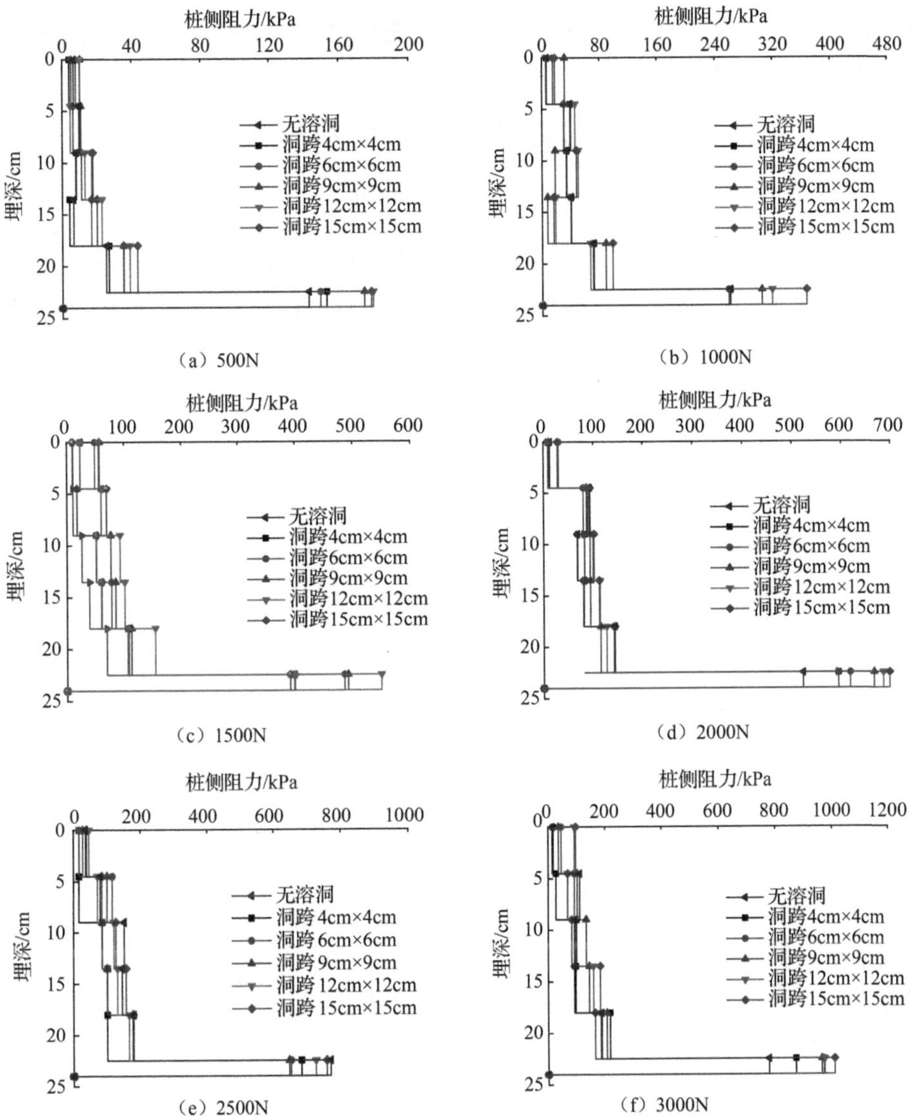

图 5-61　下伏溶洞洞跨变化时桩基侧摩阻力变化规律

由图 5-60 可以看出，不同桩顶荷载作用下，桩侧阻力在覆盖层范围内的变化规律相似，在岩层范围内达到峰值，且随着桩顶荷载增大，在岩层段相同深度处的桩侧阻力显著增大。由图 5-61 可以看出，当桩顶荷载为 500N 时，持力层部分的桩侧阻力发挥程度总体较低，该段桩侧阻力较小，当桩顶荷载增大至 3000N 时，不同下伏溶洞洞跨下的覆盖土层段桩侧阻力均得以充分发挥，上部土层逐渐进入塑性屈服阶段，桩-土间的桩侧阻力达到极限值，因此洞跨变化下覆盖层段的桩侧阻力相差不大，岩层的抗剪强度较高，可以充分提供桩侧阻力，因此桩侧阻力在该段随着洞跨的增大逐渐增加，嵌岩段范围内的桩侧阻力逐渐充分发挥。

5.4.2　下伏溶洞洞跨变化对岩溶发育区桩基横向承载特性影响分析

1. 下伏溶洞洞跨对桩基横向承载力影响分析

下伏溶洞不同洞跨下的桩基 H-y 曲线如图 5-62 所示。下伏溶洞不同洞跨下桩基横向极限承载力变化规律和桩基横向极限承载力的影响度 β 的变化规律如图 5-63 所示。

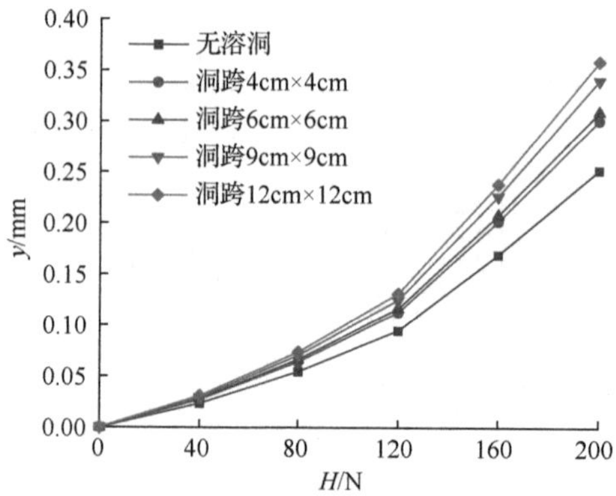

图 5-62　不同洞跨下桩基 H-y 曲线

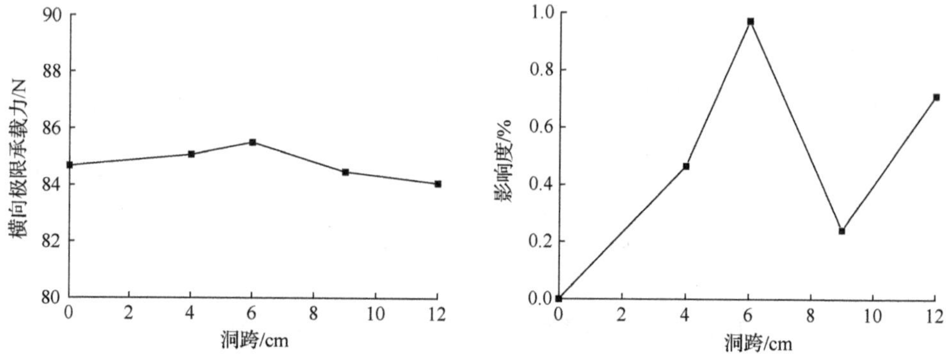

图 5-63　不同洞跨下桩基横向极限承载力特性

从图 5-62、图 5-63 可以看出，在横向荷载作用下，随着下伏溶洞洞跨的增加，桩基横向极限承载力几乎不变。洞跨 0～12cm×12cm 的桩基横向极限承载力分别为 85.558N、85.464N、85.493N、85.465N、85.465N，横向极限承载力的影响度分别为 0.14%、0.11%、0.14%、0.14%（以无溶洞桩基横向承载力基准）。对于桩基下伏溶洞而言，洞跨对桩基横向极限承载力的影响较小。主要原因是桩基横向承载力主要由桩侧土抗力提供，而桩基下伏溶洞的洞跨变化对桩侧土抗力的影响几乎可以忽略，导致桩基横向极限承载力几乎不变。

2. 下伏溶洞洞跨对桩身弯矩影响分析

相同横向荷载作用下，洞跨变化下桩身弯矩变化规律如图 5-64 所示。

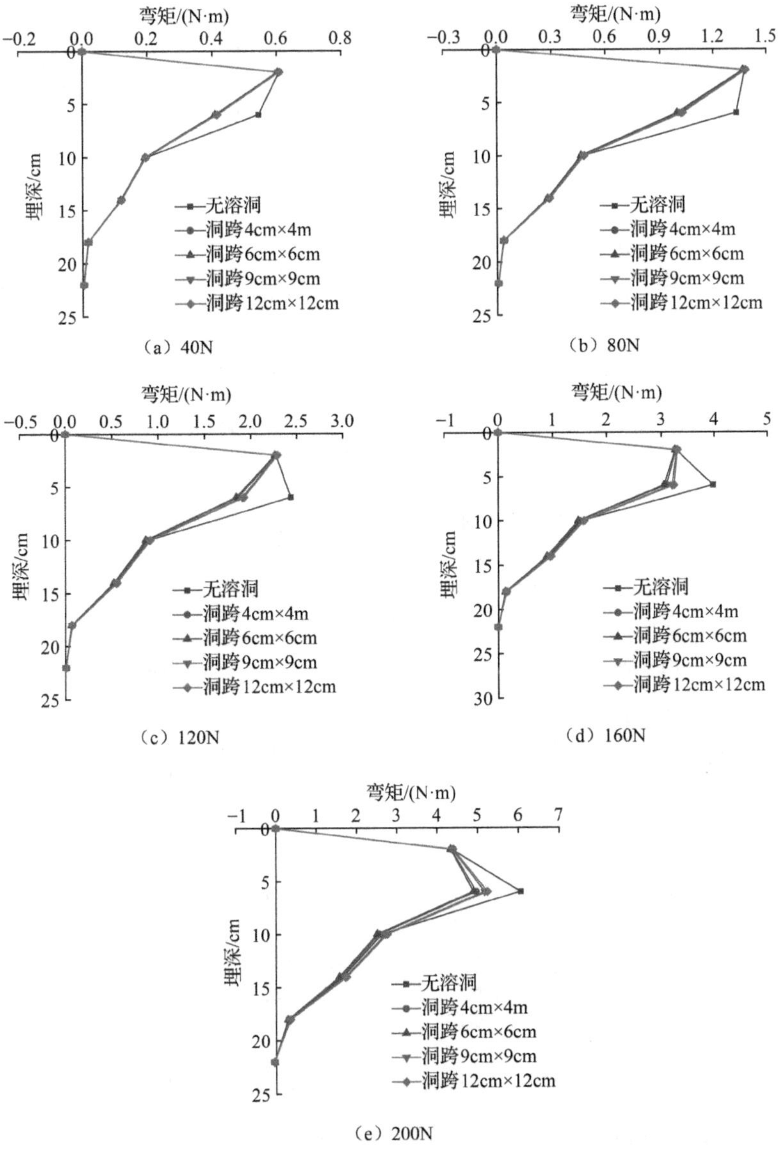

图 5-64　洞跨变化下的桩身弯矩变化规律

同一桩身洞跨下，各级横向荷载作用下桩身弯矩变化规律如图 5-65 所示。

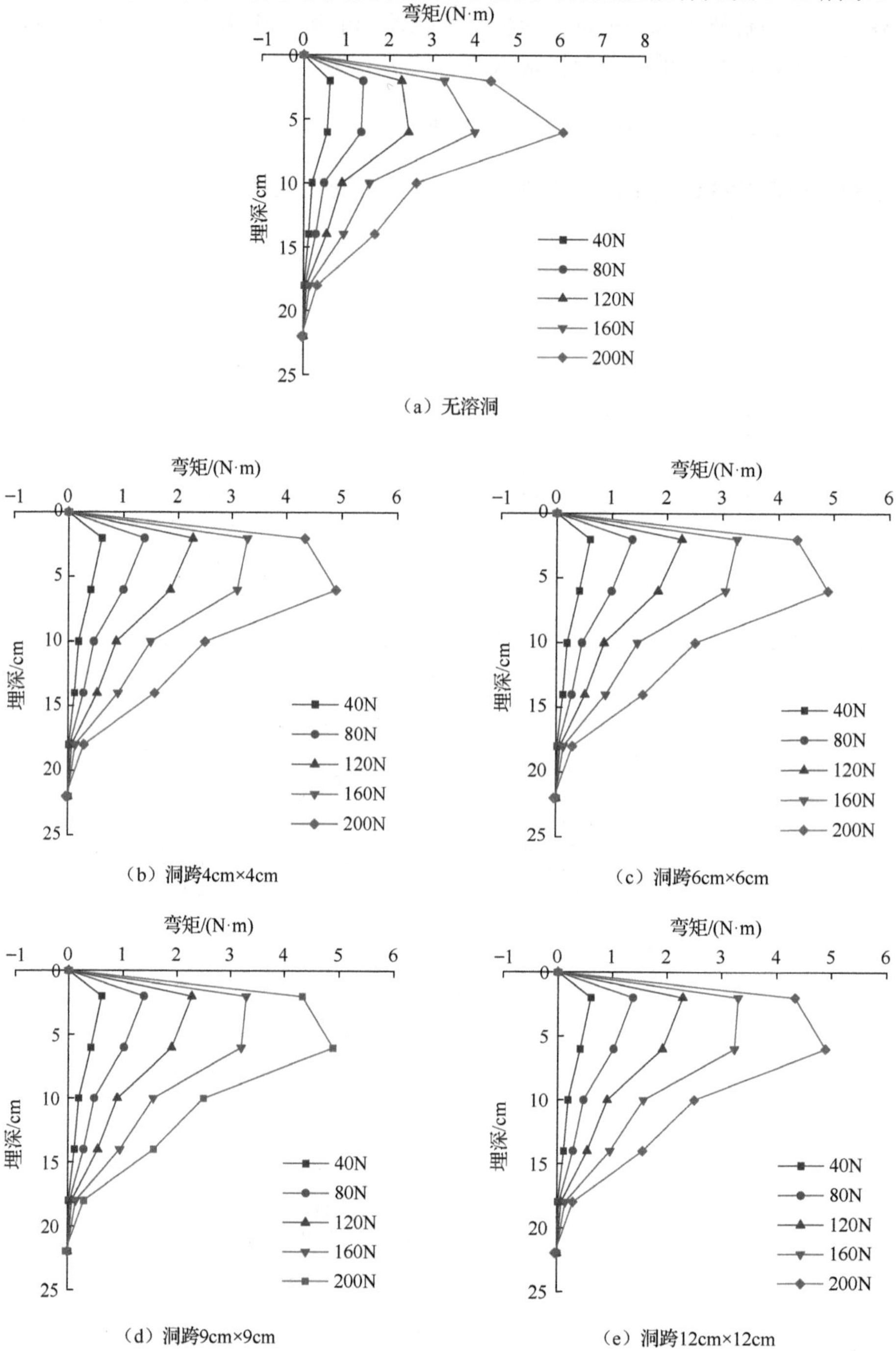

（a）无溶洞

（b）洞跨4cm×4cm

（c）洞跨6cm×6cm

（d）洞跨9cm×9cm

（e）洞跨12cm×12cm

图 5-65　各级横向荷载作用下桩身弯矩变化规律

从图 5-64、图 5-65 可以看出，作用在桩顶的横向荷载相同时，下伏溶洞洞跨的变化对桩身弯矩的影响较小，桩身弯矩均呈现先增大后减小至趋于零的规律，且桩基产生最大弯矩的位置几乎相同。下伏溶洞洞跨相同时，作用于桩顶的横向荷载变化对桩身弯矩影响较大，且桩基产生最大弯矩的位置有所下移。主要原因是在桩顶横向荷载作用下，桩身弯矩的变化主要由桩顶荷载的传递与桩侧土抗力的发挥引起，而下伏溶洞洞跨的变化对桩身土抗力的影响几乎可以忽略，因此下伏溶洞洞跨变化对桩身弯矩的影响几乎可以忽略。岩土层交界面处性质差异较大，桩身弯矩产生反弯点。

5.4.3　下伏溶洞洞高变化对岩溶发育区桩基竖向承载特性影响分析

1. 下伏溶洞洞高对桩基竖向极限承载力影响分析

随着下伏溶洞洞高变化，桩基竖向荷载-沉降关系如图 5-66 所示。以无下伏溶洞为基准，其高度变化下桩基竖向极限承载力及其影响度变化规律如图 5-67 所示。

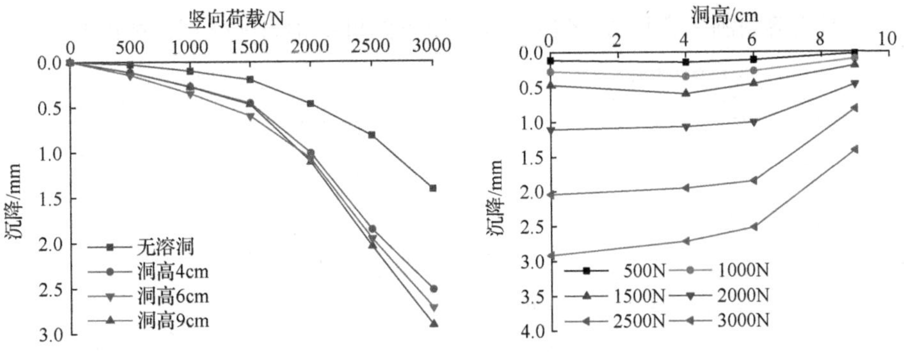

（a）竖向荷载-沉降曲线　（b）洞高-沉降曲线

图 5-66　下伏溶洞洞高变化下桩基的竖向荷载-沉降关系

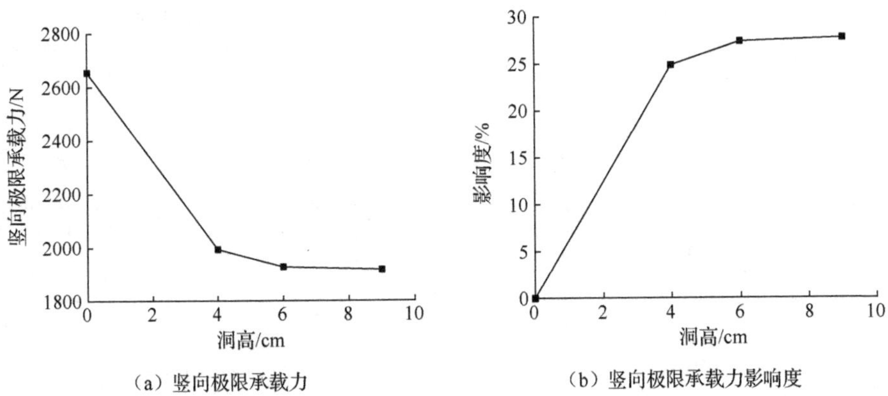

（a）竖向极限承载力　（b）竖向极限承载力影响度

图 5-67　下伏溶洞洞高变化下桩基竖向承载力特性

由图 5-66、图 5-67 可以看出，随着下伏溶洞洞高的增加，桩身沉降逐渐增大，桩基竖向极限承载力逐渐减小，下伏溶洞洞高由 0 增大到 9cm 时，桩基竖向极限承载力由 2655N 降低至 1918N，这是由于下伏溶洞的存在，桩底土体的缺失使桩端岩层强度降低，桩身在竖向荷载作用下与桩身周围的岩土体接触并发生沉降，桩身沉降增大，桩基竖向极限承载力降低。以无溶洞为基准，当洞高由 4cm 增大到 9cm 时，桩基竖向极限承载力影响度分别为 24.86%、27.36%、27.74%，从桩基竖向极限承载力方面可以得出，下伏岩溶的存在会一定程度上影响桩基竖向承载特性，使桩与桩周岩土体的相互作用效果明显降低，桩基竖向极限承载力降低。与下伏溶洞洞高变化相比，可以明显得到，下伏溶洞洞跨变化对桩基竖向极限承载力的影响程度大于洞高变化，由此说明，在下伏溶洞的尺寸变化中，应更加重视洞跨变化对桩基竖向极限承载力的影响。

2. 下伏溶洞洞高对桩身轴力影响分析

当下伏溶洞洞高变化时，各级荷载作用下的桩身轴力变化规律如图 5-68 所示。

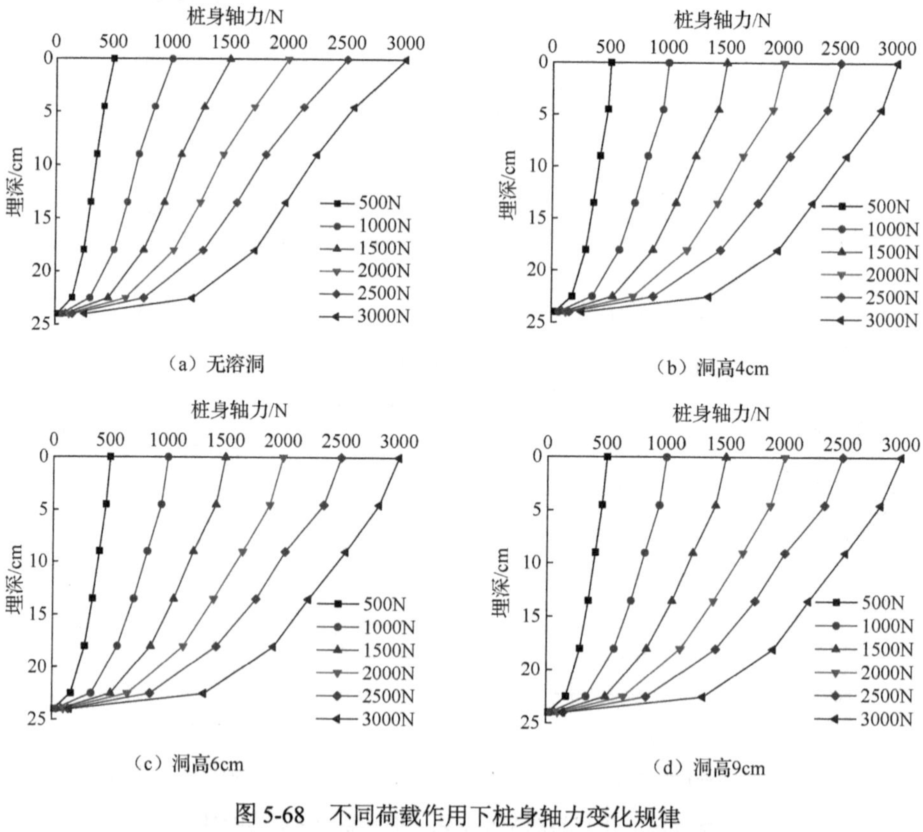

（a）无溶洞　（b）洞高4cm　（c）洞高6cm　（d）洞高9cm

图 5-68　不同荷载作用下桩身轴力变化规律

各级荷载作用下，洞高变化时的桩身轴力变化规律如图 5-69 所示。

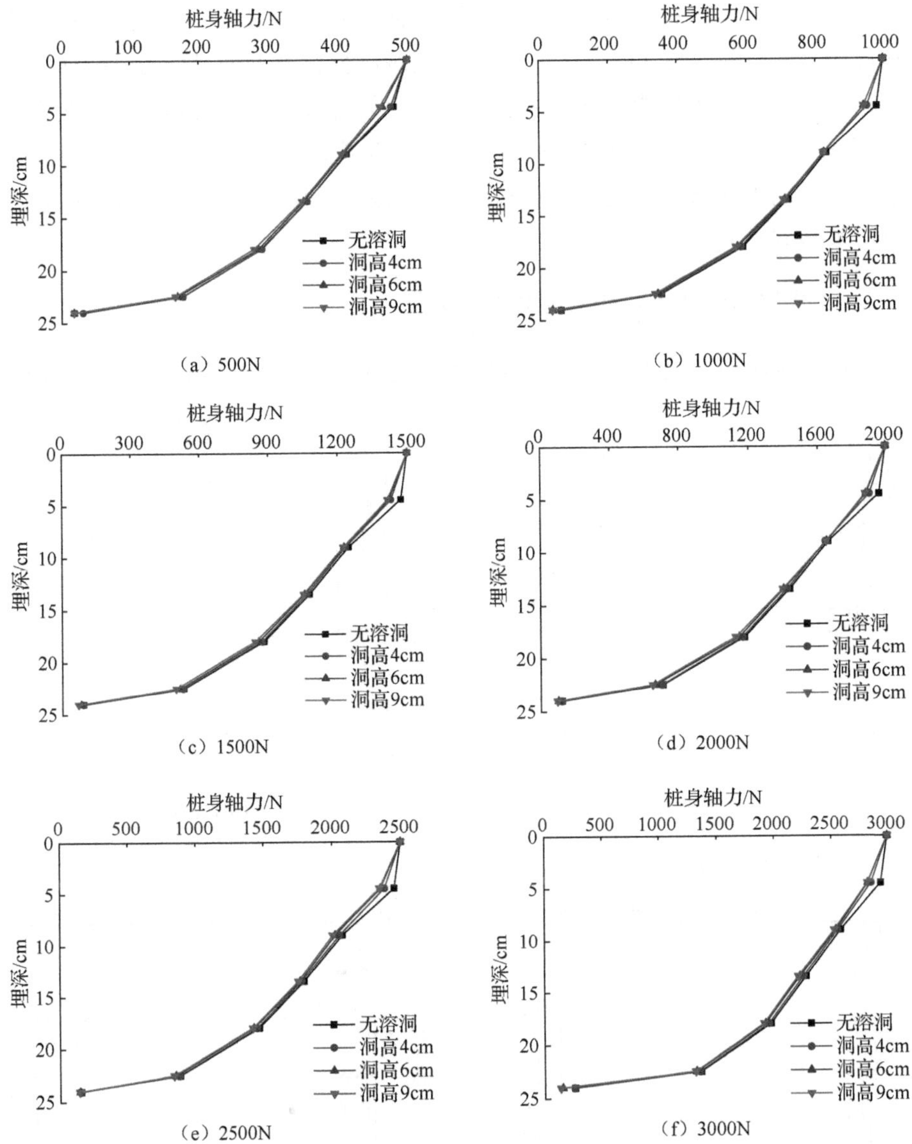

图 5-69 下伏溶洞洞高变化时桩基轴力变化规律

由图 5-68 可以看出，在不同荷载作用下，桩身轴力在上部覆盖土层段呈现匀速衰减的趋势，而在土层分界线以下，桩身轴力发生急速衰减。这是由于岩土层的抗剪强度差异明显，上部覆盖土层相比下部岩层的抗剪强度较低，当桩身与桩周岩土体发生相对位移时，上部土体在桩身处产生的剪应力较小，该段土体不足以完全承担上部荷载，因此荷载向嵌岩段传递，而该段的抗剪强度较高，桩侧岩体承担荷载，因此桩身轴力发生显著衰减。桩顶荷载越大，桩身轴力在该段的衰减程度越高。由图 5-69 可以看出，下伏溶洞洞高变化时的桩身轴力衰减速率与变化规律相似，由此可以看出下伏溶洞洞高的变化对桩身轴力的影响程度较小。对比洞高变化的工况，下伏溶洞洞跨变化导致的桩身轴力的衰减速率与变化规律更加明显，说明下伏溶洞洞跨变化对桩身轴力的影响程度更大。应重视跨度较大溶洞对桩基竖向承载特性的影响。

3. 下伏溶洞洞高对桩侧阻力的影响分析

下伏溶洞洞高变化下，各级荷载作用下的桩侧阻力变化规律如图 5-70 所示。

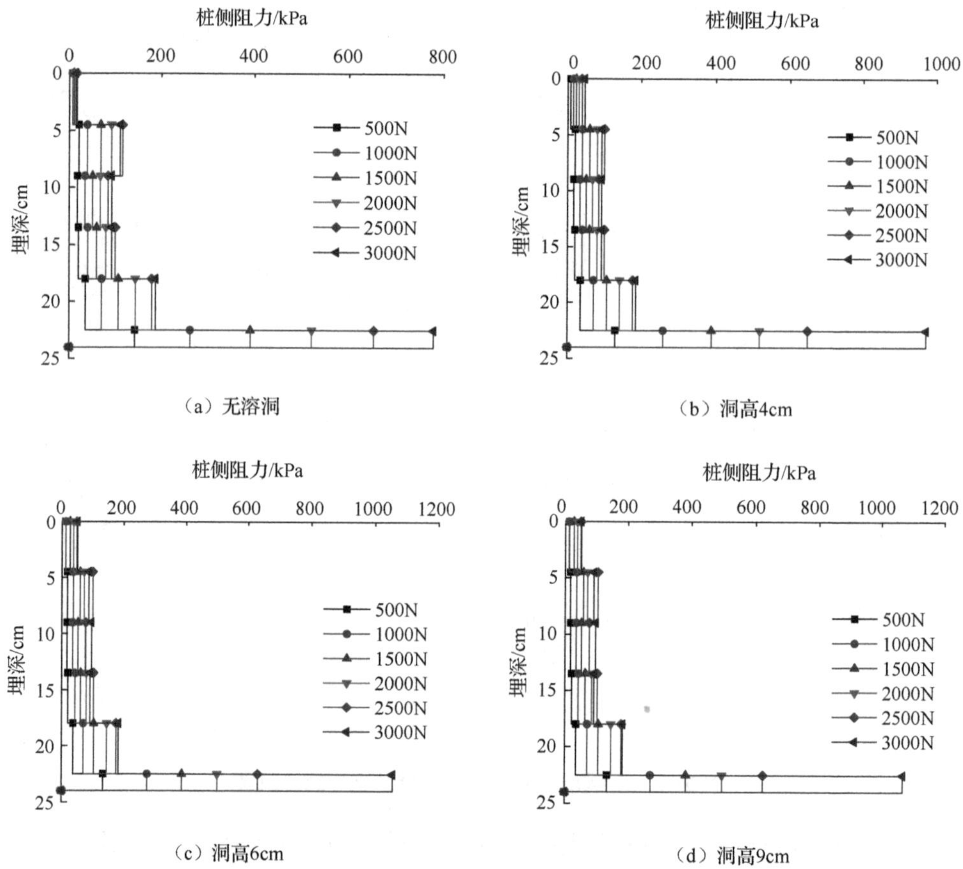

（a）无溶洞　（b）洞高4cm　（c）洞高6cm　（d）洞高9cm

图 5-70　不同荷载作用下桩侧阻力变化规律

各级荷载作用下，下伏溶洞洞高变化时的桩侧阻力变化规律如图 5-71 所示。

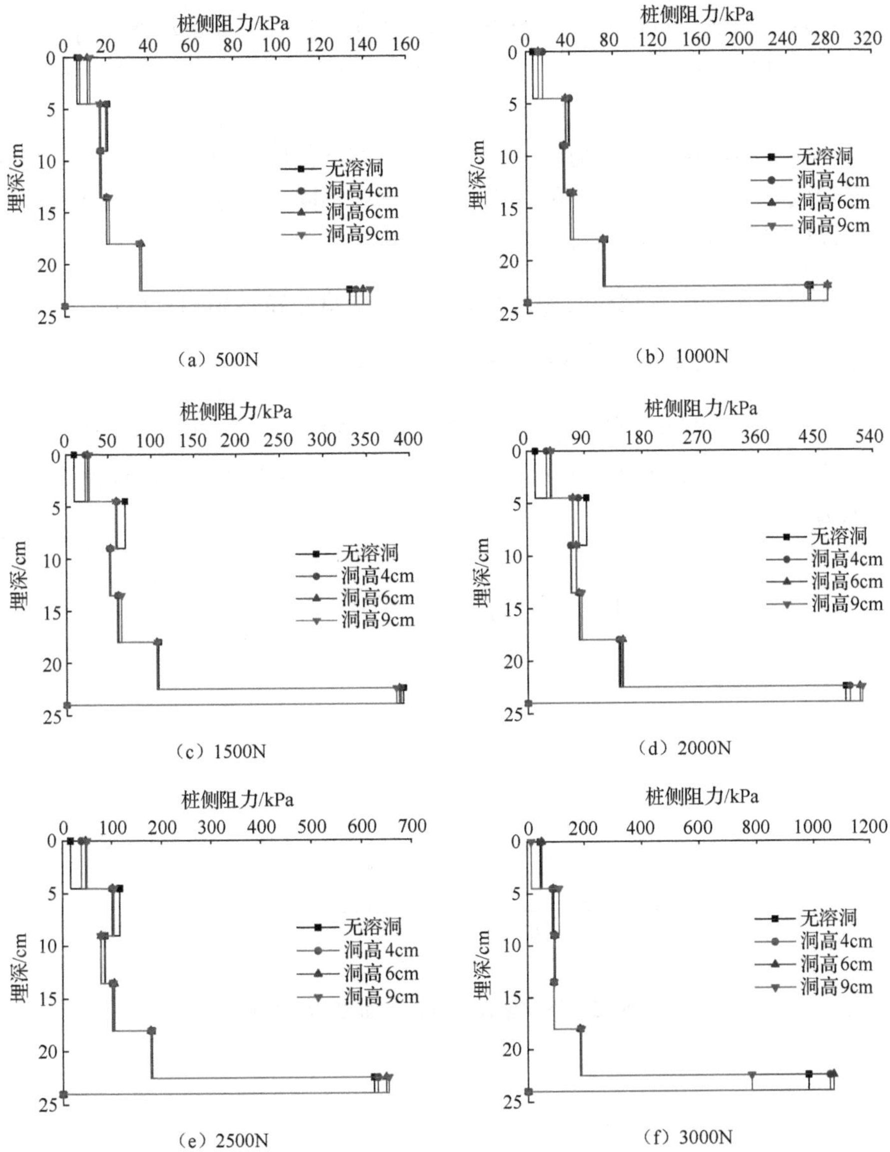

图 5-71　下伏溶洞洞高变化时桩侧阻力变化规律

由图 5-70 可以看出，在不同荷载作用下，沿桩身埋深方向的桩侧阻力发挥程度及变化规律不同，同一深度处的桩侧阻力随荷载的增加逐渐增大，覆盖层段的桩侧阻力的增大幅度明显小于下部岩层段的桩侧阻力增幅。这是由于桩身进入持力层后，嵌岩段的岩土体抗剪强度相对于覆盖层大，可以提供更多的桩侧阻力，因此在竖向荷载作用下，该段处的桩侧阻力出现突增，且荷载越大，其发挥程度越高。由图 5-71 可以看出，在相同荷载作用下，不同下伏溶洞洞高情况时的桩侧阻力变化规律相似，可以看出下伏溶洞洞高变化对桩基竖向承载特性的影响程度不明显。当桩顶荷载为500N时，覆盖层和岩层范围内的桩侧阻力发挥程度较小，桩侧阻力较小。随着桩顶荷载增大至2500N时，不同洞高对应的桩侧阻力在岩层段出现明显差异，这是由于随着荷载增大，上部覆盖层段的桩侧阻力得以充分发挥，嵌岩段岩土体需要承担上部荷载，因为洞高不同、桩底岩土体的缺失程度不同，所以嵌岩段提供的桩侧阻力出现明显差异。

5.4.4 下伏溶洞洞高变化对岩溶发育区桩基横向承载特性影响分析

1. 下伏溶洞洞高对桩基横向承载力的影响分析

下伏溶洞不同洞高下的桩基 H-y 曲线如图5-72所示。下伏溶洞不同洞高下桩基横向极限承载力变化规律和桩基横向极限承载力的影响度 β 的变化规律如图5-73所示。

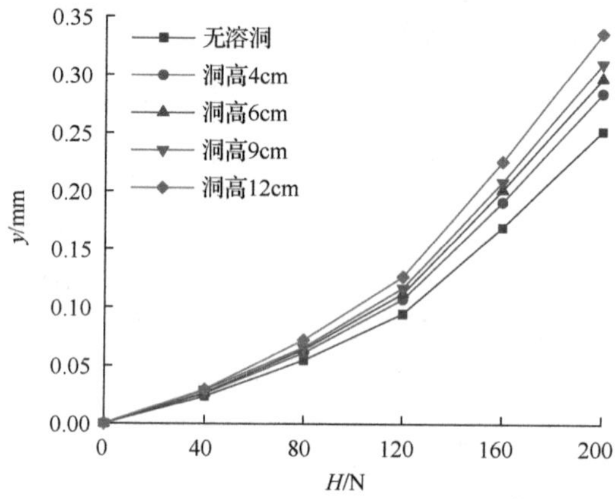

图5-72 下伏溶洞不同洞高桩基 H-y 曲线

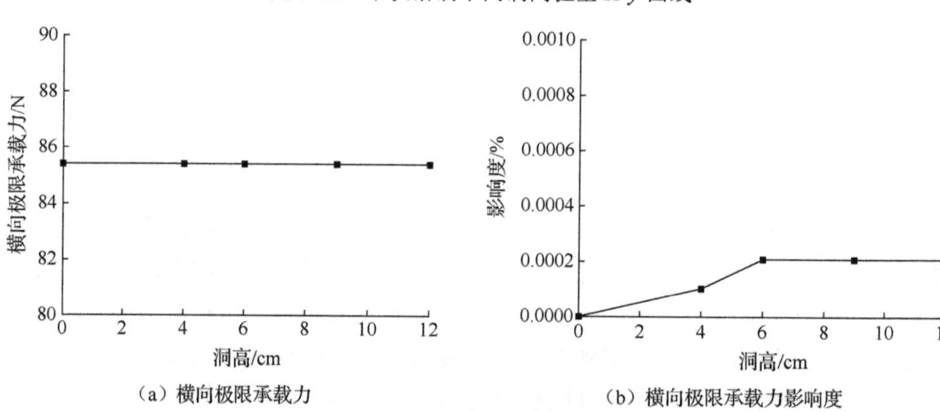

图5-73 下伏溶洞不同洞高下桩基横向极限承载力特性

从图 5-72、图 5-73 可以看出，在横向荷载作用下，随着下伏溶洞洞高的增加，桩基横向极限承载力几乎不变。洞高 0～12cm 的桩基横向极限承载力分别为 85.56N、85.41N、85.41N、85.41N，承载力的影响度分别为 0.21%、0.21%、0.21%、0.21%（以无溶洞桩基横向承载力基准）。下伏溶洞洞高对桩基横向承载力的影响较小。主要原因是桩基横向承载力主要由桩侧土抗力提供，而桩基下伏溶洞洞高的变化对桩侧土抗力的影响几乎可以忽略，导致桩基横向承载力几乎不变。

2. 下伏溶洞洞高对桩身弯矩的影响分析

相同横向荷载作用下，下伏溶洞洞高变化下的桩身弯矩变化规律如图 5-74 所示。

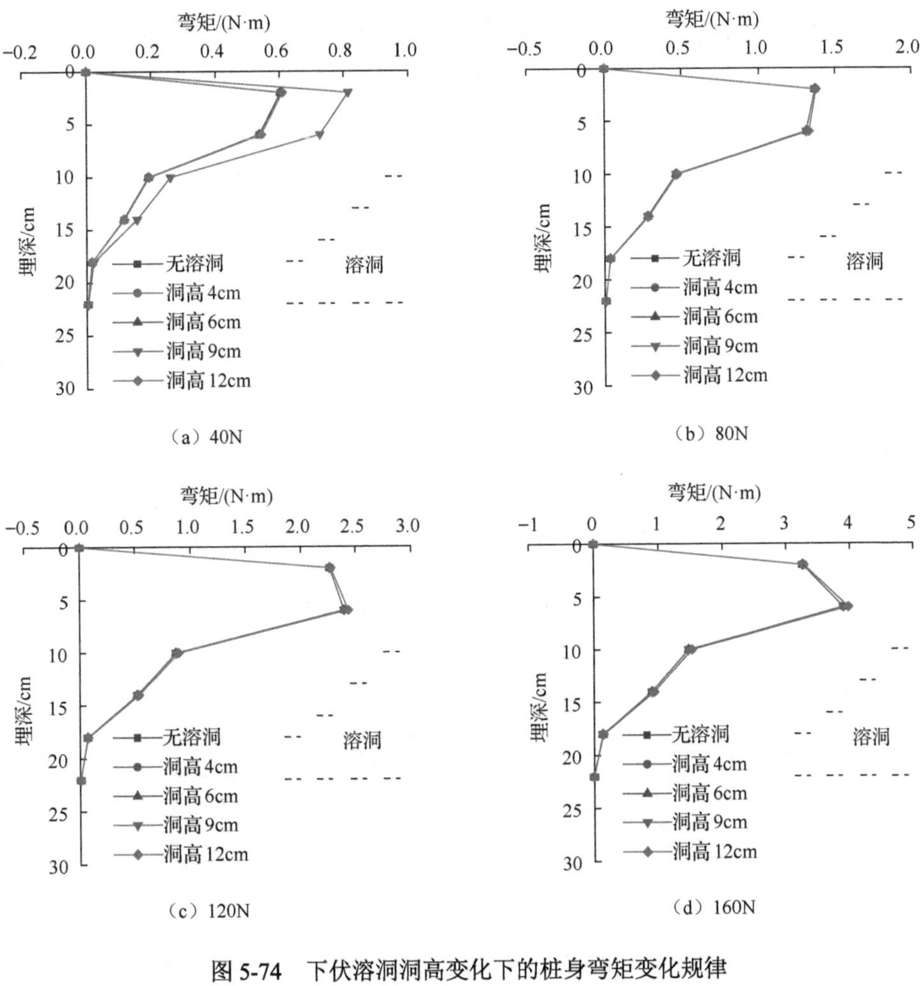

图 5-74　下伏溶洞洞高变化下的桩身弯矩变化规律

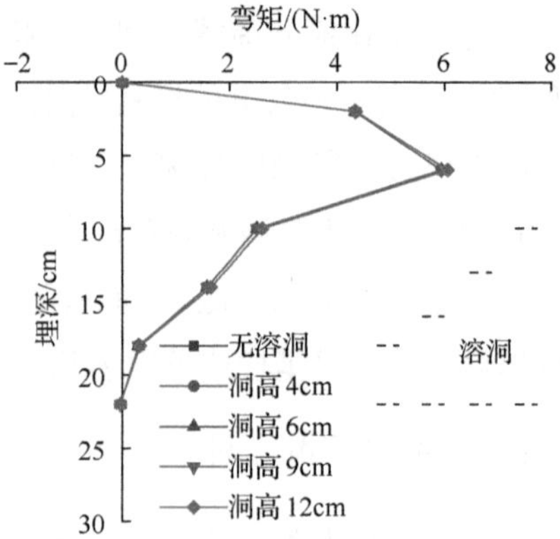

（e）200N

图 5-74（续）

下伏溶洞洞高相同时，各级横向荷载作用时桩身弯矩变化规律如图 5-75 所示。

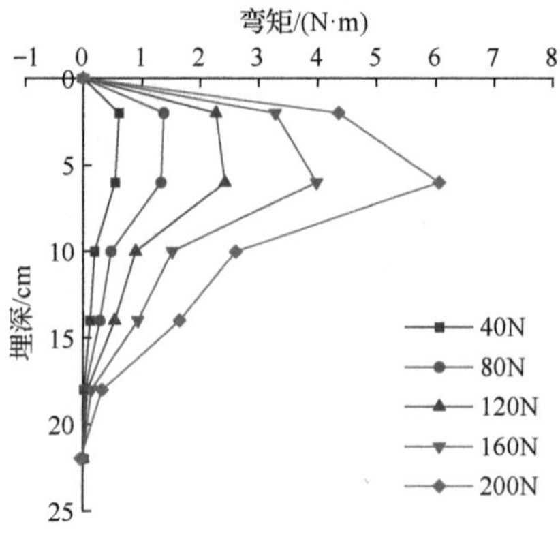

（a）无溶洞

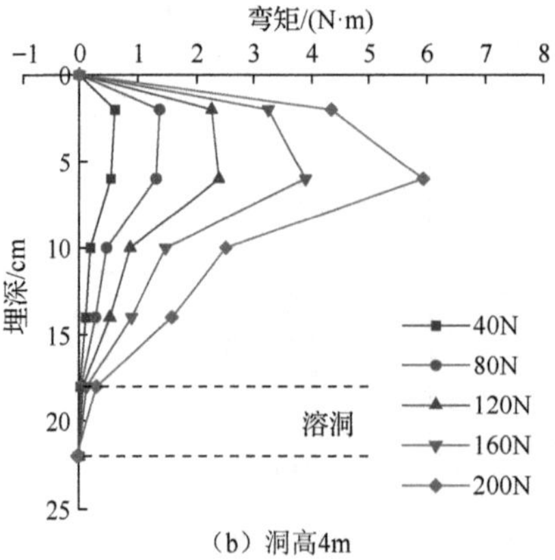

（b）洞高4m

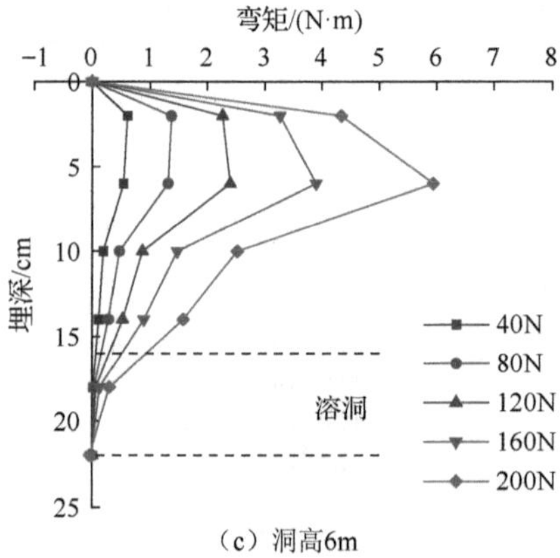

（c）洞高6m

图 5-75　下伏溶洞洞高相同时各级横向荷载作用下的桩身弯矩变化规律

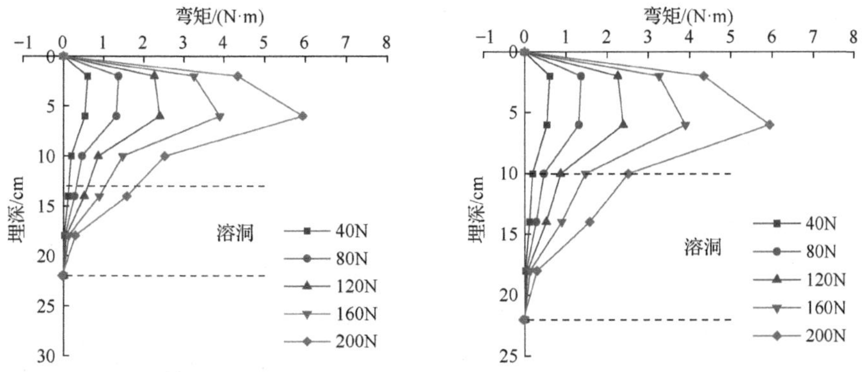

（d）洞高9m　　（e）洞高12m

图 5-75（续）

从图 5-74、图 5-75 可以看出，作用在桩顶的横向荷载相同时，下伏溶洞洞高的变化对桩身弯矩的影响较小，桩身弯矩均呈现先增大后减小至趋于零的规律，且桩基产生最大弯矩的位置几乎相同。下伏溶洞洞高相同时，作用于桩顶的横向荷载变化对桩身弯矩影响较大，且桩基产生最大弯矩的位置有所下移。主要原因是在桩顶横向荷载作用下，桩身弯矩的变化主要由桩顶荷载的传递与桩侧土抗力的发挥引起，而下伏溶洞洞高的变化对桩侧土抗力的影响几乎可以忽略，因此下伏溶洞洞高变化对桩身弯矩的影响几乎可以忽略。岩土层交界面处两种土层性质差异较大，桩身弯矩产生反弯点。

5.4.5　下伏溶洞顶板厚度变化对岩溶发育区桩基竖向承载特性影响分析

1. 下伏溶洞顶板厚度对桩基竖向承载特性影响分析

下伏溶洞顶板厚度变化下桩基竖向荷载-沉降关系如图 5-76 所示。以无溶洞为基准，下伏溶洞顶板厚度变化下桩基竖向极限承载力及其影响度变化规律如图 5-77 所示。

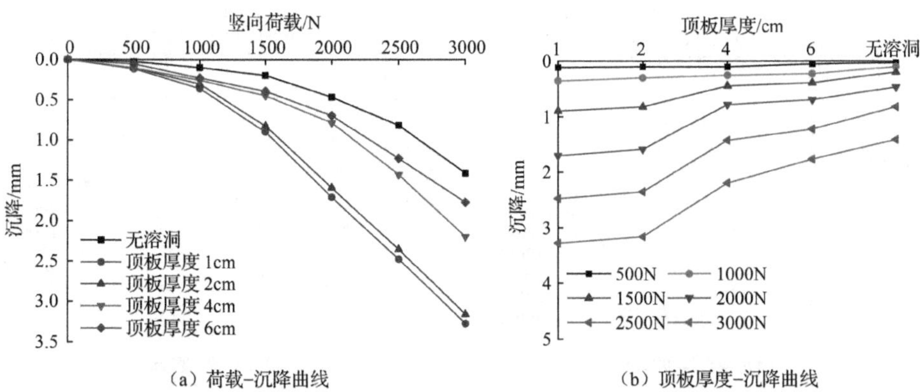

（a）荷载-沉降曲线　　（b）顶板厚度-沉降曲线

图 5-76　下伏溶洞顶板厚度变化下桩基的竖向荷载-沉降关系

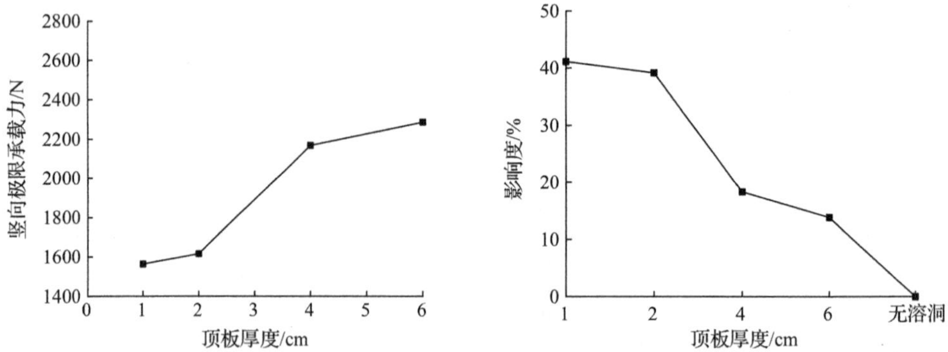

（a）竖向极限承载力　　（b）竖向极限承载力影响度

图 5-77　下伏溶洞顶板厚度变化下桩基竖向极限承载力特性

由图 5-76、图 5-77 可以看出，下伏溶洞顶板厚度越小，桩身产生的竖向位移越大。随着顶板厚度的增加，桩基的竖向极限承载力呈逐渐增大的趋势，顶板厚度从 1cm 增加至 6cm 时，桩基竖向极限承载力由 1564N 增大至 2655N。以无溶洞为基准，下伏岩溶顶板厚度由 6cm 减小到 1cm 时，桩基竖向极限承载力影响度分别为 13.85%、18.32%、39.13%、41.10%。产生这种现象的原因是随着顶板厚度的减小，桩身在上部荷载作用下与周围岩土体接触并发生相对移动，桩身沉降增大，桩与岩土体界面发生错动。随着顶板厚度减小，桩基竖向极限承载力显著降低。

2. 下伏溶洞顶板厚度对桩基轴力影响分析

当下伏溶洞顶板厚度变化时，各级荷载作用下的桩身轴力变化规律如图 5-78 所示。

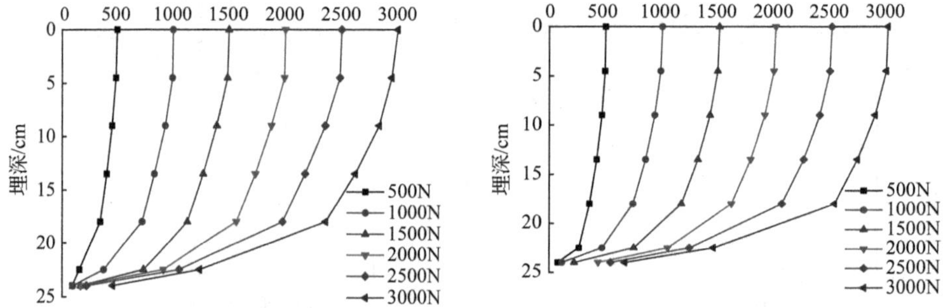

（a）顶板厚度1cm　　（b）顶板厚度2cm

图 5-78　下伏溶洞顶板厚度变化时各级荷载作用下桩身轴力变化规律

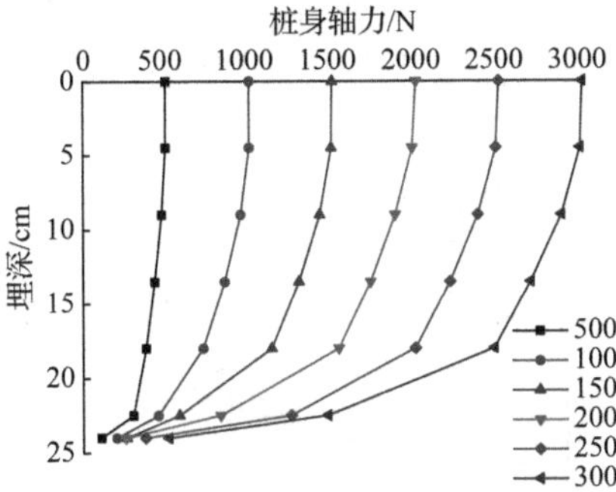

（c）顶板厚度4cm

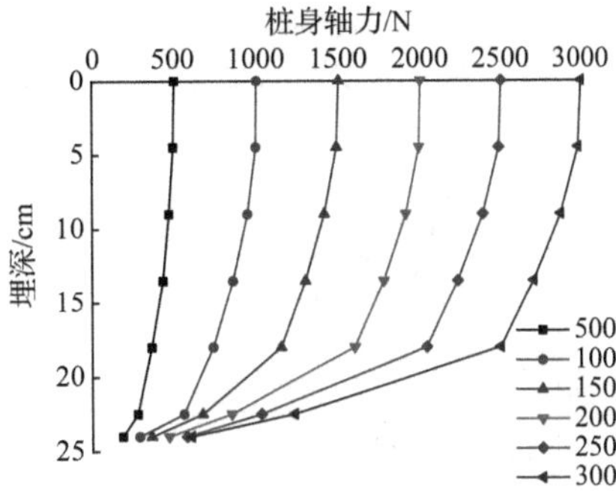

（d）顶板厚度6cm

图 5-78（续）

由图 5-78 可以看出，不同荷载作用下的桩身轴力在上部覆盖土层段的衰减规律相似，在岩土层分界线处发生显著衰减，这是由于桩基进入岩层后桩周岩土体的抗剪强度突增，因此嵌岩段的桩侧阻力远大于上部覆盖土层段的桩侧阻力，桩身轴力发生大规模衰减。各级荷载作用下，下伏溶洞顶板厚度变化时的桩身轴力变化规律如图 5-79 所示。

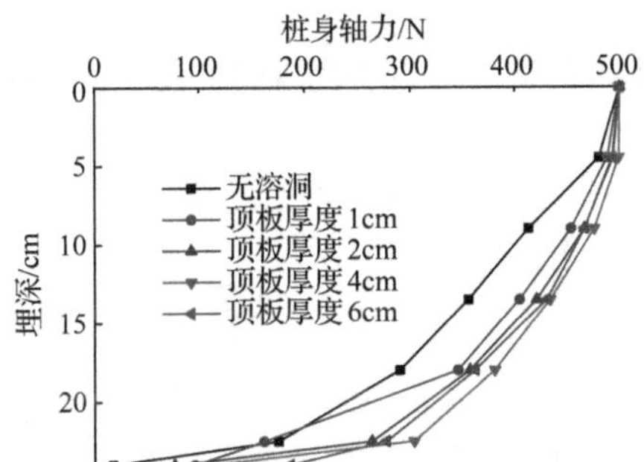

（a）500N

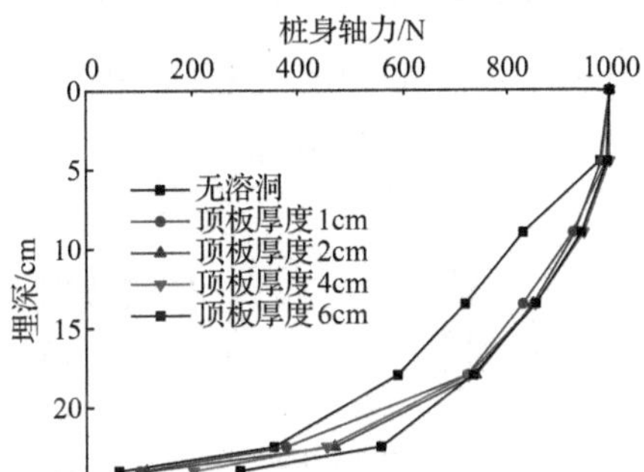

（b）1000N

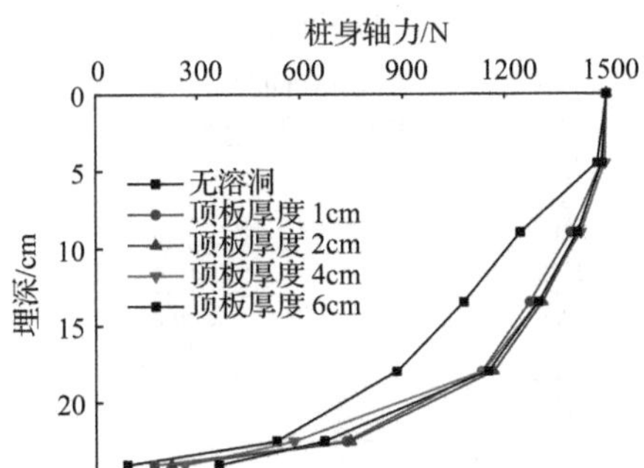

（c）1500N

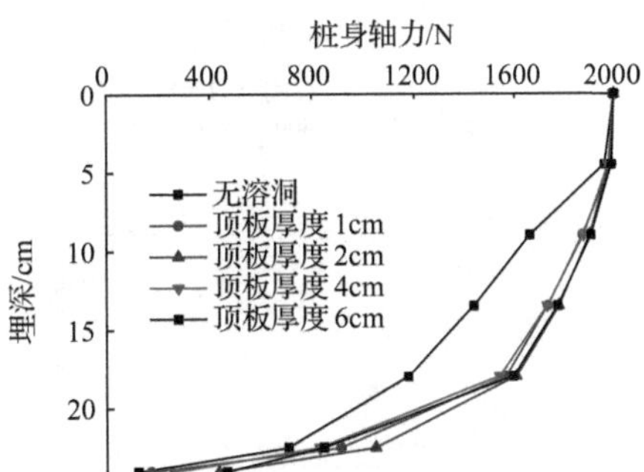

（d）2000N

图 5-79　各级荷载作用下不同顶板厚度时桩身轴力变化规律

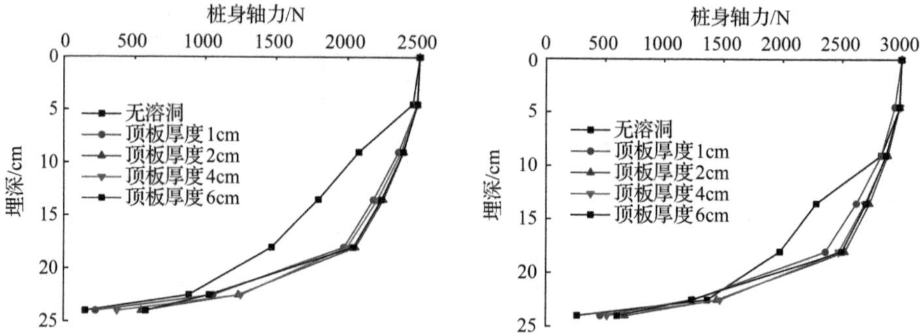

（e）2500N　　（f）3000N

图 5-79（续）

由图 5-79 可以看出，对比下伏溶洞不同高度的工况，相同荷载作用下，不同顶板厚度的桩身轴力衰减程度与变化规律差异相对明显，但衰减程度相比洞跨变化来说较小。当顶板厚度减小至 10mm 时，桩身轴力的衰减程度最大，这是由于溶洞的顶板厚度越小，桩端处的岩土体强度越弱，桩底处不能提供足够的桩端阻力，此时覆盖土层段与岩层段的桩侧阻力得以充分发挥，桩身轴力发生明显衰减。

3. 下伏溶洞顶板厚度对桩侧阻力的影响分析

下伏溶洞顶板厚度变化下，各级荷载作用时的桩侧阻力变化规律如图 5-80 所示。

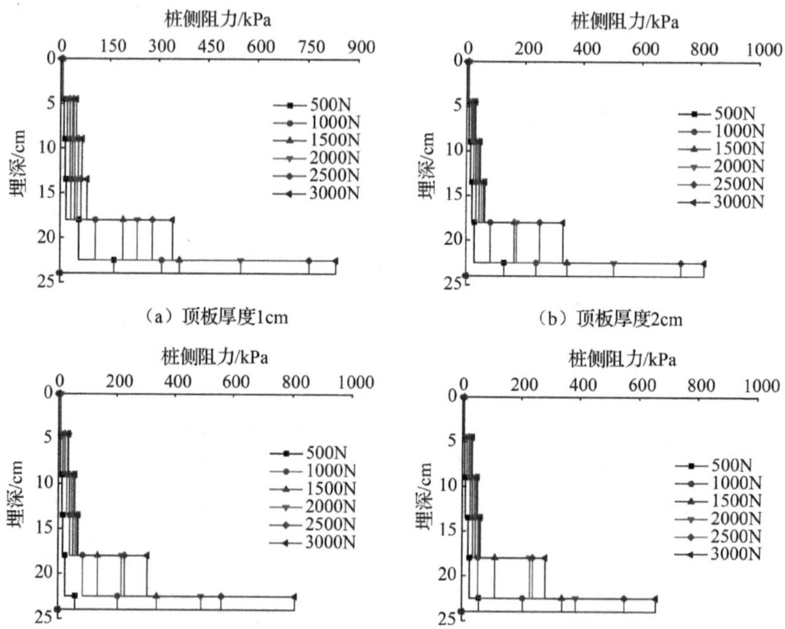

（a）顶板厚度1cm　　（b）顶板厚度2cm

（c）顶板厚度4cm　　（d）顶板厚度6cm

图 5-80　下伏溶洞顶板厚度变化下各级荷载作用时桩侧阻力变化规律

各级荷载作用下，下伏溶洞顶板厚度变化时的桩侧阻力变化规律如图 5-81 所示。

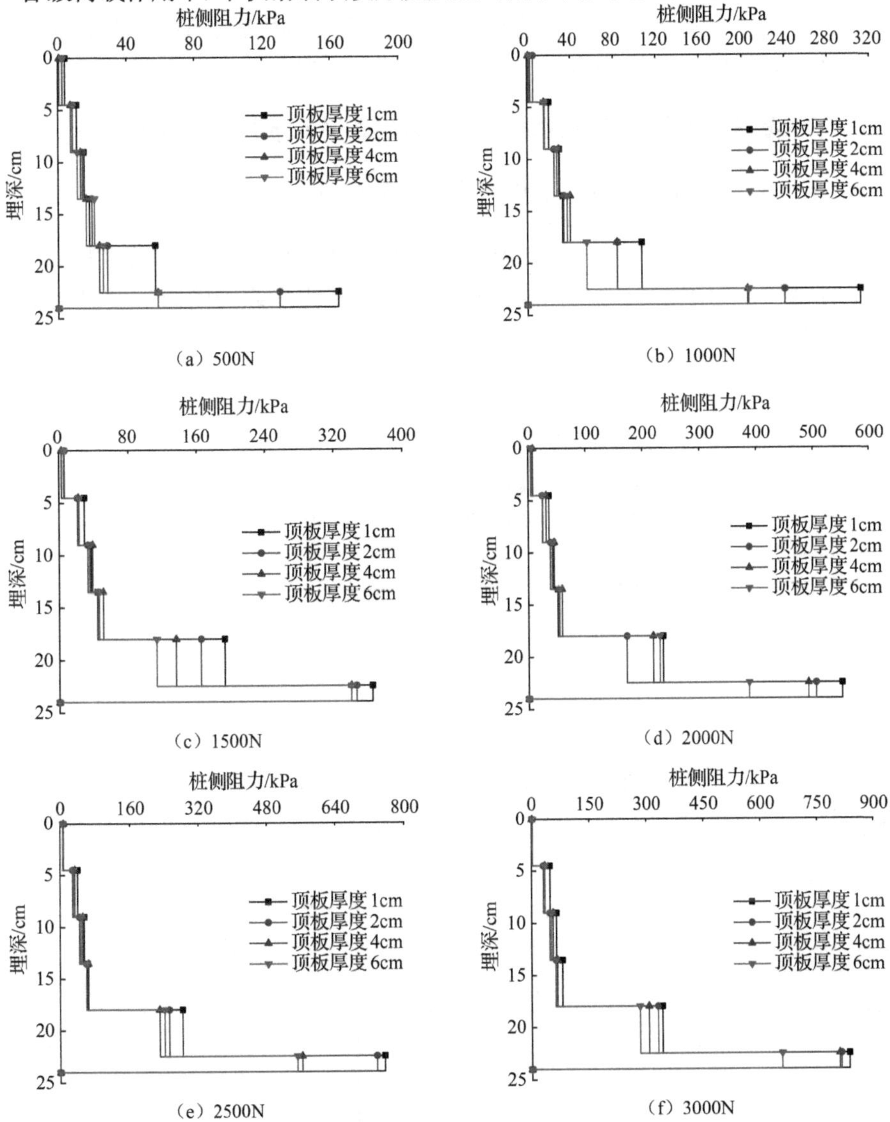

图 5-81　各级荷载作用下下伏溶洞顶板厚度变化时桩侧阻力变化规律

由图 5-80 可以看出，随着荷载的增大，桩身相同深度处的桩侧阻力逐渐增大，各级荷载下桩侧阻力的发挥程度和变化规律相似，而在岩土层分界处突增，这是由于桩周岩土体的抗剪强度在岩土层分界线处发生突变，因此桩侧阻力在该处发生显著增加。由图 5-81 可以看出，下伏溶洞不同顶板厚度情况下的桩侧阻力在上部覆盖层段并无明显差异，而在岩层段差别较明显，顶板厚度越小，嵌岩段的桩侧阻力越大。这是由于顶板厚度的减小使得桩端土体强度大幅度减小，而下伏溶洞不同顶板厚度情况下桩端岩体所提供的桩端阻力不同，因此不同顶板厚度对桩端阻力的影响程度不同，由于覆盖层段的桩侧阻力发挥程度有限，荷载向下部嵌岩段传递，导致嵌岩段桩侧阻力的发挥程度随顶板厚度的变化有明显差异。

5.4.6 下伏溶洞顶板厚度变化对岩溶发育区桩基横向承载特性影响分析

1. 下伏溶洞顶板厚度对桩基横向承载力影响分析

下伏溶洞不同顶板厚度下的桩基 *H-y* 曲线如图 5-82 所示。下伏溶洞不同顶板厚度下桩基横向极限承载力变化规律和桩基横向极限承载力的影响度 β 的变化规律分别如图 5-83 所示。

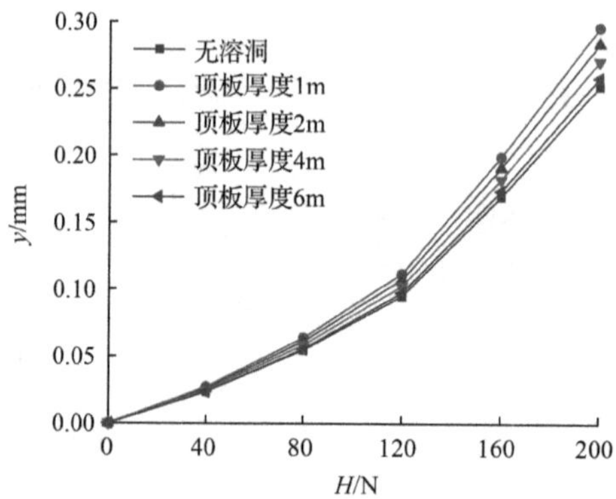

图 5-82　下伏溶洞不同顶板厚度下桩基 *H-y* 曲线

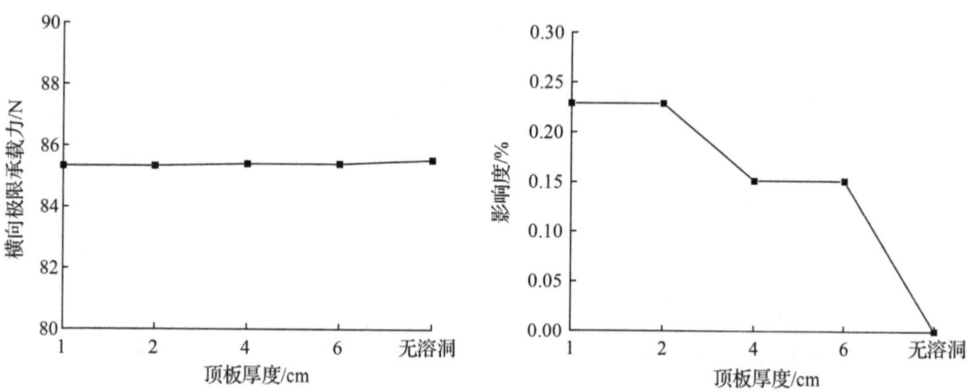

（a）横向极限承载力　　（b）横向极限承载力影响度

图 5-83　不同顶板厚度下桩基横向极限承载力特性

从图 5-82、图 5-83 可以看出，在横向荷载作用下，随着下伏溶洞顶板厚度的增加，桩基横向极限承载力几乎不变。溶洞顶板厚度从 0 到 6cm 时，桩基横向极限承载力分别为 85.54N、85.34N、85.34N、85.31N、85.31N，承载力的影响度分别为 0.29%、0.29%、0.32%、0.32%（以无溶洞桩基横向承载力基准）。下伏溶洞顶板厚度对桩基横向极限承载力的影响较小。主要原因是桩基横向承载力主要由桩侧土抗力提供，而桩基下伏溶洞顶板厚度变化对桩侧土抗力的影响几乎可以忽略，导致桩基横向极限承载力几乎不变。

2. 随顶板厚度变化桩身弯矩规律分析

相同横向荷载作用下，下伏溶洞顶板厚度变化时桩身弯矩分布规律如图 5-84 所示。

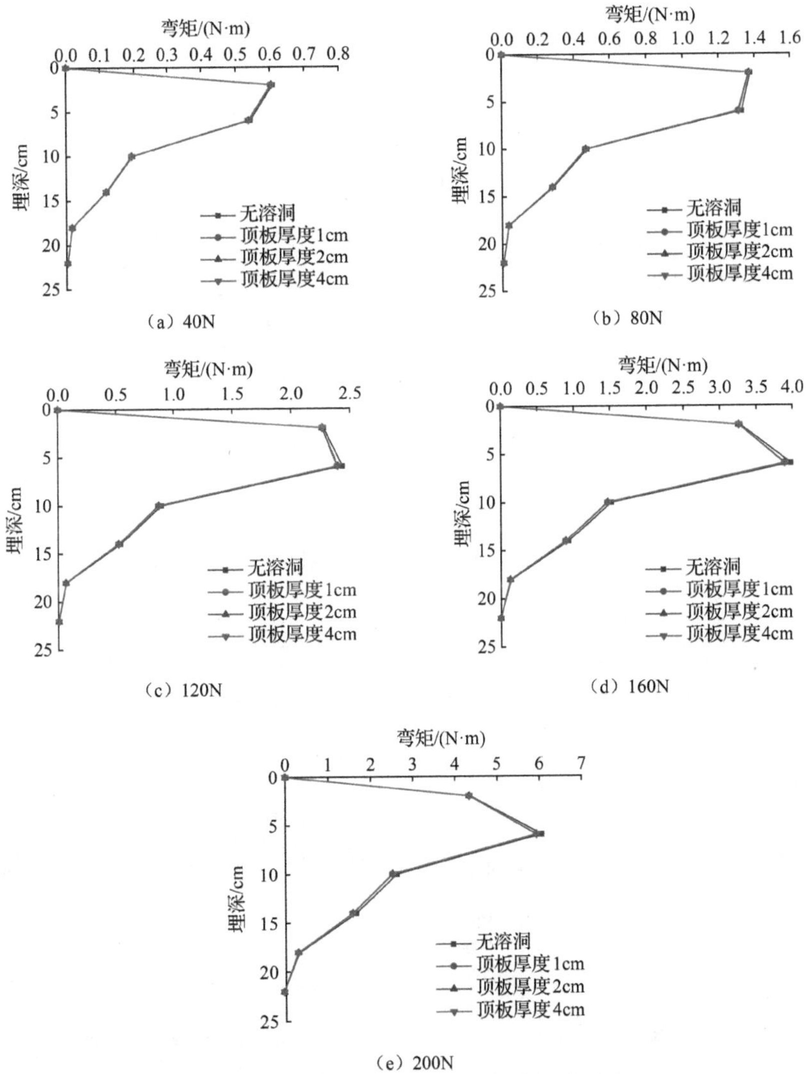

图 5-84　相同横向荷载作用下下伏溶洞顶板厚度变化时桩身弯矩分布规律

同一下伏溶洞顶板厚度下，各级横向荷载作用时桩身弯矩分布规律如图 5-85 所示。

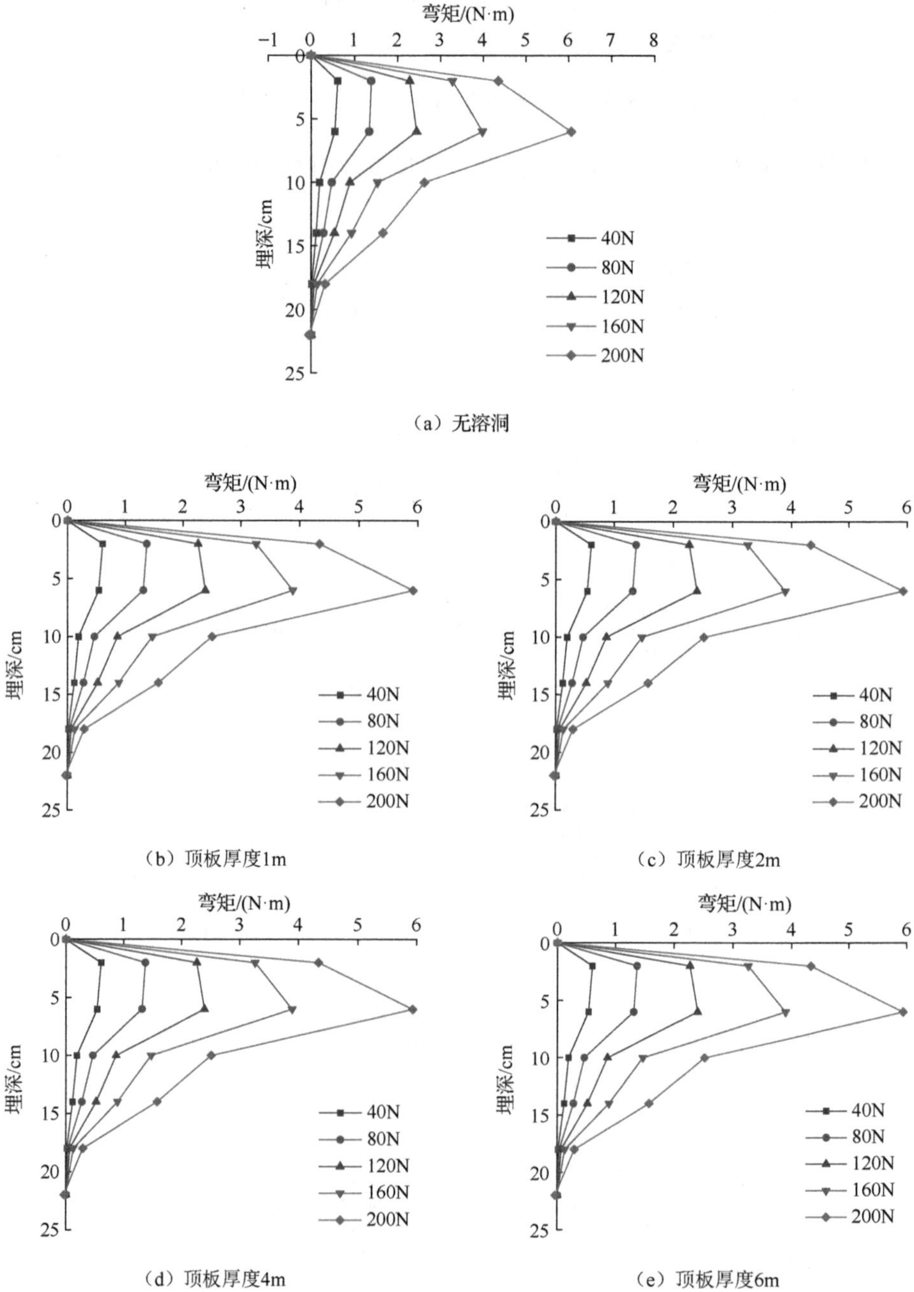

（a）无溶洞

（b）顶板厚度1m

（c）顶板厚度2m

（d）顶板厚度4m

（e）顶板厚度6m

图 5-85　同一下伏溶洞顶板厚度下各级横向荷载作用时的桩身弯矩分布规律

从图 5-84、图 5-85 可以看出，横向荷载相同时，下伏溶洞顶板厚度的变化对桩身弯矩的影响较小，桩身弯矩均呈现先增大后减小至趋于零的规律，且桩基产生最大弯矩的位置几乎相同。下伏溶洞顶板厚度相同时，作用于桩顶的横向荷载变化对桩身弯矩影响较大，且桩基产生最大弯矩的位置有所下移。主要原因是在桩顶横向荷载作用下，桩身弯矩的变化主要由桩顶荷载的传递与桩侧土抗力的发挥引起，而下伏溶洞顶板厚度的变化对桩身土抗力的影响几乎可以忽略，因此下伏溶洞顶板厚度变化对桩身弯矩的影响可以忽略。若土层交界面处性质差异较大，桩身弯矩产生反弯点。

5.5　离心模型试验的讨论

桩位处溶洞的处理方法主要有回填水泥土片石法、钢护筒跟进法、高压旋喷帷幕注浆法等，施工方法的不同会导致桩基-岩土体-溶洞相互作用模型具有显著的差异，这一差异直接引起桩的荷载传递规律及承载力的大小不同。受施工条件、机具和成本限制，现场试验桩施工中溶洞的处理方法主要是回填法，而采用回填法处理溶洞可能会在施工结束一段时间内产生桩侧负摩阻力，待施工结束经过一段时间上部荷载增大后，回填材料可为桩身提供一定的桩侧阻力，对桩基承载力起到提高作用。

由于采用回填法处理溶洞时，桩基的承载特性和荷载传递机理与溶洞规模、溶洞形状、原充填情况、原充填材料类型与配比、溶洞位置、回填材料类型与配比等因素密切相关，模拟复杂且难以实现对回填材料真实变形情况的模拟，因此，试验过程中均采用空腔模拟溶洞，桩基-岩土体-溶洞相互作用模型与采用钢护筒跟进法处理溶洞时相似，即溶洞内无充填物，亦不会提供桩侧阻力，试验结果与实际工程相比偏于安全。

5.6　小　　结

本章通过离心模型试验分析了不同桩基设计参数和溶洞参数下岩溶发育区桩基承载特性和荷载传递机理，给出了各影响因素下岩溶发育区桥梁桩基极限承载力的变化规律。主要结论如下。

（1）桩基穿过溶洞时，在竖向荷载作用下，溶洞顶板产生弯拉变形，会对桩基提供弯拉挤压效应，提高了侧向挤压力。嵌岩深径比增大，穿过溶洞桩基的竖向极限承载力提高，但该正相关关系存在明显的拐点；荷载作用下桩基的桩身轴力衰减速度减缓，传递至桩底的荷载减小，竖向极限承载力中桩侧阻力占比增大；当嵌岩深径比大于 2.0 后，增加嵌岩深度对桩基竖向承载特性和荷载传递机理的影响幅度减小。建议桩基穿过溶洞后的嵌岩深径比宜小于 2.0，不应为确保桩端岩层超过 3*D* 而一味增加嵌岩深度。

（2）穿过溶洞桩基的竖向极限承载力与洞高、洞跨和溶洞数量均呈现负相关关系；桩基穿过的溶洞高度、跨度、数量增加，会使其在相同荷载作用下产生更大程度的顶板弯拉挤压效应，桩侧阻力发挥更充分，桩身轴力加快衰减，竖向极限承载力中桩侧阻力占比减小；洞高增加时传递至桩底的荷载增大，而洞跨过大时，溶洞顶板塑性区贯通，传递至嵌岩段的荷载减小，嵌固力减弱。溶洞总高度相同时，溶洞数量增加对桩基的竖向承载特性的影响程度较洞高增加时的影响程度小。

（3）由于下伏溶洞的存在，导致桩基竖向极限承载力降低，不同影响因素条件下，对桩基竖向极限承载力的影响程度差异明显。根据不同影响因素作用下桩基竖向极限承载力减幅的变化范围及桩身轴力的衰减程度可以初步判断，各影响因素中，下伏溶洞跨度变化对桩基竖向承载特性的影响最大，应着重考虑下伏溶洞跨度对桩基承载特性的影响。

第6章　岩溶发育区套管处理溶洞桩基承载特性数值仿真分析

6.1　概　　述

岩溶发育破坏了岩石的完整性，大幅降低了岩石的强度和稳定性。岩溶的尺寸、位置、顶板厚度、溶洞处治施工工艺对桩基础承载特性的影响较大，目前，理论公式法和解析法因未考虑上述因素的影响，只考虑简单的边界条件和初始条件，应用受到极大限制。模型试验成本高、时间久，不适于开展多变量研究。采用数值仿真手段可最大限度地仿真还原桩-土-溶洞相互作用，较全面地考虑影响桩基承载特性的各主要因素，是研究多变量情况下桩基础承载特性的有效方法。

因此，本章采用Midas/GTS仿真软件，考虑位于桩身、桩底、桩侧溶洞的高度、跨度、嵌岩深径比、桩长径比、层数、与桩相对位置、顶板厚度等因素，对桩基础承载特性进行研究，以期明确岩溶发育区公路桥梁桩基础受各项因素影响时的承载特性及受力机理，对岩溶地区公路桥梁桩基础的设计与施工提供理论指导。

6.2　数值仿真模型建立与参数选取

模型包括几何模型和材料模型。模型选择是否得当，将直接影响到计算结果的精度及对实际受力情况的反映程度。桩基础的工作机理及承载特性实际上是桩-土协调作用的反映。岩溶发育区桩基的受力状况较为复杂，它与四周和底部的岩土都发生作用，因此，要合理、准确地分析桩-土-溶洞协调作用时的力学性状，采用三维空间模型最为合理。

6.2.1　模型建立与参数取值

1. 模型建立

1）几何模型与网格划分

结合桩基础结构受力的特点和有限元计算对计算资源的要求，通过大量试算，确定在计算中桩侧和桩底岩土体取 10 倍的桩径范围。Midas/GTS 非线性有限元程序中提供了多种计算单元类型，考虑到研究的需要，选用八节点六面体单元进行网格划分，在将实体离散成有限元单元时，尽可能加密桥梁桩基及其周围土体单元，由近到远、由密到疏地过渡，这样既可确保计算精度，又易于收敛，节省运算时间。几何模型与网格划分如图 6-1 所示。

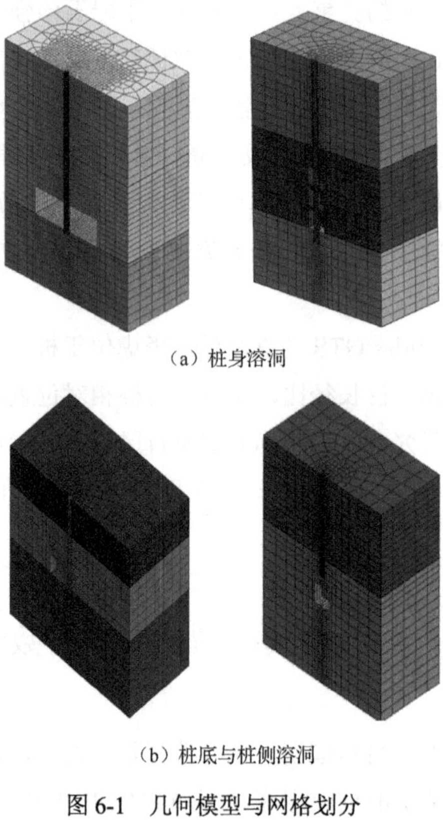

（a）桩身溶洞

（b）桩底与桩侧溶洞

图 6-1　几何模型与网格划分

2）边界条件确定

数值仿真模型近似为半空间无限体。对于模型边界条件，将模型下部底面及侧面 X、Y、Z 方向位移固定，对桩顶施加分级荷载。

3）本构模型确定

有限元数值计算结果精度主要取决于本构模型的合理性和计算参数的准确性。本研究中桥梁桩基结构采用混凝土材料，分析中采用理想弹性本构模型，岩土体主要为岩土质材料，是地表岩体经风化、剥蚀、搬运、沉积后的产物，具有松散、多相、多变等特性，且受到应力水平、应力历史、应力路径、应力状态及应力速率的影响，因此采用弹塑性本构模型进行分析。

Midas/GTS 中提供的屈服准则有米泽斯（Mises）屈服准则、莫尔–库仑（Mohr-Coulomb）屈服准则等。岩土体在变形过程中，应力与应变关系呈非线性，为跟踪加载历史求位移、应变和应力的全量，因此采用 Mohr-Coulomb 屈服准则，本构关系采用增量形式来描述，见式（6-1）。假定结构的应变分量 $\mathrm{d}\boldsymbol{\varepsilon}$ 为弹性应变分量 $\mathrm{d}\boldsymbol{\varepsilon}^{\mathrm{e}}$ 和塑性应变分量 $\mathrm{d}\boldsymbol{\varepsilon}^{\mathrm{p}}$ 。

$$\mathrm{d}\boldsymbol{\varepsilon} = \mathrm{d}\boldsymbol{\varepsilon}^{\mathrm{e}} + \mathrm{d}\boldsymbol{\varepsilon}^{\mathrm{p}} \tag{6-1}$$

弹性变形服从胡克定律，因而

$$\mathrm{d}\boldsymbol{\sigma} = \boldsymbol{D} \cdot \mathrm{d}\boldsymbol{\varepsilon}^{\mathrm{e}} \tag{6-2}$$

由此，

$$\mathrm{d}\boldsymbol{\varepsilon}^{\mathrm{e}} = \boldsymbol{D}^{-1} \cdot \mathrm{d}\boldsymbol{\sigma} \tag{6-3}$$

$$\mathrm{d}\boldsymbol{\sigma} = \begin{bmatrix} \mathrm{d}\sigma_x \\ \mathrm{d}\sigma_x \\ \mathrm{d}\tau_{xy} \end{bmatrix} \qquad \mathrm{d}\boldsymbol{\varepsilon}^{\mathrm{p}} = \begin{bmatrix} \mathrm{d}\varepsilon_x^{\mathrm{p}} \\ \mathrm{d}\varepsilon_y^{\mathrm{p}} \\ \mathrm{d}\varepsilon_{xy}^{\mathrm{p}} \end{bmatrix} \tag{6-4}$$

$$\boldsymbol{D} = \frac{E}{(1+\mu)(1-2\mu)} \begin{bmatrix} 1-\mu & \mu & 0 \\ \mu & 1-\mu & 0 \\ 0 & 0 & \dfrac{1-2\mu}{2} \end{bmatrix} \tag{6-5}$$

式中：E、μ 分别为材料的模量和泊松比。

塑性应变分量的增量，不仅与应力增量 $\mathrm{d}\boldsymbol{\sigma}$ 有关，还受应力状态 $\boldsymbol{\sigma}$ 的影响。由流动法则知：

$$\mathrm{d}\boldsymbol{\varepsilon}^{\mathrm{p}} = \mathrm{d}\lambda \frac{\partial g}{\partial \boldsymbol{\sigma}} \tag{6-6}$$

式中：g 为势函数；λ 为塑性流动比例因子，即应变增量各分量与相应的应力偏量的比例因子。

故

$$\mathrm{d}\boldsymbol{\varepsilon} = \boldsymbol{D}^{-1} \cdot \mathrm{d}\boldsymbol{\sigma} + \mathrm{d}\lambda \frac{\partial g}{\partial \boldsymbol{\sigma}} \tag{6-7}$$

应变硬化材料的屈服准则为

$$f(\sigma_1,\sigma_2,\sigma_3)=f\cdot \mathrm{d}\omega_{\mathrm{p}} \tag{6-8}$$

由此得

$$\mathrm{d}f=\frac{\partial f}{\partial \boldsymbol{\sigma}}^{\mathrm{T}},\quad \mathrm{d}\boldsymbol{\sigma}=f'\cdot \mathrm{d}\omega_{\mathrm{p}} \tag{6-9}$$

塑性功为

$$\mathrm{d}\omega_{\mathrm{p}}=\boldsymbol{\sigma}^{\mathrm{T}}\cdot \mathrm{d}\boldsymbol{\varepsilon}^{\mathrm{p}}=\mathrm{d}\lambda\boldsymbol{\sigma}^{\mathrm{T}}\frac{\partial g}{\partial \boldsymbol{\sigma}} \tag{6-10}$$

故

$$\mathrm{d}f=\mathrm{d}fF'\mathrm{d}\boldsymbol{\sigma}^{\mathrm{T}}\frac{\partial g}{\partial \boldsymbol{\sigma}} \tag{6-11}$$

令 $A=F'\boldsymbol{\sigma}^{\mathrm{T}}\cdot\partial g/\partial\boldsymbol{\sigma}$

则

$$\partial f/\partial\boldsymbol{\sigma}^{\mathrm{T}}\cdot \mathrm{d}\boldsymbol{\sigma}=A\mathrm{d}\lambda \tag{6-12}$$

将式（6-12）两边同乘以$\dfrac{\partial f}{\partial \boldsymbol{\sigma}}^{\mathrm{T}}\boldsymbol{D}$，得

$$\frac{\partial f}{\partial \boldsymbol{\sigma}}^{\mathrm{T}}\boldsymbol{D}\cdot \mathrm{d}\boldsymbol{\varepsilon}=\frac{\partial f}{\partial \boldsymbol{\sigma}}^{\mathrm{T}}\cdot \mathrm{d}\boldsymbol{\sigma}+\frac{\partial f}{\partial \boldsymbol{\sigma}}^{\mathrm{T}}\boldsymbol{D}\frac{\partial f}{\partial \boldsymbol{\sigma}}\cdot \mathrm{d}\lambda \tag{6-13}$$

将式（6-13）整理后可得

$$\mathrm{d}\lambda=\frac{\dfrac{\partial f}{\partial \boldsymbol{\sigma}}^{\mathrm{T}}\boldsymbol{D}\cdot \mathrm{d}\boldsymbol{\varepsilon}}{A+\dfrac{\partial f}{\partial \boldsymbol{\sigma}}^{\mathrm{T}}D\dfrac{\partial g}{\partial \boldsymbol{\sigma}}} \tag{6-14}$$

代入式（6-2）得

$$\mathrm{d}\boldsymbol{\sigma}=\boldsymbol{D}_{\mathrm{ep}}\cdot \mathrm{d}\boldsymbol{\varepsilon} \tag{6-15}$$

式中：$\boldsymbol{D}_{\mathrm{ep}}$为弹塑性矩阵。

$$\boldsymbol{D}_{\mathrm{ep}}=\boldsymbol{D}-\frac{\boldsymbol{D}\dfrac{\partial g}{\partial \boldsymbol{\sigma}}\dfrac{\partial f}{\partial \boldsymbol{\sigma}}^{\mathrm{T}}\boldsymbol{D}}{A+\dfrac{\partial f}{\partial \boldsymbol{\sigma}}^{\mathrm{T}}\boldsymbol{D}\dfrac{\partial g}{\partial \boldsymbol{\sigma}}} \tag{6-16}$$

式中的 A 由强化参数确定。

Midas/GTS 提供了两类 Mohr-Coulomb 屈服准则：一类是线性的，另一类是抛物线型的。其平面应变条件下的屈服面如图 6-2 所示。

线性 Mohr-Coulomb 屈服准则的屈服函数为

$$f=\alpha\boldsymbol{J}_1+\boldsymbol{J}_2^{\frac{1}{2}}-\frac{\bar{\sigma}}{\sqrt{3}}=0 \tag{6-17}$$

式中：$\boldsymbol{J}_1$为第一偏应力张量不变量，$\boldsymbol{J}_1=\sigma_{ii}$；$\boldsymbol{J}_2$为第二偏应力张量不变量，

$J_2=\frac{1}{2}\sigma'_{ij}\sigma'_{ij}$；$\alpha$、$\bar{\sigma}$ 分别为与土的黏聚力 c、内摩擦角 φ 值有关的试验常数，

$$\alpha=\frac{\sin\varphi}{\sqrt{3+\sin^2\varphi}},\quad \bar{\sigma}=\frac{9c\cos\varphi}{\sqrt{9+3\sin^2\varphi}} \tag{6-18}$$

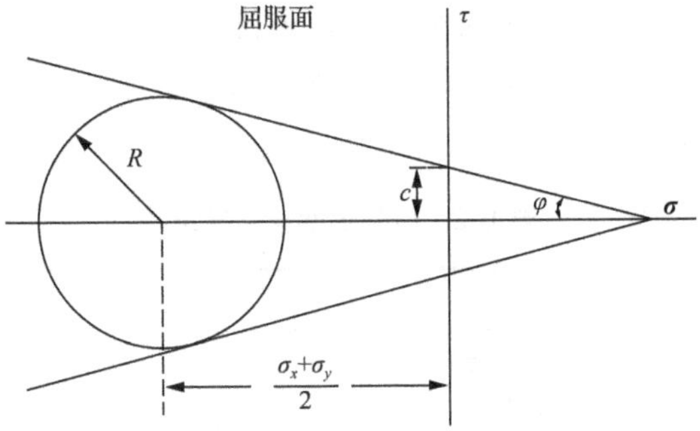

图 6-2　线性 Mohr-Coulomb 材料在平面应变条件下的屈服面

抛物线型 Mohr-Coulomb 屈服函数与静水相关，可广义化为一个特定的屈服包络面，在平面应变状态下是一条抛物线。抛物线型 Mohr-Coulomb 屈服准则的屈服函数为

$$f=(3J_2+\sqrt{3}\beta\bar{\sigma}J_1)^{\frac{1}{2}}-\bar{\sigma}=0 \tag{6-19}$$

式中：β 为与 α、$\bar{\sigma}$ 相关的比例系数，$\beta\bar{\sigma}=\frac{\alpha}{\sqrt{3}}$。

混凝土和较坚硬的脆性岩石以剪切破坏或张拉破坏为主，强度包络线是直线型，本书经过比较，对桩及桩侧岩土体采用能够较好反映其非线性特性的 Mohr-Coulomb 抛物线型进行数值分析。

2. 参数取值

数值仿真分析中具体参数选取见表 6-1。

表 6-1　模型材料参数

材料名称	弹性模量 E/Pa	泊松比 ν	黏聚力 c/Pa	内摩擦角 φ/(°)	容重 γ/(kN/m^3)
桩	3×10^{10}	0.20			24
素填土	4×10^{8}	0.26	0.6×10^{6}	15	17.9
中风化岩层	2.8×10^{10}	0.23	1.7×10^{6}	25	23
强风化岩层	2.7×10^{10}	0.20	1.3×10^{6}	23	22
回填土	5×10^{8}	0.3	0.8×10^{6}	18	18
钢护筒	2×10^{11}	0.3			48.3

6.2.2 工况设计

本章利用有限元数值仿真软件，研究竖向及水平向荷载作用下，岩溶区桥梁桩基的承载特性，探明穿过溶洞高度、跨度及位置的变化对桥梁桩基受力、桩基承载特性的影响，其中溶洞位置 a 是溶洞底至桩底距离，计算工况见表 6-2。针对不同下伏溶洞高度、跨度及顶板厚度对桥梁桩基承载特性的影响进行数值仿真分析，计算工况见表 6-3。

表 6-2 桩穿过溶洞工况设计 （单位：m）

因素	D	l	h_r	H	$B\times L$	a
H	2.0	24	18	无溶洞，3，6，9，12	9×9	2
$B\times L$	2.0	24	18	6	无溶洞、4×4、6×6、9×9、12×12、15×15	6
a	2.0	24	18	6	9×9	无岩溶，2，4，6，8，10

表 6-3 下伏溶洞工况设计 （单位：m）

因素	H	$B\times L$	h_c
H	2，4，6，9，12	6×6	2
$B\times L$	4	0，2×2，4×4，6×6，9×9，12×12	2
h_c	4	6×6	2，4，6，8

6.3 桩周溶洞影响下桩基承载特性

6.3.1 洞高、洞跨变化下桩基竖向和水平向承载特性

1. 洞高、洞跨变化对穿过溶洞的桩基竖向承载特性影响分析

1）洞高变化对穿过溶洞的桩基竖向承载特性影响分析

不同洞高下的穿过溶洞桩基竖向荷载-沉降曲线如图 6-3 所示。不同洞高下穿过溶洞桩基竖向极限承载力和竖向极限承载力影响度 α 的变化规律如图 6-4～图 6-7 所示。

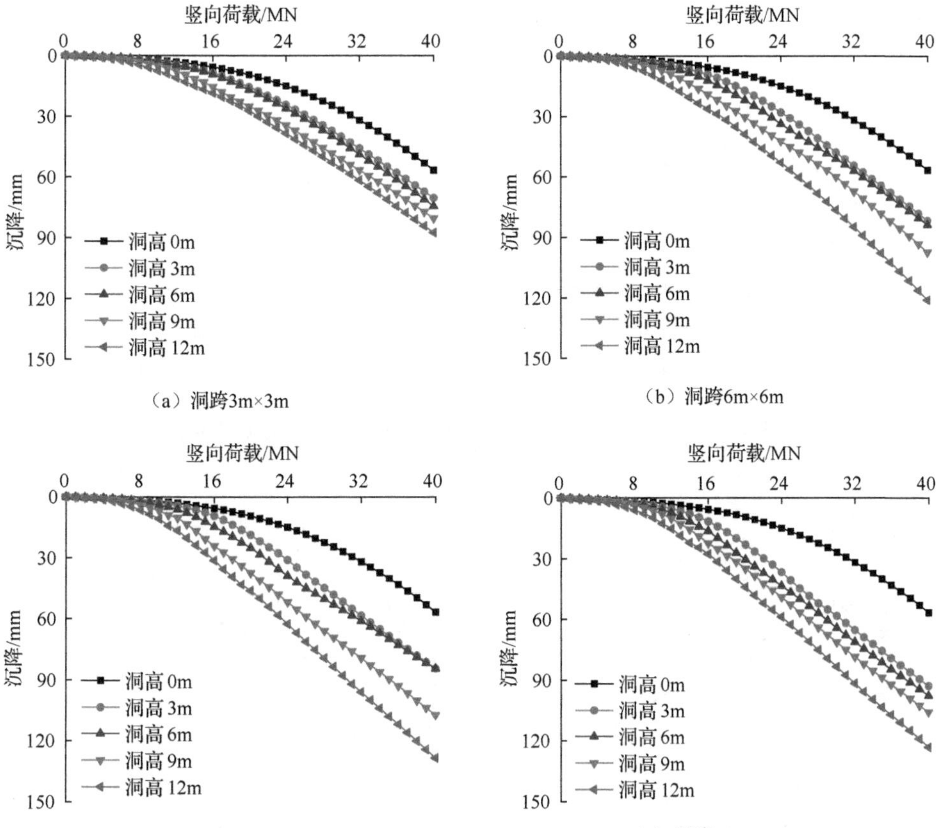

（a）洞跨3m×3m　（b）洞跨6m×6m

（c）洞跨9m×9m　（d）洞跨12m×12m

图 6-3　洞高变化下穿过溶洞桩基 Q-s 曲线

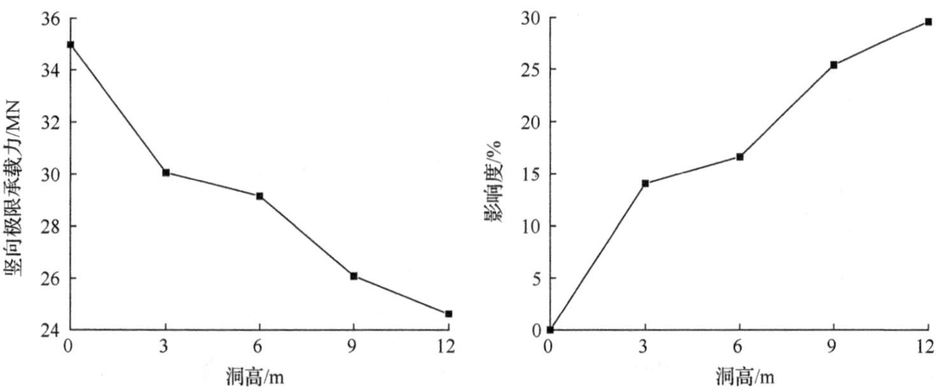

（a）竖向极限承载力　（b）竖向极限承载力影响度

图 6-4　洞跨 3m×3m 穿过溶洞桩基竖向极限承载力特性

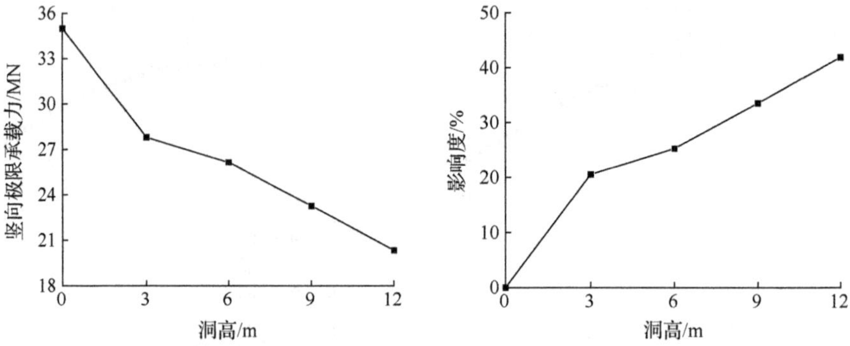

（a）竖向极限承载力　　（b）竖向极限承载力影响度

图 6-5　洞跨 6m×6m 时，穿过溶洞桩基竖向极限承载力特性

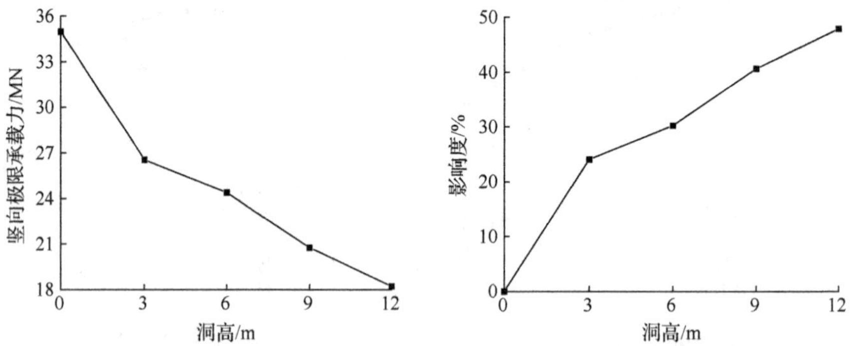

（a）竖向极限承载力　　（b）竖向极限承载力影响度

图 6-6　洞跨 9m×9m 时，穿过溶洞桩基竖向极限承载力特性

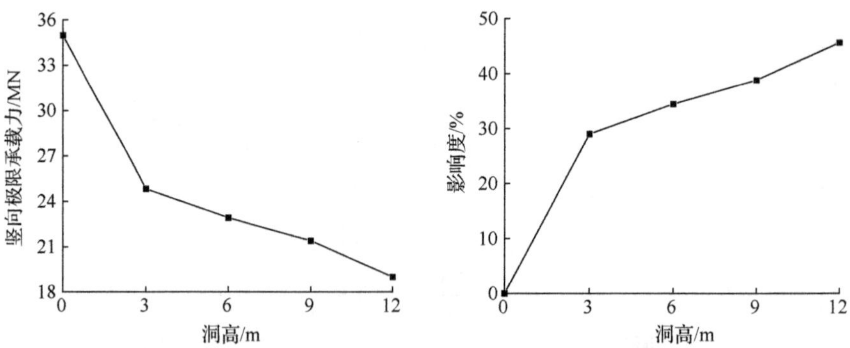

（a）竖向极限承载力　　（b）竖向极限承载力影响度

图 6-7　洞跨 12m×12m 时，穿过溶洞桩基竖向极限承载力特性

由图 6-3～图 6-7 可以看出，洞跨为 6m×6m，洞高变化时穿过溶洞桩基的竖向荷载-沉降特性与竖向极限承载力特性与 5.3.2 节中离心模型试验结果一致。洞跨为 3m×3m 时，竖向荷载小于 8MN 时，不同洞高下桩基的竖向荷载与沉降呈线性正相关关系，桩基竖向极限承载力与洞高呈负相关关系，洞高 9m 为桩基竖向极限承载力减幅增大的转折点；与无溶洞时相比，当洞高为 3m、6m 时，桩基竖向极限承载力分别减小了 4.9MN、5.8MN，竖向极限承载力影响度分别为 14.0%、16.6%；当洞高为 9m、12m 时，桩基竖向极限承载力分别减小了 26.1MN、24.6MN，竖向极限承载力影响度分别为 25.4%、29.6%。洞跨为 6m×6m 和洞跨为 9m×9m 时的整体趋势一致，说明在竖向荷载作用下，洞跨小于 9m×9m 时，随着洞高的增加，溶洞顶板产生较大弯拉变形对桩基的挤压作用增强，该作用提高了桩侧阻力，但洞高增加引起桩侧阻力大范围缺失，在竖向荷载作用下桩基沉降增大。洞跨为 12m×12m 时，桩基竖向极限承载力与洞高几乎呈线性负相关关系；与无溶洞时相比，当洞高为 3m、6m、9m、12m 时，桩基竖向极限承载力分别减小了 10.15MN、12.06MN、13.58MN、15.96MN，竖向极限承载力影响度分别为 29.0%、34.5%、38.8%、45.6%。说明洞跨较大时，溶洞顶板无支撑区增大，洞高增加到 9m 和 12m 时，在桩顶竖向荷载作用下，桩基沉降稳定增加，顶板受弯拉作用，中部变形使其对桩基的弯拉挤压作用大幅增强，桩侧阻力提高。

2）洞跨变化对穿过溶洞的桩基竖向承载特性影响分析

不同洞跨下的穿过溶洞桩基竖向荷载-沉降曲线如图 6-8 所示。不同洞跨下穿过溶洞桩基竖向极限承载力和竖向极限承载力影响度 α 的变化规律如图 6-9～图 6-12 所示。

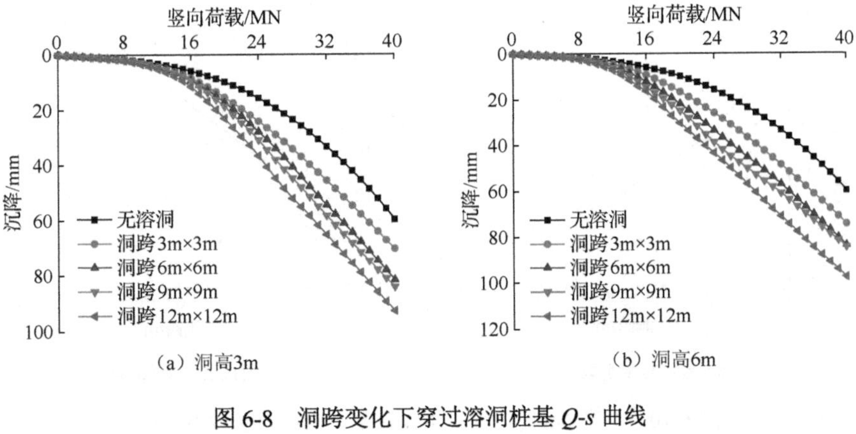

（a）洞高3m　　（b）洞高6m

图 6-8　洞跨变化下穿过溶洞桩基 Q-s 曲线

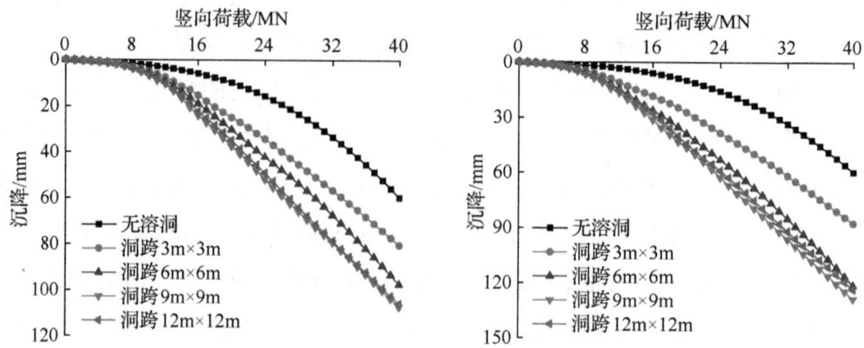

（c）洞高9m　　　　（d）洞高12m

图 6-8（续）

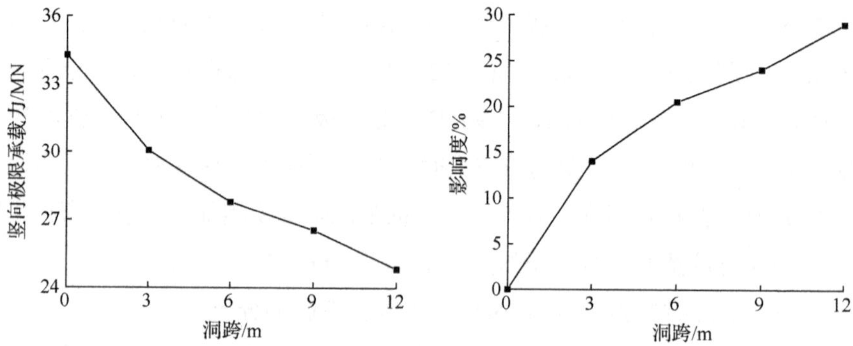

（a）竖向极限承载力　　　　（b）竖向极限承载力影响度

图 6-9　洞高 3m 时，穿过溶洞桩基竖向极限承载力特性

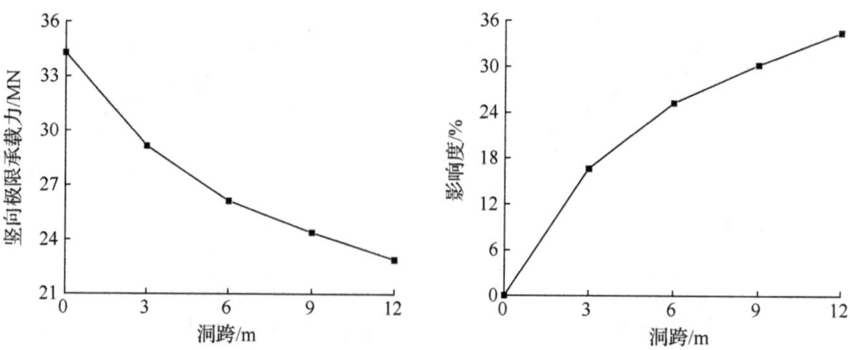

（a）竖向极限承载力　　　　（b）竖向极限承载力影响度

图 6-10　洞高 6m 时，穿过溶洞桩基竖向极限承载力特性

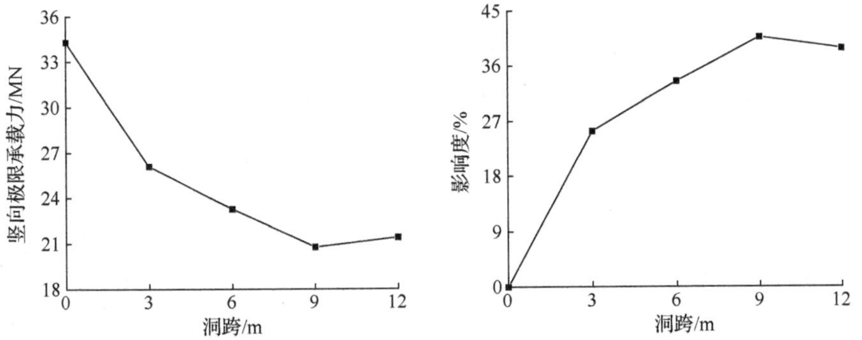

（a）竖向极限承载力　　（b）竖向极限承载力影响度

图 6-11　洞高 9m 时，穿过溶洞桩基竖向极限承载力特性

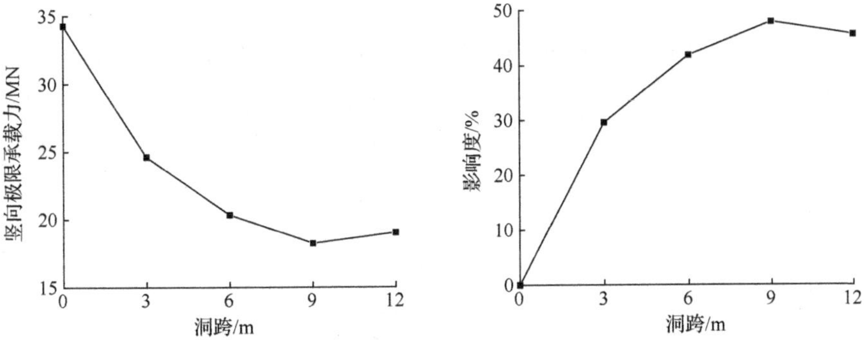

（a）竖向极限承载力　　（b）竖向极限承载力影响度

图 6-12　洞高 12m 时，穿过溶洞桩基竖向极限承载力特性

由图 6-8～图 6-12 可以看出，洞高为 3m 和 6m，洞跨变化时穿过溶洞桩基的竖向荷载-沉降特性与竖向极限承载力特性与 5.3.1 节中离心模型试验结果一致。洞高为 9m 和 12m，洞跨由 3m×3m 增大至 9m×9m 时，在竖向荷载作用下，桩顶沉降显著增大，桩基竖向极限承载力逐渐减小，竖向极限承载力影响度增幅减小；洞跨为 12m×12m 时，桩基竖向极限承载力小幅增加，竖向极限承载力影响度减小。例如，当洞高为 12m，洞跨由 9m×9m 增大至 12m×12m 时，桩基竖向极限承载力由 18.22MN 增大至 19.01MN，竖向极限承载力影响度由 47.9%减小至 45.6%。说明洞高大于 9m 后，洞跨为 12m×12m 时，溶洞顶板抗弯拉强度降低，顶板在无支撑处均产生变形，沿径向的漏斗状变形使顶板对桩基的挤压作用显著增强，岩层弯拉变形对桩侧阻力的贡献较大，使传递至桩底的荷载减小，桩基沉降减小，竖向极限承载力小幅提高。

2. 洞高、洞跨变化对穿过溶洞的桩基荷载传递规律影响分析

1）洞高变化对穿过溶洞的桩基荷载传递规律影响分析

不同洞高下穿过溶洞桩基的分项承载力分布规律如图 6-13～图 6-16 所示。

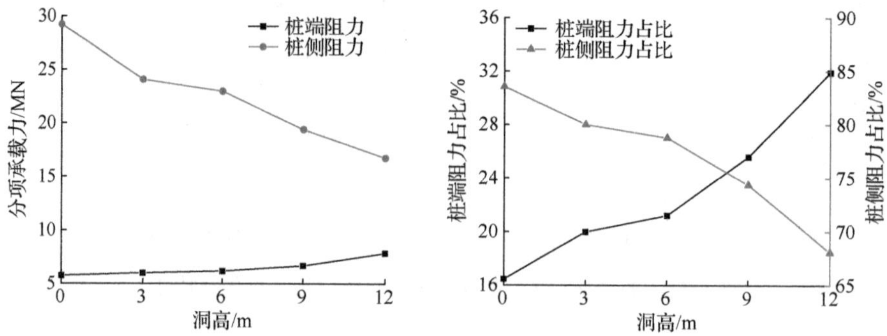

（a）分项承载力　　（b）分项承载力占比

图 6-13　洞跨 3m×3m 时，穿过溶洞桩基荷载传递特性

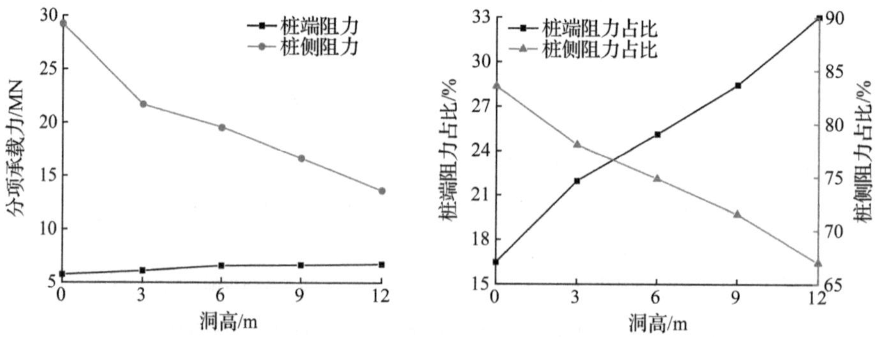

（a）分项承载力　　（b）分项承载力占比

图 6-14　洞跨 6m×6m 时，穿过溶洞桩基荷载传递特性

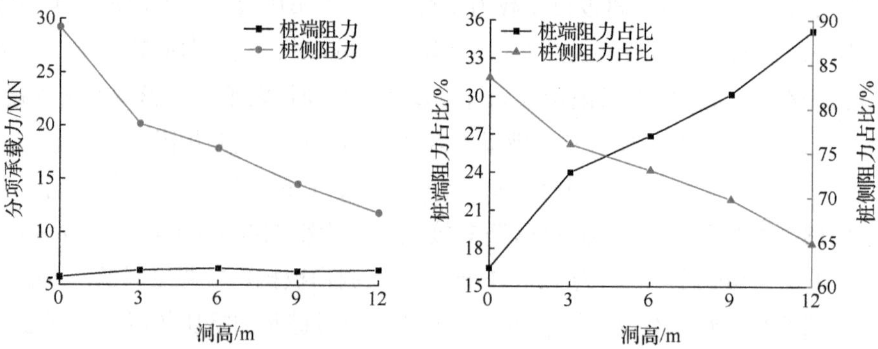

（a）分项承载力　　（b）分项承载力占比

图 6-15　洞跨 9m×9m 时，穿过溶洞桩基荷载传递特性

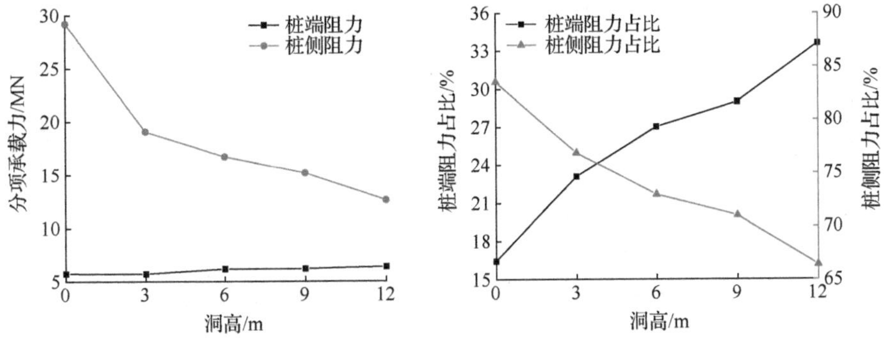

（a）分项承载力　（b）分项承载力占比

图 6-16　洞跨 12m×12m 时，穿过溶洞桩基荷载传递特性

由图 6-13～图 6-16 可以看出，洞跨一定时，随着洞高的增加，穿过溶洞桩基竖向极限承载力中桩侧阻力和桩端阻力均分别呈现逐渐减小和逐渐增大的趋势。洞跨为 3m×3m，当洞高大于 6m 后，竖向极限承载力中桩侧阻力和桩侧阻力占比减小幅度均增大，桩端阻力持续增大且无明显拐点，桩端阻力占比增加幅度增大。洞跨为 6m×6m～12m×12m 时，竖向极限承载力中桩侧阻力和桩侧阻力占比与洞高呈线性正相关关系；随着洞高增加，桩端阻力逐渐增大，洞高大于 9m 后桩端阻力几乎不再增加，桩端阻力占比不断增加。说明洞跨较小时，洞高增大对桩侧阻力的影响较大，洞高大于 6m 后，随溶洞顶板弯拉使桩侧阻力充分发挥，但溶洞位置桩侧阻力的缺失过大，更多荷载传递至桩端岩层；洞跨较大时，由于溶洞顶板的弯拉挤压效应，洞高增加对桩基竖向极限承载力中分项承载力的影响幅度较稳定。

2）洞跨变化对穿过溶洞的桩基荷载传递规律影响分析

不同洞跨下穿过溶洞桩基的分项承载力分布规律如图 6-17～图 6-20 所示。

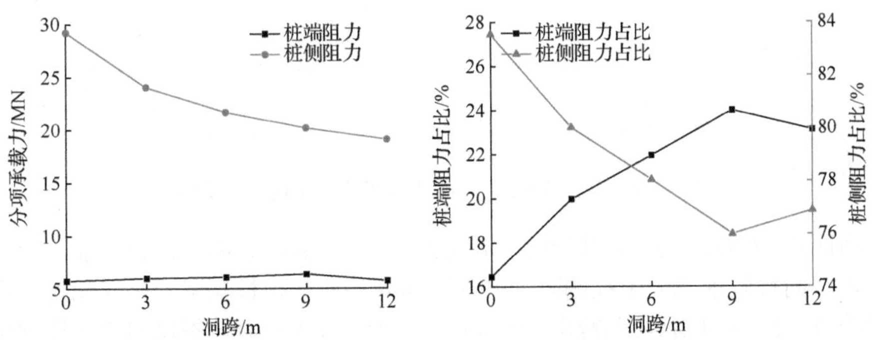

（a）分项承载力　（b）分项承载力占比

图 6-17　洞高 3m 时，穿过溶洞桩基荷载传递特性

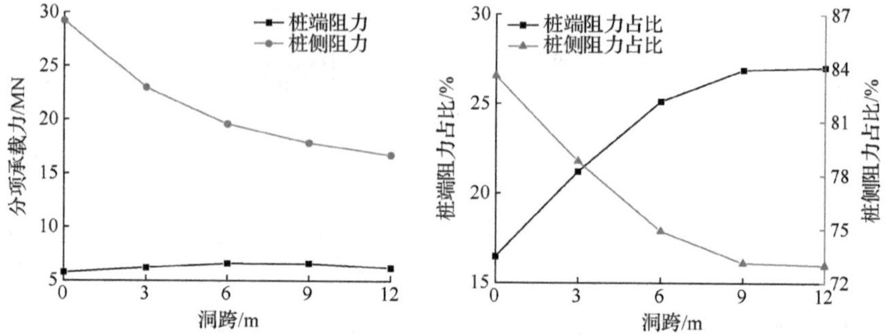

（a）分项承载力　（b）分项承载力占比

图 6-18　洞高 6m 时，穿过溶洞桩基荷载传递特性

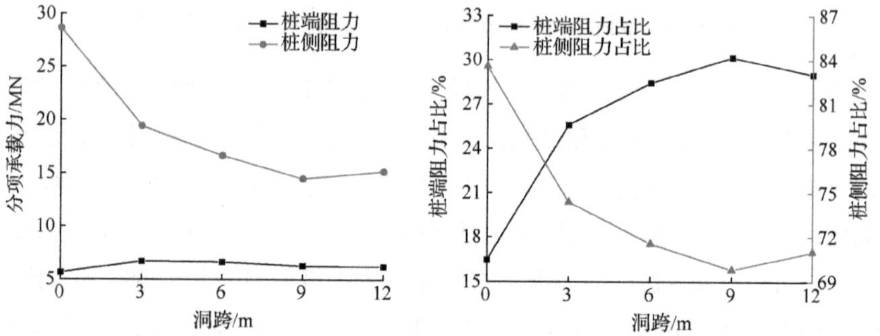

（a）分项承载力　（b）分项承载力占比

图 6-19　洞高 9m 时，穿过溶洞桩基荷载传递特性

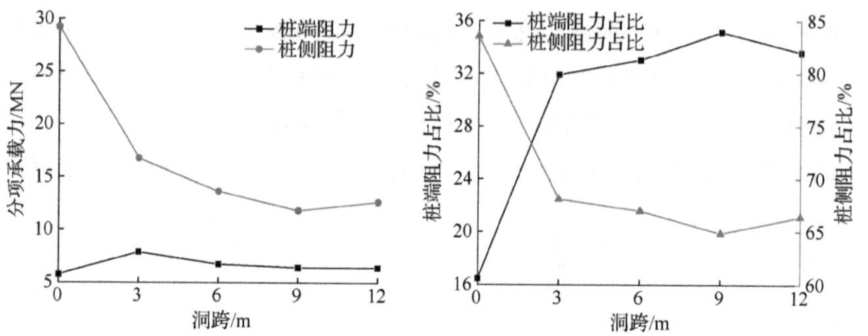

（a）分项承载力　（b）分项承载力占比

图 6-20　洞高 12m 时，穿过溶洞桩基荷载传递特性

由图 6-17～图 6-20 可以看出，洞高为 3m 和 6m 时，随着洞跨增加，穿过溶洞桩基竖向极限承载力中桩侧阻力呈现逐渐减小趋势，桩端阻力呈现先增大后减小的趋势。洞高为 3m，洞跨由 3m×3m 增大至 9m×9m 时，桩侧阻力占比逐渐减小，桩端阻力占比逐渐增大；洞跨为 9m×9m～12m×12m 时，桩侧阻力占比增大，桩端阻力占比减小。洞高为 6m，洞跨由 3m×3m 增大至 9m×9m 时，桩侧阻力占

比逐渐减小，桩端阻力占比逐渐增大；洞跨为 9m×9m～12m×12m 时，分项承载力占比几乎不变。桩侧阻力占比随洞跨增大。洞高为 9m 和 12m 时，以洞跨 9m×9m 为拐点，桩基竖向极限承载力中桩侧阻力和桩侧阻力占比均先减小后增大；洞高 9m 时，桩端阻力先增大后几乎保持不变，桩端阻力占比先增大后减小；洞高为 12m 时，桩侧阻力和桩端阻力占比均先增大后减小。说明竖向极限荷载作用下，洞高为 3m，洞跨小于 9m×9m 时，溶洞顶板无支撑范围增大使其产生同样变形需要的荷载减小，桩侧阻力发挥程度增强但分项承载力降低，桩侧阻力占比减小；洞跨大于 9m×9m 后，溶洞顶板产生较大弯拉变形使桩侧阻力发挥充分，以变形控制的桩基竖向极限承载力显著减小，桩侧阻力占比增大，这与图 5-17 结果一致。洞高为 6m 时，洞跨增加使顶板更易产生弯拉变形，桩侧阻力发挥充分，桩基竖向极限承载力中桩侧阻力减小；洞跨大于 9m×9m 后，桩侧阻力发挥更充分，传递至桩端的荷载趋于稳定，桩侧阻力占比趋于亦稳定。洞高大于 6m，洞跨增大到 12m×12m 时，对桩侧阻力发挥具有一定积极作用，桩基竖向极限承载力小幅提高。

3. 桩基周围地表沉降分布规律

洞跨一定、洞高变化下穿过溶洞桩基周围地表沉降如图 6-21 所示。

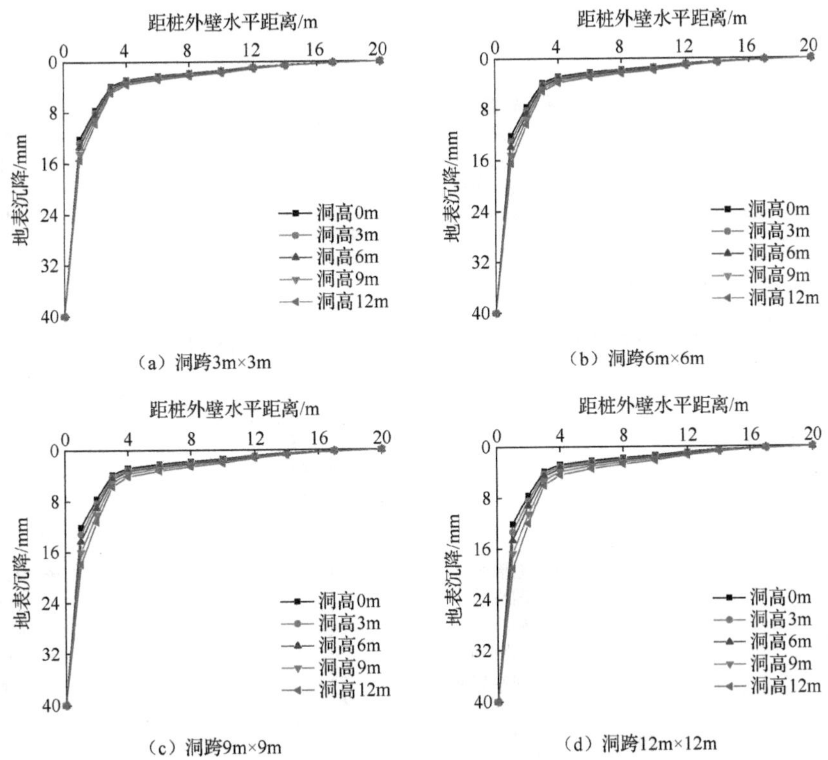

（a）洞跨3m×3m　（b）洞跨6m×6m

（c）洞跨9m×9m　（d）洞跨12m×12m

图 6-21　洞高变化时穿过溶洞桩基地表沉降分布规律

由图 6-21 可以看出，在竖向极限荷载作用下，洞跨一定、洞高变化时桩周地表沉降沿径向向外逐渐减小，变形呈现漏斗状分布。随着洞高增加，穿过溶洞桩基周围地表沉降逐渐增大，到桩基外壁距离小于 2*D* 时差异较明显；距桩基外壁水平距离大于 3*D* 后，地表沉降显著减小。以桩基穿过洞跨为 6m×6m 时为例，洞高为 0、3m、6m、9m、12m 时，距桩基外壁 3*D* 处的地表沉降分别减小至桩土接触处沉降的 5.5%、5.8%、6.2%、6.4%、6.6%；距离大于 8*D* 后，洞高对周围土体沉降的影响很小，地表沉降均接近零。说明洞高变化对桩基与周围岩土体相互作用的影响范围小于 8*D*，在竖向极限荷载作用下，洞高增大使桩侧挤压桩身的岩土体减少，传递至桩端的荷载增大，穿过溶洞桩基的变形所引起的侧向土体变形增大，溶洞顶板之上的桩与岩土体之间的摩阻力增强。

洞高一定、洞跨变化时穿过溶洞桩基周围地表沉降如图 6-22 所示。

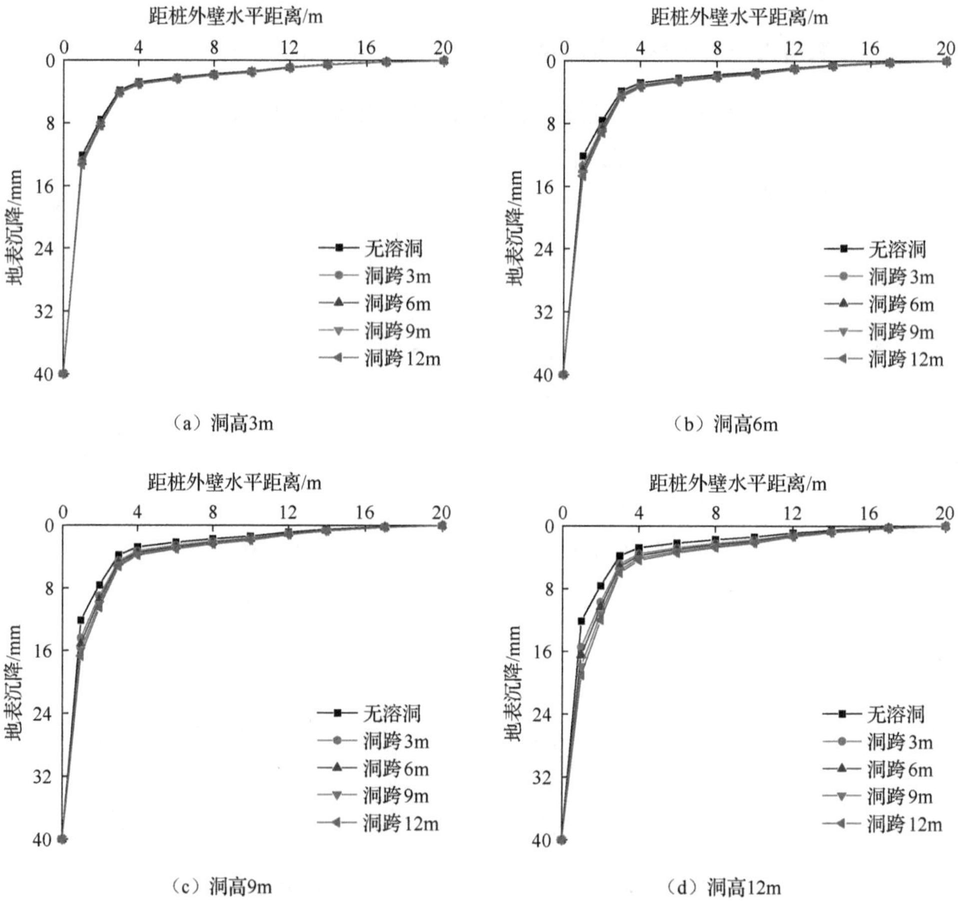

图 6-22　洞跨变化时穿过溶洞桩基地表沉降分布规律

由图 6-22 可以看出，在竖向极限荷载作用下，洞高一定、洞跨增大时，桩周地表沉降分布规律与洞高变化时类似，地表沉降沿径向向外逐渐减小，变形呈现漏斗状分布。洞高为 3m 时，随着洞跨增加，地表沉降差异小；洞高为 6m 时，随洞跨增加，到桩基外壁距离小于 $2D$ 时，穿过溶洞桩基周围地表沉降大于无溶洞桩基周围地表沉降；洞高大于 6m 时，随洞跨增加，到桩基外壁距离小于 $4D$ 时，穿过溶洞桩基周围地表沉降显著大于无溶洞桩基周围地表沉降。说明竖向荷载作用下，溶洞的存在导致桩土相互作用增强，洞高增加对地表沉降的促进作用大于洞跨。距桩基外壁水平距离大于 $3D$ 后，地表沉降显著减小，以桩基穿过溶洞高度为 6m 时为例，洞跨为 0、3m×3m、6m×6m、9m×9m、12m×12m 时，距桩基外壁 $3D$ 处的地表沉降分别减小至桩土接触处沉降的 5.5%、5.8%、6.2%、6.4%、6.6%。距离大于 $8D$ 后，洞跨对周围土体沉降的影响很小，地表沉降均接近零。说明洞跨变化对桩基与周围岩土体相互作用的影响范围小于 $8D$；在竖向极限荷载作用下，洞跨增大使溶洞顶板弯拉挤压效应增强，穿过溶洞桩基的变形所引起的侧向土体变形增大，桩土相互作用增强，在洞高大于 6m 后更加明显。

6.3.2　溶洞位置变化下桩基竖向承载特性

1. 溶洞位置对桩基竖向承载特性影响分析

不同溶洞位置下的桩基竖向荷载-沉降关系如图 6-23 所示，不同溶洞位置下桩基竖向极限承载力变化规律及竖向极限承载力影响度 α 的变化规律如图 6-24 所示。

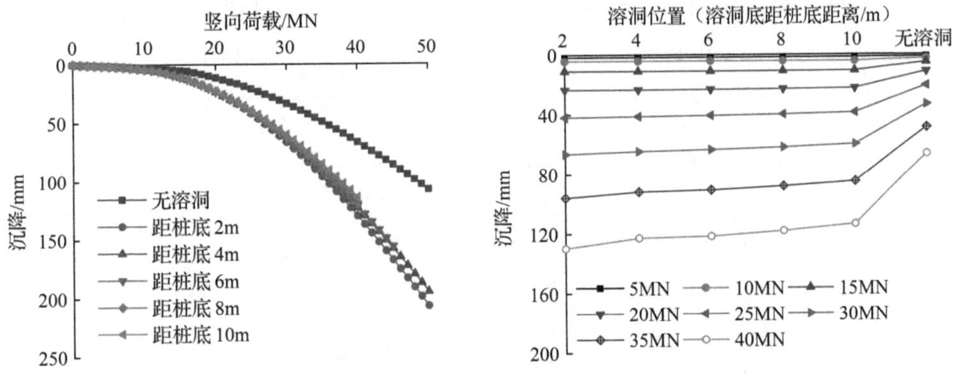

（a）桩基竖向荷载-沉降曲线　（b）洞跨-沉降曲线

图 6-23　不同溶洞位置下桩基竖向荷载-沉降关系

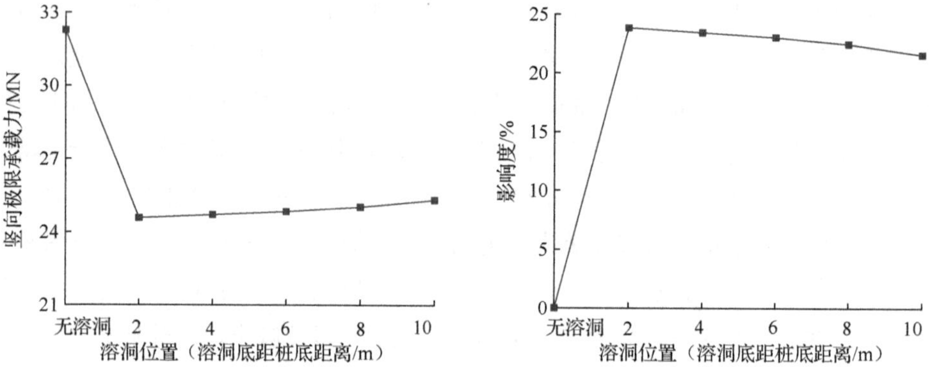

（a）竖向极限承载力　　（b）竖向极限承载力影响度

图 6-24　不同溶洞位置下桩基竖向极限承载力特性

由图 6-23、图 6-24 可以看出，随着溶洞位置沿桩身不断上升，桩基竖向极限承载力总体呈增长趋势，但增长幅度不大。桩周溶洞位置由无溶洞～距桩底 10m，桩基竖向极限承载力分别为 32.27MN、24.58MN、24.70MN、24.84MN、25.02MN、25.31MN，桩基竖向极限承载力的影响度分别为 23.84%、23.44%、23.04%、22.46%、21.55%（以无溶洞的桩基竖向极限承载力为基准）。溶洞尺寸不变，溶洞位置由距桩底 2m 增大至 10m，桩基竖向极限承载力逐渐增大，但增长幅度不大。主要原因是桩周溶洞的存在导致桩侧阻力降低，桩基竖向极限承载力减小；溶洞在尺寸不变的情况下，位置沿桩身上移，增强了桩基的稳定性。

2. 溶洞位置对桩身轴力影响分析

不同桩顶荷载作用下，桩身轴力随桩周溶洞位置变化规律如图 6-25 所示。

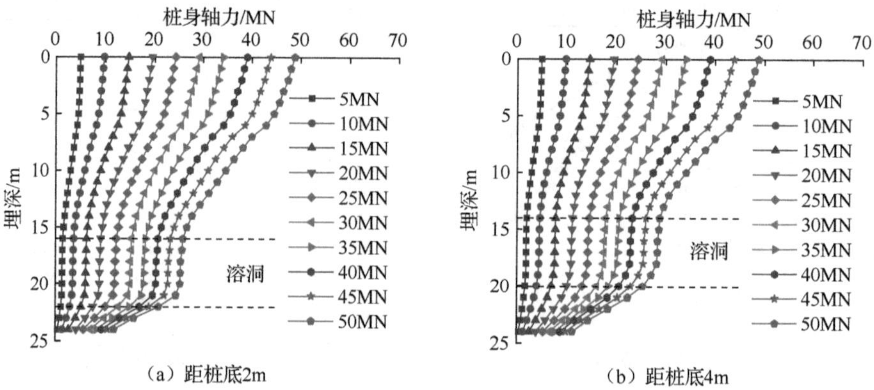

（a）距桩底2m　　（b）距桩底4m

图 6-25　不同桩顶荷载下桩身轴力随桩周溶洞位置变化规律

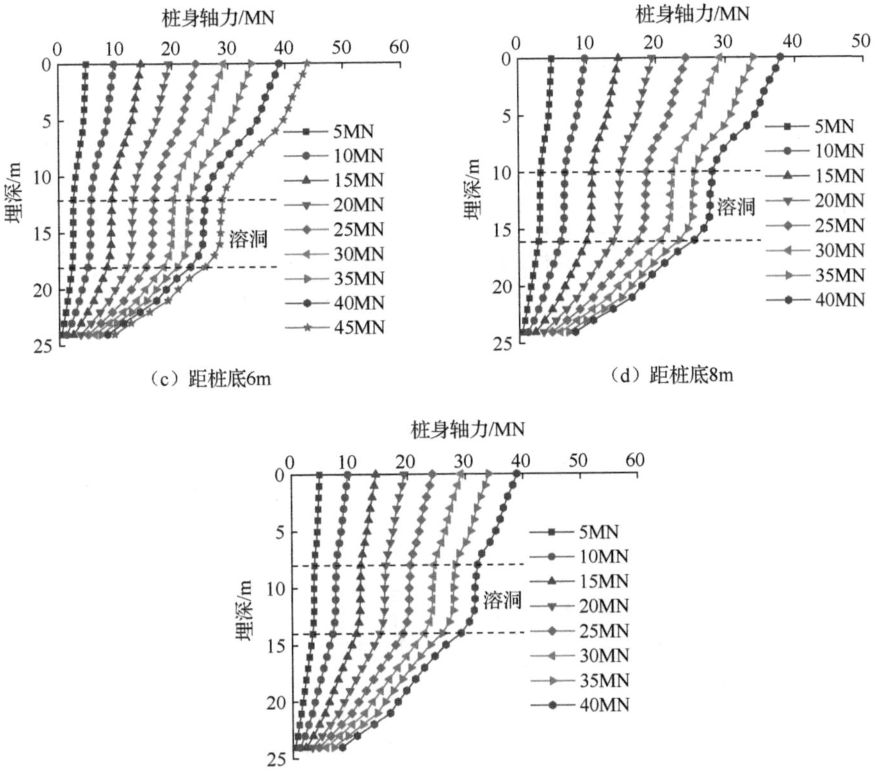

（c）距桩底6m　（d）距桩底8m　（e）距桩底10m

图 6-25（续）

相同桩顶荷载作用下，桩身轴力随溶洞位置变化规律如图 6-26 所示。

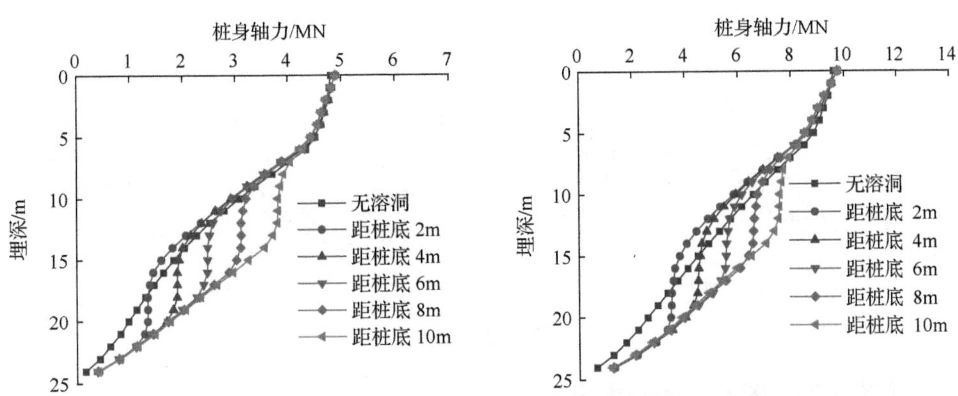

（a）5MN　（b）10MN

图 6-26　相同桩顶荷载下的桩身轴力随溶洞位置变化规律

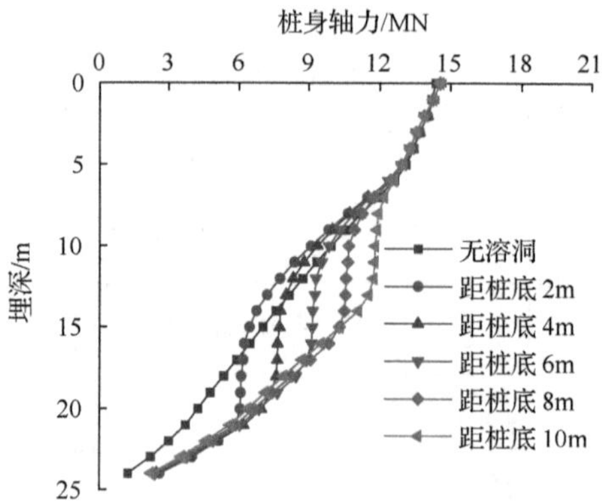

（c）15MN

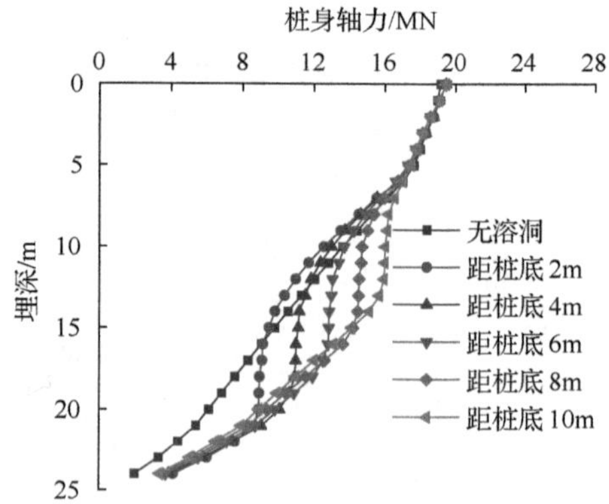

（d）20MN

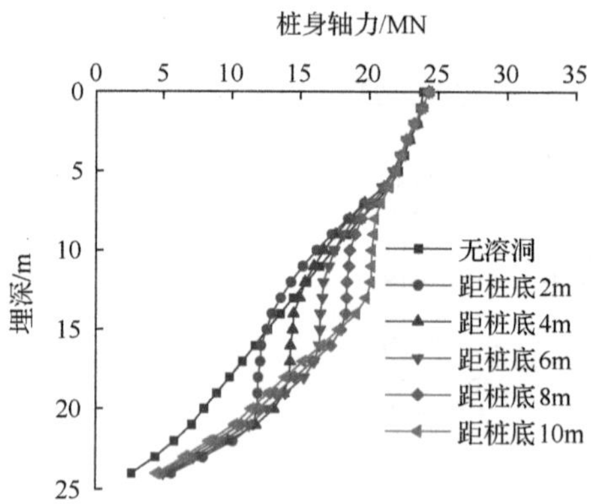

（e）25MN

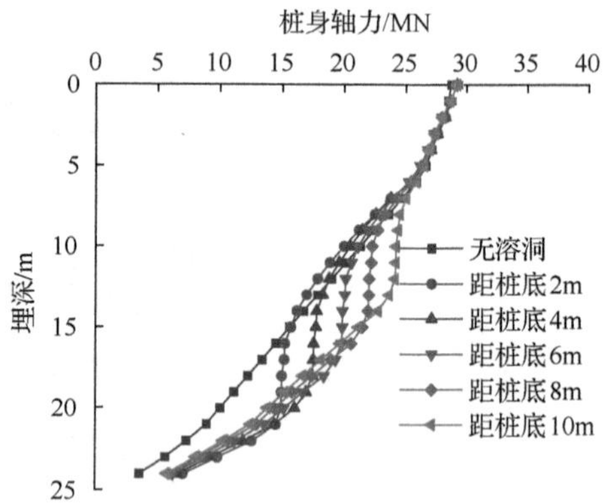

（f）30MN

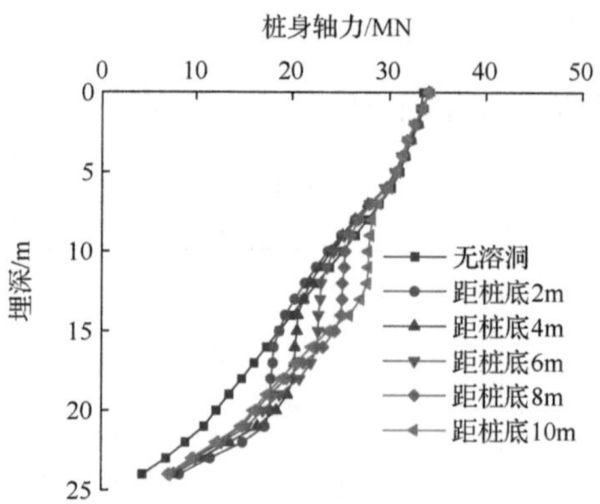

（g）35MN

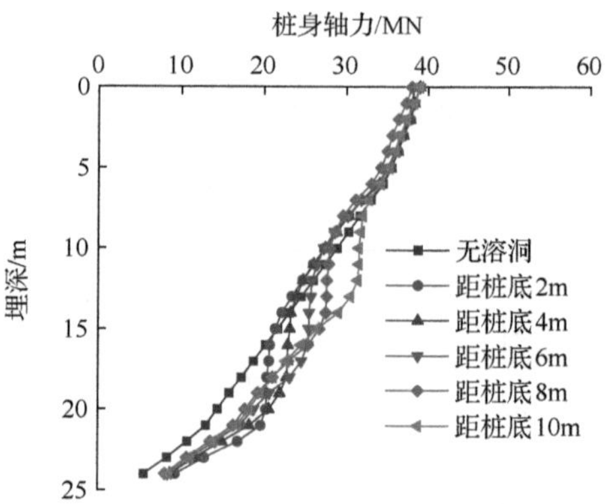

（h）40MN

图 6-26（续）

由图 6-25、图 6-26 可以看出：

（1）桩身轴力衰减规律基本相同，即桩身轴力在覆盖层范围内衰减较慢，在中风化灰岩内衰减较快，但是溶洞范围内的桩身轴力基本保持不变，这主要是因为覆盖层的抗剪强度小于中风化灰岩的抗剪强度，中风化灰岩能够提供更大的侧摩阻力；桩顶荷载不大于 5MN、由无溶洞至距桩底 10m 时，桩底轴力接近于 0MN，桩顶荷载主要由桩侧阻力承担，桩基类型表现为摩擦桩；随着桩顶荷载的增大，桩身轴力衰减速度逐渐加快，且桩端阻力逐步发挥作用。

（2）溶洞位置保持不变，溶洞范围外桩身轴力的衰减速度随荷载的增加而增大，说明在荷载较小时，桩侧阻力发挥程度有限，随荷载的增大，桩侧阻力逐步发挥最终达到完全发挥。在桩顶荷载大于 5MN 时，相同荷载情况下，位于溶洞下方的桩身轴力衰减程度随溶洞位置的上移而增大，这是因为溶洞位置距离桩底越远则溶洞下方桩身越长，桩侧阻力越大，从而轴力的衰减程度越大。

3. 溶洞位置对桩侧阻力和桩端阻力影响分析

溶洞位置变化时桩侧阻力与桩端阻力变化曲线如图 6-27 所示，桩侧阻力和桩端阻力占比变化曲线如图 6-28 所示。

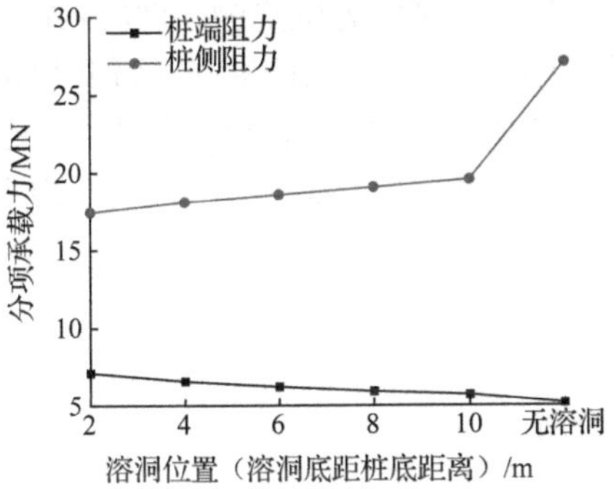

图 6-27　溶洞位置变化时桩侧阻力与桩端阻力变化曲线

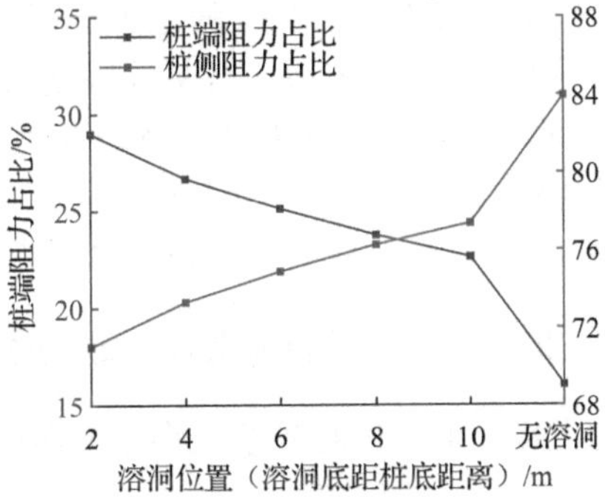

图 6-28　溶洞位置变化时桩侧阻力和桩端阻力占比变化曲线

由图 6-27、图 6-28 可以看出，随着溶洞位置的升高，桩端阻力与桩侧阻力分别呈逐渐减小与增大的趋势。溶洞位置在距桩底距离为 2～10m 时，桩侧阻力占竖向极限承载力的占比分别为 83.94%、71.01%、73.31%、74.88%、76.25%、77.36%，桩端阻力占竖向极限承载力的占比分别为 16.06%、28.99%、26.69%、25.12%、23.75%、22.64%。溶洞位置的上升使得桩侧阻力占比逐渐增大，桩端阻力占比逐渐减小。这主要是因为在溶洞规模相同的情况下，随着溶洞位置的上升，其影响降低，桩身稳定性增大。

6.3.3　溶洞数量变化下桩基周围地表沉降分布规律

穿过溶洞的数量变化时桩基周围地表沉降分布规律如图 6-29 所示。

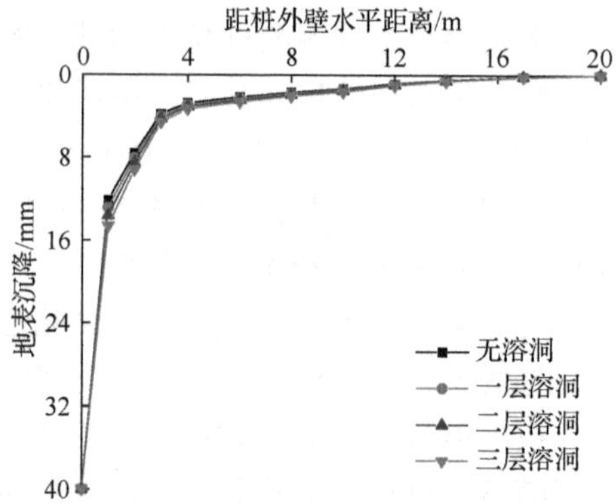

图 6-29　溶洞数量变化时地表沉降分布规律

由图 6-29 可以看出，在竖向极限荷载作用下，桩基穿过的溶洞数量变化时，地表沉降沿径向向外逐渐减小，变形呈现漏斗状分布。桩基穿过溶洞数量增加时，其周围地表沉降逐渐增大，到桩基外壁距离小于 2*D* 时差异较明显；距桩基外壁水平距离大于 3*D* 后，地表沉降显著减小；桩基穿过一层溶洞、二层溶洞和三层溶洞时，距桩基外壁 3*D* 处的地表沉降分别减小至桩土接触处沉降的 5.8%、6.1%、6.6%；距离大于 8*D* 后，桩基周围地表沉降均接近零。说明无论桩基穿过几层溶洞，其对周围岩土体相互作用的影响范围均小于 8*D*；在竖向极限荷载作用下，桩基穿过溶洞数量增加使溶洞总高增大，桩侧挤压桩身的岩土体减少，桩端阻力占比增大，桩与周围岩土体之间的摩阻力增强。

6.3.4　长径比变化下桩基竖向承载特性

1. 长径比变化对桩基竖向承载特性影响分析

不同长径比下桩基竖向荷载-沉降曲线如图 6-30 所示。不同长径比下桩基竖向极限承载力和竖向极限承载力影响度 α 的变化规律如图 6-31 所示。

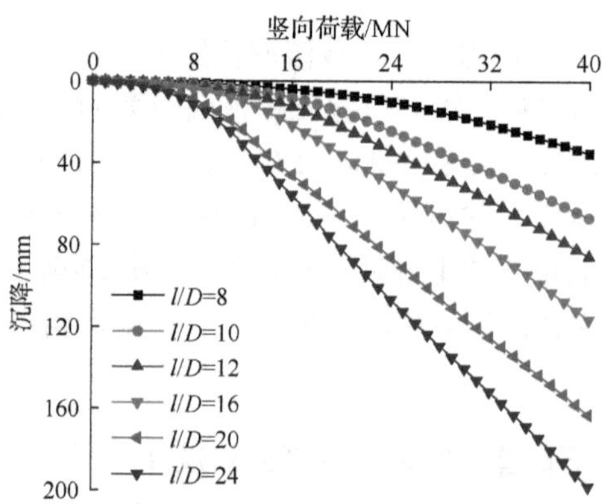

图 6-30　长径比变化下穿过溶洞桩基 *Q-s* 曲线

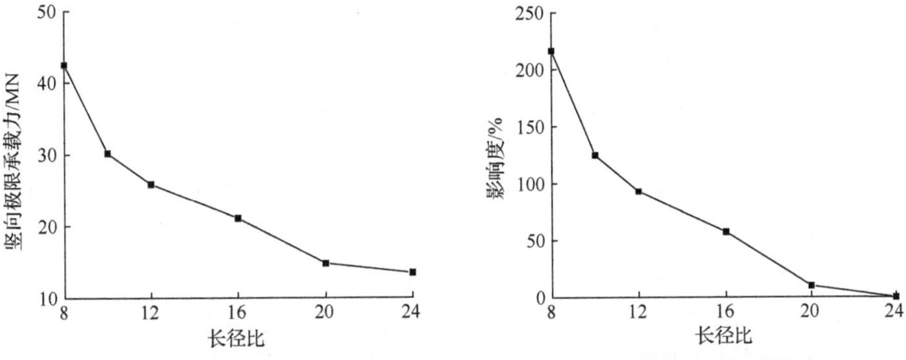

（a）竖向极限承载力　（b）竖向极限承载力影响度

图 6-31　长径比变化下桩基竖向极限承载力特性

由图 6-30 和图 6-31 可以看出，随着竖向荷载增大，桩长一定时，不同长径比下穿过溶洞的桩基桩顶沉降均呈缓慢增大趋势；长径比增大使桩基产生相同沉降时需要的荷载减小，桩基竖向极限承载力逐渐减小，长径比大于 12 后，竖向极限承载力变化幅度减缓，桩基竖向极限承载力影响度减小。与长径比为 24 时相比，长径比为 8、10、12、16、20、24 时，桩基竖向极限承载力分别增大了 29.1MN、16.8MN、12.4MN、7.7MN、1.32MN、0。说明桩长一定时，增加桩径可显著提高穿过溶洞桩基的竖向极限承载力；由于溶洞的存在，挤压桩基的岩体出现缺失，桩侧阻力发挥不连续。长径比小于 12 时，桩径大于 2.0m，桩基侧表面积的增大使其与周围岩体挤压产生的摩阻力远大于桩侧阻力的缺失。建议可通过保持桩长一定、增大桩径来提高桩基竖向极限承载力，以避免因增加桩长造成的施工困难。

2. 长径比变化对桩基荷载传递规律影响分析

长径比变化下穿过溶洞桩基的分项承载力分布规律如图 6-32 所示。

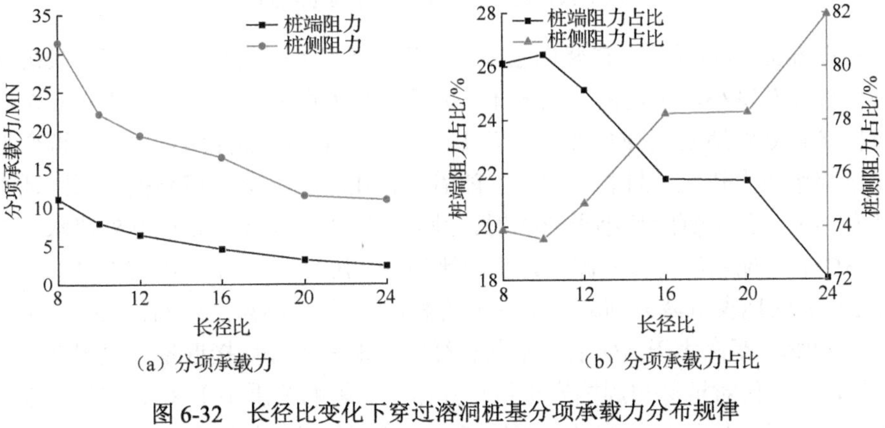

（a）分项承载力　（b）分项承载力占比

图 6-32　长径比变化下穿过溶洞桩基分项承载力分布规律

由图 6-32 可以看出，桩长一定时，随着长径比增加，穿过溶洞桩基的竖向极限承载力中桩侧阻力和桩端阻力均呈逐渐减小的趋势，当长径比大于 20 后，桩侧阻力出现明显拐点，而桩端阻力变化拐点不明显，桩侧阻力变化幅度大于桩端阻力；长径比为 24、20、16、12、10、8 时，桩基竖向极限承载力中桩侧阻力占比分别增大了 5.0%、50.0%、76.1%、101.9%、185.5%，桩端阻力占比分别增大了 32.1%、89.3%、168.1%、229.5%、358.0%。桩长一定，随着长径比增加，桩侧阻力占比先减小后增大，桩端阻力占比先增大后减小。长径比为 10 时，桩端阻力占比小幅增加；长径比为 16 和 20 时，分项承载力占比差异较小。说明桩长一定，增加桩径可大幅提高桩侧阻力在桩基竖向极限承载力中的贡献。由于溶洞的存在，在竖向极限荷载作用下，桩基与岩体接触面的增加与溶洞处岩体的缺失共同影响桩侧阻力的发挥，桩径为 2.4m 时，桩侧阻力占比小幅减小。

3. 桩基周围地表沉降分布规律

桩长一定时，桩基长径比变化下穿过溶洞桩基周围地表沉降如图 6-33 所示。

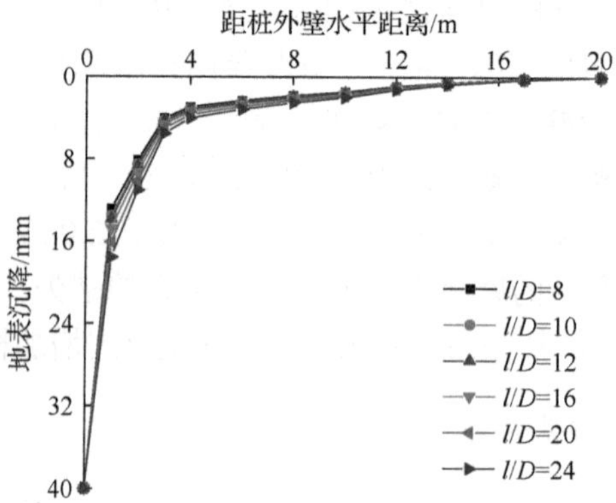

图 6-33　桩基长径比变化时桩基周围地表沉降分布规律

由图 6-33 可以看出，在竖向极限荷载作用下，不同长径比下桩周地表沉降沿径向向外逐渐减小，呈现漏斗状分布，靠近桩身外壁的地表沉降为 40mm 左右，与桩侧接触处的地表沉降与桩顶沉降几乎一致，说明接触面两种材料协调变形，桩土之间摩阻力较大。桩长一定时，随着长径比增加，穿过溶洞桩基周围地表沉降逐渐增大，到桩侧距离小于 2*D* 时，地表沉降差异明显；距桩基外壁水平距离大于 3*D* 后，地表沉降显著减小，长径比为 8、10、12、16、20、24 时，距桩基外壁 3*D* 处的地表沉降分别减小至桩土接触处沉降的 5.8%、6.1%、6.2%、6.7%、7.3%、7.9%；距离大于 8*D* 后，不同长径比下地表沉降均接近零，说明桩长一定时，长径比变化对桩基与周围岩土体相互作用的影响范围小于 8*D*。在竖向极限荷载作用下，长径比增加使穿过溶洞桩基的桩顶沉降引起的侧向土体变形增大，溶洞顶板的弯拉挤压作用增强，桩侧阻力增大，桩基的摩擦桩特性明显。

6.3.5　嵌岩深径比变化下桩基周围地表沉降分布规律

嵌岩深径比变化下穿过溶洞桩基周围地表沉降如图 6-34 所示。

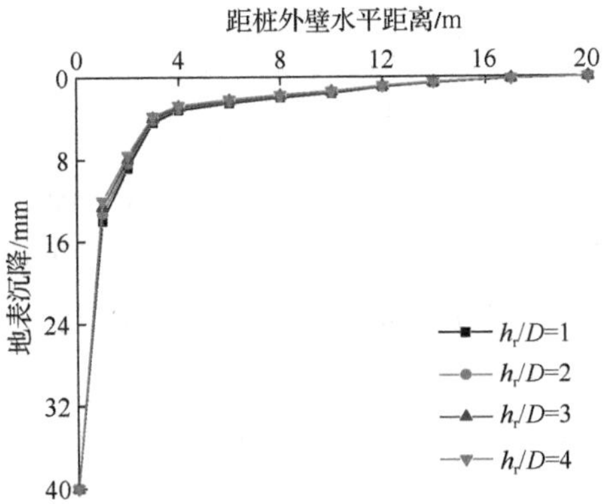

图 6-34　嵌岩深径比变化下地表沉降分布规律

由图 6-34 可以看出，在竖向极限荷载作用下，不同嵌岩深径比下桩周地表沉降沿径向向外逐渐减小，呈现漏斗状分布；靠近桩身外壁的地表沉降为 40mm 左右。说明桩基-土接触面协调变形，与桩侧接触的地表处沉降与桩顶沉降几乎一致，桩土之间相互作用显著。随嵌岩深径比增加，穿过溶洞桩基周围地表沉降逐渐减小，减小幅度不大；距桩基外壁水平距离大于 3*D* 后，地表沉降显著减小；嵌岩深径比为 1、2、3、4 时，距桩基外壁 3*D* 处的地表沉降分别减小至桩土接触处沉降的 6.3%、6.0%、5.7%、5.3%；距离大于 8*D* 后，不同嵌岩深径比下地表沉降均接近零。说明嵌岩深径比变化对桩基与周围岩土体相互作用的影响范围小于 8*D*；在竖向极限荷载作用下，嵌岩深径比的增加使穿过溶洞桩基的桩顶沉降引起的侧向土体变形减小；嵌岩段的摩阻力增大而嵌岩段以上岩土体摩阻力减小，桩基的摩擦端承桩特性明显，这与离心模型试验结果一致。

6.4　下伏溶洞影响下桩基承载特性

6.4.1　洞高变化对岩溶发育区桩基竖向承载特性影响

1. 洞高对桩基竖向极限承载力影响分析

下伏溶洞洞高变化时，桩基竖向荷载-沉降关系如图 6-35 所示，桩基竖向极限承载力及竖向极限承载力影响度的变化规律如图 6-36 所示。

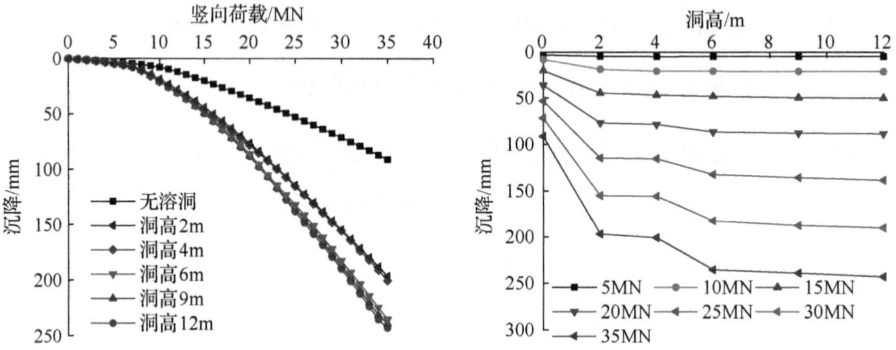

（a）竖向荷载-沉降曲线　　（b）洞高-沉降曲线

图 6-35　下伏溶洞洞高变化下桩基的竖向荷载-沉降关系

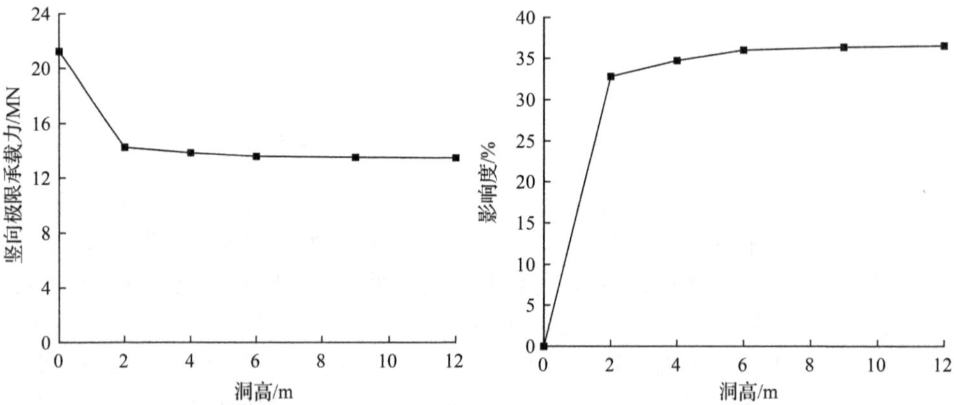

（a）竖向极限承载力　　（b）竖向极限承载力影响度

图 6-36　下伏溶洞洞高变化下桩基竖向承载力特性

由图 6-35、图 6-36 可以看出，随下伏溶洞洞高的增加，桩身产生的竖向位移增大，桩基竖向极限承载力呈逐渐减小的趋势，且竖向极限承载力的减幅增大。下伏溶洞洞高由 0m 增大至 12m 时，桩基竖向极限承载力由 21.22MN 降低至 13.47MN，以无溶洞情况的桩基竖向极限承载力为基准，承载力减幅分别为 32.79%、34.74%、36.00%、36.36%和 36.52%，减幅的变化范围仅为 3.73%。产生这种现象的原因是下伏溶洞的出现，导致桩基的竖向极限承载力降低，但当溶洞高度增加时，其承载力减幅的变化范围仅为 3.73%，说明下伏溶洞洞高的变化对桩基竖向极限承载力的影响并不明显。

2. 洞高对桩基轴力影响分析

随着下伏溶洞洞高变化，桩基在不同桩顶荷载作用下的桩身轴力变化规律如图 6-37 所示。

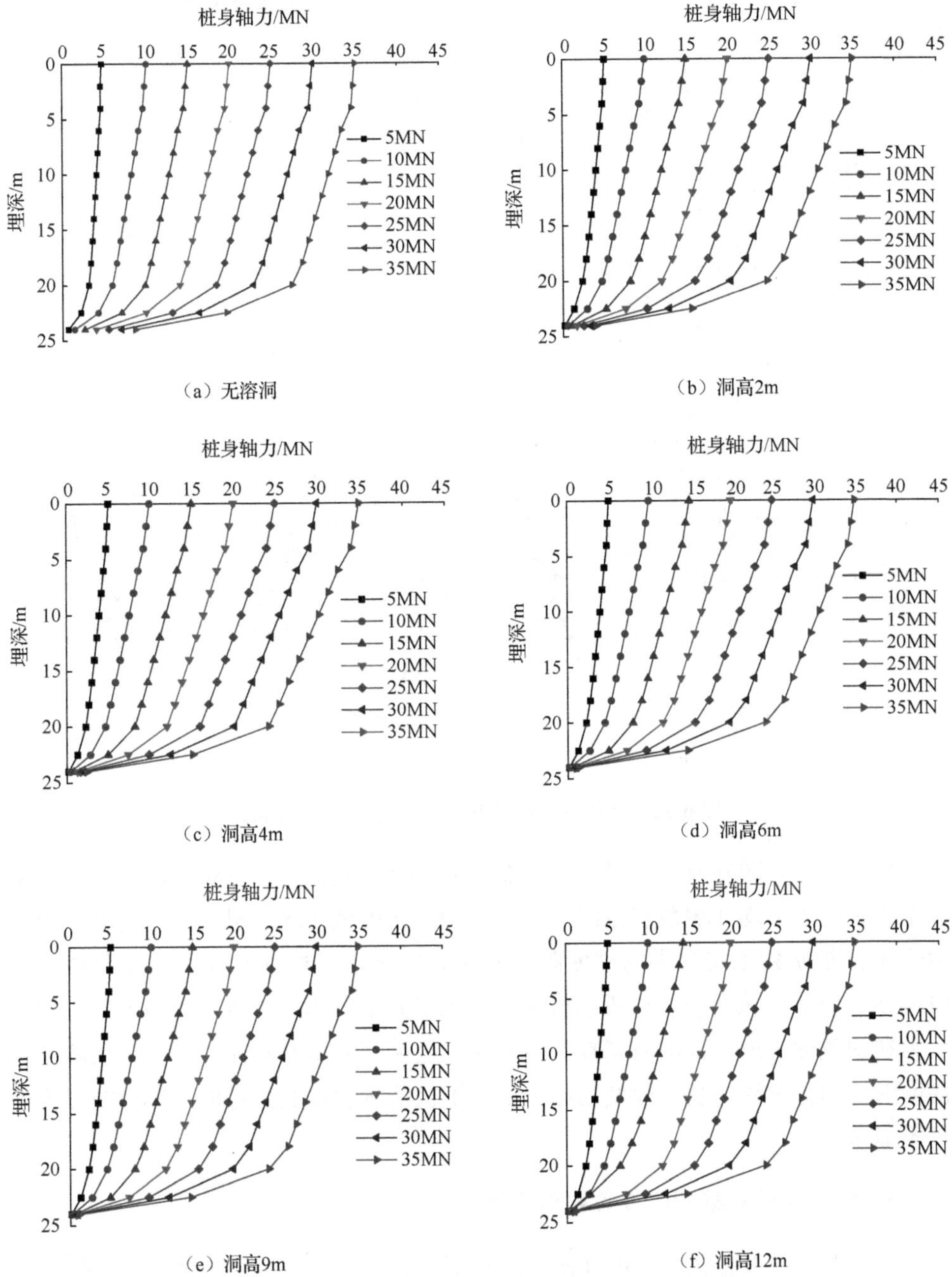

（a）无溶洞　（b）洞高2m　（c）洞高4m　（d）洞高6m　（e）洞高9m　（f）洞高12m

图 6-37　不同桩顶荷载作用下桩身轴力变化规律

各级桩顶荷载作用下，下伏溶洞洞高变化时的桩身轴力变化规律如图 6-38 所示。

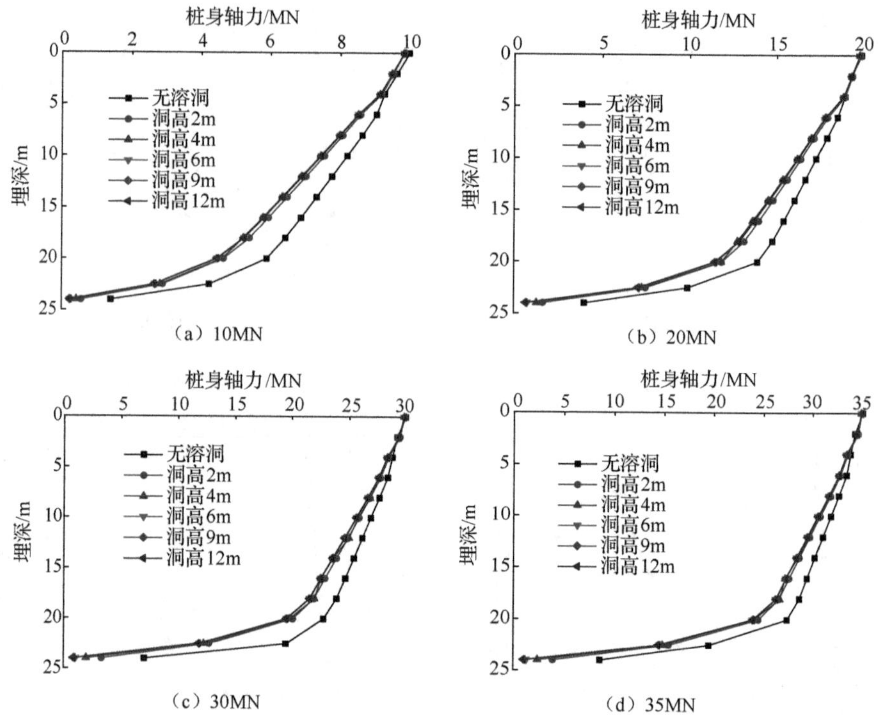

图 6-38　下伏溶洞洞高变化下桩基轴力变化规律

由图 6-37、图 6-38 可以看出：当桩顶作用相同荷载时，下伏溶洞洞高变化条件下的桩身轴力均在覆盖层范围内衰减较慢，在中风化灰岩层范围内衰减较快。由于上部粉质黏土层提供的桩侧阻力不足以完全承担桩顶荷载，因此荷载较小（10MN）时，中风化灰岩层段的桩侧阻力也得到了发挥，荷载逐渐增大时，桩身轴力在中风化灰岩层范围内衰减速度加快，桩侧阻力逐渐发挥。不同下伏溶洞洞高所对应的桩身轴力衰减程度相似，说明下伏溶洞洞高变化对桩身轴力的影响程度不显著。

3. 溶洞高度对桩侧阻力的影响分析

下伏溶洞高度变化时，桩基在不同桩顶荷载下的桩侧阻力变化规律如图 6-39 所示。

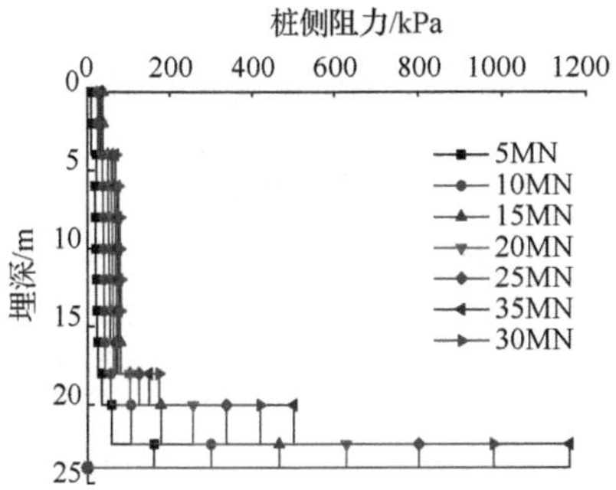

（a）无溶洞

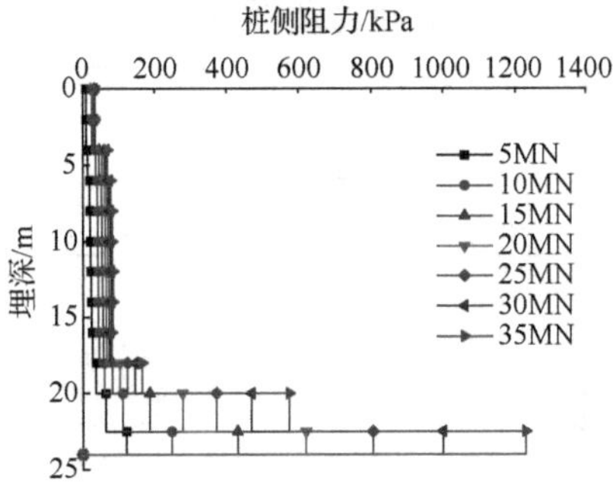

（b）洞高2m

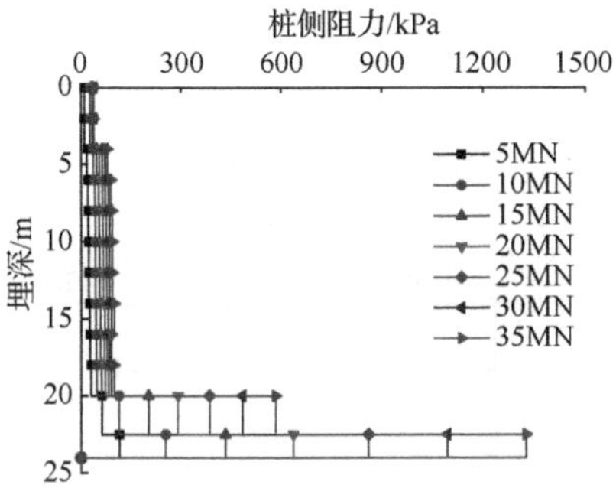

（c）洞高4m

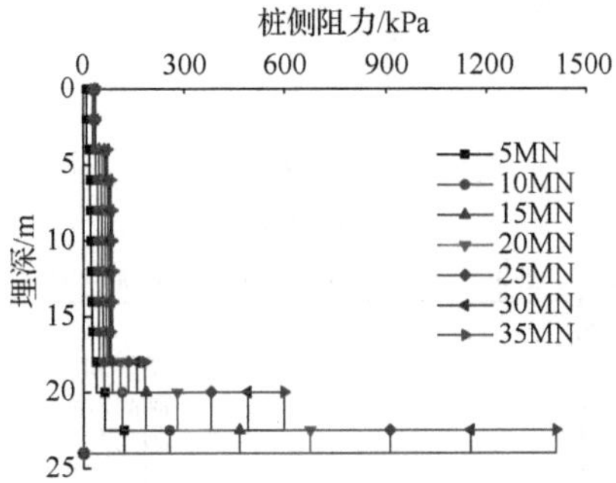

（d）洞高6m

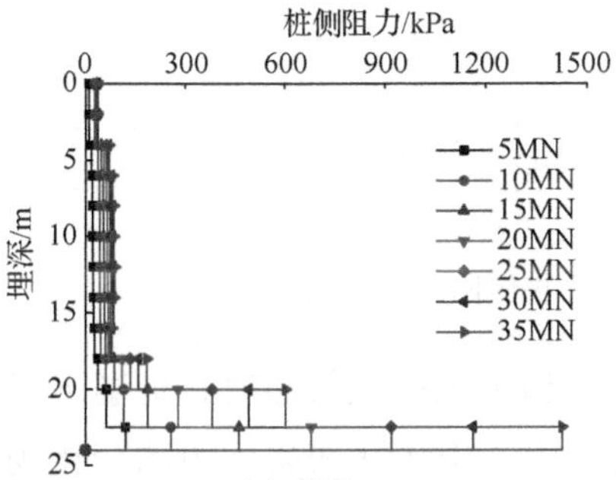

（e）洞高9m

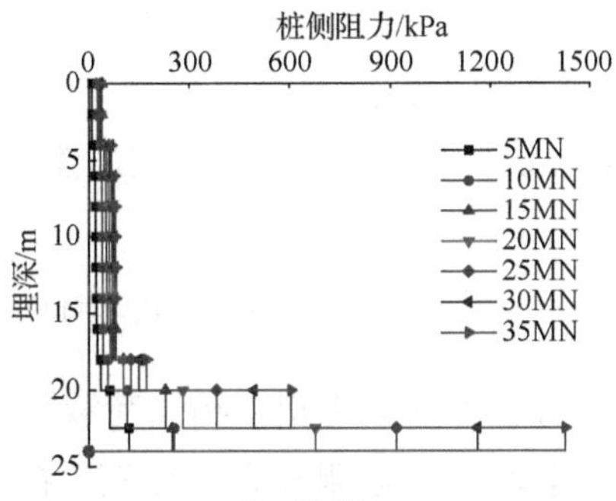

（f）洞高12m

图 6-39　不同桩顶荷载作用下桩侧阻力变化规律

由图 6-39 可以看出，随着桩顶荷载增大，相同深度处的桩侧阻力逐渐增大；不同桩顶荷载的作用下，覆盖层内的桩侧阻力较小，桩侧阻力均在中风化灰岩层内达到峰值，进入中风化灰岩层后桩侧阻力增幅变大，这是由于桩周岩土体的抗剪强度差异性明显，覆盖层能提供的桩侧阻力有限，因此桩侧阻力在岩土层中发挥程度不一。以洞高 9m 为例，随着荷载的增大，覆盖层内的桩侧阻力逐渐完全发挥，该段的桩侧阻力增幅趋于稳定；中风化灰岩层内的桩侧阻力随着荷载增大逐渐增大，桩侧阻力逐渐发挥。

各级桩顶荷载作用下，下伏溶洞洞高变化时的桩侧阻力变化规律如图 6-40 所示。

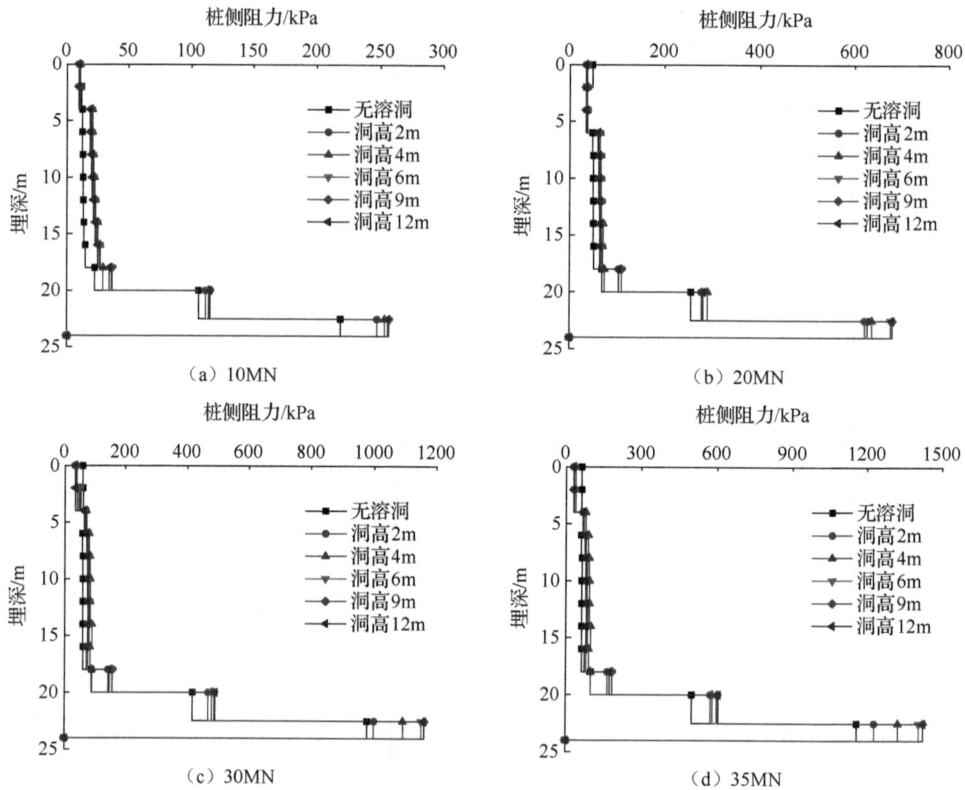

图 6-40　下伏溶洞洞高变化下桩侧阻力变化规律

由图 6-40 可以看出，相同荷载作用下，当桩顶荷载较小时，桩基下伏溶洞洞高逐渐增大，桩侧阻力发挥程度在覆盖层段与中风化灰岩层段的变化规律相似；当荷载较大时，桩侧阻力在中风化灰岩段出现差异，由此可判断当桩顶荷载增大时，覆盖层段的桩侧阻力已经充分发挥，而中风化灰岩段的桩侧阻力逐渐发挥。

4. 洞高对桩侧阻力与桩端阻力的影响对比分析

下伏溶洞洞高变化时桩基的桩端阻力与桩侧阻力分布规律如图 6-41 所示。桩侧阻力包括覆盖层的桩侧阻力与中风化灰岩的桩侧阻力，而非作用于单位面积处的摩阻力。

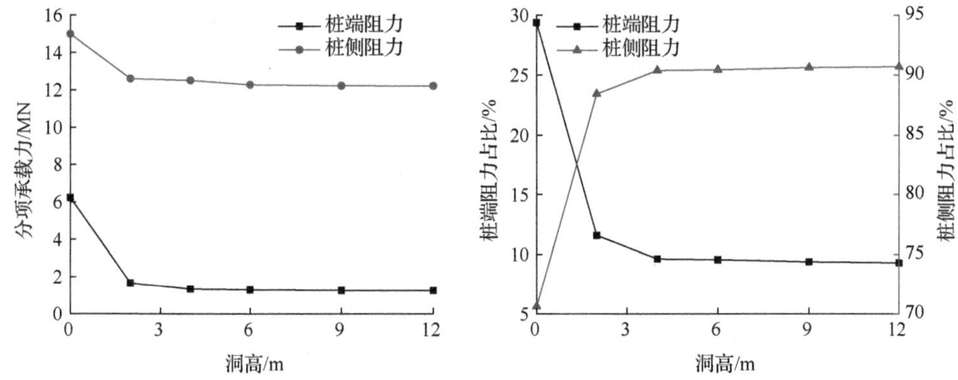

（a）桩端阻力与桩侧阻力　（b）桩端阻力与桩侧阻力占比

图 6-41　不同下伏溶洞洞高下桩端阻力与桩侧阻力分布规律

由图 6-41 可以看出，对比无溶洞情况，当存在下伏溶洞时，桩端阻力大幅度降低，远大于桩侧阻力的降低幅度。下伏溶洞洞高从 0m 增加到 12m 时，桩侧阻力由 15.00MN 降低至 12.22MN；桩端阻力由 6.23MN 降低至 1.25MN。随着下伏溶洞洞高增加，桩端阻力的减幅大于桩侧阻力，以无溶洞为基准，下伏溶洞洞高由 2m 增大到 12m 时，桩端阻力的减幅范围达到 73.51%～79.91%；桩侧阻力的减幅范围为 15.87%～18.48%。由此说明，下伏溶洞洞高的变化对桩基竖向承载特性的影响主要体现在桩端阻力的损失。当下伏溶洞洞高从 0m 增加到 12m 时，桩侧阻力占比由 70.63%增大至 90.70%，桩端阻力占比由 29.37%减小至 9.30%，随着下伏溶洞洞高的增大，桩端阻力占比减小。其主要原因是，下伏溶洞洞高增大使得桩端土层强度减弱，其提供的桩端阻力因此减小。当下伏溶洞洞高为 2m 时，桩端阻力骤减，此时桩侧阻力出现小规模减小；当下伏溶洞洞高大于 2m 时，桩端阻力和桩侧阻力变化幅度较小，由此可以看出，下伏溶洞洞高大于 2m 后增大洞高对桩基竖向极限承载力的影响不显著。

6.4.2　洞跨变化对岩溶发育区桩基竖向承载特性影响

1. 溶洞跨度对桩基竖向极限承载力影响分析

洞跨变化下的竖向荷载-沉降关系如图 6-42 所示，桩基竖向极限承载力及竖向极限承载力影响度的变化规律如图 6-43 所示。

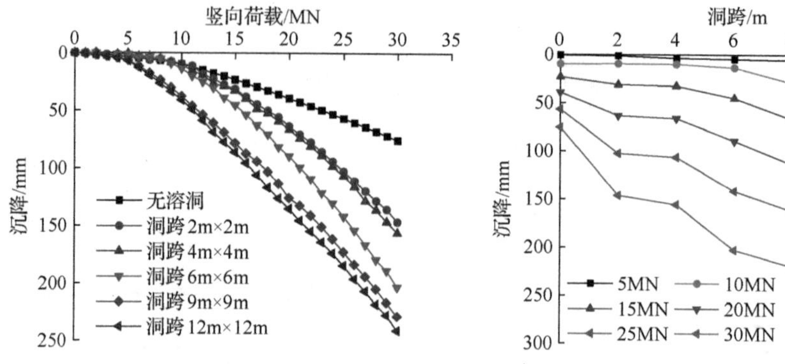

（a）竖向荷载-沉降曲线　（b）洞跨-沉降曲线

图 6-42　下伏溶洞洞跨变化下桩基的竖向荷载-沉降关系

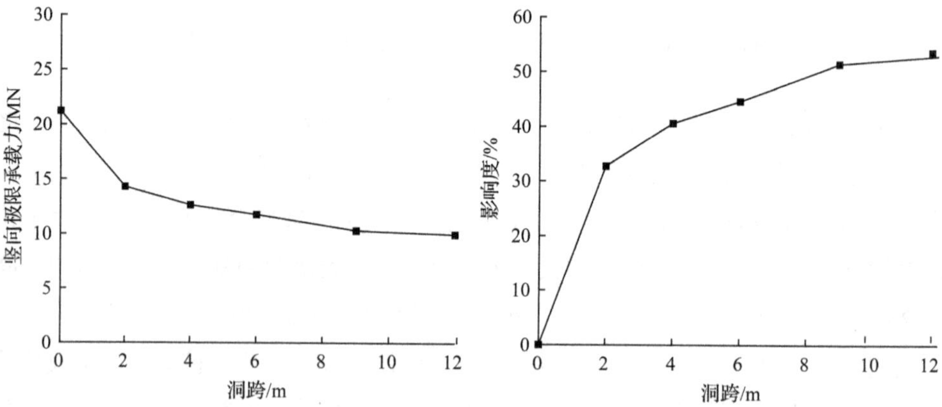

（a）竖向极限承载力　（b）竖向极限承载力影响度

图 6-43　下伏溶洞洞跨变化下桩基竖向承载力特性

由图 6-42、图 6-43 可以看出，随着下伏溶洞洞跨的增大，桩基竖向极限承载力逐渐减小，其减幅逐渐增大。下伏溶洞洞跨从 0m 增大到 12m 时，桩基竖向极限承载力由 21.22MN 减小至 9.99MN，以无溶洞时的桩基竖向极限承载力为基准，其减幅由 23.14%增大至 52.92%，减幅变化范围达到 29.78%。与下伏溶洞洞高变化相比，洞跨变化对桩基竖向极限承载力的影响更加显著，产生这种现象的原因是，随着下伏溶洞洞跨的增大，桩底岩体的缺失加增大，导致桩端阻力减小，致使桩基竖向极限承载力降低。

2. 洞跨对桩身轴力影响分析

随下伏溶洞洞跨变化，桩基在不同桩顶荷载作用下桩身轴力变化规律如图 6-44 所示。

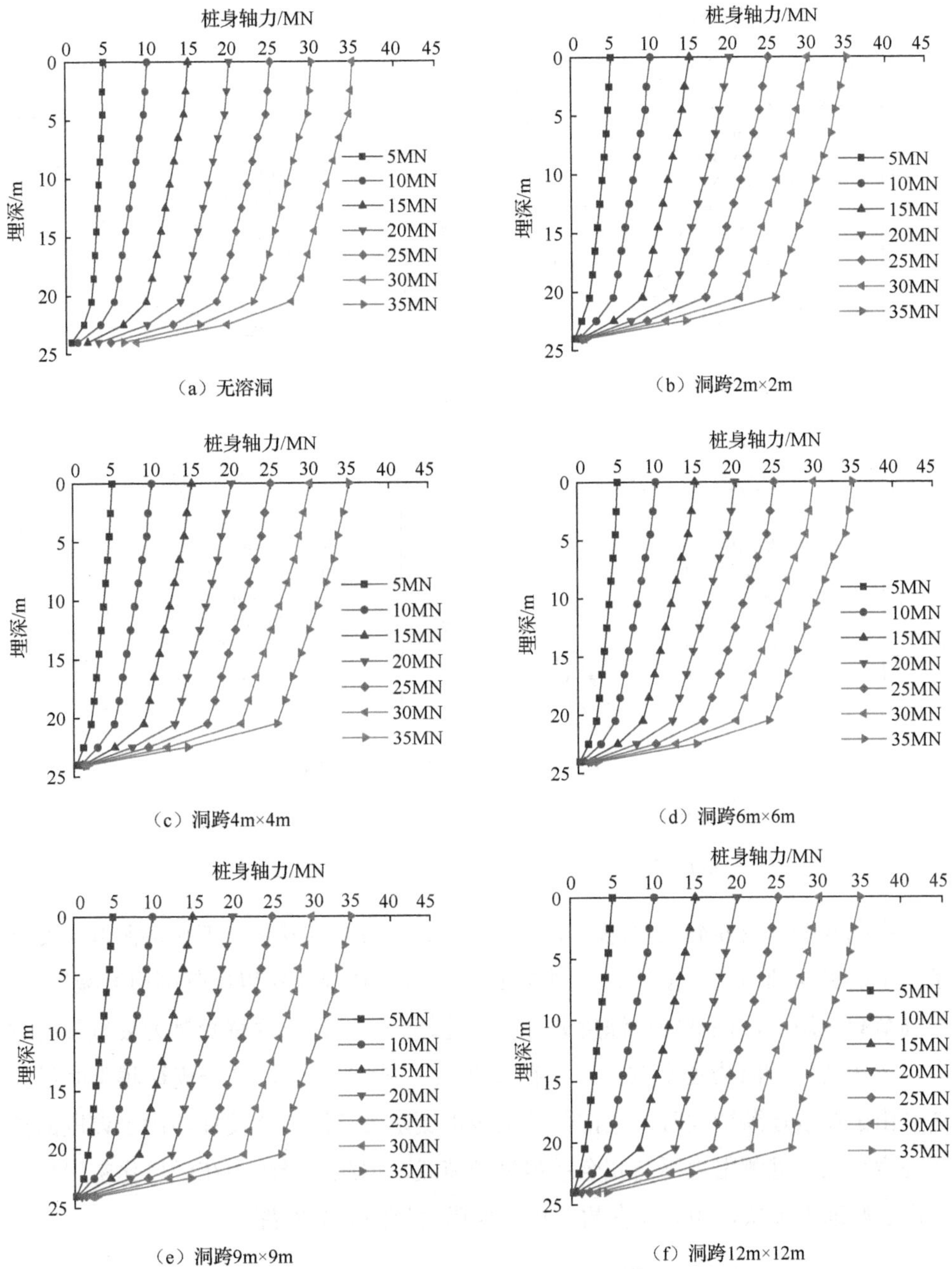

图 6-44　不同桩顶荷载作用下桩身轴力变化规律

各级桩顶荷载作用下，下伏溶洞洞跨变化时的桩身轴力变化规律如图 6-45 所示。

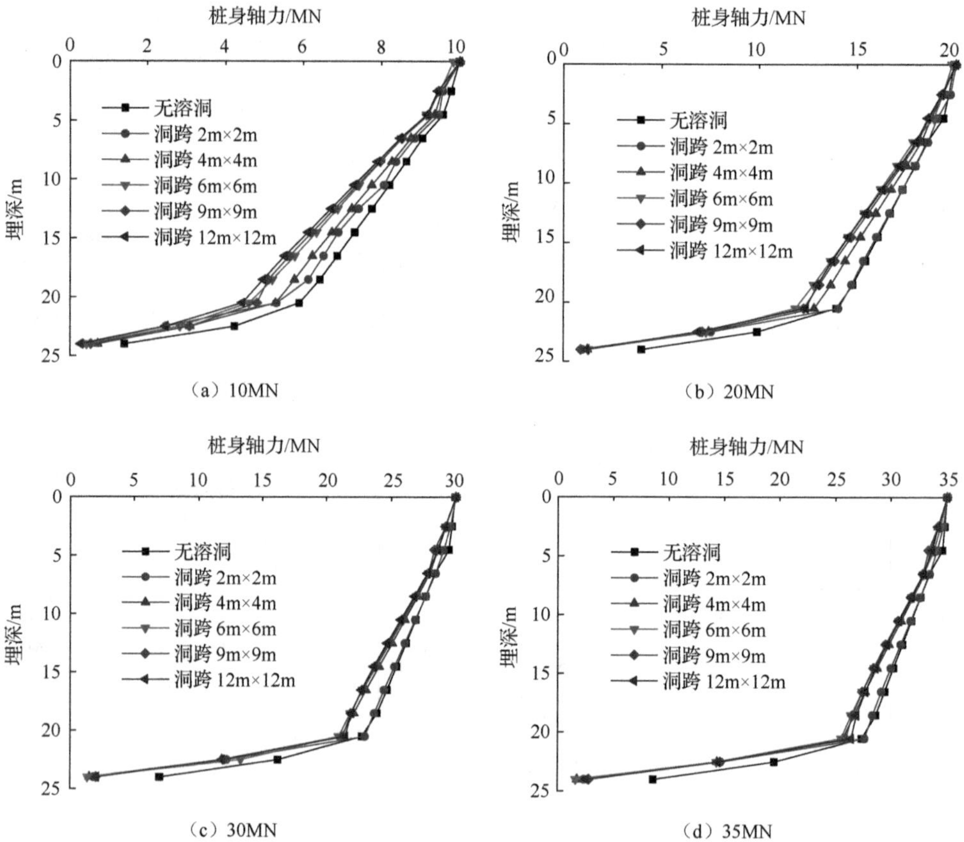

图 6-45　下伏溶洞洞跨变化下桩基轴力变化规律

由图 6-44、图 6-45 可以看出，与下伏溶洞洞高变化相同，下伏溶洞洞跨变化条件下的桩身轴力均在覆盖层范围内衰减较慢，在中风化灰岩层范围内衰减较快。相同荷载作用下，桩身同一深度处，当洞跨越大，覆盖层内桩身轴力衰减程度越大，该段的桩侧阻力逐渐发挥，当荷载越大（35MN）时，这一规律越不明显。这是由于荷载逐渐增大时，上部覆盖层内桩侧阻力逐渐完全发挥，由于该段的抗剪强度较低，桩侧阻力不能完全承担桩顶荷载，因此桩身轴力在中风化灰岩层范围内衰减速度加快，中风化灰岩层内桩侧阻力逐渐充分发挥。

3. 洞跨对桩侧阻力的影响分析

下伏溶洞洞跨变化时，桩基在不同桩顶荷载下的桩侧阻力变化规律如图 6-46 所示。

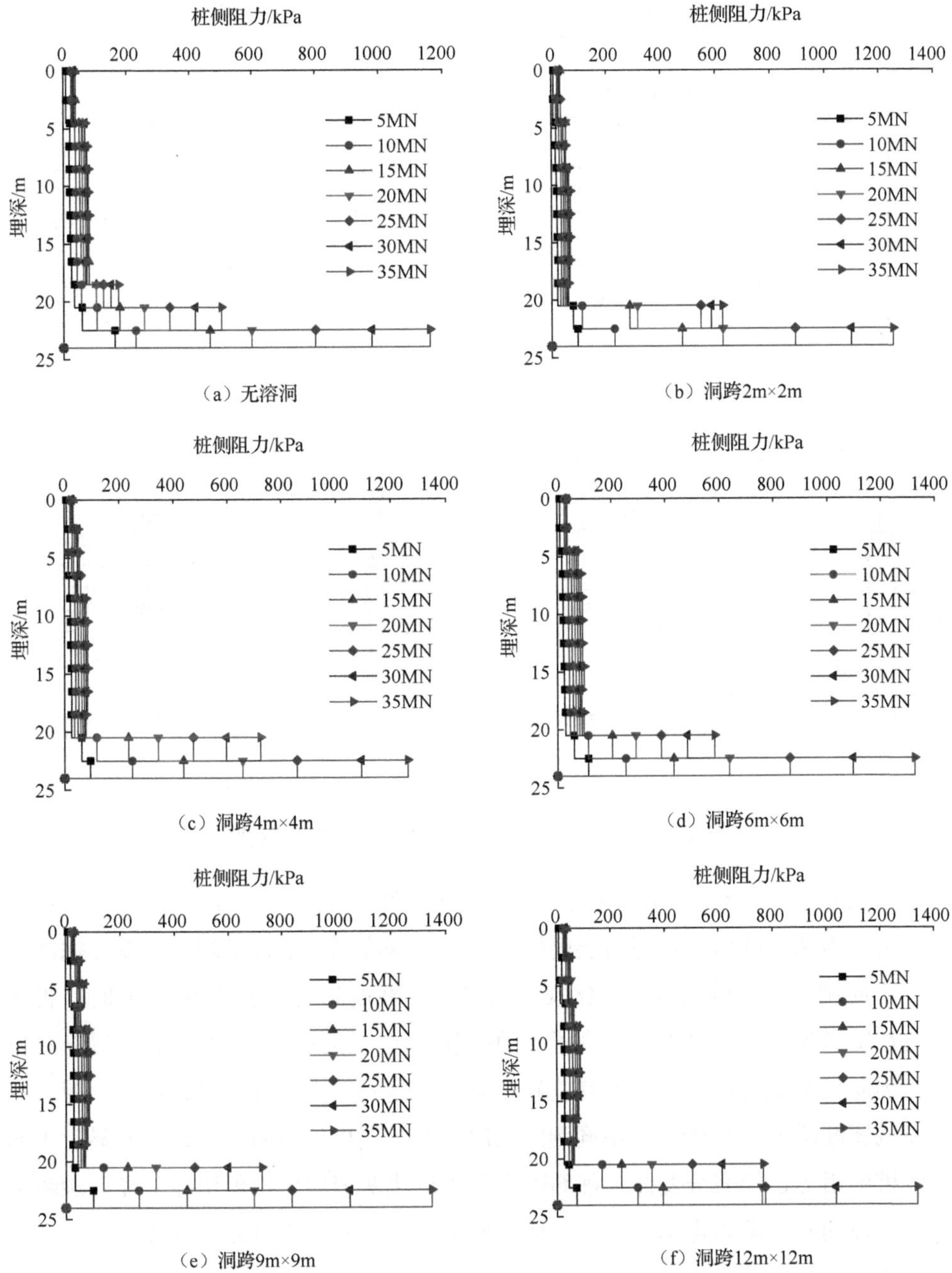

（a）无溶洞　（b）洞跨2m×2m

（c）洞跨4m×4m　（d）洞跨6m×6m

（e）洞跨9m×9m　（f）洞跨12m×12m

图 6-46　不同桩顶荷载作用下桩侧阻力变化规律

各级桩顶荷载作用下，下伏溶洞洞跨变化时的桩侧阻力变化规律如图 6-47 所示。

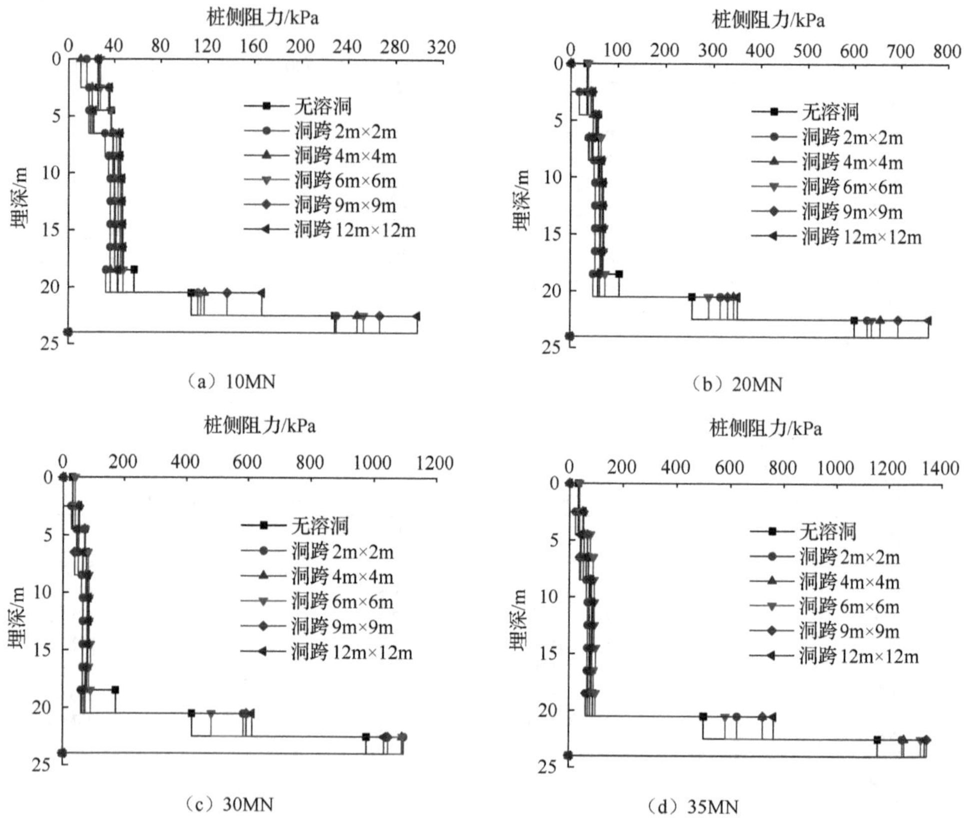

图 6-47　下伏溶洞洞跨变化下桩侧阻力变化规律

由图 6-46、图 6-47 可以看出，下伏溶洞洞跨变化情况下，桩侧阻力均在中风化灰岩层内达到峰值。在覆盖层内桩侧阻力随深度增大而逐渐增大且变化幅度较小，不同洞跨下的桩侧阻力变化规律相似。当桩顶荷载较小（10MN）时，桩侧阻力在覆盖层内有明显差异，由于桩顶荷载较小，覆盖层内桩侧阻力得以充分发挥，因此桩侧阻力在该范围内有差异明显，且洞跨越大，桩侧阻力越高；随着桩顶荷载逐渐增大（35MN），不同洞跨情况下覆盖层内桩侧阻力差距不明显，表明该段桩侧阻力已经充分发挥，桩侧阻力在中风化灰岩层内出现明显差异，洞跨越大，该段的桩侧阻力也越大，中风化灰岩层内桩侧阻力得以充分发挥，桩基逐渐呈现摩擦桩的特性。

4. 洞跨对桩端阻力和桩侧阻力影响对比分析

下伏溶洞洞跨变化时桩端阻力与桩侧阻力分布规律如图 6-48 所示。

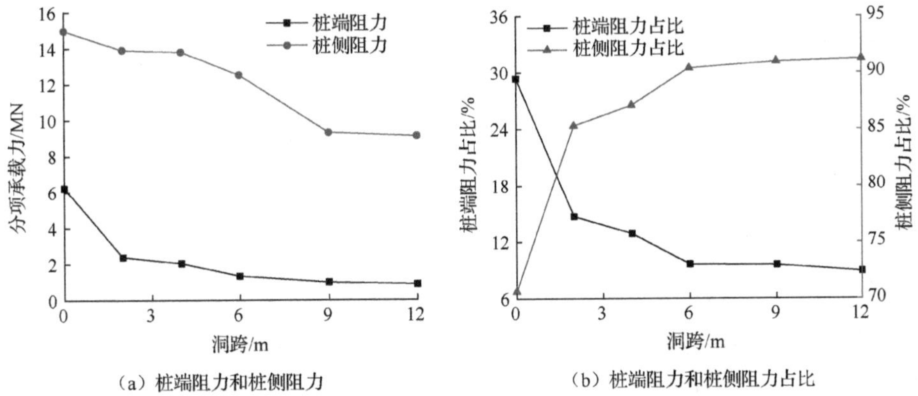

（a）桩端阻力和桩侧阻力　（b）桩端阻力和桩侧阻力占比

图 6-48　下伏溶洞洞跨变化下桩端阻力与桩侧阻力分布规律

由图 6-48 可以看出，随着下伏溶洞洞跨增大，桩侧阻力与桩端阻力逐渐减小。当洞跨从 0m 增加到 12m 时，桩侧阻力由 15.00MN 降低至 9.11MN，桩端阻力由 6.23MN 降低至 0.88MN。随着洞跨的增大，桩端阻力的减幅范围为 61.54%～85.89%，桩侧阻力的减幅范围为 7.17%～39.21%。由此可以得出，下伏溶洞洞跨的增大会极大地影响桩端阻力发挥，且与下伏溶洞洞高变化相比，洞跨变化对桩端阻力与桩侧阻力的影响程度更加明显。当下伏溶洞洞跨从 0m 增加到 12m 时，桩侧阻力占竖向极限承载力的占比由 70.63%增大至 91.20%；桩端阻力占竖向极限承载力的占比由 29.37%降低至 8.80%。由此可以得出，当下伏溶洞洞跨逐渐增大时，桩端阻力占比逐渐减小，桩侧阻力占比逐渐增大，当洞跨增加至 12m 时，桩端阻力与桩侧阻力的比值达到约 1∶9，此时桩基由摩擦端承桩转变为摩擦桩。

6.4.3　顶板厚度变化对岩溶发育区桩基竖向承载特性影响

1．顶板厚度对桩基竖向极限承载力影响分析

顶板厚度变化下竖向荷载-沉降关系如图 6-49 所示，桩基竖向极限承载力及竖向极限承载力影响度的变化规律如图 6-50 所示。

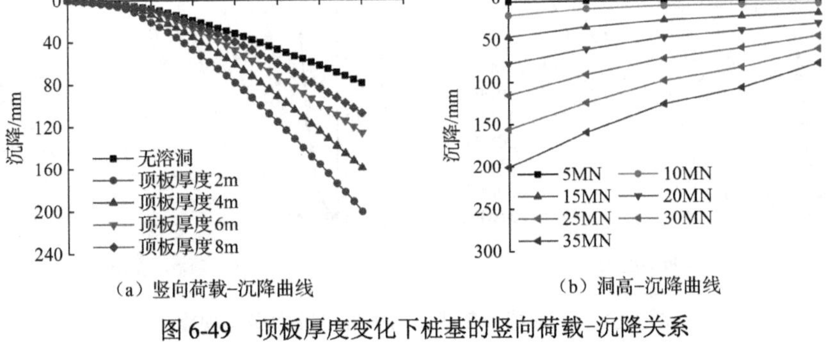

（a）竖向荷载-沉降曲线　（b）洞高-沉降曲线

图 6-49　顶板厚度变化下桩基的竖向荷载-沉降关系

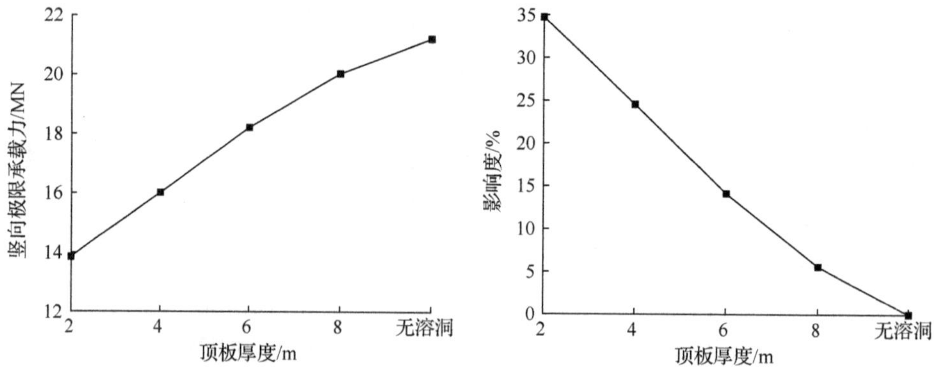

（a）竖向极限承载力　　（b）竖向极限承载力影响度

图 6-50　顶板厚度变化下桩基竖向承载力特性

由图 6-49、图 6-50 可以看出，顶板厚度的增加使桩基竖向极限承载力呈逐渐增大的趋势。桩底下伏溶洞顶板厚度由 8m 减小至 2m 时，桩基竖向极限承载力由 21.22MN 降低至 13.85MN，以无溶洞为基准，竖向极限承载力减幅由 5.61%增大至 34.73%，其减幅变化范围达到 29.12%。产生这种现象的原因是：桩基的嵌岩深度一定时，随着顶板厚度的减小，溶洞位置顶板强度与稳定性减小对桩基竖向极限承载力的影响逐渐增大，桩身沉降增大，桩基的竖向极限承载力减小。与下伏溶洞洞高与跨度相比，顶板厚度变化对桩基竖向极限承载力的影响比较显著。

2. 顶板厚度对桩身轴力影响分析

随着顶板厚度变化，不同桩顶荷载作用下桩身轴力变化规律如图 6-51 所示。

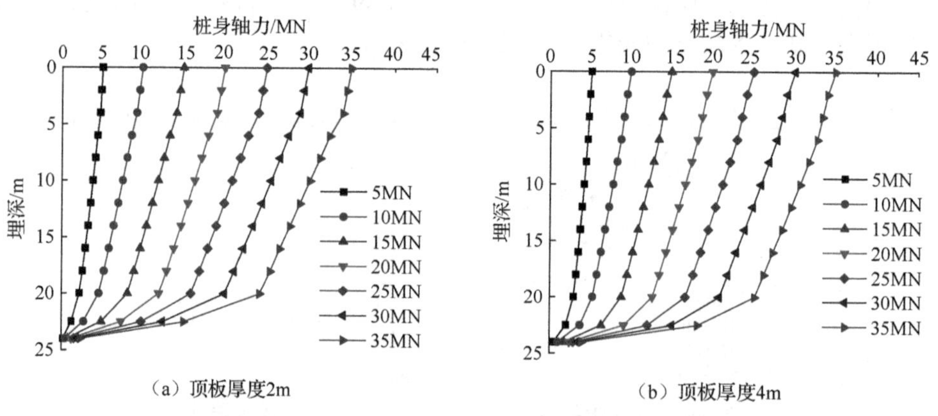

（a）顶板厚度2m　　（b）顶板厚度4m

图 6-51　不同桩顶荷载作用下桩身轴力变化规律

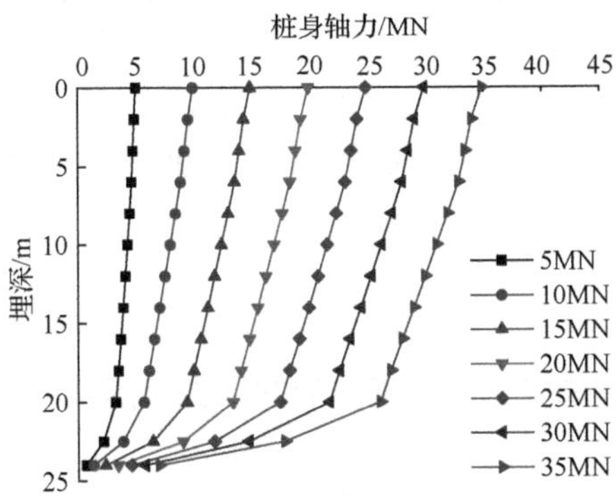

（c）顶板厚度6m

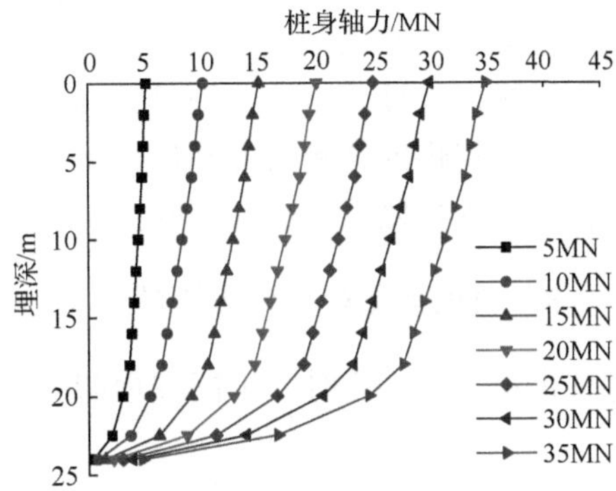

（d）顶板厚度8m

图 6-51（续）

分级荷载作用下，下伏溶洞顶板厚度变化时的桩身轴力变化规律如图 6-52 所示。

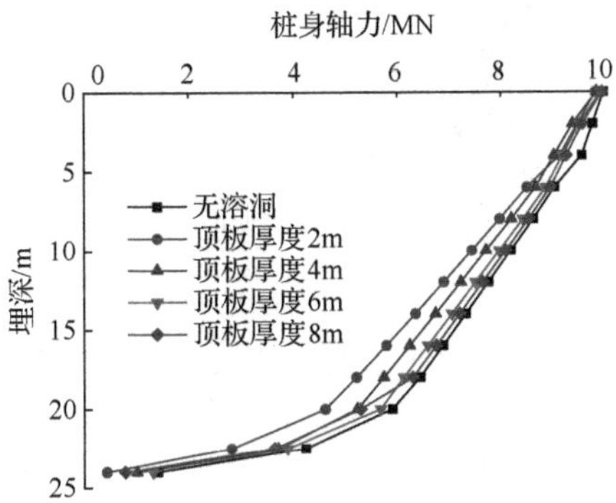

（a）10MN

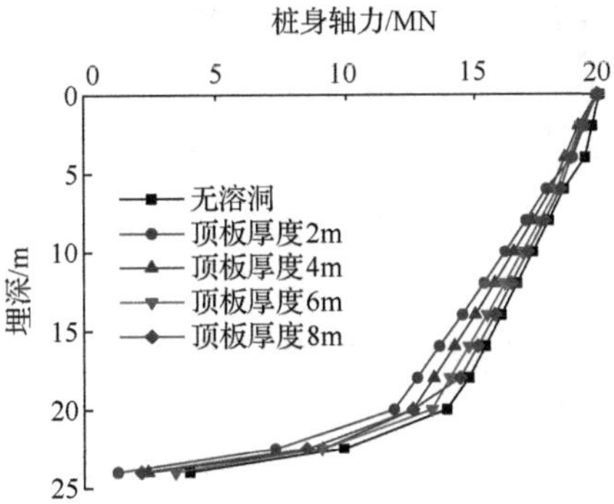

（b）20MN

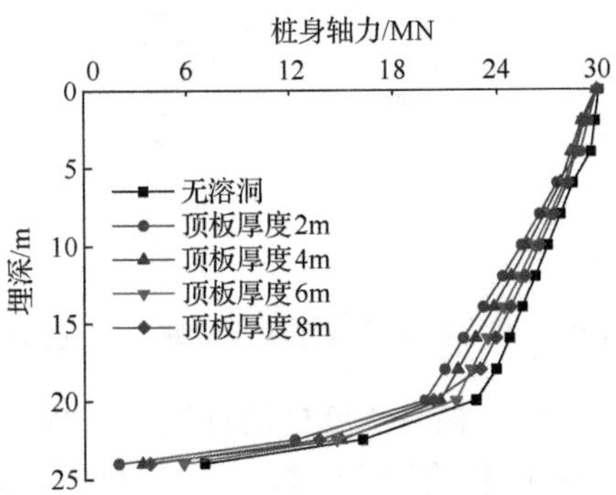

（c）30MN

图 6-52　顶板厚度变化下桩身轴力变化规律

由图 6-52 可以看出，不同顶板厚度的桩身轴力变化规律与下伏溶洞尺寸变化时相似，均在覆盖层内衰减较慢，在中风化灰岩层内衰减较快。荷载逐渐增大，桩身轴力在中风化灰岩层内衰减速度加快，桩侧阻力完全发挥。相同荷载作用下，随着顶板厚度逐渐减小，桩身轴力的衰减程度逐渐增大，由于覆盖层抗剪强度较低，该段提供的桩侧阻力不足以承担上部荷载，因此荷载较小时（10MN），中风化灰岩层内桩侧阻力也逐渐发挥。

3. 顶板厚度对桩侧阻力的影响分析

顶板厚度变化时，不同桩顶荷载下的桩侧阻力变化规律如图 6-53 所示。

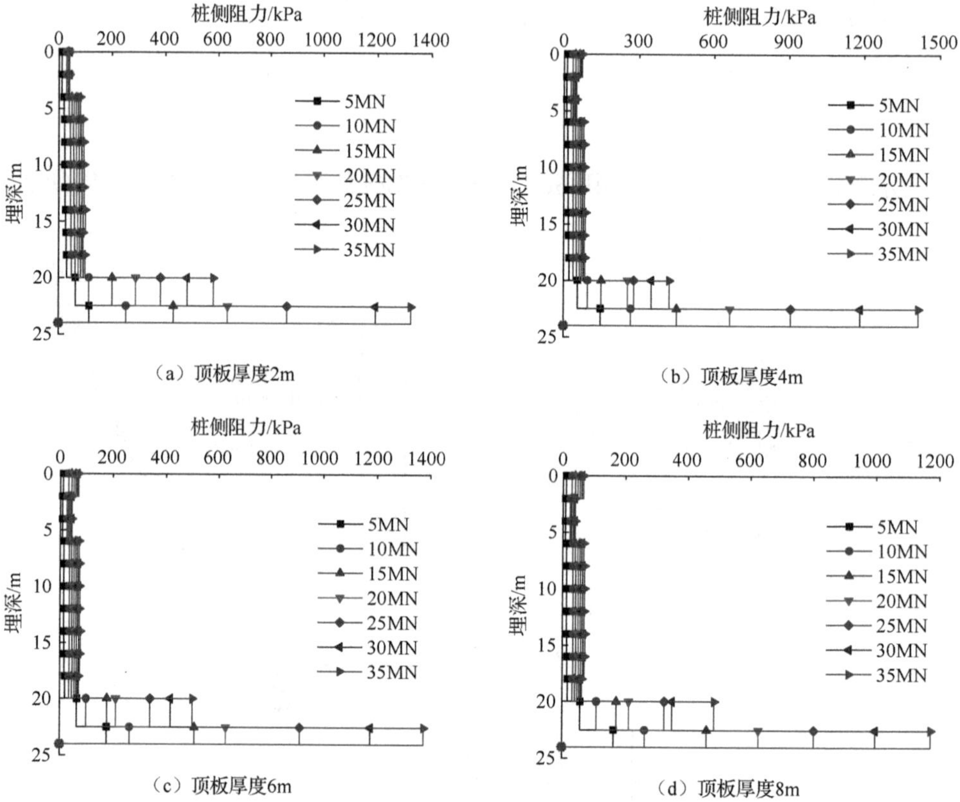

（a）顶板厚度2m　（b）顶板厚度4m　（c）顶板厚度6m　（d）顶板厚度8m

图 6-53　不同桩顶荷载作用下桩侧阻力变化规律

由图 6-53 可以看出，同一桩身深度处的桩侧阻力随桩顶荷载增大逐渐增大，以顶板厚度 4m 为例，随着荷载的增大，覆盖层内桩侧阻力增幅较小且趋于稳定，逐渐完全发挥；中风化灰岩层内桩侧阻力随荷载增大逐渐增大，该段桩侧阻力随桩顶荷载的增加逐渐充分发挥，且桩顶荷载越大，中风化灰岩层内桩侧阻力发挥程度越高。

不同桩顶荷载作用下，顶板厚度变化时的桩侧阻力变化规律如图 6-54 所示。

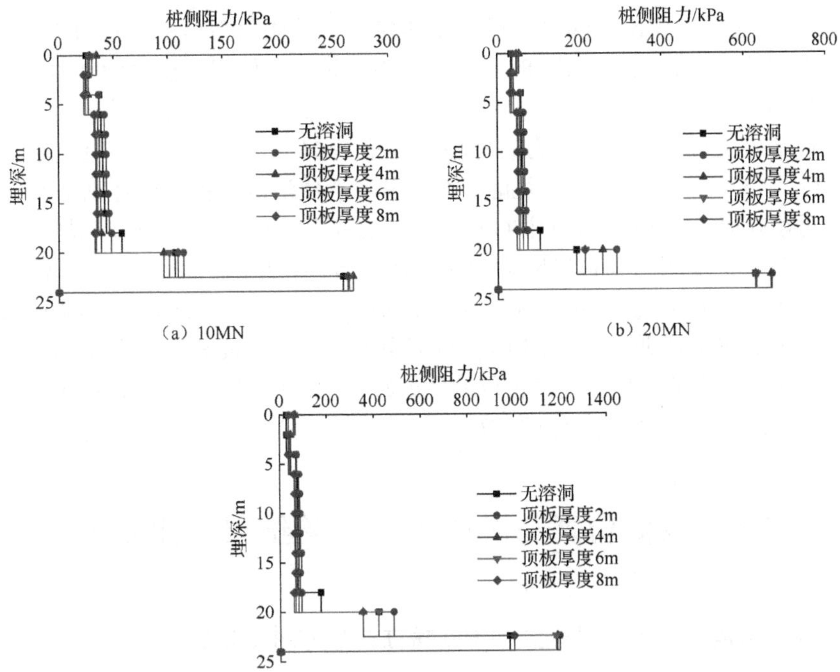

（a）10MN　（b）20MN　（c）30MN

图 6-54　顶板厚度变化下桩侧阻力变化规律

由图 6-54 可以看出，相同桩顶荷载作用下（以 30MN 为例），顶板厚度变化时位于上部覆盖层内的桩侧阻力无明显差异，表明该段桩侧阻力已逐渐充分发挥；进入中风化灰岩层后的桩侧阻力随顶板厚度减小逐渐增大，说明顶板厚度减小时桩侧阻力总体发挥程度较充分。下伏溶洞顶板厚度减小使桩端阻力发挥程度降低，桩顶荷载通过桩侧阻力传递到桩周岩土体，因此桩侧阻力得到充分发挥。

4. 顶板厚度对桩侧阻力和桩端阻力影响对比分析

下伏溶洞顶板厚度变化时桩端阻力与桩侧阻力分布规律如图 6-55 所示。

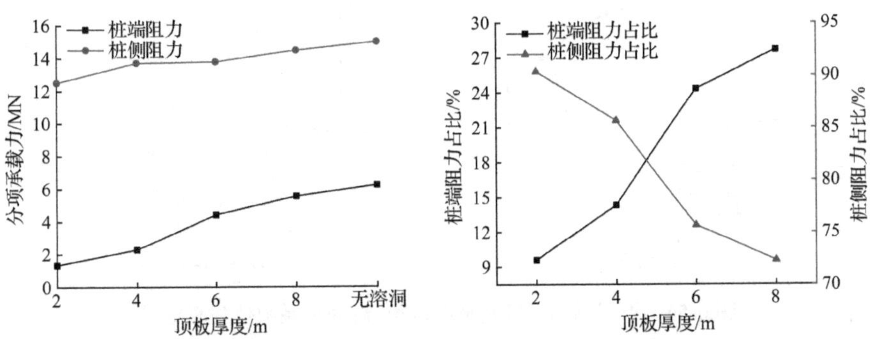

（a）桩端阻力和桩侧阻力　（b）桩端阻力和桩侧阻力占比

图 6-55　顶板厚度变化下桩端阻力与桩侧阻力分布规律

由图 6-55 可以看出，随着顶板厚度的减小，桩侧阻力与桩端阻力逐渐减小。对比无溶洞情况，顶板厚度由 8m 减小至 2m 时，桩侧阻力由 15.00MN 降低至 12.51MN；桩端阻力由 6.23MN 降低至 1.34MN。以无溶洞情况为基准，随着下伏溶洞顶板厚度的减小，桩端阻力的减幅范围达到 11.02%～78.52%，桩侧阻力的减幅范围仅为 3.42%～16.06%，由此可以得出，下伏溶洞顶板厚度逐渐减小，使桩端土体强度降低，桩端阻力发生明显削弱，桩侧阻力的减幅不明显，与下伏溶洞尺寸变化时的桩端阻力与桩侧阻力变化规律一致。因此，在桩基下伏出现溶洞时，应该着重考虑其对桩端阻力的影响。随着顶板厚度的减小，桩侧阻力占竖向极限承载力的占比由 70.63%增大至 90.39%；桩端阻力占竖向极限承载力的占比由 29.37%降低至 9.61%。由此得出，当顶板厚度逐渐减小时，桩端土层无法提供足够的桩端阻力，因此桩侧阻力发挥占比逐渐增大，桩基逐渐由摩擦端承桩转变为摩擦桩。

6.5　数值仿真与离心模型试验结果对比验证

6.5.1　穿越溶洞的高度对桩基竖向承载特性影响的对比分析

按离心模型试验中洞高变化时的工况建立对应的数值仿真模型，对比二者在洞高变化时穿过溶洞桩基的 Q-s 曲线、竖向极限承载力、影响度和极限荷载作用下的桩端、侧阻力占比变化规律。

1. 数值仿真结果

1）洞高变化时桩基竖向承载特性数值仿真结果

洞高变化时穿过溶洞桩基竖向荷载-沉降关系的数值仿真结果如图 6-56 所示。

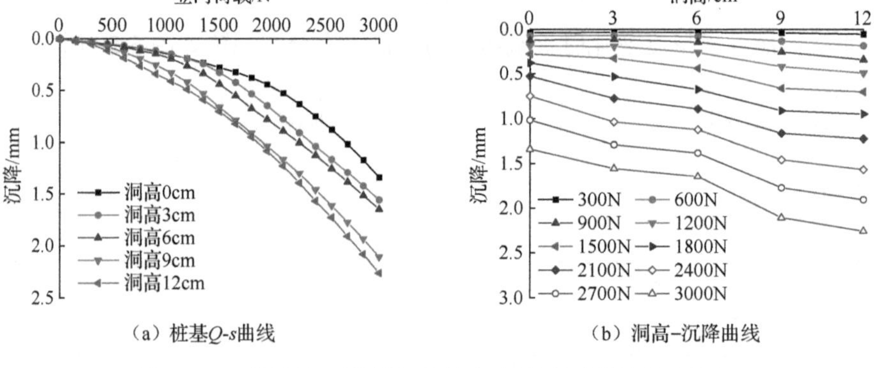

（a）桩基 Q-s 曲线　　（b）洞高-沉降曲线

图 6-56　不同洞高下桩基竖向荷载-沉降关系数值仿真结果

由图 6-56 可以看出，洞高增加使桩顶产生相同沉降时所需竖向荷载减小；荷载为 300～1200N 时，随着洞高增加，桩顶沉降增加幅度较小，荷载大于 1200N 后，洞高大于 6cm 后，桩顶沉降增加显著。例如，当桩顶竖向荷载为 2400N 时，与无溶洞时的桩顶沉降相比，洞高为 3cm、6cm、9cm、12cm 时，桩顶沉降增幅分别为 38.5%、49.9%、94.5%、109.2%。说明洞高小于 6cm 时，溶洞顶板受弯拉引起桩周岩土体挤压作用加强；洞高大于 6cm 后，桩周岩土体缺失范围过大，在竖向荷载作用下，桩顶沉降显著增大。

不同洞高下穿过溶洞桩基竖向极限承载力特性的数值仿真结果如图 6-57 所示。

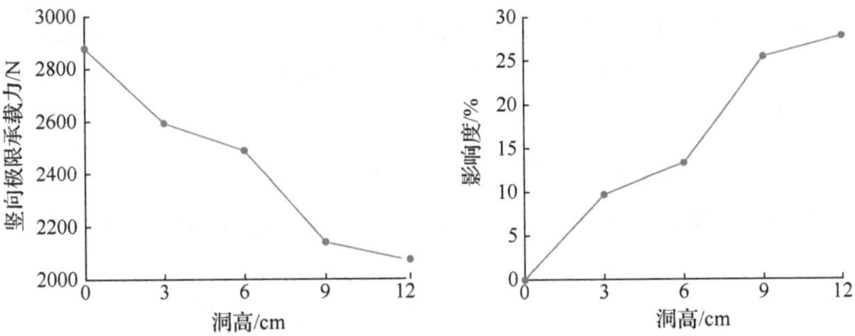

（a）竖向极限承载力　（b）竖向极限承载力影响度

图 6-57　竖向极限承载力特性数值仿真结果

由图 6-57 可以看出，穿过溶洞的桩基竖向极限承载力随洞高增大而减小，当洞高大于 6cm 后，桩基竖向极限承载力显著减小。当洞高为 3cm、6cm 时，与无溶洞时相比，桩基竖向极限承载力分别减小了 283.4N、387.5N，竖向极限承载力影响度分别为 9.8%、13.5%；当洞高为 9cm、12cm 时，桩基竖向极限承载力分别减小了 737.3N、804.2N，竖向极限承载力影响度分别为 25.6%、27.9%。

2）洞高变化时桩基分项承载力数值仿真结果

不同洞高下桩基的桩侧阻力、桩端阻力及其占比数值仿真结果如图 6-58 所示。

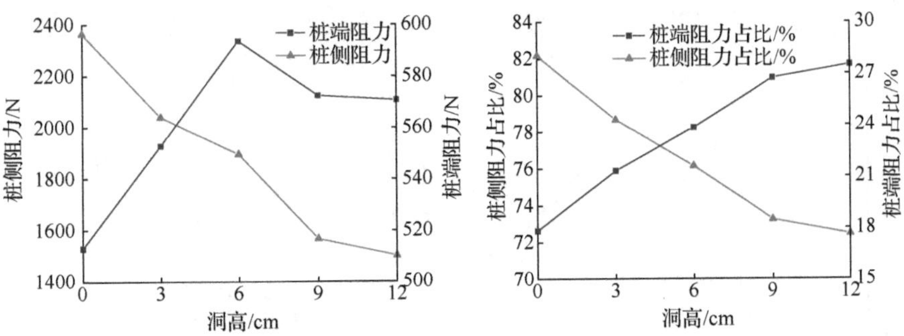

（a）分项承载力　（b）分项承载力占比

图 6-58　分项承载力数值仿真结果

由图 6-58 可以看出，穿过溶洞桩基竖向极限承载力中桩侧阻力及其占比随洞高增加而减小；桩端阻力随洞高增加先增大后减小，其占比逐渐增大。当洞高大于 6cm 后，桩侧阻力出现明显拐点，而桩端阻力由增大转为减小。与无溶洞相比，洞高为 3cm、6cm、9cm、12cm 时，桩侧阻力分别减小了 13.7%、19.8%、33.7%、36.5%，桩端阻力分别增大了 7.8%、15.8%、11.6%、11.3%。

2. 数值仿真与离心模型试验结果对比分析

为了确定数值仿真结果是否能够较好地模拟岩溶发育区桩基的竖向承载特性，选用离心模型试验中洞高变化时的试验结果与数值仿真结果进行对比，用以验证数值仿真结果的可靠性。

1）洞高变化时桩基竖向承载特性对比分析

不同洞高下桩基 *Q-s* 曲线的离心模型试验与数值仿真结果对比如图 6-59 所示。

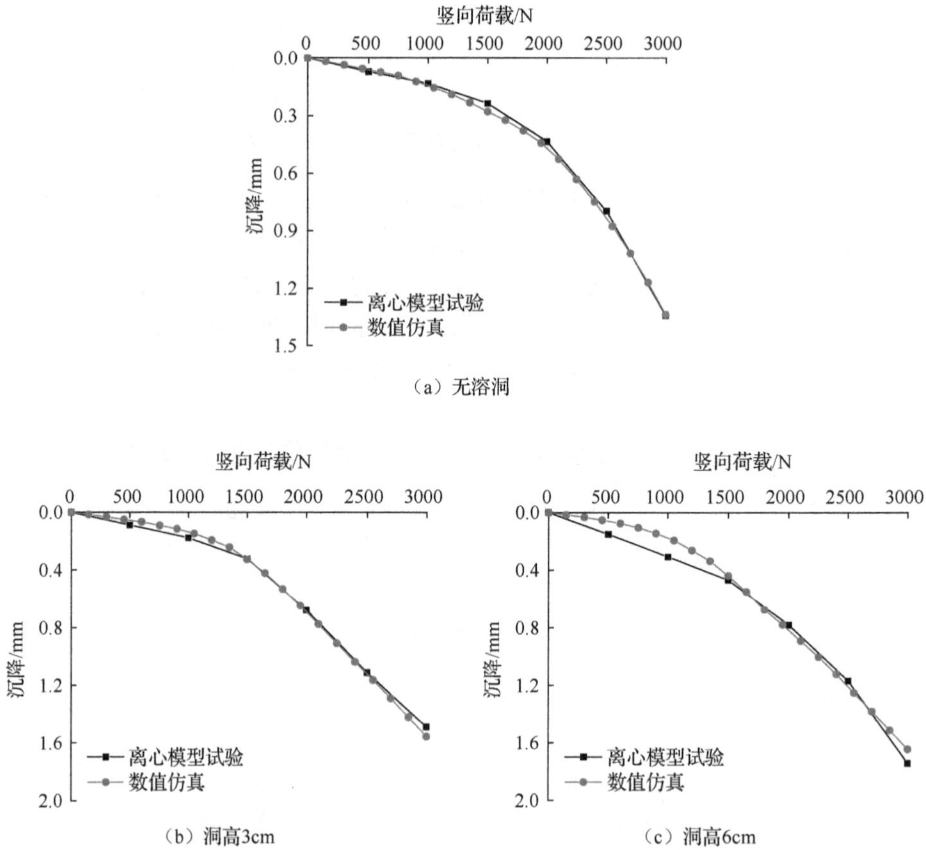

图 6-59　离心模型试验与数值仿真结果 *Q-s* 曲线对比

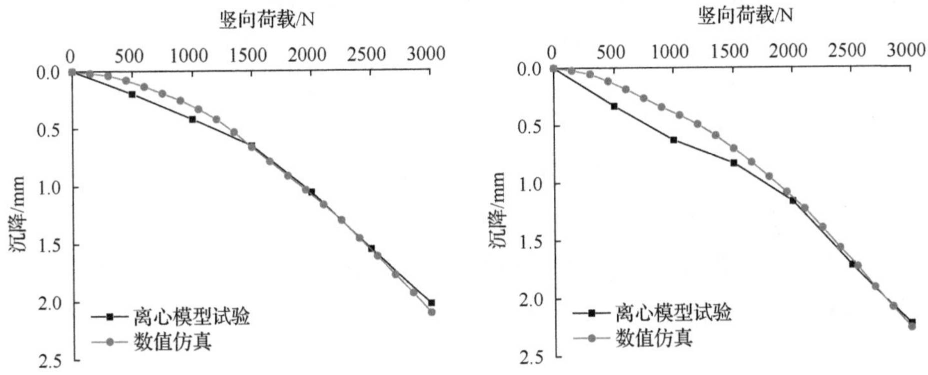

（d）洞高9cm　　（e）洞高12cm

图 6-59（续）

由图 6-59 可以看出，随着竖向荷载的增大，穿过溶洞桩基的桩顶沉降随洞高增大而加速增大；同一荷载作用下，洞高增加时，桩顶沉降增大，洞高 6cm 是桩顶沉降加速增大的拐点，这与离心模型试验结果表现出一致的规律。数值仿真中洞高变化时穿过溶洞桩基的 *Q-s* 曲线与离心模型试验所得结果基本吻合，不同之处在于，荷载较小时桩顶沉降具有一定差异，主要原因可能是离心模型试验中岩土体的模拟是通过人工使用振动器压实，对地基具有一定扰动，在试验前期可能存在沉降较大的情况。

不同洞高下穿过溶洞桩基竖向极限承载力特性的离心模型试验与数值仿真结果对比如图 6-60 所示。

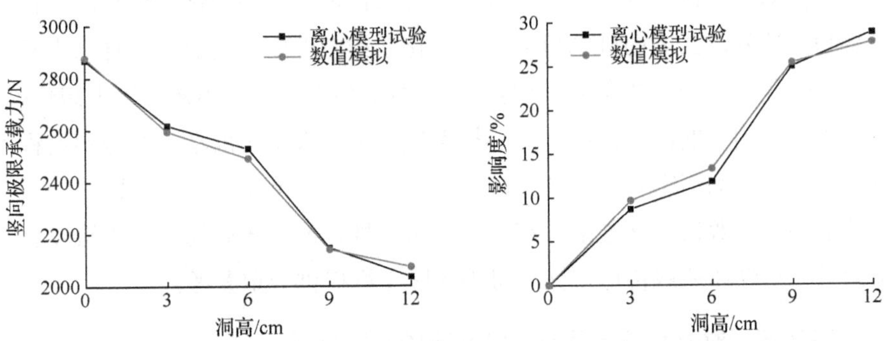

（a）竖向极限承载力　　（b）竖向极限承载力影响度

图 6-60　离心模型试验与数值仿真结果竖向极限承载力特性对比

由图 6-60 可以看出，数值模拟与离心模型试验的桩基竖向极限承载力均与洞高变化呈负相关关系，以洞高 6cm 为承载力变化转折点，洞高大于 6cm 后，增加洞高对桩基竖向极限承载力的影响度大幅增加，二者所得结果几乎吻合。由于数值仿真边界条件较理想，溶洞为规则的空腔且与周围岩土体之间连接紧密，而离心模型试验受试验操作影响存在一定误差，导致二者所得桩基竖向极限承载力在数值上具有一定差异。

2）洞高变化时桩基荷载传递机理对比分析

在竖向极限承载力荷载作用下，桩侧阻力与桩端阻力变化规律具有一一对应性，本书仅对比不同洞高下穿过溶洞桩基的桩侧阻力及其占比的离心模型试验与数值仿真结果，如图 6-61 所示。

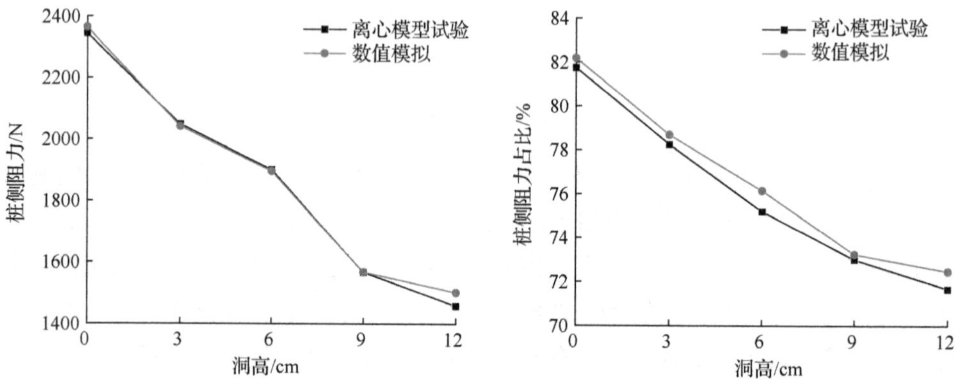

（a）桩侧阻力　　（b）桩侧阻力占比

图 6-61　离心模型试验与数值仿真结果桩侧阻力及其占比对比

由图 6-61 可以看出，随着洞高增加，穿过溶洞桩基的竖向极限承载力中桩侧阻力和桩侧阻力占比均逐渐减小，数值仿真所得桩侧阻力变化曲线与离心模型试验结果吻合性好，二者的桩侧阻力占比变化曲线表现出一致的规律且拐点几乎相同，但在数值上存在一定差异。这是由于在数值仿真中建立的模型为理想化模型，不受外界各种因素的影响；而在离心模型试验中，人工对地基土的夯实过程可能导致地基土的扰动而影响初始条件，故与数值仿真结果存在一定差异。

综上所述，数值仿真结果具有一定的可靠性，能够较好地反映岩溶发育区桩基竖向承载特性和荷载传递规律，可为实际工程提供一定参考。

6.5.2　下伏溶洞对桩基竖向承载特性影响的对比分析

1. 下伏岩溶不同洞高对桩基承载特性影响的对比分析

桩基下伏岩溶高度变化时离心模型试验与数值仿真结果的竖向极限承载力 P 及其减幅 m_z 对比结果如表 6-4 和图 6-62 所示。

表 6-4　洞高变化时离心模型试验与数值仿真结果的竖向极限承载力减幅对比

试验方法	0m		4m		6m		9m	
	P/kN	m_z/%	P/kN	m_z/%	P/kN	m_z/%	P/kN	m_z/%
离心模型试验	2.65	0	1.99	24.87	1.93	27.36	1.92	27.74
数值仿真	21220	0	13840	34.74	13580	36.00	13500	36.36

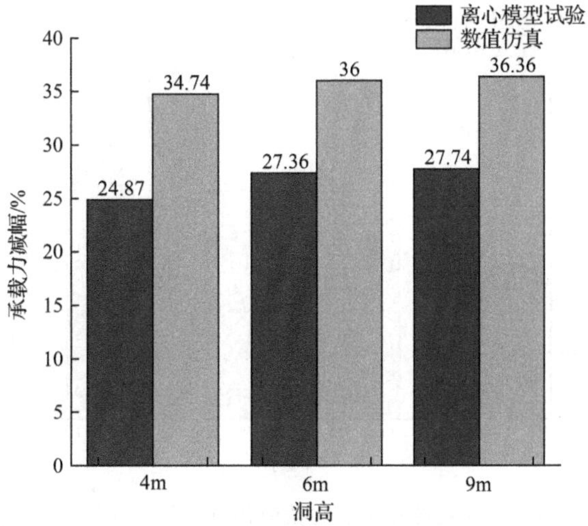

图 6-62　洞高变化时离心模型试验与数值仿真结果竖向极限承载力的减幅对比

由图 6-62 及表 6-4 可以看出，当洞高由 0m 增加到 9m 时，离心模型试验确定的桩基竖向极限承载力减幅由 24.87%增加至 27.74%；数值仿真确定的桩基竖向极限承载力减幅由 34.74%增加至 36.36%，表明两种方法所确定的极限承载力减幅都逐渐增大且增大幅度都在 5%以内。在这种工况变化中，两种方法得到的变化规律相同，但在数值上有微小差异，数值仿真得到的减幅普遍大于离心模型试验结果，这是因为在数值仿真中建立的理想化模型，不受外界条件干扰，而离心模型试验中，当埋入桩基后对上层土体进行夯实，可能使得桩基在荷载作用前发生微小沉降，桩基嵌岩深度少量增加，因此桩基竖向极限承载力的减幅略小于数值模拟结果。综上所述，可以证实随下伏溶洞洞高的增大，桩基竖向极限承载力的减幅逐渐增大，这一结果具有一定的可靠性。

2. 下伏岩溶不同洞跨对桩基竖向承载特性影响的对比分析

桩基下伏岩溶洞跨变化时离心模型试验与数值仿真结果的竖向极限承载力及其减幅对比结果如表 6-5 和图 6-63 所示。

表 6-5　洞跨变化时离心模型试验与数值仿真结果的竖向极限承载力减幅对比

试验方法	0m		4m		6m		9m		12m	
	P/kN	m_z/%	P/kN	m_z/%	P/kN	m_z/%	P/kN	m_z/%	P/kN	m_z/%
离心模型试验	2.65	0	2.05	22.70	1.93	27.36	1.75	34.00	1.55	41.43
数值仿真	21220	0	15850	25.31	13850	34.74	10300	51.46	9990	52.92

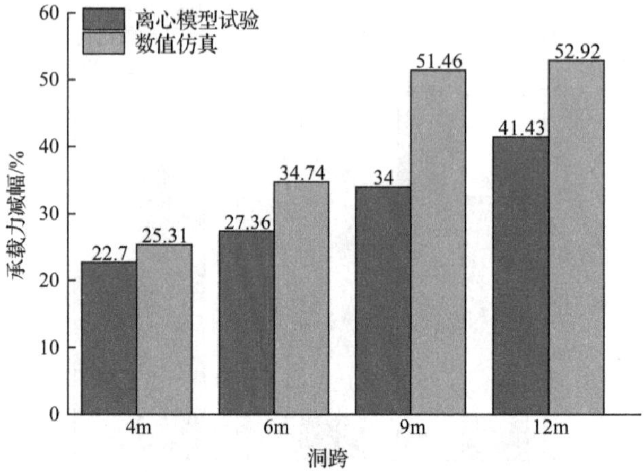

图 6-63　洞跨变化时离心模型试验与数值仿真结果竖向极限承载力减幅对比

由图 6-63 及表 6-5 可以看出，当洞跨由 0m 增加到 12m 时，离心模型试验确定的桩基竖向极限承载力减幅由 22.70%增加至 41.43%，数值仿真确定的桩基竖向极限承载力减幅由 25.31%增加至 52.92%，二者的竖向极限承载力减幅及变化规律具有一致性。与前述下伏溶洞洞高变化对应的减幅相比，洞跨变化下桩基竖向极限承载力的减幅程度明显更高，因此对桩基础竖向承载特性的影响程度更高。综上所述，可以证实随下伏溶洞洞跨的增大，桩基础竖向极限承载力减幅逐渐增大，其减幅比洞高的增大更加明显。

3. 下伏岩溶不同顶板厚度对桩基竖向承载特性影响的对比分析

桩基下伏岩溶顶板厚度变化时离心模型试验与数值仿真结果的竖向承载力及减幅对比结果如表 6-6 和图 6-64 所示。

表 6-6　顶板厚度变化时离心模型试验与数值仿真的竖向极限承载力减幅对比

试验方法	无溶洞		6m		4m		2m	
	P/kN	m_z/%	P/kN	m_z/%	P/kN	m_z/%	P/kN	m_z/%
离心模型试验	2.65	0	2.29	13.85	2.17	18.32	1.61	39.13
数值仿真	21220	0	18220	14.14	16010	24.55	13850	34.74

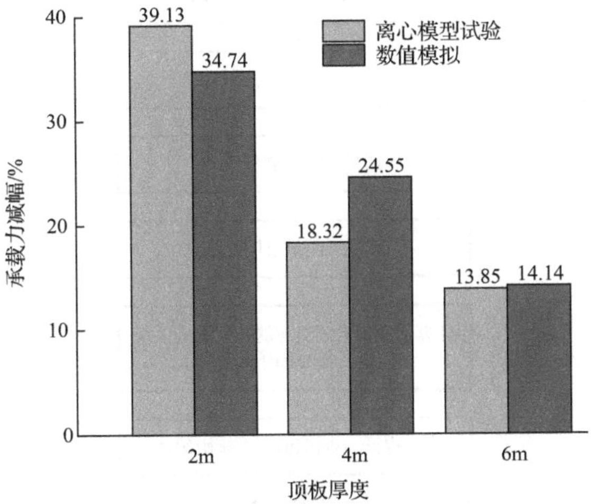

图 6-64　顶板厚度变化时竖向极限承载力减幅对比

由图 6-64 及表 6-6 可以看出，当顶板厚度由 6m 减小到 2m 时，离心模型试验确定的桩基竖向极限承载力减幅由 13.85%增加至 39.13%，数值仿真确定的桩基竖向极限承载力减幅由 14.14%增加至 34.74%。综上所述，可以证实随下伏溶洞顶板厚度的减小，桩基竖向极限承载力的减幅逐渐增大，且顶板厚度的变化对桩基竖向承载特性有显著影响。

综上所述，采用离心模型试验与数值仿真方法得出的下伏溶洞对桥梁桩基竖向承载特性影响的相关分析结果具有一定的可靠性，可在此基础上进行后续研究。

6.6　岩溶发育区桩基竖向承载特性的参数敏感性分析

前述内容探明了嵌岩深径比、洞高、洞跨、溶洞数量对岩溶区桩基竖向承载特性的影响，为评价穿过溶洞桩基的竖向承载特性对各因素的参数敏感性，引入敏感性分析模型，采用敏感度概念定量化描述 4 种因素对桩基竖向极限承载特性的影响程度。

6.6.1　敏感性分析方法的思路

敏感性分析方法是一种描述各种影响参数在可能的范围内变化时引起的系统特征与基准状态下的系统特征之间偏离程度的系统稳定性分析方法。敏感性分析方法的思路如图 6-65 所示[171]。

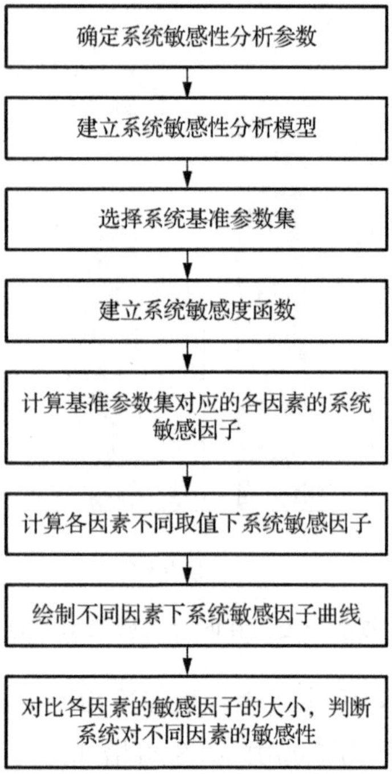

图 6-65　敏感性分析方法的思路

在敏感性分析方法中，最重要的是建立敏感性分析模型 P，确定符合工程实际的系统特征与各种参数之间的映射关系，如下式：

$$P = f(x_1, x_2, \cdots, x_n) \tag{6-20}$$

在敏感性分析前需确定系统基准参数集，也就是给出控制变量时，单一因素变化下其他因素的取值基准，从而设定系统特征的基准状态，分析参数 x_i 对系统 P 的影响时，可控制单一变量，仅在规定范围内改变参数 x_i 的取值，此时系统特征可表示为

$$P = f(x_1, x_2, \cdots, x_n) = \varphi_i(x_i) \tag{6-21}$$

最后引入无量纲形式的敏感度函数和敏感因子对敏感性分析模型进行无量纲化处理。敏感度函数 S_i（x_i）是系统特征相对变化量与参数相对变化量的比值［式（6-22）］，用以表述系统特征敏感性与各参数变化的关系；敏感度函数的因变量为敏感因子 S_i，敏感度因子表示不同参数取值下系统的敏感度，可用于对比分析系统特征对各参数的敏感性。确定各参数的敏感度函数后可计算出各参数取值下对应的系统敏感因子，直观比较各参数影响下系统的敏感因子，即可定量评价系统特征对各参数的敏感性，S_i越大，说明在基准状态下，系统特征对参数 x_i 越敏感。

$$S_i(x_i) = \left(\frac{|\Delta P|}{P}\right) \Big/ \left(\frac{|\Delta x_i|}{x_i}\right) = \left|\frac{\Delta P}{\Delta x_i}\right| \frac{x_i}{P} \qquad i = 1, 2, 3, \cdots, n \tag{6-22}$$

当$\left|\Delta x_i\right|/x_i$较小时，上式可近似地表示为

$$S_i(x_i)=\left|\frac{\mathrm{d}\varphi(x_i)}{\mathrm{d}x_i}\right|\frac{x_i}{P}\qquad i=1,2,3,\cdots,n \tag{6-23}$$

6.6.2　穿越的溶洞影响下桩基竖向承载特性的参数敏感性分析

在岩溶发育区桩基竖向承载特性的参数敏感性分析中，以桩基竖向承载特性的直观特征——竖向极限承载力 Q_{u} 作为系统特征 P，分析嵌岩深径比 h_{r}/D、洞高 H、洞跨 L、溶洞数量 a 四种因素对其影响程度。

结合依托工程设计和地勘资料，给出基准参数集，见表 6-7。

表 6-7　基准参数集

h_{r}/D	H/cm	L/cm	a/层
1	6	6	1

各参数的敏感性分析模型为嵌岩深径比 h_{r}/D（x_1）、洞高 H（x_2）、洞跨 L（x_3）、溶洞数量 a（x_4）四种因素作用下桩基的竖向极限承载力与参数之间的函数关系，此时的敏感性分析模型曲线分别如图 5-49、图 5-25、图 5-14、图 5-38 所示，采用最小二乘法拟合得到 Q_{u} 与各参数 x_i 之间的函数关系见表 6-8。

表 6-8　竖向极限承载力与各参数之间的敏感性分析模型

影响因素 x_i	函数关系式	R^2
h_{r}/D	$\varphi_{h_{\mathrm{r}}/D}(h_{\mathrm{r}}/D)=-43.485(h_{\mathrm{r}}/D)^2+331.12(h_{\mathrm{r}}/D)+2249.7$	0.999
H	$\varphi_H(H)=-0.0725H^2+70.406H+2865.3$	0.988
L	$\varphi_L(L)=3.584L^2-76.11L+2849.5$	0.991
a	$\varphi_a(a)=-6.1356a^2-160.62a+2854.2$	0.985

由式（6-23）计算得到以上参数的敏感度函数及敏感度因子见表 6-9，敏感度函数曲线如图 6-66 所示。

表 6-9　各参数的敏感度函数及敏感度因子

影响因素 x_i	敏感度函数	敏感度因子
h_{r}/D	$S_{h_{\mathrm{r}}/D}(h_{\mathrm{r}}/D)=\left\|\dfrac{-331.12(h_{\mathrm{r}}/D)-4499.4}{-43.485(h_{\mathrm{r}}/D)^2+331.12(h_{\mathrm{r}}/D)+2249.7}+2\right\|$	0.096
H	$S_H(H)=\left\|\dfrac{70.406H-5730.6}{-0.0725H^2-70.406H+2865.3}+2\right\|$	0.175
L	$S_L(L)=\left\|\dfrac{76.11L-2849.5}{3.584L^2-76.11L+2849.5}+2\right\|$	0.080
a	$S_a(a)=\left\|\dfrac{160.62a-5708.4}{-6.1356a^2-160.62a+2854.2}+2\right\|$	0.064

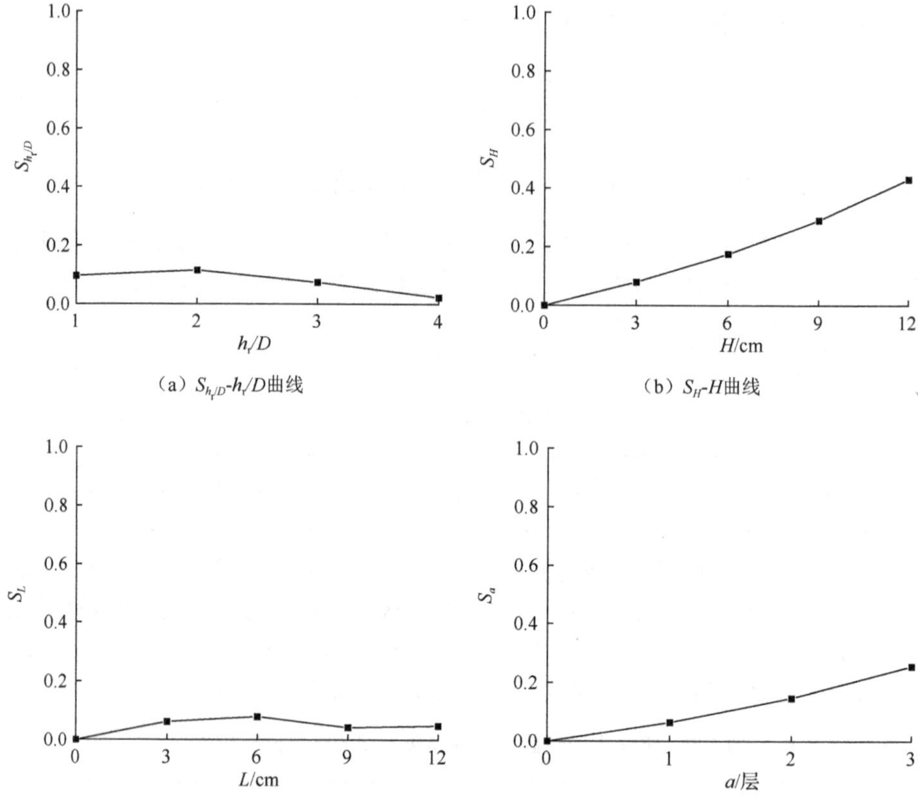

(a) $S_{h_r/D}$-h_r/D曲线　(b) S_H-H曲线　(c) S_L-L曲线　(d) S_a-a曲线

图 6-66　各参数敏感度函数曲线

由表 6-9 和图 6-66 可以看出，$S_{h_r/D}$随穿过溶洞桩基的嵌岩深径比的增大先增大后减小，嵌岩深径比为 2 是敏感度拐点，说明嵌岩深径比大于 2 后，桩基竖向极限承载力与嵌岩深径比的正相关关系明显减弱，通过提高桩基嵌岩深度来提高穿过溶洞桩基的竖向承载特性受到限制，这与 5.3.7 节的分析相符。S_H随桩基所穿过溶洞的洞高增大而增大，当 H>6cm 时，敏感度增幅变大，说明洞高超过 6cm 后，桩身周围土体连续缺失范围过大，桩基竖向极限承载力受溶洞影响程度变大。S_L 随洞跨的增大呈现先增大后减小再增大的趋势，L>6cm 后，敏感度减小，说明洞跨大于 6cm 后，桩基竖向极限承载力所受影响出现限制，而洞跨过大时，顶板底部可能出现塑性区贯通从而减小该部分对桩基的侧向挤压。穿过溶洞桩基的竖向极限承载力对参数的敏感度由大到小排序为：洞高 H>嵌岩深径比 h_r/D>溶洞数量 a>洞跨 L。

6.6.3　下伏溶洞影响下桩基竖向承载特性的参数敏感性分析

在下伏存在溶洞桩基竖向承载性能的敏感性分析中，取竖向极限承载力 Q_u

作为竖向承载性能的表征参数。竖向极限承载力是竖向受荷桩承载控制指标，依据这个衡量指标对下伏溶洞洞高、洞跨及顶板厚度等参数影响下的桩基竖向承载性能敏感度进行分析。由于工况设定中，以洞高 4m、跨度 6m、顶板厚度 2m 为基准，由此给出基准参数集，见表 6-10。

表 6-10　基准参数集

洞高 h/m	洞跨 l/m	顶板厚度 h_c/m
4	6	2

采用曲线拟合的方法，建立 Q_u 与 H、l、h_c 的函数关系，见表 6-11。

表 6-11　竖向极限承载力与岩溶参数的函数关系

影响因素 x_i	函数关系式	R^2
h	$Q_u=\varphi_h(x_1)=0.0052x_1^4-0.1473x_1^3+1.4392x_1^2-5.6676x_1+21.169$	0.993
l	$Q_u=\varphi_l(x_2)=0.0047x_2^4-0.1295x_2^3+1.2574x_2^2-5.4470x_2+21.2$	1.000
h_c	$Q_u=\varphi_d(x_3)=0.0235x_3^4-0.4797x_3^3+3.4109x_3^2-8.7763x_3+21.22$	1.000

从而得到各影响因素下的敏感度函数如表 6-12 和图 6-67 所示。

表 6-12　各溶洞参数的敏感度函数及敏感度因子

影响因素 x_i	敏感度函数	基准敏感因子
h	$S_h(x_1)=\left\lvert\dfrac{0.1473x_1^3-2.8784x_1^2+17.0028x_1-84.676}{0.0052x_1^4-0.1473x_1^3+1.4392x_1^2-5.6676x_1+21.169}+4\right\rvert$	0.032
l	$S_l(x_2)=\left\lvert\dfrac{0.1295x_2^3-2.5148x_2^2+16.341x_2-84.8}{0.0047x_2^4-0.1295x_2^3+1.2574x_2^2-5.4470x_2+21.2}+4\right\rvert$	0.143
d	$S_d(x_3)=\left\lvert\dfrac{0.4797x_3^3-20.4654x_3^2+26.3289x_3-84.88}{0.0235x_3^4-0.4797x_3^3+6.8218x_3^2-8.7763x_3+21.22}+4\right\rvert$	0.099

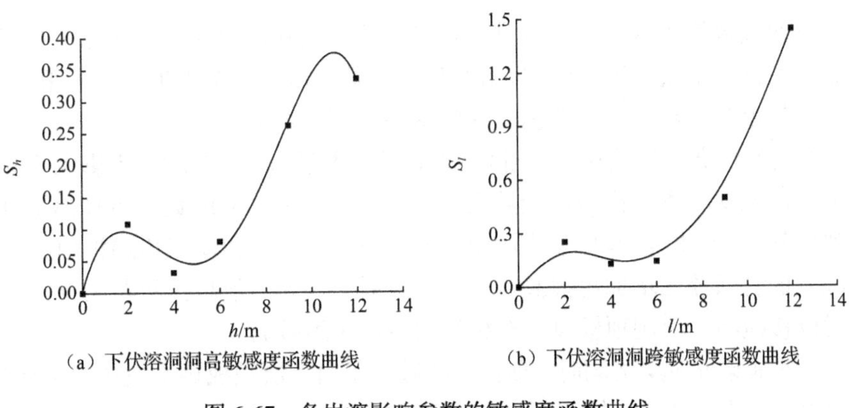

（a）下伏溶洞洞高敏感度函数曲线　（b）下伏溶洞洞跨敏感度函数曲线

图 6-67　各岩溶影响参数的敏感度函数曲线

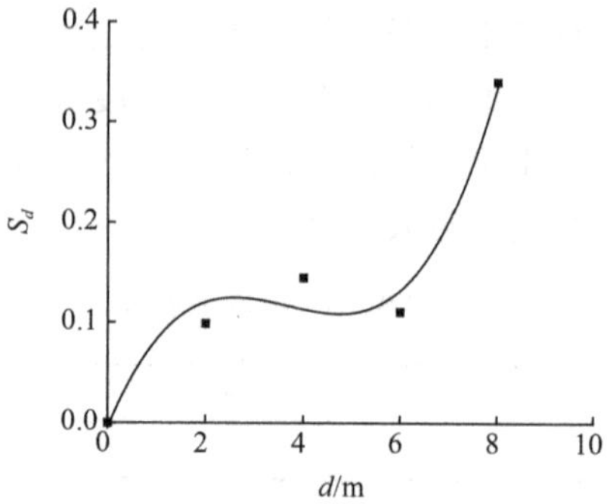

（c）下伏溶洞顶板厚度敏感度函数曲线

图 6-67（续）

由表 6-12 及图 6-67 可以看出，当下伏岩溶的各影响参数变化时，洞高变化的敏感度函数 $S_h(x_1)$ 随下伏溶洞洞高增大而增大，相应敏感度因子呈现逐渐增加的趋势，其基准敏感因子为 0.032。当下伏溶洞洞跨逐渐增大时，洞跨变化的敏感度函数 $S_l(x_2)$ 总体呈现增大的趋势，当洞跨范围为 2～6m 时，$S_l(x_2)$ 曲线呈现相对平稳状态，当洞跨大于 6m 时，曲线呈现指数函数型增长，基准敏感度因子为 0.143。当下伏溶洞顶板厚度逐渐增大时，顶板厚度变化的敏感度函数 $S_{h_c}(x_3)$ 与 $S_l(x_2)$ 变化规律趋势较相似，在顶板厚度为 2～6m 时，$S_{h_c}(x_3)$ 曲线呈现平稳状态，其基准敏感因子为 0.099。由上可以看出，对于下伏岩溶发育区桥梁桩基的竖向极限承载力 Q_u，其下伏溶洞各影响参数的敏感度由大到小排序为：下伏溶洞洞跨 l＞下伏溶洞顶板厚度 h_c＞下伏溶洞洞高 h。

6.7 小　　结

本章通过数值仿真建立了桩基-岩土体-溶洞相互作用模型，对比了数值仿真与离心模型试验结果，研究了不同桩基设计参数和溶洞参数下桩基竖向承载特性，探明了桩基承载力对不同影响因素的敏感性。主要结论如下。

（1）数值仿真模型的荷载-沉降规律、竖向极限承载力、承载力影响度和桩侧阻力发挥情况均与离心模型试验结果基本吻合，采用本书的数值仿真模型可较好地反映桩基-岩土体-溶洞相互作用模型的竖向承载特性和荷载传递机理。

（2）嵌岩深径比增加可提高嵌岩段的嵌固力，使溶洞以上桩基与周围岩土体的相对位移减小，溶洞顶板以上对桩基的挤压作用减弱。

（3）桩基穿过多层溶洞时，顶板弯拉破坏是由上层顶板逐渐发展至下层顶板。桩基穿过三层洞高为 3m 的溶洞时，洞跨增加至 12m×12m，其竖向极限承载力有所提高。

（4）根据仿真结果发现穿过溶洞桩基的竖向极限承载力与洞高和洞跨均呈负相关关系，特殊的是，溶洞高度大于 9m 后，跨度为 12m×12m 时，桩基竖向极限承载力较洞跨 9m×9m 时小幅提高。桩基穿过不同高、跨的溶洞时，在竖向荷载作用下溶洞顶板的弯拉挤压效应差异明显，直接影响桩端、侧阻力发挥程度，建议根据实际工程中的溶洞规模，选择针对性的穿过溶洞桩基的竖向承载力计算方法。

（5）桩长一定时，减小长径比可提高穿过溶洞桩基的竖向极限承载力，长径比小于 12 时，桩基侧表面积的增大使其与周围岩体挤压产生的摩阻力远大于因溶洞存在造成的桩侧阻力缺失，对穿过溶洞桩基的竖向极限承载力提高作用显著。建议可通过增大桩径来提高桩基竖向极限承载力，以避免因增加桩长造成的施工困难。

（6）当桩底存在溶洞时，各影响因素对桩端阻力的影响程度远大于桩侧摩阻力，且当荷载逐渐增大、影响因素逐渐处于不利条件下时，桩端阻力占比减小至10%左右，桩基础逐渐成为摩擦桩。

第 7 章　岩溶发育区桩基承载力计算方法

7.1　概　　述

由于工程实际中岩溶地质情况复杂，在设计中桩基可能穿过溶洞或置于下伏溶洞之上，或同时穿过溶洞且置于下伏溶洞之上，此时，需确保桩基在上部结构荷载作用下的受力与变形满足桥梁运营要求。由前述研究可以看出，桩基所穿过的溶洞顶板产生弯拉变形会增强桩周岩土体对桩基的侧向挤压，即“顶板弯拉效应”，而溶洞空腔导致提供桩侧阻力的岩土体存在缺失，当溶洞高度过大时，在与溶洞顶、底板接触位置，桩身会出现剪切破坏，此外，下伏溶洞顶板的弯拉冲切破坏使桩基存在失稳风险。因此，提出岩溶发育区桩基竖向承载力计算方法对确保桥梁结构安全运营十分重要。

本章结合岩溶发育区桩基的特点，基于现行规范的桩基竖向承载力计算公式，研究不同下伏溶洞顶板厚径比下桩端阻力修正系数和不同桩身溶洞跨度下桩侧阻力修正系数计算方法，提出考虑溶洞影响下桩端、桩侧阻力发挥情况的桩基竖向极限承载力计算方法，建立穿过二层溶洞且置于下伏溶洞之上的桩基-岩土体-溶洞相互作用理论计算模型，提出按桩顶沉降控制的桩基竖向极限承载力计算方法，此外，引入尖点突变理论，建立桩基屈曲稳定临界荷载计算公式，最后对比分析多种方法的桩基竖向极限承载力计算结果，以期完善岩溶发育区桩基的设计计算方法。

7.2　按规范法确定岩溶发育区桩基竖向承载力的修正

7.2.1　规范公式用于确定岩溶区桥梁桩基竖向承载力的局限性分析

现行规范中无针对岩溶发育区桩基竖向承载力的计算方法。《公路桥涵地基与基础设计规范》（JTG 3363—2019）[51]中关于嵌入基岩中的单桩轴向受压承载力特征值的 R_a 计算公式为

$$R_{\mathrm{a}} = c_1 A_{\mathrm{p}} f_{\mathrm{rk}} + u\left(\sum_{i=1}^{m} c_{2i} h_i f_{\mathrm{rk}i}\right) + \frac{1}{2}\zeta_{\mathrm{s}} u \sum_{i=1}^{n} l_i q_{i\mathrm{k}} \tag{7-1}$$

式中：c_1为根据岩石强度、岩石破碎程度等因素而确定的桩端阻力发挥系数；A_p为桩端截面面积，对扩底桩，取扩底截面面积；f_{rk}为桩端岩石饱和单轴抗压强度标准值，黏土层取天然湿度单轴抗压强度标准值，f_{rk}小于 2MPa 时按支承在土层中的桩计算；f_{rki}为第 i 层的 f_{rk} 值；c_{2i}为根据岩石强度、岩石破碎程度等因素而定的第 i 层岩层的桩侧阻力发挥系数；u 为各土层或各岩层部分的桩身周长；h_i为桩嵌入各岩层部分的厚度，不包括强风化层、全风化层及局部冲刷线以上基岩；m 为岩层的层数，不包括强风化层和全风化层；ζ_s为覆盖层土的桩侧阻力发挥系数，其值应根据桩端 f_{rk} 确定；l_i为承台底面或局部冲刷线以下各土层的厚度；q_{ik}为桩侧第 i 层土的桩侧阻力标准值；n 为土层的层数，强风化和全风化岩层按土层考虑。

规范公式是在充分考虑桩周岩土体和桩端岩层的物理力学性质的基础上，结合现场施工情况和大量现场试验结果推导得到的经验公式，可以简单快捷地估算桩基竖向承载力。事实上，采用规范法计算岩溶发育区桩基竖向承载力是通过忽略桩基所穿过溶洞位置的桩侧阻力来实现的。该计算公式中各参数和系数的选择具有随机性，并且未考虑桩基穿过溶洞且置于下伏溶洞之上时，桩身溶洞顶板对桩基的弯拉挤压效应引起的桩侧阻力发挥程度改变和下伏溶洞顶板弯拉变形对桩端阻力的影响。因此，采用现行规范中的计算公式确定岩溶发育区桩基竖向承载力是欠妥的[172-174]。

7.2.2　按桩端阻力和桩侧阻力发挥程度确定岩溶发育区桩基竖向承载力修正参数

桩身溶洞和下伏溶洞均会直接影响桩基的桩端阻力和桩侧阻力的发挥，从而影响其竖向极限承载力。基于式（7-1)，结合离心模型试验和数值仿真结果，引入桩基穿过溶洞时桩侧阻力修正系数 λ_s，综合考虑溶洞顶板的弯拉挤压效应和空腔处挤压材料缺失对桩侧阻力的影响，且不考虑规范公式中的安全系数 1/2；同时引入桩基置于下伏溶洞之上时桩端阻力修正系数 λ_p，考虑桩基下伏溶洞顶板稳定性对桩端阻力的影响，建立岩溶发育区桩基竖向极限承载力计算公式。

由于溶洞内的填充物会被侵蚀且受填充工艺影响，填充物强度与周围岩体强度相比很小，为确保穿过溶洞桩基承载安全，可将溶洞视为空腔，不计填充物对桩侧阻力的贡献，因此，计算桩基竖向承载力时溶洞位置岩层厚度需减去溶洞高度。岩溶发育区桩基竖向极限承载力计算公式为

$$Q_u = \lambda_p c_1 A_p f_{rk} + \lambda_s \left[u\left(\sum_{i=1}^{m} c_{2i} h_i f_{rki} - \sum_{j}^{a} c_{2j} H_j f_{rkj} \right) + \zeta_s u \sum_{i=1}^{n} l_i q_{ik} \right] \tag{7-2}$$

式中：λ_p为考虑下伏溶洞影响的桩端阻力修正系数；λ_s为考虑桩身溶洞影响的桩侧阻力修正系数；a 为溶洞总层数；H_j为溶洞高度；f_{rkj}为溶洞所在岩层的岩石

饱和单轴抗压强度标准值。

桩端阻力修正系数 λ_p 计算公式为

$$\lambda_p = \frac{q_{p1}}{q_{p0}} \tag{7-3}$$

式中：q_{p0} 和 q_{p1} 分别为无下伏溶洞时的桩端阻力和有下伏溶洞时的桩端阻力。

由前述看出，数值仿真结果与离心模型试验结果的相关性好、吻合度高，但离心模型试验的工况有限，从而采用数值仿真结果计算不同嵌岩深径比 h_r/D 下，顶板厚径比 h_c/D 变化时桩端阻力修正系数 λ_p 取值见表 7-1，表中未列出的部分可根据插值法计算相应系数。

表 7-1 λ_p 取值表

<table>
<tr><th rowspan="2">h_r/D</th><th colspan="7">h_c/D</th></tr>
<tr><th>0.5</th><th>1.0</th><th>1.5</th><th>2.0</th><th>2.5</th><th>3.0</th><th>>3.0</th></tr>
<tr><td>0.5</td><td>0.243</td><td>0.351</td><td>0.485</td><td>0.542</td><td>0.787</td><td>0.923</td><td>1.000</td></tr>
<tr><td>1.0</td><td>0.255</td><td>0.349</td><td>0.515</td><td>0.677</td><td>0.912</td><td colspan="2">1.000</td></tr>
<tr><td>1.5</td><td>0.296</td><td>0.451</td><td>0.676</td><td>0.945</td><td colspan="3">1.000</td></tr>
<tr><td>2.0</td><td>0.362</td><td>0.580</td><td>0.896</td><td colspan="4">1.000</td></tr>
</table>

桩侧阻力修正系数 λ_s 计算公式为

$$\lambda_s = \frac{q_{s1}}{q_{s0}} \tag{7-4}$$

式中：q_{s0} 和 q_{s1} 分别为除去溶洞范围的其余岩土层在无溶洞时的桩侧阻力和有溶洞时的桩侧阻力。

由 5.3.1 节和 5.3.3 节的研究结果可以看出，桩基穿过溶洞时，溶洞顶板对桩侧的弯拉挤压效应受洞高和洞跨的影响，尤其是当洞跨增大时，溶洞顶板弯拉变形对桩基的侧向挤压作用显著增强，本研究中忽略洞高增大对顶板弯拉挤压效应的影响，将其作为桩基竖向承载力的安全储备。为了探明桩侧阻力修正系数与洞跨的关系，在第 5 章已有工况的基础上，补充建立了单层溶洞跨度为 1m、2m、4m、5m、7m、8m、10m、11m 时桩基-岩土体-溶洞竖向承载数值仿真模型，绘制了桩侧阻力修正系数与洞跨的关系曲线，通过线性拟合得到桩侧阻力修正系数 λ_s 与洞跨 L 的关系式为

$$\lambda_s = 0.01364L + 1 \quad (R^2 = 0.9675) \tag{7-5}$$

需要注意的是，试验是基于假设洞跨在纵、横方向尺寸相等的条件下开展的，在桩侧阻力修正系数与洞跨的关系式中亦简化洞跨为单方向尺寸，但实际地质中形成的溶洞的尺寸随机性较大，洞跨在纵、横向尺寸很难完全一致，为确保桩基

穿过溶洞后的竖向承载力具有一定安全储备，建议选取纵、横方向中较小的尺寸作为实际洞跨，用以计算桩侧阻力修正系数。由 5.3.5 节的研究结果可以看出，当桩基穿过一层以上的溶洞时，溶洞顶板弯拉挤压作用从上层溶洞到下层溶洞逐渐发挥，此时按所穿过溶洞中的最小跨度计算桩侧阻力修正系数。若溶洞中全充填且充填物强度较大，充填物对溶洞顶板的支撑作用使顶板受到荷载作用时产生的弯拉变形减小，此时应忽略溶洞顶板对桩基的弯拉挤压效应，取 $\lambda_s = 1$。

7.3　按桩顶沉降确定岩溶发育区桩基竖向承载力

7.3.1　岩溶发育区桩基荷载传递特性

在竖向荷载作用下，岩溶发育区桩基的荷载传递机理与常规桩基相比存在较大差异。当桩基穿过溶洞且置于下伏溶洞之上时，桩基受竖向荷载作用而产生向下的压缩，桩-土之间的相对位移使接触面发生剪切，桩周土体提供给桩侧表面向上的摩阻力，桩身轴力通过桩侧阻力传递至周围土体，桩身压缩变形随深度逐渐减小；随着荷载增加，桩周岩体也就是桩基所穿过溶洞的顶板亦开始提供桩侧阻力，荷载逐渐传递至桩端，嵌岩段提供一定摩阻力，桩端溶洞顶板产生位移并提供向上的桩端阻力，同时桩身位移增大进一步促进了桩侧阻力的发挥。因此，岩溶发育区桩基与周围岩土体的荷载传递过程主要包括桩-土摩阻力、桩-岩摩阻力和桩端阻力。

受桩身和下伏溶洞影响，桩基对沉降较敏感，因此可以通过控制桩顶沉降来确定岩溶发育区桩基竖向承载力。本节采用荷载传递法研究岩溶发育区桩基荷载-沉降关系，从而推导按桩顶沉降确定桩基竖向承载力的计算公式[175-179]。荷载传递法是将桩分成 n 个弹性单元，每个弹性单元与桩周土体通过非线性弹簧连接，桩端也用非线性弹簧连接。为保证桩基承载安全，视桩基所穿过的溶洞为无充填状态，溶洞范围内无弹簧连接即溶洞处不提供桩侧阻力，溶洞范围内桩单元为传力构件。非线性弹簧的应力-应变函数关系等同于桩侧阻力与桩身位移、桩端阻力与桩身位移之间的关系，也就是荷载传递函数。桩基-岩土体-溶洞荷载传递模型如图 7-1 所示。荷载传递基本微分方程见式（7-6）。

溶洞处 $\mathrm{d}Q(z)=0$，根据溶洞外桩身任一单元体的静力平衡条件可得

$$\frac{\mathrm{d}Q(z)}{\mathrm{d}z} = -u\tau(z) \tag{7-6}$$

式中：$Q(z)$ 为桩身荷载；z 为桩身深度；u 为桩身周长；$\tau(z)$ 为桩侧阻力或桩端阻力。

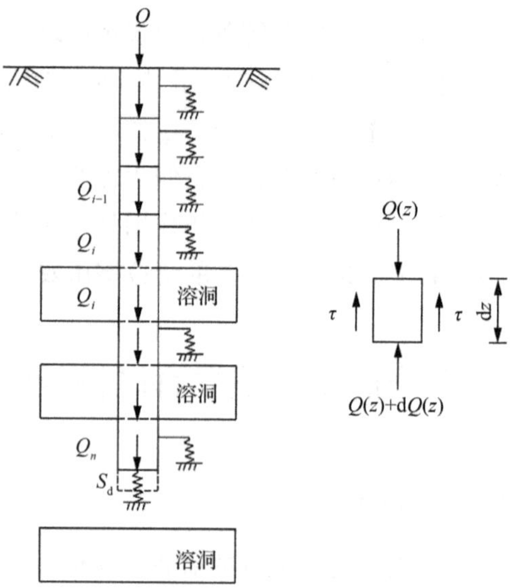

图 7-1 桩基-岩土体-溶洞荷载传递模型

该微单元体产生的弹性压缩为

$$\mathrm{d}s(z) = -\frac{Q(z)\mathrm{d}z}{E_\mathrm{p}A_\mathrm{p}} \tag{7-7}$$

即

$$\frac{\mathrm{d}s(z)}{\mathrm{d}z} = -\frac{Q(z)}{E_\mathrm{p}A_\mathrm{p}} \tag{7-8}$$

式中：E_p 为桩的弹性模量；A_p 为桩的横截面面积。

将式（7-6）代入求导后的式（7-8）可得荷载传递基本微分方程为

$$\frac{\mathrm{d}^2 s(z)}{\mathrm{d}z^2} - \frac{u\tau(z)}{E_\mathrm{p}A_\mathrm{p}} = 0 \tag{7-9}$$

7.3.2 桩基-岩土体-溶洞荷载传递模型

1. 非溶洞位置荷载传递模式

目前关于桩基-岩土体相互作用的荷载传递模型的研究较多。结合岩溶发育区桩基特点，桩基-岩土体-溶洞相互作用模型均选用佐藤悟提出的理想弹塑性荷载传递模型表述，如图 7-2 所示，其荷载传递函数为

$$\begin{cases} \tau(z) = C_\mathrm{s}s(z) & [s(z) < s_\mathrm{u}] \\ \tau(z) = \tau_\mathrm{u} & [s(z) \geqslant s_\mathrm{u}] \end{cases} \tag{7-10}$$

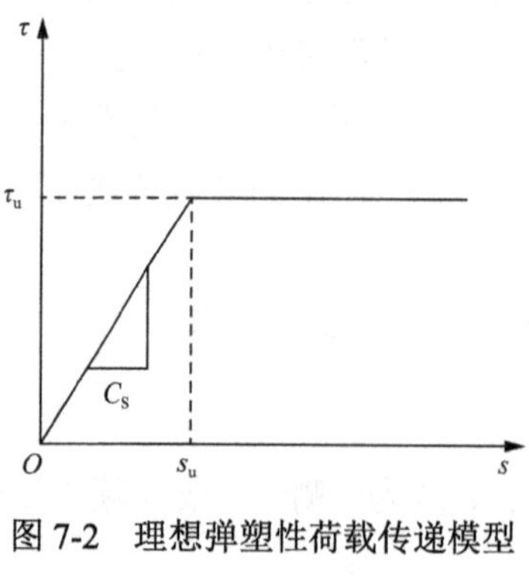

图 7-2 理想弹塑性荷载传递模型

式中：τ 为桩侧阻力；C_s 为桩基与岩土体接触面的剪切变形系数，也就是桩侧阻力传递系数，在桩身溶洞范围内，$C_s=0$；$s(z)$ 为深度 z 处，桩基与岩土体间的相对位移；s_u 为桩侧阻力充分发挥时，桩基与岩土体间的相对位移；τ_u 为残余桩侧阻力。

桩基周围岩体提供的摩阻力在桩基的竖向荷载传递中起到至关重要的作用。在竖向荷载作用下，周围岩体通过桩–岩接触面的滑移剪胀作用提供给桩基摩阻力，忽略初始应力对桩侧阻力的影响。在滑动剪胀阶段，桩基与岩体接触面产生弹性位移，相对位移达到 s_u 时，接触面法向应力增量达到最大，桩侧阻力达到峰值；在剪切滑移塑性阶段，桩基与岩体接触面产生塑性位移，接触面剪切破坏后残余强度保持不变，接触面法向应力增量为一定值。法向应力增量表达式如下：

$$\sigma_n = \begin{cases} K_n \tan\beta s(z) & [s(z) \leqslant s_u] \\ K_n \tan\beta s_u & [s(z) > s_u] \end{cases} \tag{7-11}$$

式中：σ_n 为法向应力增量；K_n 为围岩法向刚度，$K_n = E_r / \left[(1+\mu_r)r\right]$，$E_r$ 为围岩模量，r 为桩基半径，μ 为围岩泊松比；β 为破裂角。

根据巴顿（Patton）在 1966 年提出由岩石基本摩擦角和考虑节理粗糙度的破裂角共同组成剪切摩擦角，给出了节理结构面的抗剪强度计算公式为

$$\tau = \sigma_n \tan(\varphi_b + \beta) \tag{7-12}$$

式中：τ 为节理抗剪强度；σ_n 为法向正应力；φ_b 为岩石节理结构面的摩擦角。

由于桩基与岩体接触面为混凝土–岩体接触面，其强度准则与岩石–岩石节理结构面相似，引入式（7-12）计算桩基与岩体接触面的抗剪强度，只需将岩石节理结构面的摩擦角替换为混凝土–岩体接触面的摩擦角。混凝土–岩石接触面的抗剪强度计算公式为

$$\tau = \sigma_n \tan(\varphi_c + \beta) \tag{7-13}$$

式中：φ_c 为混凝土–岩体接触面的摩擦角。

根据 Mohr-Coloumb 强度准则，混凝土–岩石接触面的极限抗剪强度为

$$\tau = c + \sigma_n \tan\varphi_c \tag{7-14}$$

式中：c 为混凝土–岩石接触面黏聚力。

在竖向荷载作用下，法向应力达到一定值后，混凝土–岩石接触面所受剪应力达到其极限抗剪强度，接触面剪切破坏，此时的临界法向应力 σ_u 可联立式（7-11）、式（7-13）和式（7-14）求得：

$$\sigma_u = \frac{c}{\tan(\varphi_c + \beta) - \tan\varphi_c} = K_n \tan\beta s_u \tag{7-15}$$

桩基与岩体间的弹性与塑性相对位移临界值为

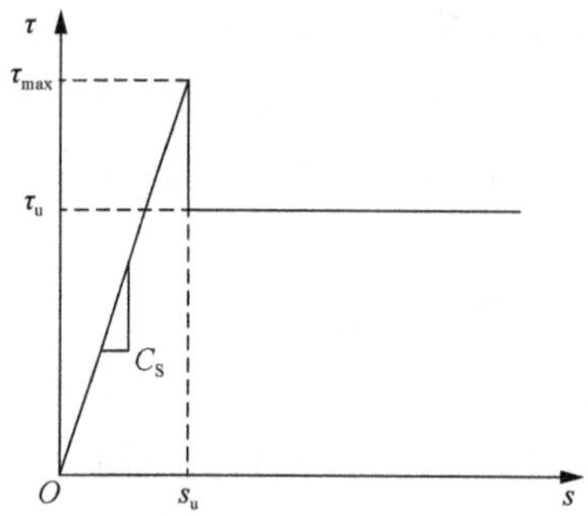

图 7-3　桩基与周围岩体荷载传递模型

$$s_u = \frac{c}{K_n \tan\beta[\tan(\varphi_c + \beta) - \tan\varphi]} \tag{7-16}$$

当桩基与岩体间的相对位移达到临界值后，接触面产生破坏而形成新的桩基-岩体摩擦面，提供给桩基残余侧阻力，此时的剪切摩擦角为岩石产生塑性变形后的残余摩擦角 φ_u。

由式（7-10）可得，弹性阶段和塑性破坏阶段，桩基-岩体侧阻力传递模型如图 7-3 所示，其计算公式为

$$\begin{cases} \tau(z) = C_s s(z) = K_n \tan\beta\tan(\varphi_c + \beta)s(z) & [s(z) \leqslant s_u] \\ \tau(z) = \tau_u = K_n \tan\beta\tan\varphi_u s_u & [s(z) > s_u] \end{cases} \tag{7-17}$$

由图 7-3 可以看出，在弹性阶段，混凝土-岩体接触面的剪应力与相对位移呈线性正相关关系，斜率 C_s 为桩基与岩体接触面的剪切变形系数，也就是桩侧阻力传递系数，$C_s = K_n \tan\beta\tan(\varphi_c + \beta)$，可通过试验绘制剪应力-位移曲线获得。

2. *溶洞位置荷载传递模式*

采用荷载传递法计算桩基-岩土体-溶洞相互作用时，不考虑桩基所穿过溶洞顶板的弯拉挤压效应，在桩身溶洞范围内取 $C_s = 0$，计算结果偏安全，假设溶洞范围内桩单元仅为传力构件，溶洞顶部和底部处的桩身轴力相同，如图 7-1 所示。根据材料力学中杆件受压产生的变形计算公式：

$$\Delta l = \frac{Fl}{EA} \tag{7-18}$$

式中：F 为作用于杆件的轴向力；l 为杆件长度；EA 为杆件的压缩刚度。

结合荷载沉降微分方程［式（7-9）］，转化式（7-18）可得到溶洞范围内桩单元产生的弹性压缩变形，计算公式为

$$\Delta l_a = \frac{\mathrm{d}^2 s(z) l_a}{\mathrm{d}z^2} \tag{7-19}$$

式中：l_a 为溶洞范围内桩单元的长度。

7.3.3　桩基-桩端岩层-溶洞荷载传递模型

目前关于桩基与桩端岩层相互作用的荷载传递模型有大量研究，考虑岩溶发育区桩基施工方法多为钻孔灌注，桩底存在一定厚度的钻渣，本书选用三折线荷载传递模型描述桩端阻力与桩底沉降的关系，当荷载较小时，桩端位移小于 s_{p0}，桩端荷载全部由钻渣承担；荷载增大后，桩端位移大于 s_{p0}，此时桩端位移包括了

钻渣的压缩变形和桩底岩体的弹性变形，桩底岩体开始提供反力；荷载持续增大直至桩底岩体产生塑性破坏，桩端阻力发挥至极限状态。如图 7-4 所示，传递函数为

$$\begin{cases} q_{\mathrm{p}} = C_{\mathrm{p1}} s_{\mathrm{p}}(z) & (s_{\mathrm{p}} < s_{\mathrm{p0}}) \\ q_{\mathrm{p}} = C_{\mathrm{p1}} s_{\mathrm{p0}} + C_{\mathrm{p2}}(s_{\mathrm{p}}(z) - s_{\mathrm{p0}}) & (s_{\mathrm{p0}} \leqslant s_{\mathrm{p}} < s_{\mathrm{pu}}) \\ q_{\mathrm{p}} = q_{\mathrm{pu}} & (s_{\mathrm{p}} \geqslant s_{\mathrm{pu}}) \end{cases} \tag{7-20}$$

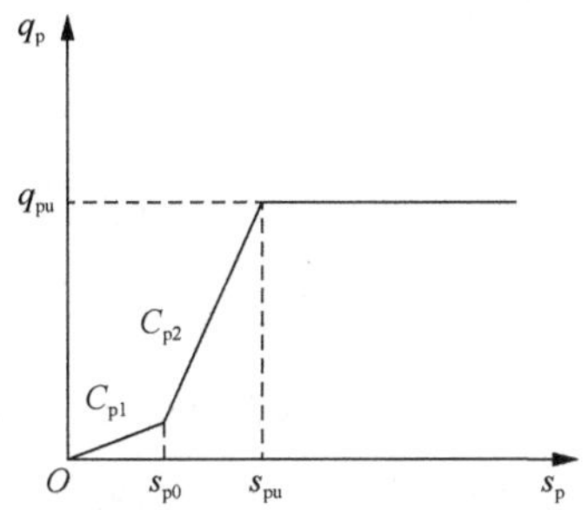

图 7-4　桩基与桩端岩层荷载传递模型

式中：q_{p} 为桩端阻力；C_{p1} 为桩底钻渣的荷载传递系数；s_{p} 为桩端岩层位移；s_{p0} 为钻渣发挥极限阻力时桩底位移，也就是桩底岩体开始产生弹性变形时的桩底位移；C_{p2} 为桩底岩体的荷载传递系数；s_{pu} 为桩端阻力充分发挥，桩底岩体产生塑性破坏时的临界位移；q_{pu} 为桩端阻力极限值。

由图 7-4 可以看出，钻渣的存在使桩端岩层在较小荷载作用下产生较大位移，若现场清孔状况好，可忽略钻渣的影响，取 $C_{\mathrm{p1}} = 0$，桩底荷载传递函数可简化为

$$\begin{cases} q_{\mathrm{p}} = C_{\mathrm{p2}} s_{\mathrm{p}} & (s_{\mathrm{p}} < s_{\mathrm{pu}}) \\ q_{\mathrm{p}} = q_{\mathrm{pu}} & (s_{\mathrm{p}} \geqslant s_{\mathrm{pu}}) \end{cases} \tag{7-21}$$

由于桩底存在无充填溶洞，传递至桩端的荷载大于溶洞顶板极限承载力时，溶洞顶板可能发生剪切破坏和弯拉破坏，顶板产生破坏而造成桩端岩层无法继续承载，因此，桩端阻力极限值应取溶洞顶板破坏临界荷载。已有大量研究表明，溶洞顶板受力破坏主要以冲切破坏为主，且冲切台自重对桩端溶洞顶板的承载特性影响很小，加之在计算极限荷载时考虑了较大的安全系数，在计算溶洞顶板的承载力时可忽略冲切台自重的影响。若极限状态下溶洞顶板发生剪切破坏和弯拉破坏，冲切台受力如图 7-5 所示。

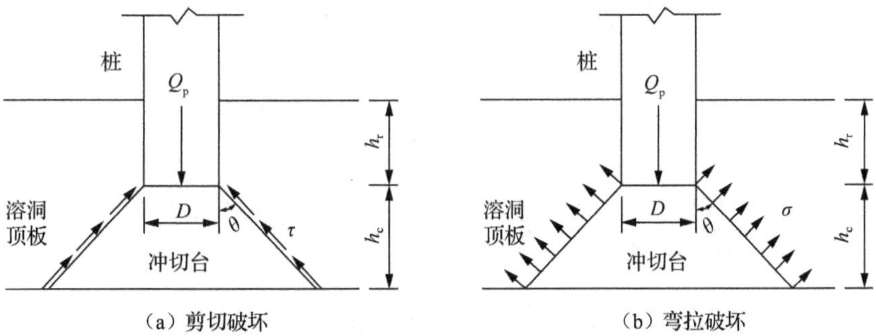

注：h_{r} 为嵌岩深度；h_{c} 为顶板厚度。

图 7-5　溶洞顶板力学模型

若在荷载作用下冲切台最终发生剪切破坏，需满足静力平衡条件和抗剪验算：

$$Q_{\mathrm{p}} \leqslant \frac{\tau S \cos\theta}{K} \tag{7-22}$$

式中：Q_{p} 为传递至溶洞顶板的荷载；τ 为岩石的抗剪强度，一般为抗压强度的 1/12；S 为冲切台侧面积，$S=\dfrac{\pi h(D+h\tan\theta)}{\cos\theta}$；$D$ 为桩径；h 为桩底溶洞顶板厚度；θ 为冲切台与桩基中轴线的夹角，根据 Mohr-Coloumb 强度准则取 $\theta=45^{\circ}-\varphi/2$，$\varphi$ 为岩石的内摩擦角；K 为安全系数。

可推导出溶洞顶板所能承受的最大荷载为

$$Q_{\mathrm{pu}} \leqslant \frac{\pi\tau h(D+h\tan\theta)}{K} \tag{7-23}$$

若在荷载作用下冲切台最终发生弯拉破坏，需满足静力平衡条件和抗拉强度验算：

$$Q_{\mathrm{p}} \leqslant \frac{\sigma_{\mathrm{t}} S \sin\theta}{K} \tag{7-24}$$

式中：σ_{t} 为岩石的抗拉强度，一般为抗压强度的 1/50～1/10。

可推导出溶洞顶板所能承受的最大荷载为

$$Q_{\mathrm{pu}} \leqslant \frac{\pi\sigma_{\mathrm{t}} h\tan\theta(D+h\tan\theta)}{K} \tag{7-25}$$

7.3.4 荷载-沉降计算公式

结合前述桩基荷载传递基本微分方程［式（7-9）］、桩侧荷载传递函数［式（7-17）］和桩端荷载传递函数［式（7-20）］，可得岩溶发育区桩基的桩侧荷载传递微分方程［式（7-26）］和桩端荷载传递微分方程［式（7-27）］。

$$\begin{cases} \dfrac{\mathrm{d}^2 s(z)}{\mathrm{d}z^2}-\dfrac{uC_{\mathrm{s}}s(z)}{E_{\mathrm{p}}A_{\mathrm{p}}}=0 & [s(z)\leqslant s_{\mathrm{u}}] \\ \dfrac{\mathrm{d}^2 s(z)}{\mathrm{d}z^2}-\dfrac{u\tau_{\mathrm{u}}}{E_{\mathrm{p}}A_{\mathrm{p}}}=0 & [s(z)>s_{\mathrm{u}}] \end{cases} \tag{7-26}$$

$$\begin{cases} \dfrac{\mathrm{d}s_{\mathrm{p}}(z)}{\mathrm{d}z}-\dfrac{C_{\mathrm{p1}}s_{\mathrm{p}}(z)}{E_{\mathrm{p}}A_{\mathrm{p}}}=0 & [s_{\mathrm{p}}(z)<s_{\mathrm{p0}}] \\ \dfrac{\mathrm{d}s_{\mathrm{p}}(z)}{\mathrm{d}z}-\dfrac{C_{\mathrm{p1}}s_{\mathrm{p0}}+C_{\mathrm{p2}}(s_{\mathrm{p}}(z)-s_{\mathrm{p0}})}{E_{\mathrm{p}}A_{\mathrm{p}}}=0 & [s_{\mathrm{p0}}\leqslant s_{\mathrm{p}}(z)<s_{\mathrm{pu}}] \\ \dfrac{\mathrm{d}s_{\mathrm{p}}(z)}{\mathrm{d}z}-\dfrac{q_{\mathrm{pu}}}{E_{\mathrm{p}}A_{\mathrm{p}}}=0 & [s_{\mathrm{p}}(z)\geqslant s_{\mathrm{pu}}] \end{cases} \tag{7-27}$$

1）弹性阶段

令 $\zeta = uC_s / E_p A_p$，桩基与岩土体间的相对位移小于临界位移时对应微分方程的特征方程为

$$\lambda^2 - \zeta = 0 \tag{7-28}$$

两个不同的特征根为

$$\lambda_1 = \sqrt{\zeta}, \quad \lambda_2 = -\sqrt{\zeta} \tag{7-29}$$

该微分方程的通解为

$$s(z) = c_1 e^{\sqrt{\zeta} z} + c_2 e^{-\sqrt{\zeta} z} \tag{7-30}$$

将双曲正弦函数 $\sinh z = \dfrac{e^z - e^{-z}}{2}$ 和双曲余弦函数 $\cosh z = \dfrac{e^z + e^{-z}}{2}$ 代入式（7-30），得到

$$s(z) = C_1 \sinh(\sqrt{\zeta} z) + C_2 \cosh(\sqrt{\zeta} z) \tag{7-31}$$

2）塑性阶段

令 $\psi = u\tau_u / E_p A_p$，将桩基与岩土体间的相对位移大于临界位移时对应的微分方程进行两次积分，可获得其通解为

$$s(z) = \frac{\psi z^2}{2} + C_3 z + C_4 \tag{7-32}$$

式中：C_1～C_4 均为常数。

7.3.5　岩溶发育区桩基竖向承载力计算公式

根据 6.3.1 节中介绍的岩溶发育区桩基荷载传递特性，荷载传递过程中可能出现 5 种情况：桩基-岩土体处于弹性变形且桩底仅钻渣产生压缩变形、桩基-岩土体出现部分塑性变形且桩底仅钻渣产生压缩变形、桩基-岩土体出现部分塑性变形且桩底岩体产生弹性变形、桩基-岩土体屈服且桩底岩体产生弹性变形、桩基-岩土体屈服且桩底岩体产生塑性变形。结合不同荷载传递情况下的边界条件和位移连续条件，可推导出不同荷载传递情况下的桩基竖向承载力计算公式。

1. 桩基-岩土体处于弹性变形且桩底仅钻渣产生压缩变形

设桩顶沉降为 s_0，桩周岩土体分为 n 层，则需满足边界条件：

$$\begin{cases} s_1(0) = s_0 \\ E_p A_p \dfrac{ds_n(l_n)}{dz} = -q_p = -C_{p1} s_n(l_n) \end{cases} \tag{7-33}$$

将式（7-33）代入式（7-31），可得各待定系数之间存在以下关系：

$$\begin{cases} C_{21}=s_0 \\ \eta_1[C_{1n}\cosh(\sqrt{\zeta_n}l_n)+C_{2n}\sinh(\sqrt{\zeta_n}l_n)]=C_{1n}\sinh(\sqrt{\zeta_n}l_n)+C_{2n}\cosh(\sqrt{\zeta_n}l_n) \end{cases} \tag{7-34}$$

式中：$\eta_1=-\dfrac{E_pA_p\sqrt{\zeta_n}}{C_{p1}}$

在各分层处需满足位移连续条件：

$$\begin{cases} s_i(l_i)=s_{i+1}(l_i) \\ \dfrac{ds_i(l_i)}{dz}=\dfrac{ds_{i+1}(l_i)}{dz} \end{cases} \tag{7-35}$$

将式（7-35）代入式（7-31），可得各待定系数之间存在以下关系：

$$\begin{cases} C_{1i}\sinh(\sqrt{\zeta_i}l_i)+C_{2i}\cosh(\sqrt{\zeta_i}l_i)=C_{1(i+1)}\sinh(\sqrt{\zeta_i}l_i)+C_{2(i+1)}\cosh(\sqrt{\zeta_i}l_i) \\ C_{1i}\cosh(\sqrt{\zeta_i}l_i)+C_{2i}\sinh(\sqrt{\zeta_i}l_i)=C_{1(i+1)}\cosh(\sqrt{\zeta_i}l_i)+C_{2(i+1)}\sinh(\sqrt{\zeta_i}l_i) \end{cases} \tag{7-36}$$

式中：$i=1,2,3,\cdots,n-1$。

联立式（7-34）和式（7-36），求解线性方程组可得到所有待定系数。

由上述可以看出，桩身荷载表达式为

$$Q(z)=-E_pA_p\frac{ds(z)}{dz} \tag{7-37}$$

桩顶荷载表达式为

$$\begin{aligned} Q&=-E_pA_p\frac{ds_1(0)}{dz}=-E_pA_p\sqrt{\zeta_1}[C_{11}\cosh(\sqrt{\zeta_1}l_1)+C_{21}\sinh(\sqrt{\zeta_1}l_1)] \\ &=-E_pA_p\sqrt{\zeta_1}C_{11} \end{aligned} \tag{7-38}$$

2. 桩基-岩土体出现部分塑性变形且桩底仅钻渣产生压缩变形

当桩基与周围岩土体相互作用使岩土体产生部分塑性变形时，应针对桩基穿过的土层状态进行分层，确定塑性区与弹性区交界深度，按塑性区和弹性区分别建立微分控制方程，并结合边界条件和连续条件求解待定系数。

塑性区开展深度 Z_u 可通过试算求出，试算方法如下。

（1）选择第 i 层为弹、塑性交界段，将其分为上下两层，分别为 k、k+1 层。

（2）计算塑性层 k 层的位移 $s_k(l_k)=\psi_kZ_u^2/2+C_{3k}Z_u+C_{4k}$ 和弹性层 k+1 层的位移 $s_{k+1}(l_{k+1})$。

（3）比较 $s_k(l_k)$ 与 $s_{k+1}(l_{k+1})$，若二者相等，说明该层岩土体塑性区贯通且完全屈服。

（4）令 $i=i+1$，继续重复前述步骤，若 $s_{k+1}(l_{k+1})<s_k(l_k)$，则 k 层对应的深度即为塑性区开展深度 Z_u。

假设第 j 层为塑性区和弹性区分界，第 j 层及以上均为塑性区，第 j 层以下均

为弹性区，桩顶沉降为s_0，桩周岩土体分为 m 层，则需满足的边界条件为

$$\begin{cases} s_1(0)=s_0 \\ E_\mathrm{p}A_\mathrm{p}\dfrac{\mathrm{d}s_m(l_m)}{\mathrm{d}z}=-\sigma_\mathrm{p}=-C_\mathrm{p1}s_m(l_m) \end{cases} \tag{7-39}$$

将式（7-39）代入式（7-31），可得各待定系数之间存在以下关系：

$$\begin{cases} C_{21}=s_0 \\ \eta_2[C_{1m}\cosh(\sqrt{\zeta_m}l_m)+C_{2m}\sinh(\sqrt{\zeta_m}l_m)]=C_{1m}\sinh(\sqrt{\zeta_m}l_m)+C_{2m}\cosh(\sqrt{\zeta_m}l_m) \end{cases} \tag{7-40}$$

式中：$\eta_2=-\dfrac{E_\mathrm{p}A_\mathrm{p}\sqrt{\zeta_m}}{C_\mathrm{p1}}$

在各分层处需满足位移连续条件见式（7-41），采用弹、塑性公式计算在第 j 层处的轴力与位移应相等。

$$\begin{cases} s_i(l_i)=s_{i+1}(l_i) \\ \dfrac{\mathrm{d}s_i(l_i)}{\mathrm{d}z}=\dfrac{\mathrm{d}s_{i+1}(l_i)}{\mathrm{d}z} \end{cases} \tag{7-41}$$

将式（7-41）代入式（7-31）和式（7-32），可得各待定系数之间存在以下关系：

$$\begin{cases} \psi_i l_i^2/2+C_{3i}l_i+C_{4i}=\psi_{i+1}l_i^2/2+C_{3(i+1)}l_i+C_{4(i+1)} & i<j \\ \psi_i l_i+C_{3i}=\psi_{i+1}l_i+C_{3(i+1)} & i<j \\ C_{1i}\sinh(\sqrt{\zeta_i}l_i)+C_{2i}\cosh(\sqrt{\zeta_i}l_i)=C_{1(i+1)}\sinh(\sqrt{\zeta_i}l_i)+C_{2(i+1)}\cosh(\sqrt{\zeta_i}l_i) & i>j \\ C_{1i}\cosh(\sqrt{\zeta_i}l_i)+C_{2i}\sinh(\sqrt{\zeta_i}l_i)=C_{1(i+1)}\cosh(\sqrt{\zeta_i}l_i)+C_{2(i+1)}\sinh(\sqrt{\zeta_i}l_i) & i>j \\ \psi_j l_j^2/2+C_{3j}l_j+C_{4j}=C_{1j}\sinh(\sqrt{\zeta_j}l_j)+C_{2j}\cosh(\sqrt{\zeta_j}l_j) & i=j \\ \psi_j l_j+C_{3j}=\sqrt{\zeta_j}\left[C_{1j}\cosh(\sqrt{\zeta_j}l_j)+C_{2j}\sinh(\sqrt{\zeta_j}l_j)\right] & i=j \end{cases} \tag{7-42}$$

式中：$i=1,2,3,\cdots,n-1$。

联立式（7-40）和式（7-42），求解线性方程组可得到所有待定系数。

由上述可以看出，桩顶荷载表达式为

$$Q=-E_\mathrm{p}A_\mathrm{p}\frac{\mathrm{d}s_1(0)}{\mathrm{d}z}=-E_\mathrm{p}A_\mathrm{p}(\psi_1 l_1+C_{31})=-E_\mathrm{p}A_\mathrm{p}C_{31} \tag{7-43}$$

3. 桩基-岩土体出现部分塑性变形且桩底岩体产生弹性变形

荷载传递过程中桩基-岩土体出现部分塑性变形且桩底岩体产生弹性变形时，桩端阻力与压缩变形的关系为

$$q_\mathrm{p}=C_\mathrm{p1}s_\mathrm{p0}+C_\mathrm{p2}[s_\mathrm{p}(z)-s_\mathrm{p0}]\quad (s_\mathrm{p0}\leqslant s_\mathrm{p}<s_\mathrm{pu}) \tag{7-44}$$

此时，荷载传递微分方程需满足的边界条件为

$$\begin{cases} s_1(0)=s_0 \\ E_{\mathrm{p}}A_{\mathrm{p}}\dfrac{\mathrm{d}s_m(l_m)}{\mathrm{d}z}=-q_{\mathrm{p}}=-\left\{C_{\mathrm{p}1}s_{\mathrm{p}0}+C_{\mathrm{p}2}\left[s_{\mathrm{p}}(l_m)-s_{\mathrm{p}0}\right]\right\} \end{cases} \tag{7-45}$$

其余条件与计算过程同前，桩顶荷载计算公式见式（7-43）。

4. 桩基-岩土体屈服且桩底岩体产生弹性变形

荷载传递过程中桩基-岩土体屈服且桩底岩体产生塑性变形时，塑性区开展深度 $Z_u=l$，边界条件见式（7-45），其余条件与计算过程同前，桩顶荷载计算公式见式（7-43）。

5. 桩基-岩土体屈服且桩底岩体产生塑性变形

一般在溶洞顶板进入塑性阶段后，桩顶已经产生了较大的沉降，可能已经超过桩顶容许沉降，此时可直接计算桩顶荷载，其表达式为

$$Q=\sum_{i=1}^{n}\tau_{\mathrm{u}i}l_i+q_{\mathrm{pu}} \tag{7-46}$$

计算各待定系数时不考虑溶洞顶板的弯拉挤压效应，桩身溶洞范围内取 $C_{\mathrm{s}}=0$，计算结果偏安全。荷载传递过程中 5 种状态下穿过二层溶洞且置于下伏溶洞之上的桩基桩顶荷载计算公式分别见式（7-38）、式（7-43）和式（7-46）。结合桩基荷载传递情况选择合适的计算公式，确定桩顶容许沉降，即可计算出对应的桩基竖向极限承载力。

7.4 基于尖点突变理论的岩溶发育区桩基屈曲稳定临界荷载

7.4.1 尖点突变理论概述

突变现象是系统状态在短时间内产生突发性改变的一种现象，常导致系统突然失稳或产生突发性灾害。系统发生突变时，其行为是不连续且不可微的，无法采用经典的微积分方法进行描述。突变理论是用来研究自变量连续变化引起系统产生不连续突发现象的数学理论。在四维空间中有 7 种初等突变模型，按几何类型划分为折叠型、尖点型、燕尾型、蝴蝶型、双曲型脐点、椭圆型脐点和抛物线型脐点。其中尖点突变模型由于其临界曲面直观性强而成为适用范围最广且易于掌握的一种模型，它有代表其他突变模型的基本特征，包括多模态性、不可达性、突跳性、发散性、滞后性、多径性。因此本书采用尖点突变模型分析岩溶发育区桩基屈曲稳定临界荷载[180-182]。

尖点突变模型的标准势函数为

$$V(x)=x^4+ux^2+vx \tag{7-47}$$

式中：x 为系统状态变量；u、v 为系统控制变量。

系统的定态方程是表述势函数临界点的方程，可用以确定平衡曲面（图 7-6）：

$$\frac{\partial V}{\partial x}=4x^3+2ux+v=0 \tag{7-48}$$

系统的非孤立奇点集需同时满足式（7-48）和式（7-49）条件：

$$\frac{\partial V^2}{\partial^2 x}=12x^2+2u=0 \tag{7-49}$$

$$x=\pm\sqrt{\frac{-u}{6}} \tag{7-50}$$

将式（7-50）代入式（7-48）得到分支点集方程为

$$D=8u^3+27v^2 \tag{7-51}$$

分支点集确定的曲线又称为系统的分岔集，它是系统的非孤立奇点集在控制变量平面上的投影，如图 7-6 所示。

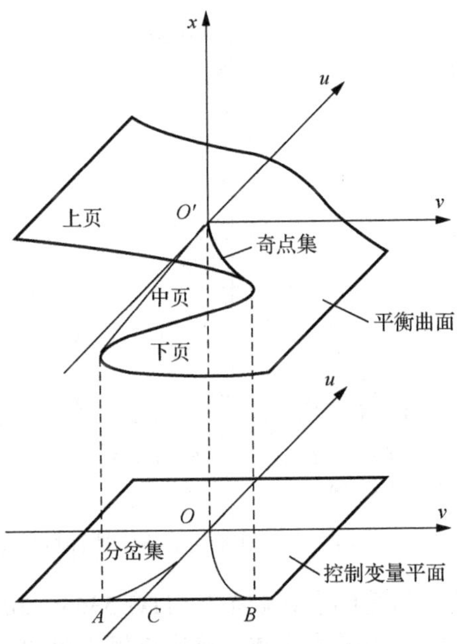

图 7-6　尖点突变模型平衡曲面

可通过 D 判别势函数［式（7-47）］的根的情况如下：

（1）当 $D>0$ 时，方程有 1 个实根，说明系统处于稳定状态。

（2）当 $D<0$ 时，方程有 3 个互不相同的根，说明系统处于不稳定状态。

（3）当 $D=0$ 时，控制变量 $u\leqslant 0$，则方程有 3 个实根，2 个重根下系统处于稳定状态，1 个实根下系统处于不稳定状态。

由于溶洞内多为空腔或仅有少量松散充填物，并且其充填物的强度与周围岩体的强度相差甚远，因此常忽略溶洞内充填物对桩基竖向承载特性的作用。当桩基穿过溶洞时，在溶洞范围内的桩单元仅为纯受压杆件，周围无侧向约束，在竖向荷载作用下，桩基可能发生屈曲失稳破坏，导致在桩周岩土体和桩端岩层发生破坏前，桩基已经不能再继续承载，由 6.3.1 节的研究结果可以看出桩基在与溶洞顶、底部交界处会出现剪切破坏区。因此，计算岩溶发育区桩基竖向承载力时，需验算桩基-岩土体-溶洞相互作用下桩基的屈曲稳定性。

7.4.2 力学模型建立

假定桩基仅在纵轴向平面内发生压缩变形，不会产生扭转失稳，按弹性地基梁模型分析桩基的屈曲稳定问题。以穿过双层溶洞的桩基为例，简化桩基的桩顶为弹性嵌固（仅可产生竖向位移）、桩底为固接，计算穿过双层溶洞的桩基屈曲临界荷载，其计算模型如图 7-7 所示。

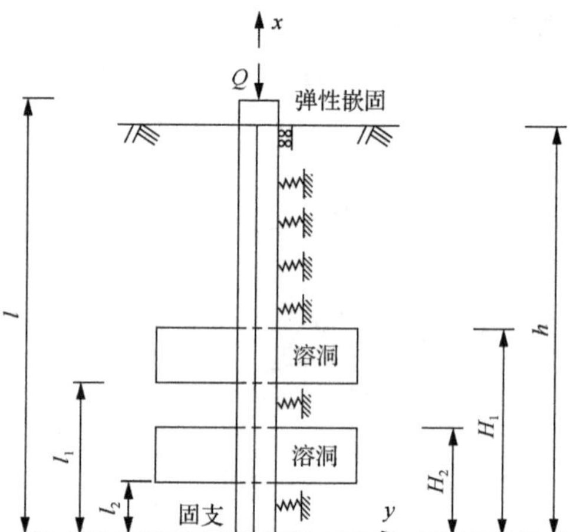

注：l 为桩长；l_1 为桩底至上层溶洞底的距离；l_2 为桩底至下层溶洞底的距离；H_1 为桩底至上层溶洞顶的距离；H_2 为桩底至下层溶洞顶的距离；h 为桩的入土深度。

图 7-7 岩溶发育区桩基屈曲稳定性计算模型

根据《公路桥涵地基与基础设计规范》（JTG 3363—2019），溶洞以上采用 m 法确定桩侧土抗力，溶洞以下采用常数法确定桩侧土抗力，如图 7-7 所示。按照图 7-7 中的坐标系，桩侧土抗力 $q(x)$ 可表示为

$$\begin{cases} q(x)=k_{\mathrm{h}}by=m(h-x)by & (H_1<x\leqslant h) \\ q(x)=0 & (l_1<x\leqslant H_1) \\ q(x)=m(h-H_1)by & (H_2<x\leqslant l_1) \\ q(x)=0 & (l_2<x\leqslant H_2) \\ q(x)=m(h-H_1)by & (0<x\leqslant l_2) \end{cases} \tag{7-52}$$

式中：k_h 为桩侧土抗力系数；m 为桩侧土抗力系数的比例系数，按规范取值；y 为桩身挠曲变形；b 为桩的计算宽度。根据规范可以看出，对于圆形桩，当 $D\leqslant1.0\text{m}$ 时，$b=0.9(1.5D+0.5)$；当 $D>1.0\text{m}$ 时，$b=0.9(D+1)$，其中 D 为桩径。

根据桩顶弹性嵌固和桩底固接，确定桩基的几何和边界条件分别为

$$\begin{cases} y|_{x=0}=0 \\ y|_{x=l}\neq 0 \end{cases},\qquad \begin{cases} y'|_{x=0}=0 \\ y'|_{x=l}=0 \end{cases} \tag{7-53}$$

选取桩身挠曲函数为

$$y=\sum_{i=1}^{\infty}K_i\left(1-\cos\frac{\pi ix}{l}\right) \tag{7-54}$$

式中：i 为挠曲函数半波数，$i=1,3,5,\cdots,n$；K_i 为待定常系数。

取半波数 $i=1$，得到桩基的挠曲函数为

$$y(x)=K\left(1-\cos\frac{\pi x}{l}\right) \tag{7-55}$$

式中：K 为挠曲幅值。

求解 y 的一阶导数和二阶导数分别为

$$y'=\frac{\mathrm{d}y}{\mathrm{d}x}=\frac{\pi}{l}K\sin\frac{\pi x}{l} \tag{7-56}$$

$$y''=\frac{\mathrm{d}^2y}{\mathrm{d}x^2}=\frac{\pi^2}{l^2}K\cos\frac{\pi x}{l} \tag{7-57}$$

7.4.3　桩基-岩土体-溶洞体系的势函数

根据图 7-7 中的岩溶发育区桩基屈曲稳定性计算模型，在弹性小变形范围内桩基-岩土体-溶洞体系的总势能 Π 包括了桩身应变能 U_{P}、桩侧岩土体的弹性应变能 U_{S}、外荷载势能 V_{p}、桩基自重势能 V_{G} 等 4 部分。

1）桩身应变能

根据弹性力学，桩身应变能 U_{P} 可表示为

$$U_{\mathrm{P}}=\frac{E_{\mathrm{p}}I_{\mathrm{p}}}{2}\int_0^l(y'')^2\left[1+(y')^2\right]^{\frac{1}{2}}\mathrm{d}x \tag{7-58}$$

式中：E_{p} 为桩的弹性模量；I_{p} 为桩的惯性矩，$I_{\mathrm{p}}=\pi D^4/64$。

2）桩侧岩土体的弹性应变能

结合式（7-52），桩侧岩土体的弹性应变能 U_{S} 可表示为

$$U_{\mathrm{S}}=\int_0^h\frac{q(x)}{2}y\mathrm{d}x$$
$$=\int_{H_1}^h\frac{m(h-x)by}{2}y\mathrm{d}x+\int_{H_2}^{l_1}\frac{m(h-H_1)by}{2}y\mathrm{d}x+\int_0^{l_2}\frac{m(h-H_1)by}{2}y\mathrm{d}x$$
$$=\frac{mb}{2}\left[\int_{H_1}^h(h-x)y^2\mathrm{d}x+\int_{H_2}^{l_1}(h-H_1)y^2\mathrm{d}x+\int_0^{l_2}(h-H_1)y^2\mathrm{d}x\right] \tag{7-59}$$

3）外荷载势能

由 6.3.1 节研究结果可以得出，桩基在溶洞顶、底部发生剪切破坏一般出现在覆盖层剪切破坏之后，为了保证桩基竖向承载具有足够的安全储备，忽略桩侧阻力对桩基轴向受压状态的影响，因此外荷载为桩顶竖向荷载。外荷载势能V_{p}可表示为

$$V_{\mathrm{p}}=-\frac{Q}{2}\int_0^l(y')^2\mathrm{d}x \tag{7-60}$$

4）桩基自重荷载势能

桩基自重荷载势能V_{G}可表示为

$$V_{\mathrm{G}}=-\frac{\gamma_{\mathrm{p}}A_{\mathrm{p}}}{2}\int_0^l(l-x)(y')^2\mathrm{d}x \tag{7-61}$$

式中：A_{p}为桩基截面面积；γ_{p}为桩基重度。

采用能量法建立总势能Π的表达式为

$$\Pi=U_{\mathrm{P}}+U_{\mathrm{S}}+V_{\mathrm{p}}+V_{\mathrm{G}} \tag{7-62}$$

将式（7-58）～式（7-61）代入式（7-62），得

$$\Pi=\frac{E_{\mathrm{p}}I_{\mathrm{p}}}{2}\int_0^l(y'')^2\left[1+(y')^2\right]^{\frac{1}{2}}\mathrm{d}x+\frac{mb}{2}\left[\int_{H_1}^h(h-x)y^2\mathrm{d}x+\int_{H_2}^{l_1}(h-H_1)y^2\mathrm{d}x\right.$$
$$\left.+\int_0^{l_2}(h-H_1)y^2\mathrm{d}x\right]-\frac{Q}{2}\int_0^l(y')^2\mathrm{d}x-\frac{\gamma_{\mathrm{p}}A_{\mathrm{p}}}{2}\int_0^l(l-x)(y')^2\mathrm{d}x \tag{7-63}$$

将式（7-55）～式（7-57）代入式（7-63）得

$$\Pi=\frac{E_{\mathrm{p}}I_{\mathrm{p}}}{2}\int_0^l\left(\frac{\pi^2}{l^2}K\cos\frac{\pi x}{l}\right)^2\left(1+\left(\frac{\pi}{l}K\sin\frac{\pi x}{l}\right)^2\right)^{\frac{1}{2}}\mathrm{d}x$$
$$+\frac{mb}{2}\left\{\int_{H_1}^h(h-x)\left[K\left(1-\cos\frac{\pi x}{l}\right)\right]^2\mathrm{d}x+\int_{H_2}^{l_1}(h-H_1)\left[K\left(1-\cos\frac{\pi x}{l}\right)\right]^2\mathrm{d}x\right.$$
$$\left.+\int_0^{l_2}(h-H_1)\left[K\left(1-\cos\frac{\pi x}{l}\right)\right]^2\mathrm{d}x\right\}-\frac{Q}{2}\int_0^l\left(\frac{\pi}{l}K\sin\frac{\pi x}{l}\right)^2\mathrm{d}x$$
$$-\frac{\gamma_{\mathrm{p}}A_{\mathrm{p}}}{2}\int_0^l(l-x)\left(\frac{\pi}{l}K\sin\frac{\pi x}{l}\right)^2\mathrm{d}x \tag{7-64}$$

通过幂级数展开式（7-64），求解积分并经整理得桩基-岩土体-溶洞体系势函

数为

$$\Pi = a_1K^4 + a_2K^2 + a_3K \tag{7-65}$$

式中：$a_1 = \dfrac{E_pI_p\pi^6}{32l^5}$； $a_3 = 0$；

$$a_2 = \frac{E_pI_p\pi^4}{4l^3} + mb(h-H_1)(h+l_1+l_2-H_2) - \frac{mb(h^2-H_1^2)}{2} + \frac{mbl^2}{\pi^2}\left(\cos\frac{\pi h}{l} - \cos\frac{\pi H_1}{l}\right) - \frac{mbl(h-H_1)}{\pi}\left(\sin\frac{\pi l_1}{l} - \sin\frac{\pi H_2}{l} + \sin\frac{\pi l_2}{l}\right) - \frac{Q\pi^2}{4l} + \frac{\gamma_pA_p}{16} - \frac{\gamma_pA_p\pi^2}{8}$$。

7.4.4 岩溶发育区桩基的屈曲稳定临界荷载

参照尖点突变模型势函数式（7-47），将桩基-岩土体-溶洞体系的势函数转化为标准形式。令

$$K = t\left(\frac{1}{a_1}\right)^{\frac{1}{4}} \tag{7-66}$$

将式（7-66）代入式（7-65）可得

$$\Pi = t^4 + ut^2 + vt \tag{7-67}$$

式中：$u = \dfrac{a_2}{\sqrt{a_1}}$； $v = \dfrac{a_3}{\sqrt[4]{a_1}} = 0$。

桩基-岩土体-溶洞体系的分岔集方程为

$$D = 8u^3 + 27v^2 = 8\left(\frac{a_2}{\sqrt{a_1}}\right)^3 \tag{7-68}$$

由前述尖点突变理论可以看出，式（7-68）为穿过溶洞桩基屈曲失稳的判据。

当$D \leqslant 0$时，势函数存在实根，此时尖点突变模型可能跨越分岔集而产生突变。只有当$u \leqslant 0$时或$u = v = 0$时，$D \leqslant 0$才能成立，而根据工程实际可以看出$v \neq 0$，因此需满足$u \leqslant 0$，此时桩身可能发生屈曲破坏。当$D = 0$时，即

$$D = 8u^3 + 27v^2 = 8\left(\frac{a_2}{\sqrt{a_1}}\right)^3 = 0 \tag{7-69}$$

求解方程（7-69），可得

$$
\begin{aligned}
Q_{\mathrm{cr}} = & \frac{E_{\mathrm{p}} I_{\mathrm{p}} \pi^2}{l^2} + \frac{4mbl(h-H_1)(h+l_1+l_2-H_2)}{\pi^2} \\
& - \frac{2mbl(h^2-H_1^{\,2})}{\pi^2} + \frac{4mbl^3}{\pi^4}\left(\cos\frac{\pi h}{l} - \cos\frac{\pi H_1}{l}\right) \\
& - \frac{4mbl^2(h-H_1)}{\pi^3}\left(\sin\frac{\pi l_1}{l} - \sin\frac{\pi H_2}{l} + \sin\frac{\pi l_2}{l}\right) + \frac{\gamma_{\mathrm{p}} A_{\mathrm{p}} l}{4\pi^2} - \frac{\gamma_{\mathrm{p}} A_{\mathrm{p}} l}{2}
\end{aligned}
\quad (7\text{-}70)
$$

式（7-70）即为考虑穿过溶洞桩基自重的屈曲稳定临界荷载计算公式，当入土深度为 0 时，式（7-70）即退化为两端分别弹性嵌固和固接的考虑杆件自重的压杆屈曲稳定临界力欧拉公式。

需要注意的是，当桩基穿过的溶洞高度较大时，在溶洞范围内桩基单元无侧向支撑或侧向支撑较弱，此时，在竖向荷载作用下溶洞范围内的桩段可能产生屈曲破坏，这导致在桩周岩土体和桩端岩体均未达到极限承载时，桩身已经产生较大变形而无法继续工作，因此，采用 7.2～7.3 节中任意一种岩溶发育区桩基竖向极限承载力计算方法所得承载力，均需与式（7-70）计算所得岩溶发育区桩基屈曲稳定临界荷载进行比较，选取二者中较小值作为岩溶发育区桩基竖向极限承载力。

7.5　工 程 实 例

为验证前述岩溶发育区桩基竖向极限承载力计算方法的可行性，选取岩里大桥 Z6-1 桩作为试验桩，结合桩位处地质情况和桩基设计参数，采用规范法，按桩端、侧阻力发挥程度确定法，按桩顶沉降确定法，基于尖点突变理论的桩基屈曲稳定临界荷载计算法及数值仿真 5 种方法计算代表性桩基的竖向极限承载力，对比各方法的计算结果。

1. 试验桩基本概况

试验桩的设计参数和桩位处溶洞分布情况见表 7-2 和图 7-8，桩身混凝土标号为 C30，混凝土弹性模量 E_{P}=3.0×10^{4}MPa，桩身重度 γ_{p}=24kN/m^3。各岩土层特征见表 7-3，各岩土层物理力学性质指标见表 7-4。桩底溶洞顶板节理裂隙发育一般，故将其简化为固支梁力学模型计算顶板破坏突变荷载。由于第一层溶洞顶板厚度为 6.2m（3.1D），故计算时不再考虑下伏第二层溶洞的影响。

表 7-2　现场试验桩基设计参数与溶洞分布情况

桩号	桩长 l/m	桩径 D/m	溶洞分布	溶洞位置（H×L）	溶洞及顶板特征
岩里大桥 Z6-1	32.5	2.0	穿过单层溶洞+置于下伏溶洞之上	孔口下 27.0m（1.2m×3.0m），38.7m（1.6m×3.5m），43.8m（5.6m×2.5m）	均为空洞，顶板为中风化灰岩，隐晶质结构，中厚层状构造，节理裂隙发育一般，局部溶蚀明显

表 7-3　岩里大桥 Z6-1 桩各岩土层特征

岩土类别	编号	特征
坡积粉质黏土	7-122	湿，可塑状，絮状结构，土质较均匀，局部含少许砂砾土
砾质黏性土	7-222	可塑状，土质较均匀，含砾 25%～30%，粒径一般为 0.5～3cm
全风化灰岩	14-310	全风化产物，岩体风化剧烈，局部含灰岩角砾块
中风化灰岩	14-313	隐晶质结构，中厚层状构造，节理裂隙发育一般，局部溶蚀明显

表 7-4　岩里大桥 Z6-1 桩各岩土层物理力学性质指标

岩土类别	重度 γ/（kN/m^3）	黏聚力 c/kPa	内摩擦角 φ/(°)	泊松比 μ	桩侧阻力标准值 q_{ik}/kPa	单轴饱和抗压强度 f_{rk}/MPa	剪切刚度/（MPa/m）	极限位移/mm
坡积粉质黏土	18.2	12.7	13.1	0.25	35		11.5	4.4
砾质黏性土	18.5	16.0	15.0	0.25	45		12.3	3.7
全风化灰岩	19.0	25	28	0.24	65		45.0	3.2
中风化灰岩	23.0			0.22	200	30	598.2	2.1

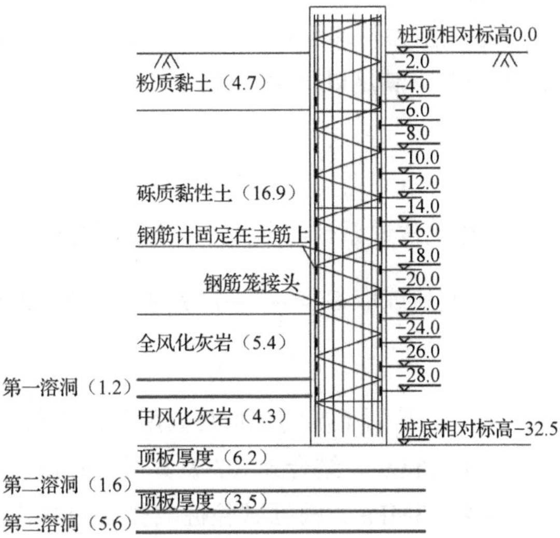

图 7-8　岩里大桥 Z6-1 桩（单位：m）

2. 试验桩竖向承载力计算结果对比

1）规范法

根据岩里大桥 Z6-1 钻孔灌注桩的桩位处溶洞分布、持力层特征和《公路桥涵地基与基础设计规范》（JTG 3363—2019），计算桩基竖向承载力时，忽略第一层溶洞范围内的桩侧阻力和桩侧阻力安全系数，取桩端阻力发挥系数 $c_1 = 0.24$，岩层桩侧阻力发挥系数 $c_2 = 0.018$，覆盖层桩侧阻力发挥系数 $\zeta_s = 0.5$，其余参数见表 7-4。按规范法计算岩里大桥 Z6-1 钻孔灌注桩的竖向承载力为

$$
\begin{aligned}
Q_u &= c_1 A_p f_{rk} + u\left(\sum_{i=1}^{m} c_{2i} h_i f_{rki}\right) + \zeta_s u \sum_{i=1}^{n} l_i q_{ik} \\
&= 22619.5\text{kN} + 18598.2\text{kN} = 41217.7\text{kN}
\end{aligned}
$$

2）按桩端、侧阻力发挥程度确定岩溶发育区桩基竖向承载力（方法一）

由表 7-2 可以看出，岩里大桥 Z6-1 桩基的桩底溶洞顶板厚度 $h_c = 6.2\text{m} = 3.1D$，按表 7-1 的插值计算，取桩端阻力修正系数 $\lambda_p = 1.0$；桩基所穿过溶洞跨度 $L_1 = 3.0\text{m}$，代入式（7-5）得桩侧阻力修正系数 $\lambda_s = 1.041$，其余参数取值同上。考虑桩端、侧阻力发挥程度计算岩里大桥 Z6-1 钻孔灌注桩的竖向承载力为

$$
\begin{aligned}
Q_u &= \lambda_p c_1 A_p f_{rk} + \lambda_s\left[u\left(\sum_{i=1}^{m} c_{2i} h_i f_{rki} - \sum_{j}^{a} c_{2j} H_j f_{rkj}\right) + \zeta_s u \sum_{i=1}^{n} l_i q_{ik}\right] \\
&= 22619.4\text{kN} + 19360.8\text{kN} = 41980.2\text{kN}
\end{aligned}
$$

3）按桩顶沉降确定岩溶发育区桩基竖向承载力（方法二）

在荷载传递法中，桩端阻力传递系数可采用波希尼斯克（Boussinesq）弹性理论公式求解，桩端阻力与沉降满足以下关系式：

$$
C_p = \frac{Q_p D}{s_p A_p} \tag{7-71}
$$

式中：C_p 为桩端岩体的荷载传递系数，其大小可通过实测资料绘制桩端荷载-沉降曲线获得，也可按规范取值或取 $C_p = \dfrac{E_r}{1-\mu}$，E_r 和 μ 分别为桩端岩体变形模量和泊松比。

根据与岩里大桥 Z6-1 桩基同工况的数值仿真所得桩端阻力-溶洞顶板变形，可拟合求得 $Q_p / s_p = 635.0\text{kN/mm}$。结合式（7-71）可计算出岩里大桥 Z6-1 桩端阻力荷载传递系数 $C_{p2} = 404.3\text{MPa}$。根据试验桩成孔后的终孔检测可以看出，桩孔清孔良好，可忽略钻渣的影响，即 $C_{p1} = 0$。

以桩基-岩土体屈服且桩底岩体处于弹性变形阶段对应的桩顶荷载作为桩基竖向极限承载力，此时桩周岩土体塑性区开展深度 $Z_u = h$（h 为桩的入土深度）。荷载-沉降方程需满足的边界条件和连续条件为

$$\begin{cases} s_1(0) = s_0 \\ E_p A_p \dfrac{ds_m(l_m)}{dz} = -q_p = -C_{p2} s_p(l_m) \\ s_i(l_i) = s_{i+1}(l_i) \\ \dfrac{ds_i(l_i)}{dz} = \dfrac{ds_{i+1}(l_i)}{dz} \end{cases} \tag{7-72}$$

令 $\psi = u\tau_u / (E_p A_p)$，桩基-岩土体屈服时不同深度处桩身位移计算公式为

$$s(z) = \frac{\psi z^2}{2} + C_3 z + C_4 \tag{7-73}$$

根据表 7-4 计算得到岩里大桥 Z6-1 桩从上至下各岩土层对应的 ψ 为

$$\psi_1 = 0.77, \quad \psi_2 = 0.82, \quad \psi_3 = 3.0, \quad \psi_4 = 39.88$$

将桩基划分为 100 个微单元，溶洞范围内的桩单元荷载保持不变，输入桩端初始位移 $s_{n0} = 0$ 和已知参数，按荷载传递微分方程的连续条件和边界条件，采用 MATLAB 软件求解对应的线性方程组，可计算出待定系数，赋予桩端位移与桩侧位移，逐层计算桩单元荷载，可得不同竖向荷载作用下的桩顶沉降。

4）基于尖点突变理论的岩溶发育区桩基屈曲稳定临界荷载计算法（方法三）

在考虑桩基屈曲稳定时，参照规范取值，取桩侧土抗力系数 $m = 5000\text{kN/m}^4$；计算宽度 $b = 0.9(D+1) = 2.7\text{m}$；桩基的桩长与入土深度取 $l = h = 32.5\text{m}$；桩基重度 $\gamma_p = 24\text{kN/m}^3$，按式（7-70）可计算试验桩的屈曲临界荷载。

采用 5 种方法计算岩里大桥 Z6-1 桩的竖向承载力计算结果对比见表 7-5 和图 7-9。

表 7-5　岩里大桥 Z6-1 桩竖向承载力计算结果对比

计算方法	竖向极限承载力/kN	极限桩侧阻力/kN	极限桩端阻力/kN	极限桩侧阻力占比/%	极限桩端阻力占比/%
规范法	46080.9	23461.4	22619.5	50.9	49.1
数值仿真	49875.1	34164.4	15710.7	68.5	31.5
方法一	47042.8	24423.3	22619.5	51.9	48.1
方法二	49152.3	32096.5	17055.8	65.3	34.7
方法三	683138.0				

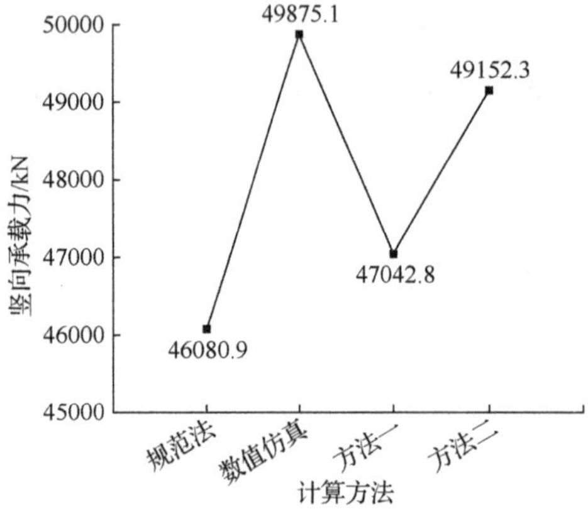

（a）桩基竖向承载力

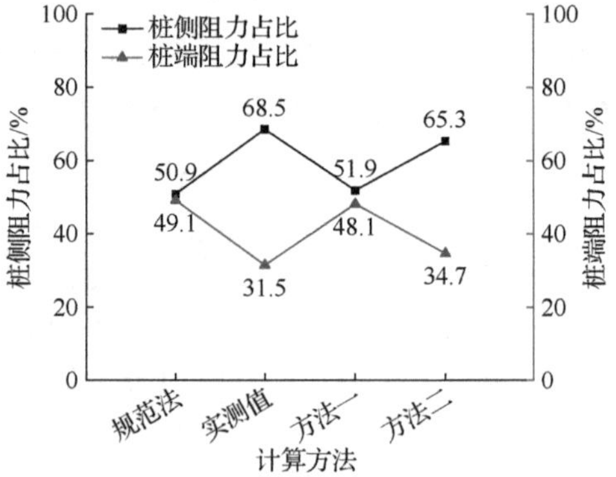

（b）桩基分项承载力占比

图 7-9　岩里大桥 Z6-1 桩竖向承载力计算结果对比

由 6.5 节中与离心模型试验结果的对比可以看出，采用数值仿真模型可较好地反映岩溶发育区桩基竖向承载特性。由表 7-5 可以看出，基于尖点突变理论计算的桩基屈曲稳定临界荷载远大于其他各种方法计算所得桩基竖向极限承载力。由表 7-5 和图 7-9 可以看出，按数值仿真计算所得桩基竖向极限承载力较规范法增大了 8.2%，极限桩侧阻力占比和桩端阻力占比均相差了 17.6%，表明按数值仿真方法计算所得桩基竖向极限承载力与规范法吻合较好。由于规范法计算时桩周岩土体和桩端岩体的承载力同时发挥，所得极限桩端阻力较大，而数值仿真中所得竖向极限承载力是由桩顶沉降控制的，桩侧阻力发挥较充分。按桩端、侧阻力发挥程度确定的桩基竖向极限承载力较数值仿真计算结果减小了 5.7%，极限桩侧阻力占比和极限桩端阻力占比分别增加和减少了 16.6%，表明桩身溶洞顶板的弯拉挤压效应对桩基的桩侧阻力具有一定贡献，采用该方法可考虑溶洞对桩端、侧阻力的影响，可在工程设计中应用参考。按桩顶沉降确定的桩基竖向极限承载力较数值仿真减少了 1.4%，极限桩侧阻力占比和极限桩端阻力占比分别减小和增加了 3.2%，表明采用桩顶沉降控制桩基竖向极限承载力时，未考虑桩身溶洞顶板的弯拉挤压效应且在容许沉降值下桩端阻力发挥充分，计算结果偏于安全。

7.6　下伏溶洞影响下桥梁桩基的竖向承载力计算方法

7.6.1　现有承载力计算方法应用于下伏岩溶发育区桥梁桩基的局限性

目前，桥梁桩基竖向极限承载力的计算方法主要有理论计算法、静载试验法和经验公式法，工程实际中主要用的是经验公式法。

1）理论计算法

理论计算法即静力分析方法，是利用桩周岩土体的极限平衡理论及强度理论，计算得到桩侧阻力与桩端阻力的极限值。经工程实践表明，静力分析方法所得计算结果往往与工程实测值有较大差异。对于下伏岩溶发育区的桥梁桩基，静力分析法没有充分考虑边界条件及下伏岩溶对桩端岩层端阻力发挥程度的影响，使得其竖向极限承载力的计算很难适用于下伏岩溶发育区桥梁桩基。

2）静载试验法

静载试验法是在现场桩基的桩顶处施加分级荷载直至其发生破坏，并实时测量其桩身沉降，根据桩顶荷载、桩身沉降及时间的关系，确定桩基竖向极限承载力。但该方法也存在以下问题：试验需要的人力、物力较多；试验周期长，对于工期要求高的关键工程适用性差；静载试验仅是针对具体地质条件进行试验，不能推广应用于对应其他地质条件下的桩基竖向极限承载力。

3）经验公式法

将桩基竖向极限承载力细分为上部土体总桩侧阻力 Q_{sk}、嵌岩段总桩侧阻力 Q_{rk} 和桩端阻力 Q_{pk} 三部分，具体表示为

$$Q_{\mathrm{u}}=Q_{\mathrm{sk}}+Q_{\mathrm{rk}}+Q_{\mathrm{pk}}=\frac{1}{2}\zeta_{\mathrm{s}i}\sum_{i=1}^{n}u_i l_i q_{i\mathrm{k}}+u\sum_{i=1}^{m}c_{2i}h_i f_{\mathrm{rk}i}+c_1 A_{\mathrm{p}} f_{\mathrm{rk}} \tag{7-74}$$

式中：ζ_{si} 为第 i 层土体的侧摩阻力发挥系数；l_i、h_i 分别为第 i 层土体的厚度、嵌岩深度；q_{ik} 为桩周第 i 层土体的侧摩阻力标准值；u_i 为桩周各土层或各岩层部分的桩身周长；c_{2i} 为第 i 层岩层的侧摩阻力发挥系数；f_{rki} 为桩端第 i 层岩体的岩石饱和单轴抗压强度标准值；c_1 为桩端阻力发挥系数；A_{p} 为桩端底面积。

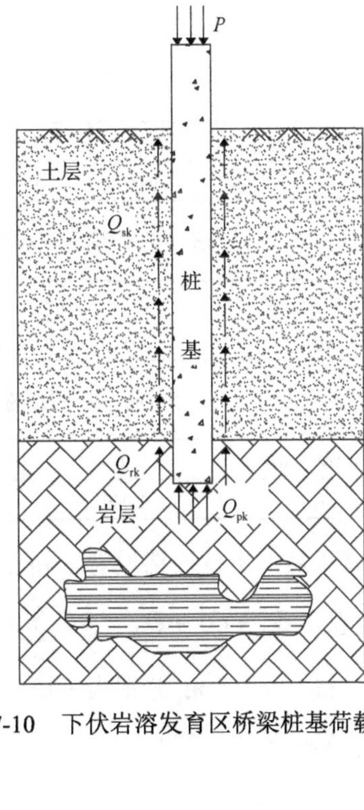

图 7-10　下伏岩溶发育区桥梁桩基荷载传递

当桩基存在下伏溶洞时，由于下伏岩溶发育使得桩底岩土体强度降低，桩与桩底岩体相互作用时岩溶区空洞不能充分承担上层岩土体传递的竖向荷载，桩端阻力骤减，桩身相对位移增大，桩身受下伏溶洞的影响范围增大。下伏岩溶发育区桥梁桩基荷载传递如图 7-10 所示，结合离心模型试验及数值仿真得到的结果，受下伏岩溶地质条件的影响，桩底岩体严重缺

失，导致桩端阻力发挥受到显著影响，现行规范中的单桩竖向极限承载力公式用于评价下伏溶洞影响下桩基的竖向承载力显然不合理。因此，应针对现有公式进行修正，以适用于下伏岩溶发育区桥梁桩基的竖向极限承载力计算。

7.6.2　对现有桩基竖向承载力计算方法的修正

基于离心模型试验和数值仿真结果，同时根据相关规范，对于下伏岩溶发育区桥梁桩基的竖向极限承载力，下伏溶洞的存在主要影响桩端阻力 Q_{pk} 的发挥程度。针对常用的经验公式法中的嵌岩桩极限承载力计算公式，本书提出考虑溶洞高度、跨度及顶板厚度变化下，对桩端阻力 Q_{pk} 进行修正。将数值仿真结果中不同溶洞高度对应的桩基竖向极限承载力中的桩端阻力与无溶洞桩基的桩端阻力相比，得到下伏溶洞高度变化条件下的桩端阻力 Q_{pk} 修正系数 m_1，见表 7-6。下伏溶洞不同高度对应的溶洞跨度为 6m，因此针对洞跨变化下的桩端阻力修正值以洞跨 6m 为基准，将各溶洞跨度对应的桩基竖向极限承载力中的桩端阻力与溶洞跨度 6m 时对应的桩端阻力相比，得到各溶洞跨度对应的桩端阻力修正系数 m_2，见表 7-7。下伏溶洞不同高度、跨度对应的溶洞顶板厚度均为 2m，因此针对顶板厚度变化下的桩端阻力修正值应以顶板厚度 2m 为基准，将各顶板厚度对应的基础竖向极限承载力中的桩端阻力与顶板厚度 2m 时对应的桩端阻力相比，得到顶板厚度变化下的桩端阻力修正系数 m_3，见表 7-8。

表 7-6　不同下伏溶洞高度下桩端阻力 Q_{pk} 的修正系数

溶洞高度/m	无溶洞	2	4	6	9	12
m_1	1.000	0.265	0.215	0.208	0.203	0.201

表 7-7　不同下伏溶洞跨度下桩端阻力 Q_{pk} 的修正系数

溶洞跨度/m	2	4	6	9	12
m_2	1.791	1.528	1.000	0.736	0.657

表 7-8　不同顶板厚度下桩端阻力 Q_{pk} 的修正系数

顶板厚度/m	2	4	6	8
m_3	1.000	1.716	3.313	4.151

修正后的下伏岩溶发育区桥梁桩基竖向极限承载力可按式（7-75）计算。

$$Q_u = Q_{sk} + Q_{rk} + Q_{pk} = \frac{1}{2}\zeta_{si}\sum_{i=1}^{n} u_i l_i q_{ik} + u\sum_{i=1}^{m} c_{2i} h_i f_{rki} + m_1 m_2 m_3 c_1 A_p f_{rk} \tag{7-75}$$

式中：m_1、m_2、m_3 分别为考虑下伏溶洞高度、跨度及顶板厚度变化条件下对桩端阻力 Q_{pk} 的修正系数。

7.6.3　工程实例

为进一步验证前述提出的针对下伏岩溶发育区桥梁桩基竖向极限承载力修正方法的准确性，同时避免验证结果的偶然性，参考两个同样位于下伏岩溶发育区的广花盆地特大桥梁桩基与平顶山市西斜立交桥桩基实体工程[29,158]，现有研究已通过现场静载试验确定了二者桩基的竖向极限承载力。广花盆地特大桥梁桩基现场静载试验选取的桩基桩径为 1.8m，桩长为 38.0m，桩端嵌岩深度为 4.2m，溶洞高度为 3.5m，溶洞跨度为 3.7m，顶板厚度为 4.1m，根据表 7-6～表 7-8 线性内插，可得修正系数 m_1=0.210、m_2=1.567、m_3=1.796。桩位处地层参数如图 7-11（a）所示，其桩基竖向极限承载力按修正方法计算见表 7-9。平顶山市西斜立交桥桩基静载试验选取的桩基桩径为 1.5m，桩长为 28m，桩端嵌岩深度为 6.4m，下伏溶洞高度为 6.2m，溶洞跨度为 8m，顶板厚度为 2.8m，可得修正系数 m_1=0.208、m_2=0.824、m_3=1.796。桩位处地层参数如图 7-11（b）所示，竖向极限承载力修正计算结果见表 7-10。

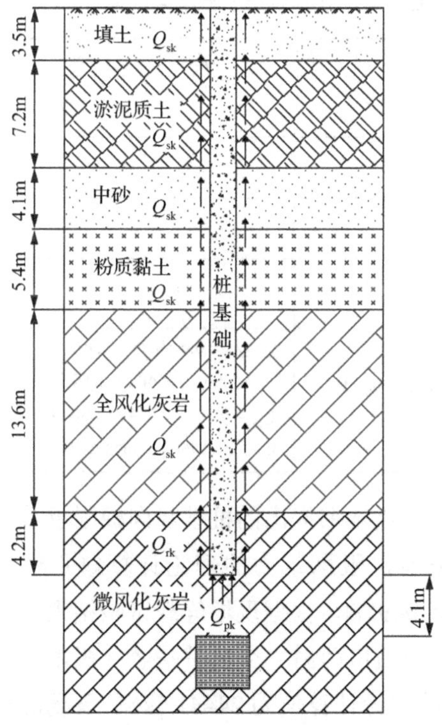

（a）广花盆地特大桥梁桩基础地质剖面图

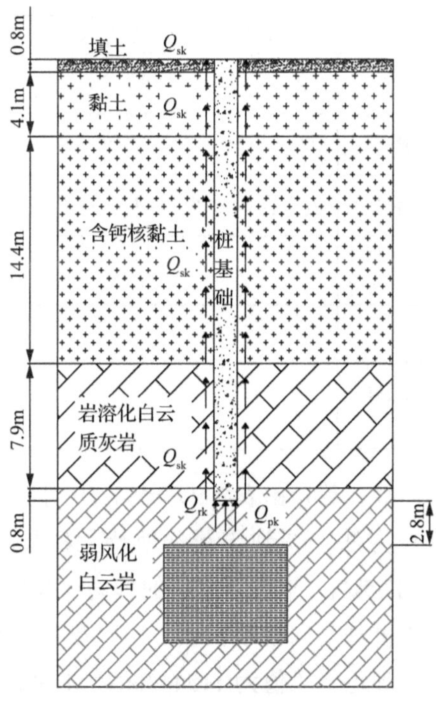

（b）平顶山市西斜立交桥桩基础地质剖面图

图 7-11　静载试验桩基处地质剖面图

表 7-9　广花盆地特大桥梁桩基础各地层理论计算修正的分项承载力

地层	土体桩侧阻力 Q_{sk} /kN	嵌岩段桩侧阻力 Q_{rk} /kN	桩端阻力 Q_{pk} /kN
填土	$Q_{sk}=\frac{1}{2}\times0.8\times1.8\pi\times3.5\times25=197.9$		
淤泥质土	$Q_{sk}=\frac{1}{2}\times0.8\times1.8\pi\times7.2\times30=488.6$		
中砂	$Q_{sk}=\frac{1}{2}\times0.8\times1.8\pi\times4.1\times72=584.3$		
粉质黏土	$Q_{sk}=\frac{1}{2}\times0.8\times1.8\pi\times5.4\times35=427.5$		
全风化灰岩	$Q_{sk}=\frac{1}{2}\times0.8\times1.8\pi\times13.6\times75=2307.2$		
微风化灰岩		$Q_{rk}=1.8\pi\times0.05\times4.2\times12100=14369.0$	$Q_{pk}=0.6\times0.9^2\times\pi\times12100=18474.4$（未修正）；$Q_{pk}=0.210\times1.567\times1.796\times0.6\times0.9^2\times\pi\times12100=10913$（修正后）

表 7-10　平顶山市西斜立交桥桩基础各地层理论计算修正的分项承载力

地层	各层土体桩侧阻力 Q_{sk} /kN	嵌岩段桩侧阻力 Q_{rk} /kN	桩端阻力 Q_{pk} /kN
填土	$Q_{sk}=\frac{1}{2}\times0.5\times1.5\pi\times0.8\times25=23.6$		
黏土	$Q_{sk}=\frac{1}{2}\times0.5\times1.5\pi\times4.1\times50=241.5$		
含钙核黏土	$Q_{sk}=\frac{1}{2}\times0.5\times1.5\pi\times14.4\times110=1866.1$		
岩溶化白云质灰岩		$Q_{rk}=1.5\pi\times0.04\times7.9\times1900=2829.3$	
弱风化白云岩		$Q_{rk}=1.5\pi\times0.05\times0.8\times15600=2940.5$	$Q_{pk}=0.6\times0.75^2\times\pi\times15600=16540.5$（未修正）；$Q_{pk}=0.208\times0.824\times1.286\times0.6\times0.75^2\pi\times15600=3643.8$（修正后）

经计算，由表 7-9 和表 7-10 可以看出，通过本书提出的桩基竖向极限承载力修正方法，得到广花盆地特大桥梁桩基竖向极限承载力的理论计算修正值为 29287.5kN，未进行修正的理论计算值为 36848.9kN，根据现场静载试验结果可以看出桩基竖向极限承载力为 24533.0kN；平顶山市西斜立交桥桩基竖向极限承载力的理论修正值为 11544.8kN，未进行修正的理论计算值为 24441.5kN，现场静载试验值为 12384.7kN，理论修正值、未经修正理论值及现场静载试验值对比如图 7-12 所示。

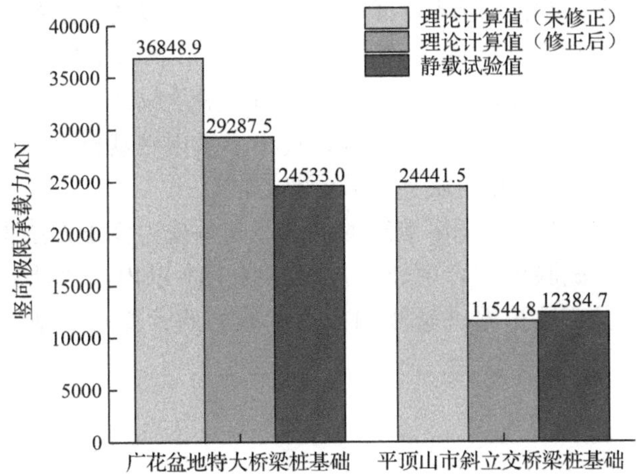

图 7-12　桩基承载力理论值与静载试验值对比

由图 7-12 可以看出，两根位于下伏岩溶发育区的桥梁桩基利用修正后得到的竖向极限承载力理论计算值与现场静载试验值相差不大，经计算，修正后的理论计算值与静载试验值之间的误差在 18%以内，而未经修正的理论计算值与静载试验值及修正后的理论计算值相差较大，说明利用本书提出的理论修正方法计算下伏岩溶发育区桥梁桩基竖向极限承载力的准确性与适用性强。同时，该方法可以应用于不同下伏溶洞高度、跨度及顶板厚度的情况，具有一定的工程实际意义，可为下伏岩溶发育区桥梁桩基的设计提供参考。

7.7　小　　结

本章基于依托工程中桥梁桩基设计与施工实况，结合岩溶发育区桩基竖向荷载传递机理现场试验、桩基竖向承载特性离心模型试验和数值仿真研究成果，建立了多种桩基-岩土体-溶洞相互作用理论计算模型，提出了岩溶发育区桩基竖向极限承载力计算方法和穿过溶洞桩基屈曲稳定临界荷载计算方法，对比分析了现场试验桩按规范法、数值仿真法、现场实测和上述 3 种岩溶区桩基竖向极限承载力计算方法的结果，提出仅在下伏溶洞影响下，考虑溶洞高度、跨度、顶板厚度变化条件下桩基竖向极限承载力计算方法。主要结论如下。

（1）在现行规范中桩基竖向极限承载力计算方法的基础上进行修正，充分考虑了桩基所穿过的溶洞和下伏溶洞对其桩侧阻力和桩端阻力发挥的影响，推导了按桩端、侧阻力发挥程度确定岩溶发育区桩基竖向极限承载力计算公式。

（2）建立了竖向荷载作用下桩基-岩土体-溶洞荷载传递模型和桩基-桩端岩层-

溶洞荷载传递模型，推导了岩溶发育区桩基荷载-沉降关系式，提出了荷载传递过程中桩周岩土体和桩端岩体的 5 种不同受力与变形状态下桩基桩顶荷载计算公式，确定桩顶容许沉降后即可计算相应的竖向极限承载力。

（3）结合穿过溶洞桩基的承载特性，提出了考虑桩基自重的基于尖点突变理论的岩溶发育区桩基屈曲稳定临界荷载计算方法。

（4）通过仅存在下伏溶洞影响时的桩基竖向承载力修正方法得出的竖向极限承载力与现场静载试验值吻合度较好，误差在 18%以内，该计算方法及修正系数可为下伏岩溶发育区桥梁桩基竖向极限承载力的计算及桩基的设计提供理论参考。

第8章　岩溶发育区桩基设计计算方法与关键参数取值

8.1　概　　述

岩溶地质的复杂多样导致岩溶发育区桩基的设计计算十分困难。由于下伏溶洞的存在对桩基的竖向承载特性产生显著影响，常常无法确定桩基的合理嵌岩深度和顶板安全厚度。在工程实际中，为确保桩基承载安全，常常根据经验取值确定嵌岩深度和顶板厚度，如依托工程的岩溶区桩基设计中要求嵌岩深度不小于5m且溶洞顶板厚度不小于3倍桩径，为了同时满足嵌岩深度与顶板厚度要求，大量桩基的桩长大幅增加，若遇到串珠状溶洞，在设计时桩基极有可能需穿过所有溶洞直至嵌入稳定岩层，这大大提高了施工难度和施工成本。因此，针对岩溶发育区的特殊性，研究桩基的合理嵌岩深度和顶板安全厚度计算方法十分重要。

前述已针对不同嵌岩深度下溶洞顶板合理厚径比的选择进行了研究，且给出了考虑溶洞顶板极限承载力的桩基竖向极限承载力计算公式，本章主要分析桩位处存在溶洞时，嵌岩深度和顶板厚度的取值方法。根据不同顶板岩体裂隙发育情况，提出具有针对性的岩溶发育区桩基合理嵌岩深度计算方法，依托工程实际对比各嵌岩深度计算方法结果；基于尖点突变理论并结合下伏溶洞顶板规模和边界支撑条件，推导下伏溶洞顶板安全厚度计算公式，使岩溶发育区桩基设计计算参数取值更为科学合理。

8.2　岩溶发育区桩基设计参数取值现状对比分析

目前国内部分地区的地方规范规定了岩溶发育区桩基的嵌岩深度和顶板厚度建议取值[183-187]，见表8-1和表8-2。

表 8-1　现行规范中岩溶区桩基嵌岩深度建议取值

<table>
<tr><th>地区</th><th>标准</th><th colspan="2">条件（d 为桩径）</th><th>嵌岩深度 h_r</th></tr>
<tr><td rowspan="6">广东省</td><td>《广东省岩溶地区公路桥梁桩基设计与施工技术指南》(GDJTG/T A01—2016)</td><td colspan="2">遵循“桩端嵌岩深度宜浅不宜深，优先保证顶板安全厚度”的原则</td><td>$1d$～$3d$ 范围内取最优化值</td></tr>
<tr><td rowspan="3">《岩溶地区建筑地基基础技术规范》(DBJ/T 15-136-2018)</td><td rowspan="3">进入中、微风化岩</td><td>岩面较平整</td><td>$h_r \geqslant 0.2$m</td></tr>
<tr><td>岩面有起伏且岩溶中等发育</td><td>$h_r \geqslant 0.5$m</td></tr>
<tr><td>岩面起伏较大且岩溶强烈发育</td><td>$h_r \geqslant 1.0$m</td></tr>
<tr><td rowspan="2">《建筑地基基础设计规范》(DBJ 15-31-2016)</td><td colspan="2">桩端进入中、微风化岩</td><td>$h_r \geqslant 0.5$m</td></tr>
<tr><td colspan="2">嵌入灰岩或其他未风化硬质岩</td><td>$h_r \geqslant 0.2$m</td></tr>
<tr><td rowspan="2">广西壮族自治区</td><td rowspan="2">《广西建筑地基基础设计规范》(DBJ45/003-2015)</td><td colspan="2">嵌入平整、完整和较完整的中风化、微风化及未风化硬质岩体</td><td>$h_r \geqslant 0.2d$ 且 $h_r \geqslant 0.2$m</td></tr>
<tr><td colspan="2">嵌入倾斜的完整和较完整的中风化、微风化、未风化硬质岩体</td><td>$h_r \geqslant 0.4d$ 且 $h_r \geqslant 0.5$m</td></tr>
<tr><td rowspan="3">贵州省</td><td rowspan="3">《贵州山区复杂地质条件公路桥梁桩基设计指导书》(JTT52/01-2015)</td><td rowspan="2">覆盖层厚度大于 20m 且不存在软弱土层</td><td>嵌入中风化以上硬质岩</td><td>$1.5d$ 左右</td></tr>
<tr><td>嵌入中风化以上软质岩</td><td>宜取 $3d$～$5d$</td></tr>
<tr><td colspan="2">嵌岩深度+顶板厚度≤$6d$ 时，应遵循“宜浅不宜深，优先保证顶板安全厚度”的原则</td><td>$1d$～$3d$范围内优化取值，不得小于 $0.4d$ 或 0.5m</td></tr>
</table>

表 8-2　现行规范中下伏溶洞顶板厚度建议取值

<table>
<tr><th>地区</th><th>标准</th><th>条件（d 为桩径）</th><th>顶板厚度 h_c</th></tr>
<tr><td rowspan="14">广东省</td><td rowspan="6">《广东省岩溶地区公路桥梁桩基设计与施工技术指南》(GDJTG/T A01—2016)</td><td>完整基岩 h_c<$3d$，基岩裂隙发育</td><td>宜穿越溶洞进入下层基岩</td></tr>
<tr><td>持力层岩性较差、岩体较破碎、岩溶裂隙发育强烈、裂隙水丰富</td><td>$h_c \geqslant 5d$ 且 $h_c \geqslant 5$m</td></tr>
<tr><td>桩身较短（l<30m），上部荷载较大且端承力占 80%以上</td><td>$3d \leqslant h_c \leqslant 5d$</td></tr>
<tr><td>端承摩擦桩或无法准确掌握溶洞具体情况</td><td>h_c>$2.5d$ 且 $h_c \geqslant 4$m</td></tr>
<tr><td>桩侧阻力所占比例超过 50%</td><td>h_c>$1d$ 且 $h_c \geqslant 2$m</td></tr>
<tr><td>桩端下溶洞高度小于 5m，其顶板跨度小于临界跨度 $L_{cr}=d+2\ h_c\tan\theta$（$\theta$ 为岩石应力扩散角）</td><td>h_c>$1d$ 且 $h_c \geqslant 2$m</td></tr>
<tr><td rowspan="5">《岩溶地区建筑地基基础技术规范》(DBJ/T 15-136-2018)</td><td>持力层岩性较差、岩体较破碎、岩溶裂隙发育强烈、裂隙水丰富</td><td>$h_c \geqslant 4d$ 且 $h_c \geqslant 6$m</td></tr>
<tr><td>端承桩，完整基岩</td><td>$h_c \geqslant 3d$ 且 $h_c \geqslant 5$m</td></tr>
<tr><td>摩擦端承桩，完整基岩</td><td>$h_c \geqslant 2.5d$ 且 $h_c \geqslant 4$m</td></tr>
<tr><td>端承摩擦桩，完整基岩</td><td>$h_c \geqslant 2d$ 且 $h_c \geqslant 3$m</td></tr>
<tr><td>桩侧阻力超过桩总承载力的 70%，完整基岩</td><td>$h_c \geqslant 1.5d$ 且 $h_c \geqslant 2$m</td></tr>
<tr><td rowspan="3">《建筑地基基础设计规范》(DBJ 15-31-2016)</td><td>$d \geqslant 1$m，单桩承载力特征值≥5000kN 的桩，顶板较破碎或较薄</td><td>桩应予穿过溶洞</td></tr>
<tr><td>完整顶板的厚度不小于溶洞平面尺寸</td><td>应满足冲切承载力要求</td></tr>
<tr><td>持力层下有软弱下卧层或破碎带和溶洞</td><td>h_c>$3.0d$ 且 $h_c \geqslant 2$m</td></tr>
</table>

续表

地区	标准	条件（d 为桩径）	顶板厚度 h_c
广西壮族自治区	《广西建筑地基基础设计规范》(DBJ45/003-2015)	嵌入完整、较完整的坚硬岩、较硬岩地基	$h_c \geq L$（L 为洞的跨度）
贵州省	《贵州山区复杂地质条件公路桥梁桩基设计指导书》(JTT52/01-2015)	当桩基穿越串珠状溶洞时，溶洞隔板厚度扣除嵌岩深度	$h_c>3.0d$ 且 $h_c \geq 5$m

由表 8-1 可知，《广东省岩溶地区公路桥梁桩基设计与施工技术指南》(GDJTG/T A01—2016）遵循“桩端嵌岩深度宜浅不宜深，优先保证顶板安全厚度”的原则确定桩基嵌岩深度；广东省《岩溶地区建筑地基基础技术规范》(DBJ/T 15-136-2018）根据桩基嵌入的中、微风化岩的平整情况确定桩基嵌岩深度；广东省《建筑地基基础设计规范》(DBJ 15-31-2016）根据桩基嵌入的岩层性质确定桩基嵌岩深度；《广西建筑地基基础设计规范》(DBJ45/003-2015）根据桩基嵌入的中、微风化岩的平整情况确定桩基嵌岩深度；《贵州山区复杂地质条件公路桥梁桩基设计指导书》(JTT52/01-2015）根据基岩性质及需遵循“宜浅不宜深，优先保证顶板安全厚度”原则确定桩基嵌岩深度。

从表 8-2 可以看出，《广东省岩溶地区公路桥梁桩基设计与施工技术指南》(GDJTG/T A01—2016）根据基岩性质、溶洞尺寸、桩基类型确定下伏溶洞顶板厚度；广东省《岩溶地区建筑地基基础技术规范》(DBJ/T 15-136-2018）根据基岩岩性和桩基类型确定下伏溶洞顶板厚度；广东省《建筑地基基础设计规范》(DBJ 15-31-2016）根据基岩性质确定下伏溶洞顶板厚度；《广西建筑地基基础设计规范》(DBJ45/003-2015）根据溶洞尺寸确定下伏溶洞顶板厚度；《贵州山区复杂地质条件公路桥梁桩基设计指导书》(JTT52/01-2015）要求作为桩基持力层的溶洞隔板厚度在扣除嵌岩深度后，桩底以下顶板厚度应不小于 $3d$ 且不小于 5m 无裂隙分布。

《美国国家高速公路与交通运输协会荷载抗力系数设计法 桥梁设计规范》(*AASHTO LRFD Bridge Design Specifications*)（第八版）[188]中仅规定了主要考虑岩石的裂隙与单轴抗压强度的常规桩基的桩侧阻力与桩端阻力的计算方法，未考虑岩溶区溶洞对桩基设计计算的影响。现行规范对岩溶发育区桩基的嵌岩深度和顶板厚度的建议取值及分类条件存在显著差异，说明目前针对岩溶发育区桩基的设计计算具有较大不确定性。因此，研究桩位处存在溶洞时嵌岩深度和顶板厚度的合理取值方法十分必要。

8.3 岩溶发育区桩基合理嵌岩深度计算方法

岩溶发育区的桩基一般为嵌岩桩，根据前述研究成果可以看出，嵌岩深度是影响岩溶发育区桩基竖向承载特性的主要因素之一。由于地下水和岩溶的影响，在桥梁全寿命周期内，桩基的嵌岩段可能受到侵蚀使有效嵌岩深度减小，此外，桩身溶洞和下伏溶洞均对桩基与桩周岩土体和桩端岩体的相互作用有较大影响，这就要求在确定岩溶地基中桩基的嵌岩深度时，需同时考虑桩基竖向极限承载力、桩身稳定性和桥梁全寿命周期内溶洞溶蚀量要求，取最不利状况控制合理嵌岩深度[189]。

8.3.1 考虑桩基竖向极限承载力的嵌岩深度确定

结合《公路桥涵地基与基础设计规范》(JTG 3363—2019) 中嵌岩深度计算公式和 7.3 节中考虑桩端、侧阻力发挥程度的岩溶发育区桩基竖向极限承载力计算公式 (7-2)，推导出桩基的嵌岩深度计算公式为

$$h_{\mathrm{r}} \geqslant \frac{Q_{\mathrm{u}} - \lambda_{\mathrm{p}} c_1 A_{\mathrm{p}} f_{\mathrm{rk}} + \lambda_{\mathrm{s}} u \left[\sum_{j=1}^{a} c_{2j} H_j f_{\mathrm{rk}j} - \sum_{i=1}^{m-1} c_{2i} h_i f_{\mathrm{rk}i} \right] - \zeta_{\mathrm{s}} u \sum_{i=1}^{n} l_i q_{i\mathrm{k}}}{\lambda_{\mathrm{s}} u c_{2m} f_{\mathrm{rk}m}} \tag{8-1}$$

式中：c_{2m} 为最低一层溶洞底到桩底间（即嵌岩段）周围岩层的桩侧阻力发挥系数；$f_{\mathrm{rk}m}$ 为嵌岩段周围岩石饱和单轴抗压强度标准值。需要注意的是，若桩基无下伏溶洞时，取桩端阻力修正系数 $\lambda_{\mathrm{p}}=1$，最后一层岩层的厚度 h_{m-1} 以最低一层溶洞底部为下界限。

8.3.2 考虑桩身稳定性的嵌岩深度确定

按桩身稳定性确定桩基嵌岩深度时，忽略嵌固处水平剪力、桩端与岩体的摩阻力的影响，假设嵌岩段在基岩顶面弯矩 M_{H} 和桩身转动引起的桩端与桩端岩层相互作用产生的反力矩 M_{K} 共同作用下，在嵌岩深度 h_{r} 范围的 1/2 处产生转动，且内应力呈三角形分布，如图 8-1 所示，设圆形截面桩的最大侧向压应力 $\sigma_{\max}$ 为平均压应力的 1.27 倍，即 $\sigma_{\max}=1.27\overline{\sigma}$，桩端压应力 $\sigma_{\mathrm{p}}=\alpha_1\sigma_{\max}$。

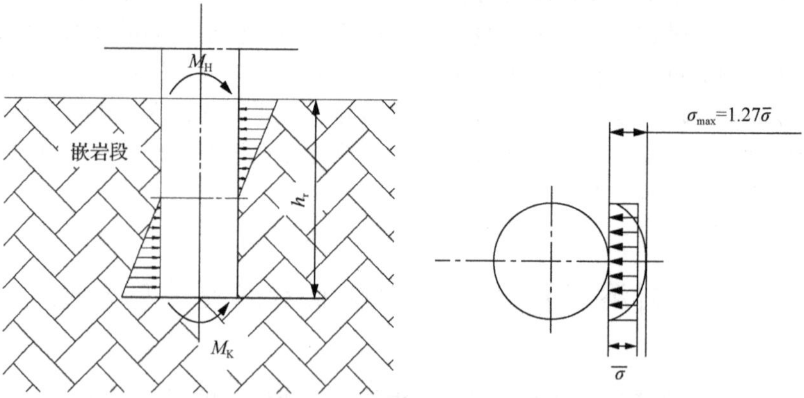

图 8-1 嵌岩段简化力学模型

根据静力平衡条件有

$$M_{\mathrm{H}}-M_{\mathrm{K}}=\frac{1}{2}\cdot\frac{\sigma_{\max}}{1.27}\cdot\frac{h_{\mathrm{r}}}{2}\cdot D\cdot\frac{2h_{\mathrm{r}}}{3}=\frac{\sigma_{\max}Dh_{\mathrm{r}}^{2}}{7.62} \tag{8-2}$$

$$M_{\mathrm{K}}=\alpha_{1}\sigma_{\max}W \tag{8-3}$$

式中：M_{H} 为嵌岩段在基岩顶面处的弯矩，计算时按 m 法计算；M_{K} 为桩身转动引起的桩端与桩端岩层相互作用产生的反力矩；α_1 为应力折减系数，一般可取 $\alpha_1=0.5$；W 为桩底截面模量，$W=\pi D^3/32$。

为确保桩基稳定，嵌岩段的最大压应力应不大于桩侧岩层容许抗力$[\sigma]$，即

$$\sigma_{\max}\leqslant[\sigma]=\frac{\beta f_{\mathrm{rk}}}{K} \tag{8-4}$$

式中：K 为安全系数，取 $K=2$；β 为岩石水平抗压强度与垂直抗压强度的比值，一般取 $\beta=0.5\sim1.0$。

结合式（8-2）～式（8-4）可得嵌岩深度计算公式为

$$h_{\mathrm{r}}\geqslant\sqrt{\frac{7.62(M_{\mathrm{H}}-M_{\mathrm{K}})}{[\sigma]D}}=\sqrt{\frac{M_{\mathrm{H}}-0.5\alpha_{1}\beta f_{\mathrm{rk}}W}{0.0657\beta f_{\mathrm{rk}}D}} \tag{8-5}$$

8.3.3　考虑全寿命周期溶洞溶蚀量的嵌岩深度确定

岩溶发育区桥梁桩基所穿过溶洞及下伏溶洞，由于在桥梁全寿命周期内受地下水和矿物质等的影响，溶洞会逐渐溶蚀，导致嵌岩桩受力受到较大影响，如图 8-2 所示，其中 h_{r} 为桩基的嵌岩深度，h_{p} 为桥梁全寿命周期内溶洞溶蚀深度。因此，在确定岩溶发育区桩基的嵌岩深度时，需考虑桥梁全寿命周期内桩基周边介质的动态发展，计算桥梁全寿命周期内溶洞溶蚀量，确保在桥梁全寿命周期内桩基承载安全。

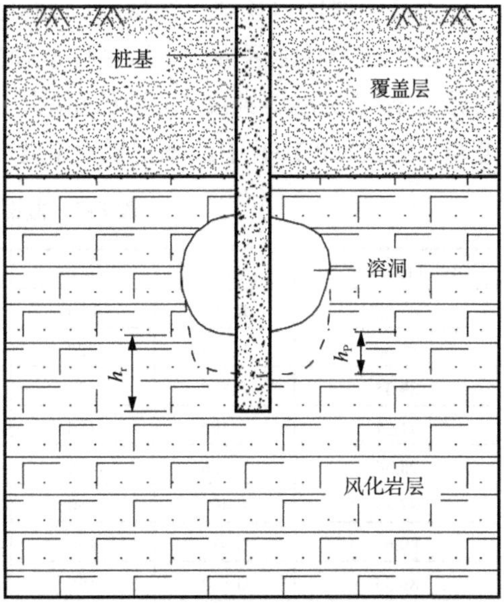

图 8-2　桥梁全寿命周期内溶洞溶蚀

现有的标准溶蚀片法[190]的单位面积溶蚀量计算公式为

$$E_{\mathrm{R}}=\frac{\Delta m}{A_{\mathrm{pm}}T} \tag{8-6}$$

$$v_{\mathrm{R}}=\frac{\Delta m}{\rho_{1}A_{\mathrm{pm}}T} \tag{8-7}$$

式中：E_{R} 为单位面积溶蚀速率；v_{R} 为单位溶蚀量；Δm 为在一定埋放时间内的绝对溶蚀量，即测试时间内的样品质量

变化 W_1-W_2；A_{pm} 为试样表面积；ρ_1 为溶蚀片的密度；T 为时间。

工程场地内地基岩土体的溶蚀与标准溶蚀试验中的样品存在差异，场地溶蚀度 E_{pl} 可表示为

$$E_{pl}=\frac{h_1}{h_2}\times 100\% \tag{8-8}$$

式中：E_{pl} 为场地溶蚀度；h_1 为勘察钻孔进尺范围内的溶蚀岩层累计（溶腔累计）高度；h_2 为勘察钻孔进尺。以上参数可由钻孔勘察资料取得。

工程实际中岩溶的绝对溶蚀量的计算公式为

$$\Delta m=E_{pl}\rho A_p l \tag{8-9}$$

式中：ρ 为岩层密度；A_p 为桩身截面面积；l 为桩身计算深度。

为确定工程场地内岩溶的溶蚀速率与桩基设计尺寸的定量关系，运用绝对溶蚀量的概念，则工程场地内碳酸盐岩石地基的溶蚀速率 E_p 可表示为

$$E_P=\frac{k\Delta m}{A_{pr}T}=\frac{kE_{Pl}\rho D}{4T} \tag{8-10}$$

$$v_P=\frac{k\Delta m}{\rho A_{pr}T}=\frac{kE_{Pl}D}{4T} \tag{8-11}$$

$$h_P=v_P\cdot T=\frac{k\Delta m}{\rho A_{pr}}=\frac{kE_{Pl}D}{4} \tag{8-12}$$

式中：E_p 为桩长 l 范围内单位场地溶蚀速率；v_P 为桩位场地的单位溶蚀量；h_P 为设计寿命 T 时间内场地溶蚀量；A_{pr} 为桩身表面积；k 为截面修正系数；D 为桩径。

以广西桂林地区为例，以多位学者实测得到的多处典型岩溶测点的标准单位溶蚀量 v_R 和标准溶蚀度 E_{Rl} 为已知量[191-195]，以穿越该岩溶地区桩基的桩径 D 为变量，对式（8-10）中的修正系数 k 进行反算，取值见表 8-3。

表 8-3　截面修正系数 k 值

v_R/（mm/ka）	T/ka	D/cm	E_{Rl}	k	平均值 k
87.88	0.490	120	3.60	39.87	43.21
89.68	0.585	120	4.01	43.61	
89.35	0.580	120	3.99	43.29	
91.21	0.592	120	4.08	44.11	
95.50	0.606	120	4.27	45.18	
87.88	0.490	150	3.60	31.90	34.57
89.68	0.585	150	4.01	34.89	
89.35	0.580	150	3.99	34.64	
91.21	0.592	150	4.08	35.29	
95.50	0.606	150	4.27	36.14	

续表

v_R/（mm/ka）	T/ka	D/cm	E_{R1}	k	平均值 k
87.88	0.490	180	3.60	26.58	28.81
89.68	0.585	180	4.01	29.07	
89.35	0.580	180	3.99	28.86	
91.21	0.592	180	4.08	29.41	
95.50	0.606	180	4.27	30.12	
87.88	0.490	200	3.60	23.92	25.93
89.68	0.585	200	4.01	26.17	
89.35	0.580	200	3.99	25.98	
91.21	0.592	200	4.08	26.47	
95.50	0.606	200	4.27	27.11	
87.88	0.490	250	3.60	19.14	20.74
89.68	0.585	250	4.01	20.93	
89.35	0.580	250	3.99	20.78	
91.21	0.592	250	4.08	21.18	
95.50	0.606	250	4.27	21.69	

岩溶发育区桩基考虑桥梁全寿命周期内岩溶溶蚀作用的最小嵌岩深度计算公式为

$$h_r = v_P \times 设计寿命 / 100 + 0.5\text{m} \tag{8-13}$$

结合上述三种嵌岩深度计算方法，确定岩溶发育区桩基的合理嵌岩深度时，应在以下三者中取大值：①考虑竖向极限承载力要求计算出的嵌岩深度；②考虑桩身稳定性要求计算出的嵌岩深度；③考虑全寿命周期溶洞溶蚀量计算出的嵌岩深度。

8.3.4 嵌岩深度计算方法对比

1. 桩基设计与溶洞分布规模

岩里大桥、跨省道 204 分离立交桥，桥梁基础采用桩基，其中，岩里大桥 38 根、跨省道 204 分离立交桥 22 根，施工中实际穿过溶洞的桩基数量分别为 20 根、14 根，共计 34 根，其中，桩长大于 40m 的桩基共 24 根。依托工程桥梁桩基设计与桩位处溶洞分布情况见表 8-4。

表 8-4　依托工程桥梁桩基设计与桩位处溶洞分布情况

桥名	序号	桩号	桩长/m	桩径/m	溶洞位置（洞高）	设计承载力/kN	设计弯矩/(kN·m)
岩里大桥	1	Y3-1	45.1	2.2	孔口下 35m（1.6m）	22938	1340
	2	Y5-0	43.4	2	孔口下 41m（1.1m）	20928	1230

续表

桥名	序号	桩号	桩长/m	桩径/m	溶洞位置（洞高）	设计承载力/kN	设计弯矩/(kN·m)
岩里大桥	3	Y5-1	47.7	2	孔口下 40m（1.4m）	20928	1230
	4	Y6-0	41.0	2	孔口下 31m（5.9m）	19650	1320
	5	Y6-1	48.0	2	孔口下 33.8m（1.4m）	19650	1320
	6	Y7a-0	33.0	1.5	孔口下 29m（1.0m）	10558	758
	7	Y7b-1	43.8	1.5	孔口下 40m（2.5m）	10558	758
	8	Z1-0	56	2	孔口下 44m（1.1m）	19140	1320
	9	Z1-1	49.5	2	孔口下 43.5m（2.5m）	19140	1320
	10	Z2-0	41	2	孔口下 38.0m（1.4m）	21030	1250
	11	Z3-0	46.8	2.2	孔口下 40m（3.0m）	23220	1250
	12	Z3-1	50.7	2	孔口下 41m（3.4m）	23220	1520
	13	Z4-0	30.5	2.2	孔口下 20.5m（1.3m）	23048	1520
	14	Z4-1	30.5	2.2	孔口下 20.5m（1.3m）	23048	1520
	15	Z6-0	39.5	2	孔口下 34m（1.4m）	19650	1520
	16	Y3-0	44.0	2.2	孔口下 30m(2.0m)；34.8m(1.5m)	22938	1340
	17	Y4-1	38.8	2.2	孔口下 27m（1.1m）；30m（1.6m）	23000	1520
	18	Y2-1	55.0	2	孔口下 9.0m（1.9m）；43.6m（2.8m）；50.5m（3.3m）	20636	1200
	19	Y4-0	45.8	2.2	孔口下 10m（1.2m）；35.2m（0.8m）；40.0m（4.5m）	23000	1520
	20	Z6-1	32.5	2	孔口下 27m（1.2m）；38.7m（1.6m）；43.8m（5.6m）	19650	1498
跨省道204分离立交桥	21	Z0a-0	41.5	1.5	孔口下 35.4m（4.3m）	8012	1498
	22	Y0a-1	61	1.5	孔口下 34.2m（25.5m）	8012	735
	23	Y1-0	40.5	1.6	孔口下 33m（3.2m）	14780	735
	24	Z2-1	31	1.6	孔口下 27m（3.0m）	13860	1385
	25	Y2-1	41.5	1.6	孔口下 33.6m（5.1m）	13516	1385
	26	Z3a-0	36	1.6	孔口下 28.9m（4.0m）	8012	735
	27	Y3a-1	32	1.2	孔口下 30m（1.0m）	8012	735
	28	Y3b-0	41	1.2	孔口下 34.7m（4.0m）	8012	735
	29	Z0a-1	41.5	1.5	孔口下 35m（1.6m）；38m（1.6m）	8012	735
	30	Z0b-1	47.5	1.5	孔口下 38.5m(0.7m)；41m(5.1m)	8012	735
	31	Z2-0	47	1.6	孔口下 33m（2.0m）；36m（7.8m）	13860	1452
	32	Z3a-1	39	1.6	孔口下 28m（2.5m）；34m（2.8m）	8012	735
	33	Y0b-0	58	1.5	孔口下 46.1m（1.6m）；50m（4.9m）；56m（0.9m）	8012	735
	34	Y0b-1	48	1.5	孔口下 41m（0.3m）；44.7m（0.6m）；46m（0.6m）	8012	735

2. 岩土体分布特征

岩里大桥地层由上而下依次为：第四系坡积层，下伏基岩二叠系童子岩组碳质泥岩、二叠系栖霞组石灰岩。跨省道 204 分离立交桥地层由上而下依次为：第四系坡积层、二叠系下统栖霞组石灰岩及二叠系下统文笔山砂岩等，主要地质条件见表 8-5。

表 8-5 地质条件

地质年代	土质名称	特征	桩侧阻力标准值 q_{ik}/kPa（单轴饱和抗压强度 f_{rk}/MPa）
Q_4^{me}	素填土	红褐色，中密状，以粉质黏土为主，含部分碎石	15
Q^{dl}	粉质黏土	红褐色、黄褐色，饱和，流塑-软塑状，含细砂	15
	坡积黏性土	黄褐色，稍湿，硬塑状，絮状结构，土质较均匀，局部含砾及碎石，成分主要为粉粒，含黏粒	35
	砾质黏性土	黄褐色，稍湿，可塑状，土质较均匀，以黏性土为主，含砾 25%～30%，粒径一般 0.2～0.6cm，砾质成分主要为石英及石灰岩碎屑	45
	砾质碎石土	黄褐色，稍湿-饱水，中密状，以碎石为主，约占 50%，其余为黏性土及少量砂砾，碎石粒径 1～4cm	60
P_{1t}	全风化碳质泥岩	黑色，灰黑色，碳质结构，层状构造，原岩风化强烈，岩芯呈黏土状，部分碎块状	55
P_{1q}	碎块状强风化砂砾岩	泥质胶结，层状构造，节理裂隙发育，岩体破碎	110
	全风化灰岩	全风化产物，岩体风化剧烈，局部含灰岩角砾块	55
	岩溶化灰岩	灰褐色，隐晶质结构，厚层状构造，节理裂隙十分发育，岩体破碎，溶蚀严重，岩溶发育，多呈蜂窝状，串珠状	100
	溶洞	多为砂质黏性土充填，局部充填物为碎砾土、卵石，钻进困难，易倒孔，漏水严重，局部漏水	
	中风化灰岩	灰白色，微晶质结构，中厚层状构造，节理裂隙发育一般，局部溶蚀明显，岩质较坚硬	200（30）

3. 嵌岩深度计算结果对比分析

结合表 8-4 和表 8-5，按设计使用寿命为 50 年、100 年和 120 年，分别采用前述提出的 3 种穿过溶洞桥梁桩基的嵌岩深度计算方法计算岩里大桥和跨省道 204 分离立交桥 34 根桩基的嵌岩深度，计算结果见表 8-6。表中 ψ 为嵌岩深度设计值与建议值的比值。

表 8-6　嵌岩深度计算结果的比较

桥名	序号	桩号	桩长/m	溶洞高度/m	嵌岩深度/m								
					考虑竖向承载力	考虑桩基稳定性	考虑全寿命周期溶洞溶蚀量			建议值（ψ）			设计值
							50 年	100 年	120 年	50 年	100 年	120 年	
岩里大桥	1	Y2-1	55.0	1.9，2.8，3.3	−2.03	0.78	0.67	0.83	0.90	0.78(1.54)	0.83(1.44)	0.90(1.34)	1.20
	2	Y3-0	44.0	2.0，1.5	−2.55	0.79	0.59	0.68	0.72	0.79(4.45)			3.50
	3	Y3-1	45.1	1.6	−2.57	0.79	0.54	0.58	0.60	0.79(3.56)			2.80
	4	Y4-0	45.8	1.2，0.8，4.5	−2.50	0.84	0.66	0.83	0.89	0.84(1.55)	0.84(1.55)	0.89(1.46)	1.30
	5	Y4-1	38.8	1.1，1.6	−2.44	0.84	0.58	0.66	0.69	0.84(8.60)			7.20
	6	Y5-0	43.4	1.1	−1.93	0.79	0.53	0.56	0.57	0.79(1.52)			1.20
	7	Y5-1	47.7	1.4	−3.54	0.79	0.53	0.57	0.58	0.79(3.29)			2.60
	8	Y6-0	41.0	5.9	−2.05	0.82	0.66	0.83	0.89	0.82(5.01)	0.83(4.96)	0.89(4.59)	4.10
	9	Y6-1	48.0	1.4	−2.15	0.82	0.53	0.57	0.58	0.82(15.64)			12.80
	10	Y7a-0	33.0	1.0	−1.76	0.72	0.53	0.57	0.58	0.72(4.19)			3.00
	11	Y7b-1	43.8	2.5	−1.85	0.72	0.56	0.63	0.66	0.72(1.82)			1.30
	12	Z1-0	56	1.1	−2.34	0.82	0.52	0.54	0.58	0.82(13.32)			10.90
	13	Z1-1	49.5	2.5	−2.34	0.82	0.56	0.61	0.64	0.82(4.28)			3.50
	14	Z2-0	41	1.4	−1.83	0.80	0.54	0.58	0.59	0.80(2.01)			1.60
	15	Z3-0	46.8	3.0	−2.53	0.80	0.57	0.65	0.68	0.80(4.77)			3.80
	16	Z3-1	50.7	3.4	−2.49	0.84	0.58	0.65	0.68	0.84(4.42)			3.70
	17	Z4-0	30.5	1.3	−2.47	0.84	0.55	0.60	0.62	0.84(7.76)			6.50
	18	Z4-1	30.5	1.3	−2.48	0.84	0.55	0.60	0.62	0.84(10.15)			8.50
	19	Z6-0	39.5	1.4	−2.17	0.88	0.54	0.58	0.62	0.88(4.33)			3.80
	20	Z6-1	32.5	1.2，下伏 1.6，5.6	−2.10	0.87	0.83	1.16	1.29	0.87(4.93)	1.16(3.72)	1.29(3.34)	4.30

续表

<table>
<tr><th rowspan="3">桥名</th><th rowspan="3">序号</th><th rowspan="3">桩号</th><th rowspan="3">桩长/m</th><th rowspan="3">溶洞高度/m</th><th colspan="9">嵌岩深度/m</th></tr>
<tr><th rowspan="2">考虑竖向承载力</th><th rowspan="2">考虑桩基稳定性</th><th colspan="3">考虑全寿命周期溶洞溶蚀量</th><th colspan="3">建议值（ψ）</th><th rowspan="2">设计值</th></tr>
<tr><th>50 年</th><th>100 年</th><th>120 年</th><th>50 年</th><th>100 年</th><th>120 年</th></tr>
<tr><td rowspan="14">跨省道 204 分离立交桥</td><td>21</td><td>Y0a-1</td><td>61</td><td>25.5</td><td>−2.55</td><td>0.71</td><td>0.97</td><td>1.45</td><td>1.64</td><td>0.97(1.33)</td><td>1.45(0.90)</td><td>1.64(0.79)</td><td>1.30</td></tr>
<tr><td>22</td><td>Y0b-0</td><td>58</td><td>1.6，4.9，0.9</td><td>−2.64</td><td>0.71</td><td>0.64</td><td>0.79</td><td>0.85</td><td>0.71(1.56)</td><td>0.79(1.39)</td><td>0.85(1.30)</td><td>1.10</td></tr>
<tr><td>23</td><td>Y0b-1</td><td>48</td><td>0.3，0.6，0.6</td><td>−2.53</td><td>0.71</td><td>0.54</td><td>0.57</td><td>0.59</td><td colspan="3">0.71(1.99)</td><td>1.40</td></tr>
<tr><td>24</td><td>Y1-0</td><td>40.5</td><td>3.2</td><td>−2.98</td><td>0.68</td><td>0.59</td><td>0.68</td><td>0.72</td><td>0.68(6.30)</td><td>0.68(6.30)</td><td>0.72(6.00)</td><td>4.30</td></tr>
<tr><td>25</td><td>Y2-1</td><td>41.5</td><td>5.1</td><td>−1.40</td><td>0.94</td><td>0.64</td><td>0.78</td><td>0.84</td><td colspan="3">0.94(2.99)</td><td>2.80</td></tr>
<tr><td>26</td><td>Y3a-1</td><td>32</td><td>1.0</td><td>−1.01</td><td>0.79</td><td>0.54</td><td>0.57</td><td>0.59</td><td colspan="3">0.79(1.27)</td><td>1.00</td></tr>
<tr><td>27</td><td>Y3b-0</td><td>41</td><td>4.0</td><td>−1.03</td><td>0.79</td><td>0.61</td><td>0.72</td><td>0.77</td><td colspan="3">0.79(2.92)</td><td>2.30</td></tr>
<tr><td>28</td><td>Z0a-0</td><td>41.5</td><td>4.3</td><td>−2.58</td><td>1.01</td><td>0.62</td><td>0.74</td><td>0.78</td><td colspan="3">1.01(1.79)</td><td>1.80</td></tr>
<tr><td>29</td><td>Z0a-1</td><td>41.5</td><td>1.6，1.6</td><td>−2.61</td><td>0.71</td><td>0.59</td><td>0.68</td><td>0.71</td><td colspan="3">0.71(2.69)</td><td>1.90</td></tr>
<tr><td>30</td><td>Z0b-1</td><td>47.5</td><td>0.7，5.1</td><td>−2.52</td><td>0.71</td><td>0.64</td><td>0.78</td><td>0.83</td><td>0.71(1.99)</td><td>0.78(1.80)</td><td>0.83(1.68)</td><td>1.40</td></tr>
<tr><td>31</td><td>Z2-0</td><td>47</td><td>2.0，7.8</td><td>−1.35</td><td>0.96</td><td>0.74</td><td>0.98</td><td>1.07</td><td>0.96(3.33)</td><td>0.98(3.27)</td><td>1.07(2.98)</td><td>3.20</td></tr>
<tr><td>32</td><td>Z2-1</td><td>31</td><td>3.0</td><td>−1.35</td><td>0.94</td><td>0.61</td><td>0.72</td><td>0.77</td><td colspan="3">0.94(1.07)</td><td>1.00</td></tr>
<tr><td>33</td><td>Z3a-0</td><td>36</td><td>4.0</td><td>−3.02</td><td>0.68</td><td>0.63</td><td>0.75</td><td>0.81</td><td>0.68(4.54)</td><td>0.75(4.11)</td><td>0.81(3.85)</td><td>3.10</td></tr>
<tr><td>34</td><td>Z3a-1</td><td>39</td><td>2.5，2.8</td><td>−2.98</td><td>0.68</td><td>0.66</td><td>0.81</td><td>0.87</td><td>0.68(3.22)</td><td>0.81(2.71)</td><td>0.87(2.52)</td><td>2.20</td></tr>
</table>

由表 8-6 可以看出，若 34 根代表性桥梁桩基按承载力控制嵌岩深度均不需嵌岩；按照 3 种嵌岩深度的计算方法所得结果取大值，按桥梁使用寿命为 50 年，有 1 根桩的嵌岩深度建议值取考虑全寿命周期溶洞溶蚀量的嵌岩深度计算值，占比 3.0%；33 根桩的嵌岩深度取考虑桩基稳定性的计算值，占比 97.0%。按桥梁使用寿命为 100 年，有 10 根桩的嵌岩深度取考虑全寿命周期溶洞溶蚀量的嵌岩深度计算值，占比 29.4%；24 根桩的嵌岩深度取考虑桩基稳定性的嵌岩深度计算值，占比 70.6%。按桥梁使用寿命为 120 年，有 11 根桩的嵌岩深度取考虑全寿命周期溶洞溶蚀量的嵌岩深度计算值，占比 32.4%；23 根桩的嵌岩深度取考虑桩基稳定性的嵌岩深度计算值，占比 67.6%。

桩基嵌岩深度设计值与综合考虑桩基竖向承载力、稳定性和全寿命周期内溶洞溶蚀量的建议值相比，33 根桩的嵌岩深度设计值大于建议值；Y0a-1 桩按 50 年使用寿命的嵌岩深度设计值大于建议值，按 100 年和 120 年使用寿命时，该桩的嵌岩深度设计值小于建议值，该桩的安全性有所降低。10 根桩的嵌岩深度设计值小于建议值的 2 倍且大于建议值，占比 29.4%；24 根桩的嵌岩深度设计值大于建议值的 2 倍，占比 70.6%。尤其是岩里大桥 Y4-1、Y6-1、Z1-0、Z4-0、Z4-1 共 5 根桩的嵌岩深度设计安全储备高于 5 倍，占比 14.7%。说明综合考虑 3 种控制因素后，29.4%的桩基嵌岩深度设计较合理，70.6%的桩基嵌岩深度设计过度，其中 14.7%的桩基嵌岩深度安全储备过高。

由前述可知，目前关于岩溶区桩基的设计规范、指南与指导书有：《广东省岩溶地区公路桥梁桩基设计与施工技术指南》（GDJTG/T A01—2016）、广东省《岩溶地区建筑地基基础设计规范》（DBJ/T 15-136-2018）、广东省《建筑地基基础设计规范》（DBJ 15-31-2016）、《广西建筑地基基础设计规范》（DBJ45/003-2015）、《贵州山区复杂地质条件公路桥梁桩基设计指导书》（JTT52/01-2015）。结合表 8-6 计算结果，对比各标准规定的嵌岩深度取值、理论计算建议值与设计值见表 8-7。

表 8-7　各规范嵌岩深度取值及理论计算建议值的对比

<table>
<tr><th rowspan="3">桥名</th><th rowspan="3">序号</th><th rowspan="3">桩号</th><th rowspan="3">桩长/m</th><th rowspan="3">桩径/m</th><th colspan="9">嵌岩深度/m (设计值/建议值)</th></tr>
<tr><th colspan="3">建议值</th><th rowspan="2">《广东岩溶指南》</th><th rowspan="2">《广东岩溶建基》</th><th rowspan="2">《广东建基》</th><th rowspan="2">《广西建基》</th><th rowspan="2">《贵州指导书》</th><th rowspan="2">设计值</th></tr>
<tr><th>50 年</th><th>100 年</th><th>120 年</th></tr>
<tr><td rowspan="20">岩里大桥</td><td>1</td><td>Y2-1</td><td>55.0</td><td>2.0</td><td>0.78(1.54)</td><td>0.83(1.44)</td><td>0.90(1.34)</td><td>2.00(0.60)</td><td>0.50(2.40)</td><td>0.50(2.40)</td><td>0.80(1.50)</td><td>2.00(0.60)</td><td>1.20</td></tr>
<tr><td>2</td><td>Y3-0</td><td>44.0</td><td>2.2</td><td colspan="3">0.79(4.45)</td><td>2.20(1.59)</td><td>0.50(7.00)</td><td>0.50(7.00)</td><td>0.88(3.98)</td><td>2.20(1.59)</td><td>3.50</td></tr>
<tr><td>3</td><td>Y3-1</td><td>45.1</td><td>2.2</td><td colspan="3">0.79(3.56)</td><td>2.20(1.27)</td><td>0.50(5.60)</td><td>0.50(5.60)</td><td>0.88(3.18)</td><td>2.20(1.27)</td><td>2.80</td></tr>
<tr><td>4</td><td>Y4-0</td><td>45.8</td><td>2.2</td><td>0.84(1.55)</td><td>0.84(1.55)</td><td>0.89(1.46)</td><td>2.20(0.59)</td><td>0.50(2.60)</td><td>0.50(2.60)</td><td>0.88(1.48)</td><td>2.20(0.59)</td><td>1.30</td></tr>
<tr><td>5</td><td>Y4-1</td><td>38.8</td><td>2.2</td><td colspan="3">0.84(8.60)</td><td>2.20(3.27)</td><td>0.50(14.40)</td><td>0.50(14.40)</td><td>0.88(8.18)</td><td>2.20(3.27)</td><td>7.20</td></tr>
<tr><td>6</td><td>Y5-0</td><td>43.4</td><td>2.0</td><td colspan="3">0.79(1.52)</td><td>2.00(0.60)</td><td>0.50(2.40)</td><td>0.50(2.40)</td><td>0.80(1.50)</td><td>2.00(0.60)</td><td>1.20</td></tr>
<tr><td>7</td><td>Y5-1</td><td>47.7</td><td>2.0</td><td colspan="3">0.79(3.29)</td><td>2.00(1.30)</td><td>0.50(5.20)</td><td>0.50(5.20)</td><td>0.80(3.25)</td><td>2.00(1.30)</td><td>2.60</td></tr>
<tr><td>8</td><td>Y6-0</td><td>41.0</td><td>2.0</td><td>0.82(5.01)</td><td>0.83(4.96)</td><td>0.89(4.59)</td><td>2.00(2.05)</td><td>0.50(8.20)</td><td>0.50(8.20)</td><td>0.80(5.13)</td><td>2.00(2.05)</td><td>4.10</td></tr>
<tr><td>9</td><td>Y6-1</td><td>48.0</td><td>2.0</td><td colspan="3">0.82(15.64)</td><td>2.00(6.40)</td><td>0.50(25.60)</td><td>0.50(25.60)</td><td>0.80(16.00)</td><td>2.00(6.40)</td><td>12.80</td></tr>
<tr><td>10</td><td>Y7a-0</td><td>33.0</td><td>1.5</td><td colspan="3">0.72(4.19)</td><td>1.50(2.00)</td><td>0.50(6.00)</td><td>0.50(6.00)</td><td>0.60(5.00)</td><td>1.50(2.00)</td><td>3.00</td></tr>
<tr><td>11</td><td>Y7b-1</td><td>43.8</td><td>1.5</td><td colspan="3">0.72(1.82)</td><td>1.50(0.87)</td><td>0.50(2.60)</td><td>0.50(2.60)</td><td>0.60(2.17)</td><td>1.50(0.87)</td><td>1.30</td></tr>
<tr><td>12</td><td>Z1-0</td><td>56</td><td>2.0</td><td colspan="3">0.82(13.32)</td><td>2.00(5.45)</td><td>0.50(21.80)</td><td>0.50(21.80)</td><td>0.80(13.63)</td><td>2.00(5.45)</td><td>10.90</td></tr>
<tr><td>13</td><td>Z1-1</td><td>49.5</td><td>2.0</td><td colspan="3">0.82(4.28)</td><td>2.00(1.75)</td><td>0.50(7.00)</td><td>0.50(7.00)</td><td>0.80(4.38)</td><td>2.00(1.75)</td><td>3.50</td></tr>
<tr><td>14</td><td>Z2-0</td><td>41</td><td>2.0</td><td colspan="3">0.80(2.01)</td><td>2.00(0.80)</td><td>0.50(3.20)</td><td>0.50(3.20)</td><td>0.80(2.00)</td><td>2.00(0.80)</td><td>1.60</td></tr>
<tr><td>15</td><td>Z3-0</td><td>46.8</td><td>2.0</td><td colspan="3">0.80(4.77)</td><td>2.00(1.90)</td><td>0.50(7.60)</td><td>0.50(7.60)</td><td>0.80(4.75)</td><td>2.00(1.90)</td><td>3.80</td></tr>
<tr><td>16</td><td>Z3-1</td><td>50.7</td><td>2.0</td><td colspan="3">0.84(4.42)</td><td>2.00(1.85)</td><td>0.50(7.40)</td><td>0.50(7.40)</td><td>0.80(4.63)</td><td>2.00(1.85)</td><td>3.70</td></tr>
<tr><td>17</td><td>Z4-0</td><td>30.5</td><td>2.2</td><td colspan="3">0.84(7.76)</td><td>2.20(2.95)</td><td>0.50(13.00)</td><td>0.50(13.00)</td><td>0.88(7.39)</td><td>2.20(2.95)</td><td>6.50</td></tr>
<tr><td>18</td><td>Z4-1</td><td>30.5</td><td>2.2</td><td colspan="3">0.84(10.15)</td><td>2.20(3.86)</td><td>0.50(17.00)</td><td>0.50(17.00)</td><td>0.88(9.66)</td><td>2.20(3.86)</td><td>8.50</td></tr>
<tr><td>19</td><td>Z6-0</td><td>39.5</td><td>2.0</td><td colspan="3">0.88(4.33)</td><td>2.00(1.90)</td><td>0.50(7.60)</td><td>0.50(7.60)</td><td>0.80(4.75)</td><td>2.00(1.90)</td><td>3.80</td></tr>
<tr><td>20</td><td>Z6-1</td><td>32.5</td><td>2.0</td><td>0.87(4.93)</td><td>1.16(3.72)</td><td>1.29(3.34)</td><td>2.00(2.15)</td><td>0.50(8.60)</td><td>0.50(8.60)</td><td>0.80(5.38)</td><td>2.00(2.15)</td><td>4.30</td></tr>
</table>

续表

桥名	序号	桩号	桩长/m	桩径/m	嵌岩深度/m (设计值/建议值)								
					建议值			《广东岩溶指南》	《广东岩溶建基》	《广东建基》	《广西建基》	《贵州指导书》	设计值
					50 年	100 年	120 年						
跨省道 204 分离立交桥	21	Y0a-1	61	1.5	0.97(1.33)	1.45(0.90)	1.64(0.79)	1.50(0.87)	0.50(2.60)	0.50(2.60)	0.60(2.17)	1.50(0.87)	1.30
	22	Y0b-0	58	1.5	0.71(1.56)	0.79(1.39)	0.85(1.30)	1.50(0.73)	0.50(2.20)	0.50(2.20)	0.60(1.83)	1.50(0.73)	1.10
	23	Y0b-1	48	1.5	0.71(1.99)			1.50(0.93)	0.50(2.80)	0.50(2.80)	0.60(2.33)	1.50(0.93)	1.40
	24	Y1-0	40.5	1.6	0.68(6.30)	0.68(6.30)	0.72(6.00)	1.60(2.69)	0.50(8.60)	0.50(8.60)	0.64(6.72)	1.60(2.69)	4.30
	25	Y2-1	41.5	1.6	0.94(2.99)			1.60(1.75)	0.50(5.60)	0.50(5.60)	0.64(4.38)	1.60(1.75)	2.80
	26	Y3a-1	32	1.2	0.79(1.27)			1.20(0.83)	0.50(2.00)	0.50(2.00)	0.48(2.08)	1.20(0.83)	1.00
	27	Y3b-0	41	1.2	0.79(2.92)			1.20(1.92)	0.50(4.60)	0.50(4.60)	0.48(4.79)	1.20(1.92)	2.30
	28	Z0a-0	41.5	1.5	1.01(1.79)			1.50(1.20)	0.50(3.60)	0.50(3.60)	0.60(3.00)	1.50(1.20)	1.80
	29	Z0a-1	41.5	1.5	0.71(2.69)			1.50(1.27)	0.50(3.80)	0.50(3.80)	0.60(3.17)	1.50(1.27)	1.90
	30	Z0b-1	47.5	1.5	0.71(1.99)	0.78(1.80)	0.83(1.68)	1.50(0.93)	0.50(2.80)	0.50(2.80)	0.60(2.33)	1.50(0.93)	1.40
	31	Z2-0	47	1.6	0.96(3.33)	0.98(3.27)	1.07(2.98)	1.60(2.00)	0.50(6.40)	0.50(6.40)	0.64(5.00)	1.60(2.00)	3.20
	32	Z2-1	31	1.6	0.94(1.07)			1.60(0.63)	0.50(2.00)	0.50(2.00)	0.64(1.56)	1.60(0.63)	1.00
	33	Z3a-0	36	1.6	0.68(4.54)	0.75(4.11)	0.81(3.85)	1.60(1.94)	0.50(6.20)	0.50(6.20)	0.64(4.84)	1.60(1.94)	3.10
	34	Z3a-1	39	1.6	0.68(3.22)	0.81(2.71)	0.87(2.52)	1.60(1.38)	0.50(4.40)	0.50(4.40)	0.64(3.44)	1.60(1.38)	2.20

注:《广东省岩溶地区公路桥梁桩基设计与施工技术指南》(GDJTG/T A01—2016)简写为《广东岩溶指南》,广东省《岩溶地区建筑地基基础设计规范》(DBJ/T 15-136-2018)简写为《广东岩溶建基》,广东省《建筑地基基础设计规范》(DBJ 15-31-2016)简写为《广东建基》,《广西建筑地基基础设计规范》(DBJ45/003-2015)简写为《广西建基》,《贵州山区复杂地质条件公路桥梁桩基设计指导书》(JTT52/01-2015)简写为《贵州指导书》。括号内为各桩的嵌岩深度设计值与采用理论计算及各规范的嵌岩深度建议值的比值。

由表 8-7 可以看出，34 根代表性桩基中有 11 根桩的嵌岩深度设计值小于采用《广东省岩溶地区公路桥梁桩基设计与施工技术指南》(GDJTG /TA01-2016)和《贵州山区复杂地质条件公路桥梁桩基设计指导书》(JTT52/01-2015）的嵌岩深度取值，占比 32.4%；15 根桩的嵌岩深度设计值大于采用两种规范方法的嵌岩深度取值且比值小于 2，占比 44.1%；8 根桩的嵌岩深度设计值与采用两种规范方法的嵌岩深度的比值大于 2，占比 23.5%。34 根代表性桩基的嵌岩深度设计值均大于采用广东省《岩溶地区建筑地基基础设计规范》(DBJ/T 15-136-2018)、广东省《建筑地基基础设计规范》(DBJ 15-31-2016）和《广西建筑地基基础设计规范》(DBJ45/003-2015)的嵌岩深度取值；2 根桩的嵌岩深度设计值大于采用广东省《岩溶地区建筑地基基础设计规范》(DBJ/T 15-136-2018）和广东省《建筑地基基础设计规范》(DBJ 15-31-2016）的嵌岩深度取值且比值小于 2，占比 5.9%；32 根桩的嵌岩深度设计值与采用广东省《岩溶地区建筑地基基础设计规范》(DBJ/T 15-136-2018）和广东省《建筑地基基础设计规范》(DBJ 15-31-2016）的嵌岩深度的比值大于 2，占比 94.1%；5 根桩的嵌岩深度设计值大于采用《广西建筑地基基础设计规范》(DBJ45/003-2015）的嵌岩深度取值且比值小于 2，占比 14.7%；29 根桩的嵌岩深度设计值与采用《广西建筑地基基础设计规范》(DBJ45/003-2015）的嵌岩深度的比值大于 2，占比 85.3%。

以岩里大桥 Z6-1 桩为例，取综合考虑桩基竖向承载力、稳定性和桥梁全寿命周期内溶洞溶蚀量时的较大值，嵌岩深度设计值较规范法和理论法均大得多。按 50 年使用寿命，《广东省岩溶地区公路桥梁桩基设计与施工技术指南》(GDJTG/T A01—2016）和《贵州山区复杂地质条件公路桥梁桩基设计指导书》(JTT52/01-2015）的嵌岩深度取值较理论建议值大 129.9%；广东省《岩溶地区建筑地基基础设计规范》(DBJ/T 15-136-2018）和广东省《建筑地基基础设计规范》(DBJ 15-31-2016)的嵌岩深度取值较理论建议值小 42.5%；《广西建筑地基基础设计规范》(DBJ45/003-2015）的嵌岩深度取值较理论建议值小 8.0%。按 100 年使用寿命，《广东省岩溶地区公路桥梁桩基设计与施工技术指南》(GDJTG/T A01—2016）和《贵州山区复杂地质条件公路桥梁桩基设计指导书》(JTT52/01-2015）的嵌岩深度取值较理论建议值大 72.4%；广东省《岩溶地区建筑地基基础设计规范》(DBJ/T 15-136-2018）和广东省《建筑地基基础设计规范》(DBJ 15-31-2016）的嵌岩深度取值较理论建议值小 56.9%；《广西建筑地基基础设计规范》(DBJ45/003-2015）的嵌岩深度取值较理论建议值小 31.0%。按 120 年使用寿命，《广东省岩溶地区公路桥梁桩基设计与施工技术指南》(GDJTG/T A01—2016）和《贵州山区复杂地质条件公路桥梁桩基设计指导书》(JTT52/01-2015）的嵌岩深度取值较理论建议值大 55.0%；广东省《岩溶地区建筑地基基础设计规范》(DBJ/T 15-136-2018）和广东省《建筑地基基础设计规范》(DBJ 15-31-2016）的嵌岩深度取值较理论建议值小 61.2%；《广西建筑地基基础设计规范》（DBJ45/003-2015）的嵌岩深度取值较理论建议值小 38.0%。

8.4 岩溶发育区溶洞顶板安全厚度计算方法

桩基存在下伏溶洞时，在设计过程中，溶洞顶板厚度的取值常常决定了桩基长度是否需要穿过溶洞，这就要求溶洞顶板厚度的计算方法须合理和恰当。通常当桩端以下 3 倍桩径或者 5m 范围内有溶洞、溶洞顶板较破碎且岩溶水较丰富时，可视岩溶发育情况、桩端岩层节理裂隙情况、胶结情况、桩径、桩端溶洞跨度、桩端荷载、上覆岩土层摩阻力发挥情况及下伏溶洞内充填情况等因素，将岩溶发育区桩基下伏溶洞顶板分别简化为梁、板模型进行稳定性计算，用以确定下伏溶洞顶板的合理厚度。

8.4.1 按顶板裂隙发育程度计算下伏溶洞顶板安全厚度

根据下伏溶洞顶板的边界支撑情况，可将其计算模型简化为 3 种：①若顶板在溶洞范围内岩体完整而边界处存在裂隙，可将其简化为简支梁结构；②若顶板在溶洞范围内存在裂缝而边界处岩体完整，可将其简化为悬臂梁结构；③若顶板岩体完整且整体裂隙极少，可将其简化为固支梁结构。结合结构力学可推导出按梁模型确定溶洞顶板厚度的计算公式。

（1）若裂隙位于支座处，而顶板较完整时，按简支梁计算，可得顶板安全厚度计算公式：

$$h_c \geqslant \sqrt[3]{\frac{6qL^3}{\pi^2 E_d D}} \tag{8-14}$$

（2）当顶板跨中有裂隙，顶板两端支座处岩石坚固完整时，按悬臂梁计算，可得顶板安全厚度计算公式：

$$h_c \geqslant \sqrt[3]{\frac{48qL^3(\pi^2-4)}{\pi^4 E_d D}} \tag{8-15}$$

（3）若支座和顶板岩层均较完整时，按两端固支梁计算，可得顶板安全厚度计算公式：

$$h_c \geqslant \sqrt[3]{\frac{6qL^5\pi^4}{E_d D}} \tag{8-16}$$

式中：E_d 为溶洞顶板弹性模量；h_c 为顶板厚度；L 为溶洞跨度；q 为传递至溶洞顶板的桩端荷载。

8.4.2　按顶板破坏模式计算下伏溶洞顶板安全厚度

将顶板岩层视为刚性底板，在桩端垂直荷载作用下，分别分析岩层可能出现的冲切、剪切与弯拉破坏，计算中将溶洞视为空腔，忽略顶板冲切锥体底的顶托作用和溶洞顶板自重的影响。

1. 按基岩抗冲切强度确定溶洞顶板安全厚度

一般认为当桩基下伏溶洞跨度较大时，顶板的极限破坏形式多表现为冲切破坏。桩端下伏溶洞顶板冲切破坏模式如图 8-3 所示，若持力岩层产状接近水平，可得桩端垂直荷载 Q_p 作用下，冲切锥台的稳定条件为式（8-17）。

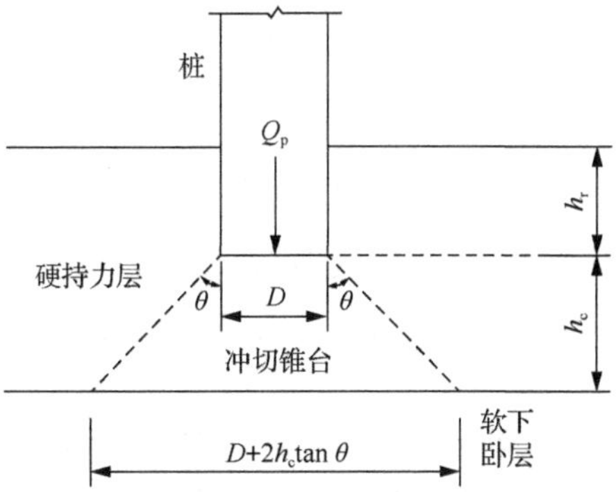

图 8-3　溶洞顶板冲切破坏示意

$$K_cQ_p \leqslant R_tu_0h_c \tag{8-17}$$

式中：h_r 为桩基嵌岩深度；h_c 为下伏溶洞顶板厚度；K_c 为抗冲切安全系数；$R_t=\pi d$ 为持力岩层的抗拉强度；u_0 为冲切锥台的平均周长，$u_0=\pi(D+2h_c\tan\theta)$。

由式（8-17）可得溶洞顶板安全厚度计算公式：

$$h_c \geqslant \sqrt{\frac{K_cD^2R_j}{4R_t\tan\theta}+\frac{D^2}{4\tan^2\theta}}-\frac{D}{2\tan\theta} \tag{8-18}$$

式中：n 为顶板厚径比；Q_p 为桩端荷载，$Q_p=\pi D^2R_j/4$，R_j 为桩端阻力。

岩石抗拉强度一般可取单轴极限抗压强度的 1/20～1/10，桩端阻力通常可取岩石单轴极限抗压强度的 1/3，则取 $R_t=R_c/20$，$R_j=R_c/3$，顶板厚径比 $n=2$，此时安全系数为 2.7，也就是当溶洞顶板厚度为 2D 时，顶板抗冲切安全性已经足够。

2. 按基岩抗剪强度确定溶洞顶板安全厚度

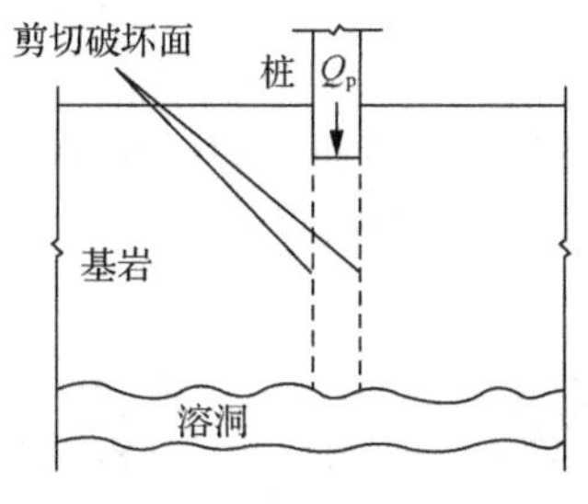

图 8-4　溶洞顶板剪切破坏示意

在桩端荷载作用下，下伏溶洞顶板可能因抗剪强度不足而产生剪切破坏，此时需验算溶洞顶板岩层的抗剪强度，桩端下伏溶洞顶板剪切破坏模式如图 8-4 所示。

根据极限平衡条件，可得溶洞顶板抗剪切稳定条件为

$$K_j Q_p \leqslant u_1 \tau_1 h_c \tag{8-19}$$

式中：K_j 为抗剪切安全系数；u_1 为剪切柱面周长，$u_1 = \pi D$；τ_1 为溶洞顶板岩体的抗剪强度，$\tau_1 = c_1 + \sigma_1 \tan\varphi_1$。

由式（8-19）可得溶洞顶板安全厚度计算公式：

$$h_c \geqslant \frac{K_j D R_j}{4(c_1 + \sigma_1 \tan\varphi_1)} \tag{8-20}$$

取 $\tau_1 = R_c / 12$，$R_j = R_c / 3$，顶板厚径比 $n = 2$，此时安全系数为 2.0，也就是当溶洞顶板厚度为 2D 时，顶板抗剪切安全性已经足够。

3. 按基岩抗弯拉强度确定溶洞顶板安全厚度

桩基存在下伏溶洞时，溶洞顶板除可能发生冲切与剪切破坏外，也可能因抗弯强度不足而产生弯拉破坏。当顶板岩层较完整、无裂隙或裂隙胶结良好时，可将溶洞顶板简化为两端固支梁验算其抗弯拉强度。下伏溶洞顶板弯拉破坏模式如图 8-5 所示。

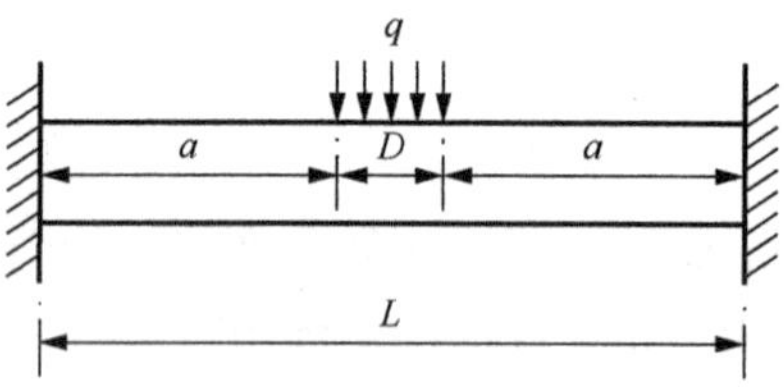

图 8-5　溶洞顶板弯拉破坏示意

圆形桩基的计算宽度需换算为正方形截面宽度，$b = \sqrt{\pi D^2 / 4} = 0.886D$，固支板的有效宽度可取圆形桩基的计算宽度，并认为溶洞顶板跨度远大于桩基计算宽度。根据材料力学理论可推导出固支板的最大正、负弯矩分别为

$$M_{\max} = \left[\frac{\bar{\gamma} h_z L^2}{24} + \frac{b(L-b)(R_j - \bar{\gamma} h_z)}{8}\right] b \tag{8-21}$$

$$M'_{\max} = -\left[\frac{\bar{\gamma} h_z L^2}{12} + \frac{bL(R_j - \bar{\gamma} h_z)}{8}\right] b \tag{8-22}$$

式中：$\bar{\gamma}$ 为桩周各岩土层的加权平均重度；h_z 为桩周各岩土层厚度之和。

溶洞顶板弯曲的强度条件为

$$\sigma_{\max} = \frac{K_w M_{\max}}{W} \leqslant R_b \tag{8-23}$$

式中：K_w 为溶洞顶板抗弯拉安全系数；$\sigma_{\max}$ 为溶洞顶板最大弯曲应力；W 为溶洞顶板的截面模量，$W = bh_c^2 / 6$；R_b 为溶洞顶板岩石的抗弯强度。

可得溶洞顶板安全厚度计算公式：

$$h_c \geqslant \sqrt{\frac{K_w \left[\bar{\gamma} h_z L^2 + 3b(L-b)(R_j - \bar{\gamma} h_z)\right]}{4R_b}} \tag{8-24}$$

在实际工程中，可根据现场详细地质勘探资料和物理力学试验结果，确定桩基下伏溶洞顶板规模与填充情况，选择合适的溶洞顶板简化计算模型，采用上述计算公式确定溶洞顶板合理安全厚度。

8.4.3　工程实例对比分析

参照表 7-5 的计算结果，Z6-1 桩的端阻力占比不超过 50%，因此假设桩顶荷载的一半由桩端岩层承担，根据 Z6-1 桩的溶洞顶板岩性将其简化为固支梁计算，按式（8-16）计算其溶洞顶板安全厚度为

$$h_c \geqslant \sqrt[3]{\frac{6qL^5\pi^4}{E_d D}} = \sqrt[3]{\frac{6\times 3127.4\times 3.5^5\times \pi^4}{1.5\times 10^7\times 2.0}} = 3.17(\text{m})$$

对比各标准规定的顶板安全厚度与上述理论计算方法结果的差异，见表 8-8。

表 8-8　顶板安全厚度计算结果对比

方法	顶板厚度/m
《广东省岩溶地区公路桥梁桩基设计与施工技术指南》（GDJTG/T A01—2016）	2.00
广东省《岩溶地区建筑地基基础设计规范》（DBJ/T 15-136-2018）	5.00
广东省《建筑地基基础设计规范》（DBJ 15-31-2016）	6.00
《广西建筑地基基础设计规范》（DBJ45/003-2015）	3.50
《贵州山区复杂地质条件公路桥梁桩基设计指导书》（JTT52/01-2015）	6.00
理论计算法	3.17

由表 8-8 可以看出，《广东省岩溶地区公路桥梁桩基设计与施工技术指南》（GDJTG/T A01—2016）的顶板厚度取值较理论计算结果小 36.9%；广东省《岩溶地区建筑地基基础设计规范》（DBJ/T 15-136-2018）的顶板厚度取值较理论计算结果大 57.7%；广东省《建筑地基基础设计规范》（DBJ15-31-2016）的顶板厚度取值较理论计算结果大 89.3%；《广西建筑地基基础设计规范》（DBJ45/003-2015）的顶板厚度取值较理论计算结果大 10.4%；《贵州山区复杂地质条件公路桥梁桩基设计指导书》（JTT52/01-2015）顶板厚度取值较理论计算结果大 89.3%。

采用上述方法计算岩溶发育区桩基的嵌岩深度后，可按下式计算顶板厚度：

$$h_c = h_R - h_r = 10\text{m} - 1.29\text{m} = 8.71\text{m} > 3.17\text{m}$$

式中：h_R 为岩层厚度。

因此，岩里大桥 Z6-1 的嵌岩深度与下伏溶洞顶板厚度均安全，采用本章提出的嵌岩深度计算方法可减小嵌岩深度 0.43m，在满足桩基承载力的基础上，可有效缩短桩长，减小施工难度与成本。本章提出的嵌岩深度和顶板安全厚度计算方法适用于岩溶发育区桩基的嵌岩深度和下伏溶洞顶板安全厚度的确定。

8.5 岩溶发育区桩基础设计方法

岩溶发育区桩基础的设计应重点考虑溶洞对桩基承载特性的影响，设计内容有桩型和尺寸的选择、桩数的确定、嵌岩深度和溶洞顶板安全厚度的确定、桩基竖向承载力的确定、桩位的平面布设及其与墩柱和承台的连接、桩基的内力计算及其配筋设计等。

8.5.1 桩型和尺寸的选择

岩溶发育区桩基多为圆形人工挖孔灌注桩、冲击钻孔灌注桩、旋挖钻孔灌注桩，需综合考虑岩溶地质特征、施工设备、现场施工条件等因素，合理选择桩型。若施工场地地下水位低且排水较易、桩长较短、桩位处存在浅层溶洞时，可考虑采用人工挖孔灌注桩，以便于处治浅层溶洞且确保施工安全。若施工场地地下水位高、岩层埋深较大、桩长较长时，可考虑冲击钻孔或旋挖钻孔灌注桩，以提高钻进效率，减小或避免溶洞对施工造成的影响。岩溶发育区桩基尺寸的选择主要是桩径和桩长的选择。可根据现场施工条件和桩基础承载需求选择合适的桩径。桩径一定时，长径比的选择主要考虑在竖向荷载作用下桩身不产生屈服失稳，在横向荷载作用下不产生转动挠曲来确定，既要保证桩长的合理性，又要保证桩身的安全性。

8.5.2 桩数的确定

确定合适的桩径与桩长后，根据岩土层特征、溶洞分布特征等，采用第 7 章提出的岩溶发育区桩基竖向承载力计算方法可计算出桩基竖向承载力 Q_u。结合桩基上部结构自重 G 和外荷载设计值 F，可按式（8-25）初步确定所需桩数。

$$n \geqslant \lambda_n \frac{F+G}{Q_u} \tag{8-25}$$

式中：n 为桩数；λ_n 为经验系数，若桩基轴心受压时，取 $\lambda_n = 1$，若桩基偏心受压时，取 λ_n 为 1.1～1.2。

8.5.3 嵌岩深度和溶洞顶板安全厚度的确定

当桩位处存在溶洞时，需根据现场地质特征、桩基的承载力和稳定性需求、经济合理性等条件，确定合理嵌岩深度、溶洞顶板安全厚度。

1. 嵌岩深度的确定

岩溶发育区桩基嵌岩深度的确定受岩土体性质、桩顶荷载、设计弯矩、桥梁全寿命周期内溶洞溶蚀量等因素的影响。在确定嵌岩深度时需同时考虑桩基竖向承载力、桩身稳定性和桥梁全寿命周期内溶洞溶蚀量要求，取最不利状况控制合理嵌岩深度，嵌岩深度的计算公式见式（8-1）、式（8-5）和式（8-13）。

桥梁全寿命周期内溶洞溶蚀量取决于地域环境、水文条件、气候条件、岩体性质、桥梁设计使用寿命等因素，需依据各地的标准溶蚀速率和桥梁设计使用寿命计算桥梁全寿命周期内溶洞溶蚀量。结合全国具有代表性的岩溶发育区域特点，归纳多位学者实测得到的岩石标准溶蚀速率[191-195]，得到不同区域的岩石溶蚀速率参考值见表 8-9。

表 8-9　全国代表性岩溶发育区岩石溶蚀速率参考值

地点	年降雨量/mm	年均温度/℃	溶蚀速率 v_R/（mm/ka）
广西桂林	1930	18.9	95.4
广西都安	1700	21.6	76.8
广西武鸣	1100	21.7	35.0
广西柳州	1400	22.0	22.3
贵州贵阳	1200	15.3	44.5
贵州茂兰	1753	15.3	69.5
贵州务川	1094	15.5	36.1
贵州普定	1360	14.0	41.5
云南昆明	1100	12.7	19.7
云南罗平	1492	15.1	65.0
云南石林	936	15.6	31.7
广东广州	1374	23.4	10.8
福建三明	1688	19.4	58.0
湖南洛塔	1694	15.8	67.1
湖南雪峰山	1810	12.7	25.2
山东济南	650	13.8	29.9
山东土门	790	14.0	29.3
湖北三峡	1200	17.6	60.0
湖北宜昌	1215	16.9	85.0
辽宁金州	600	10.5	24.1
山西朔州	400	5.5	10.7

需要注意的是，上述参数是具有代表性的部分地区的岩石溶蚀速率，未涵盖所有地区的全部参数。其他地区可查阅相关资料或参考附近地区的参数，进行标准溶蚀试验测定工程所在地区的岩石标准溶蚀速率则更为科学。

2. 顶板安全厚度的确定

按桩端岩层裂隙发育程度可将溶洞顶板简化为简支梁、悬臂梁或固支梁力学模型计算岩溶发育区桩基的下伏溶洞顶板安全厚度，计算公式见式（8-14）～式（8-16）；按顶板破坏模式（冲切破坏、剪切破坏或弯拉破坏模式）计算顶板安全厚度，计算公式见式（8-18）、式（8-20）和式（8-24）。同时可参考《广东省岩溶地区公路桥梁桩基设计与施工技术指南》（GDJTG/T A01—2016）和《广西建筑地基基础设计规范》（DBJ45/003-2015）的相关规定，按表 8-10 确定桩基下伏溶洞顶板安全厚度取值。

表 8-10　岩溶发育区桩基下伏溶洞顶板安全厚度建议取值

条件	顶板厚度 h_c
完整基岩 $h_c<3D$，裂隙发育	宜穿越溶洞进入基岩
嵌入完整、较完整的坚硬岩、较硬岩地基	$h_c\geqslant$洞的跨度 L
持力层岩性较差，较破碎，岩溶裂隙发育强烈，裂隙水丰富	$h_c\geqslant 3.5D$ 且 $h_c\geqslant 5\text{m}$
桩长 $l<30\text{m}$，上部荷载较大且端承力占 80%以上	$3.0D\leqslant h_c\leqslant 5.0D$
端承摩擦桩或无准确的溶洞情况	$h_c>2.5D$ 且 $h_c\geqslant 4\text{m}$
桩侧阻力占比大于 50%	$h_c>1.0D$ 且 $h_c\geqslant 2\text{m}$
桩基下伏溶洞高度 $H<5\text{m}$，顶板跨度 $L<L_{cr}=D+2h_c\tan\theta$	$h_c>1.0D$ 且 $h_c\geqslant 2\text{m}$

注：D 为桩径。

8.5.4　桩基竖向承载力的确定

考虑桩基穿过溶洞时桩侧阻力修正系数 λ_s 和桩基置于下伏溶洞之上时桩端阻力修正系数 λ_p，可按式（7-2）计算岩溶发育区桩基竖向极限承载力，并按式（7-70）验证穿过溶洞桩基的屈曲稳定性。桩端阻力修正系数 λ_p 取值见表 7-1，表中未列出的部分可根据插值法计算相应系数。桩侧阻力修正系数 λ_s 计算公式见式（7-5）。

8.5.5　岩溶发育区桩基础设计计算步骤

岩溶发育区桩基础的设计计算步骤如图 8-6 所示。

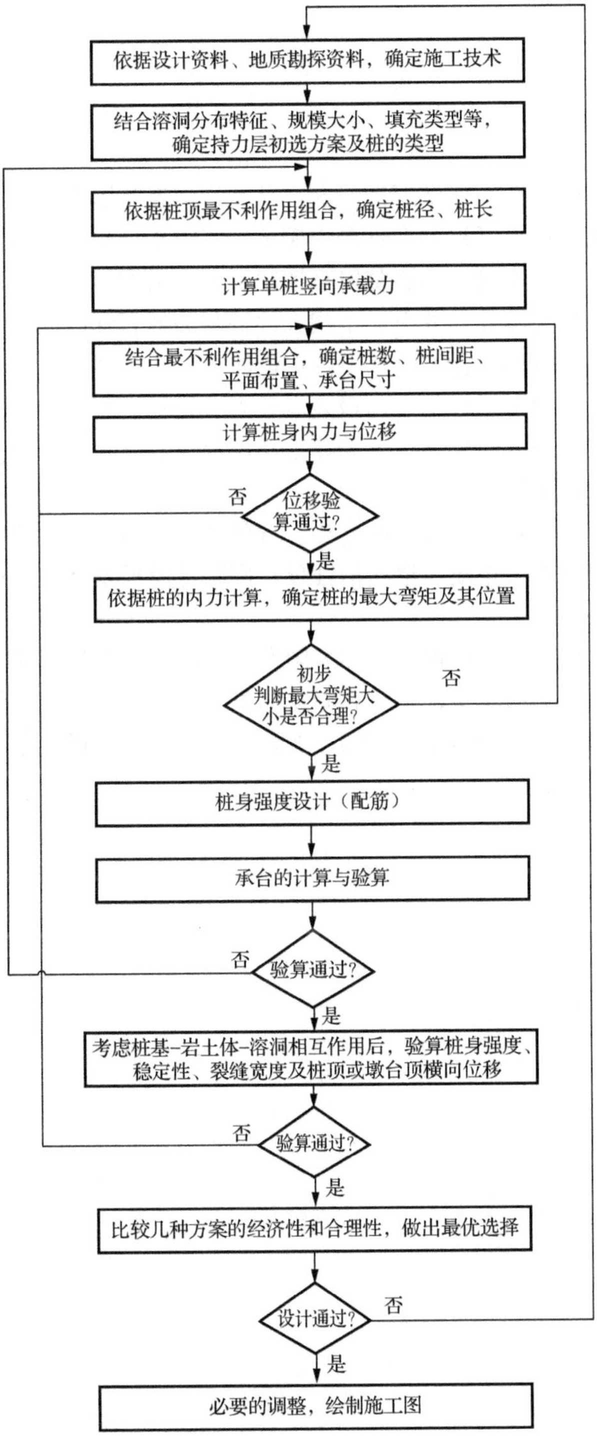

图 8-6　岩溶发育区桩基础的设计计算步骤

8.6 小　　结

本章针对桩基存在下伏溶洞的情况，基于岩溶发育区桩基竖向极限承载力计算方法研究成果，提出了桩基合理嵌岩深度计算方法，建立了溶洞顶板简化梁、板力学模型，推导了不同岩体裂隙发育情况和不同溶洞规模下的顶板安全厚度计算公式，结合工程实际计算并对比了代表性桩基的嵌岩深度和顶板安全厚度，提出了岩溶发育区桩基础设计方法，主要结论如下：

（1）提出了综合考虑桩基竖向极限承载力、稳定性和桥梁全寿命内溶洞溶蚀量的岩溶发育区桩基合理嵌岩深度计算方法，取三者计算结果的大值作为岩溶发育区桩基合理嵌岩深度。

（2）给出了全国具有代表性的岩溶发育区域岩石标准溶蚀速率，可用于计算不同桥梁设计使用寿命年限内溶洞溶蚀量，同时考虑桩基竖向承载力、稳定性，确定合理嵌岩深度。

（3）根据桩基下伏溶洞顶板岩体裂隙发育情况及溶洞顶板尺寸，基于尖点突变理论，将顶板简化为简支、悬臂和固支的梁、板模型进行稳定性计算，考虑顶板在桩端荷载作用下可能出现的冲切、剪切、弯拉破坏，提出了梁、板模型的顶板安全厚度计算方法。

第 9 章　岩溶发育区桥梁桩基施工关键技术与质量控制

9.1　概　　述

岩溶发育区桥梁桩基的施工关键技术问题，是在现有桩基施工技术的基础上，解决不同溶洞规模、类型、分布情况下桩基的成孔问题。本章基于莆炎高速公路桥梁桩基成孔实施过程中的经验总结，着重分析岩溶发育区桥梁桩基成孔过程的技术问题及控制参数与指标。

岩溶发育区桥梁桩基成孔施工主要有钢护筒跟进法及回填法两种。钢护筒跟进法是指为防止漏浆造成孔壁坍塌，采用预钻孔，然后埋钢护筒隔离上部松软覆盖层的成孔方法，主要适用于特大型空溶洞或半充填的溶洞；回填法是指为防止桩基成孔过程中漏浆，按一定比例投入片石和黏土充填溶洞洞腔的成孔方法，主要适用于一般溶洞及小型溶洞。本章研究重点是反复回填法的施工技术及其关键参数与指标。

9.2　岩溶发育区桥梁桩基施工前的勘察方法

9.2.1　钻探

钻探可直接获取岩溶区地面以下浅部及深部的地层岩性、地质构造并查明岩溶发育强度、发育特点及水文地质条件，同时可从钻孔中不同深度处取得岩芯、土样进行分析，测定岩土层的物理力学性质及指标，用于设计计算分析及工程施工技术的确定。其方法为用钻机从地表向下钻进，在地层中形成圆柱形钻孔，以鉴别和划分地层。钻探在工程勘察中虽然必不可少，但由于其只是对某一点的勘测，对于地质条件复杂变化的岩溶地区则勘察结果易出现误差，甚至严重失真，影响后续设计与施工；同时，采用大量的钻探，不仅工程造价高且持续时间较长，将直接影响桥梁工程的工期及经济性。

9.2.2　地球物理勘探

地球物理勘探简称物探，它是利用专业仪器设备测定岩土体物理参数，通过分析地球物理场的异常特征，再结合地质资料，了解地表深处地质情况的勘察手段。物探的种类很多，大致有地震勘探、电磁法勘探、人工源音频大地电磁测深、电法勘探及其他物探技术。其中地震勘探、电磁法勘探、电法勘探是目前工程物探常用的三大类方法。

1. 地震勘探

利用地下介质弹性和密度的差异，通过观测和分析大地对人工激发地震波的响应，推断地下岩层的性质和形态的地球物理勘探方法称为地震勘探，其可探测地层深度达上百米。地震勘探适用条件：①地形起伏小；②地层界面较平坦和断层破碎带少，地层界面以上岩石较均一，无明显高阻层屏蔽；③地层界面上下或两侧地质体有较明显的波速差异。

2. 电磁法勘探

电磁法勘探中常用于岩溶地区的地质勘察方法有地质雷达和孔内电磁波 CT（computed tomography，计算机体层成像）勘探。

1）地质雷达

地质雷达也叫探地雷达，是探空雷达技术向地下的扩展。它是利用高频电磁波由地面通过发射天线以宽频带短脉冲波形式送入地下，经地下地层界面或物体反射后回到地面，被接收天线接收，从而探测地下介质分布情况的一种地球物理勘探方法。探地雷达工作时，反射雷达波信号经过处理后，输出一幅反射波的时间剖面图，由于不同介质的反射波形特征不同，因此根据雷达剖面图像，结合测区已有的地质和钻探资料，可划分出不同介质界面并探查介质内部结构。

地质雷达在岩溶地区的应用，如果要确保勘探效果，应具备以下条件：①岩溶与周围介质应存在明显的物性差异，易形成波阻抗界面；②覆盖层厚度不宜太深，探测深度 0～30m 范围内；③应尽力避开空中和地面的电磁干扰。

一般而言，地质雷达技术对于探测岩石顶底界面深度、岩溶发育范围、填充性质和塌陷情况等具有很好的效果，特别是溶洞内存在与基岩物性差异较大的填充物时，勘探效果更好。由于地质雷达发射超高频的电磁波，而灰岩对超高频电磁波的吸收相对其他岩层有较低的衰减系数，故地质雷达在灰岩分布地区广泛使用。

2）孔内电磁波 CT 勘探

孔内电磁波 CT 勘探利用人工激发的无线电波在两个钻孔中分别发射和接收，

采集不同位置上接收的信息，根据不同地质体对电磁波的吸收系数差异推断两孔之间地层结构及地质异常体。部分剖面由于处于岩石破碎、岩溶强发育区，电磁波信号衰减严重，导致上部信息失真，而下部地质信息较为可靠。

3. 人工源音频大地电磁测深

人工源音频大地电磁测深法是以有限长接地电偶极子为场源，在距偶极中心一定距离处同时观测电、磁场参数的一种电磁测深方法。采用赤道偶极装置进行标量测量，同时观测与场源平行的电场振幅 E_x 和与场源正交的磁场振幅 H_y。然后利用电场振幅 E_x 和磁场振幅 H_y 计算阻抗电阻率 p_{s}。观测电场相位 E_{p} 和磁场相位 H_{p}，用以计算阻抗相位。用阻抗电阻率和阻抗相位联合反演计算人工源电阻率参数，最后利用反演的电阻率参数进行地质推断解释。该方法可探测地层深度达上百米。

4. 电法勘探

电法勘探在岩溶地区工程地质勘察中应用非常广泛，其中较为常用的是高密度电阻率法。高密度电阻率法的特点是设置的测点密度较高，现场测量时，只需要将全部电极布置在一定间隔的测点上，然后进行观测。它多用于中浅层的工程勘察中，勘探深度可达上百米。其适用条件：①地形相对平坦，地面起伏不能过大；②介质之间存在电阻率差异；③电极距不能过大。

高密度电阻率法对岩溶、土洞和软弱体等不良地质体的存在能够进行快速、准确地判别，对覆盖型岩溶地区第四系土洞、断裂发育情况及灰岩分布情况等的确定，也能取得较好的效果。由于数据的采集和收录全部实现了自动化（或半自动化），不仅采集速度快，而且避免了人工操作所产生的误差和错误，大大提高了工作效率，减轻了劳动强度。

5. 其他物探方法

工程上除了前述物探方法以外，还有微重力法、管波探测法等。

9.2.3 遥感

遥感是根据电磁辐射的理论，由地面接收站接收远距离目标辐射来的电磁波信息，加工处理成遥感资料（图像或数据），用来探测识别目标物的过程。遥感图像能宏观且真实地反映地表特征和各种地质现象的空间关系，具有视域广阔、信息量大、调查面积广、重复性好等特点，在识别岩溶地貌形态、岩溶层组划分及地质构造特征等方面，具有显著的效果。

9.2.4　勘察方法的比较与选用

在岩溶发育区进行勘察，都以工程地质调查和测绘为基础。其中非物探方法中，钻探是必不可少的。应根据不同的地质条件，选用适宜的勘探手段，其中物探方法的选择尤为重要。

首先，在地质条件方面，高密度电阻率法在地形较平坦时，效果比较好；地震勘探对地形没有太大要求，在覆盖土层厚度较薄时勘探效果显著；地质雷达使用时受限制较少。其次，在勘探范围方面，高密度电阻率法能较好地探明探线下方是否有岩溶发育和岩溶范围；地震勘探和地质雷达的勘察范围都比较大，但地质勘察的深度有限，地质雷达所受的干扰信号较多。最后，在勘察精度方面，以上方法都能勘察出岩溶区的位置、溶洞和溶蚀裂隙发育情况等内容，但它们的精度没有钻探高，其中高密度电阻率法的精度相对较高。

岩溶区地质条件通常非常复杂，因此须采用各种勘察手段相结合的方式以期获得与实际相符合的资料。在岩溶发育区进行工程地质勘察应遵循“从面到点，从地表到地下，先疏后密”的原则。在地质勘察中，物探只是一种间接的勘察手段，其结果必须通过钻孔验证。各种勘察方法比较见表 9-1。

表 9-1　岩溶发育区工程地质勘察方法比较

方法	优点	缺点	勘察对象及范围
钻探	信息获取直接、详细	费用高，工期长，勘察信息片面、单一	特定深度范围内的岩溶发育情况，0～60m
地震勘探	探测范围深，精度高	无方向性	地表地形起伏大和陡坡地区岩溶，上百米
地质雷达	分辨率高，费用低，速度快，非破坏性，勘察信息丰富	受干扰因素多，特别依赖操作人员的经验与技术，地面起伏不宜过大。岩石节理、破碎带难区别	溶沟（槽）、溶洞、覆盖层厚度、充填物、溶蚀破碎带，0～30m
孔内电磁波 CT 勘探	仪器占地小，精度高，勘测深度大，可靠性强，成图直观，受外界干扰小	费用高，工期长，钻孔布置严格，资料收集和计算工作量大，对勘察人员的技术要求高	溶洞分布、大小，溶蚀发育，能详细探明桩位和桩侧岩溶情况、基岩面起伏，以及桩基持力层的完整性，上百米
电法勘探	勘探精度高，高效，成本低，减少了人工操作	勘察范围有限，地面要相对平坦	溶洞、溶蚀带、土洞、暗河、充填物、覆盖层厚度及组成，数百米
遥感	视域广阔，信息量大，调查面积广，重复性好	探测深度有限	连通性较好的溶洞及一定范围内溶洞的分布，上百米

工程勘察宜首先利用电法勘探、地震勘探、地质雷达进行大面积的勘探，初步查明场地范围内的岩溶发育和分布情况，进行场地划分；然后针对这些场地的异常部分进行钻探分析；最后可以利用管波探测法、层析成像技术，直接揭示场地范围内的岩溶分布形态，做到“一孔多用”。

9.3　岩溶发育区桥梁桩基范围内溶洞的预处理技术

9.3.1　预压浆技术

对于全充填或半充填的小型溶洞、一般溶洞，普遍存在漏水或半漏水现象，为防止钻孔时泥浆突然流失，在钻孔前需进行注浆处理。在地质超前钻孔过程中，每遇到漏浆溶洞或裂隙，应立即进行注浆处理，并用纯水泥浆封堵，利用浆液的流动性，使其在压力作用下充满空洞及裂隙。利用注浆泵进行注浆并控制注浆量；当注浆达到顶部返浆后，上拔注浆钻杆，直至结束；注浆结束后，清洗注浆设备，防止残留浆液凝固而堵塞钻杆。

1）注浆主要技术参数

注浆流量：8～10L/min，水泥浆配比为水泥∶水=0.8（0.6）∶1（质量比）。多层溶洞应从下层向上层进行，注浆压力与土的重度、强度、初始应力、孔深、位置及注浆次序等因素有关，而这些因素又难以准确地确定。注浆深度不同，其注浆需要的压力亦不同，一般设置注浆压力较注浆孔底水压大 0.1～0.2MPa 为宜，注浆过程中可根据具体情况做适当的调整；注浆速度 8～10L/min，渗透最小半径保证大于桩半径 1m 以上。实践证明，当注浆加固孔壁的厚度达到 1m 以上时，在成孔和灌注水下混凝土时，孔壁稳定性好，不会坍塌。

2）注浆终止标准

在规定的注浆压力下，注浆压力持续在 0.2MPa 不变，孔段吸浆量小于 0.6L/min，单孔注浆量达到平均注浆量 1.5～2.0 倍，且进浆量明显减少时，延续 30min 即可结束注浆。为保证注浆压力或注浆过程的连续性，加压注浆前须进行必要的封孔措施。

3）钻孔桩开钻时间的确定

无论采用何种钻孔工艺，在成孔作业期间，对桩周土体均有扰动，因此，已注浆地层必须待浆体达到一定强度后才能钻孔，否则注浆加固达不到效果。已有的工程经验表明，浆体的强度一般在 7 天后可以达到设计强度的 80%，这种情况下，能承受钻孔的振动冲击效应，孔壁不致坍塌。溶洞预注水泥浆如图 9-1 和图 9-2 所示。

（a）预注浆钻孔　　（b）土洞预注浆

图 9-1　预注水泥浆

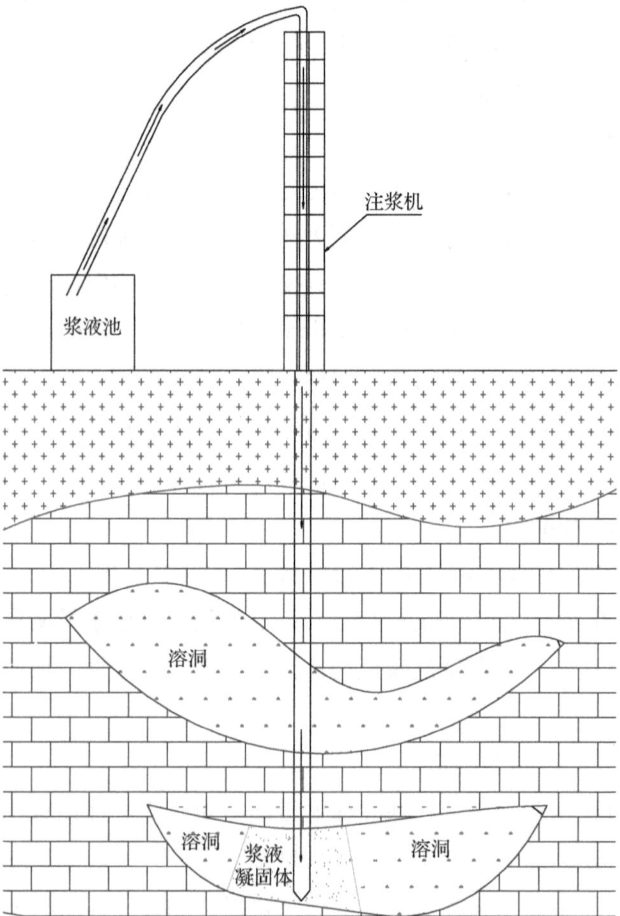

图 9-2　溶洞预注水泥浆示意图

9.3.2　高压旋喷帷幕注浆技术

（1）以钢护筒中心为圆心，在直径 3.2m 的圆周均布 22 个单管高压旋喷桩，旋喷桩的直径为 50cm，旋喷桩施工完成后，桩与桩之间紧密搭接形成帷幕，从而防止溶洞漏浆塌孔。

（2）利用钻机成孔后，将带有特制喷嘴的喷管下入到设计标高位置，喷嘴直径为 2.4～2.8mm；然后利用高压脉冲泵，将水泥浆液形成高压喷射流从喷嘴喷出，对土层充分切割搅动，使土体和水泥浆液充分混合，同时将喷杆旋转和提升，水泥凝固后形成圆柱状固结体。

（3）水泥浆液采用 42.5 优质普通硅酸盐水泥与清水配制，水灰比为 0.8∶1，孔口补浆采用浓水泥浆，水灰比为（0.5～0.6）∶1，注浆压力为 20～25MPa。

（4）基岩存在有填充物的大溶洞时，溶洞裂隙发育强烈，透水性强，钻孔前溶洞内可做旋喷帷幕以便于后续施工。水泥浆液中可加入水玻璃，比例为 5%，一般情况下按桩基中心周边 0.5～1.0m 作用范围进行旋喷加固。

9.4　岩溶发育区桥梁桩基施工关键技术

9.4.1　不同类型溶洞处治技术

1. 小型溶洞的处理

（1）对岩溶裂隙及小型溶洞（洞高 0.5m 以下），裂隙对钻孔桩施工造成的问题主要是漏浆，其危害性相对较轻。一般冲击钻孔施工通过溶蚀裂隙发育密集段时，工艺上要求进尺一段深度时必须回填一定量黏土，黏土可在冲锤冲击作用下挤入裂隙堵塞桩孔周边溶蚀裂隙，同时可以保持泥浆密度。

（2）钻孔入岩前，须准备充足的水源和 2 台水泵，同时准备足够的黏土、片石等溶洞处理所需要材料。片石强度不小于 30MPa，粒径为 15～50cm。

（3）钻孔过程中须密切注意护筒内泥浆面的变化情况。当泥浆面迅速下降时表明漏浆，须首先快补水，接着将片石、黏土按 4∶6 的比例投入孔内，然后重新开钻。若再次漏浆，仍按上述方法处理，即可逐步解决裂隙漏浆的问题。

2. 一般溶洞处理

（1）一般溶洞施工以做好预防为主。钻孔前在附近储备大量黏土、片石及一定数量的袋装水泥，钻孔施工过程中，要求配备水泵和充足的水源，保证一旦漏浆，可以立即进行补水补浆。

（2）对于空溶洞或半充填的溶洞，特别是超前钻显示漏浆的溶洞，在击穿洞顶之前，采用小冲程，逐渐将洞顶击穿，防止卡钻。

（3）由专人密切注意钻机底盘水平、岩样和护筒内泥浆面的变化，一旦发现泥浆面下降、孔内水位变化较大、泥浆稠度及颜色发生变化或钻进速度明显加快又无偏孔现象时，表明已穿越溶洞顶板进入溶洞。

（4）根据溶洞的大小和洞内的填充物采取不同的技术措施。首先应迅速用大功率泥浆泵补浆补水，同时及时提钻，防止埋钻；然后用铲车或小型挖掘机（60型）及时将准备好的片石、黏土按适当比例抛入孔内，必要时投放袋装水泥，仍采用小冲程轻冲，用桩锤击碎黏土和片石并使其充分挤入溶洞内壁发挥护壁作用。当孔中的泥浆停止下降并慢慢上升以后，可用冲锤进行适当挤压，直至把桩基周围的溶洞都填满或堵死为止，只有当泥浆漏失现象全部消失后才转入正常钻进。如此反复使钻孔顺利穿越溶洞。

（5）击穿溶洞顶板后，用冲锤将溶洞顶板处的桩孔修理光滑，以防卡钻或卡钢筋笼。

（6）若溶洞内进尺过快，则在孔底已穿过溶洞底后，再次提升钻头，投入片石、黏土，重新进行冲击，使片石与黏土在溶洞内挤密形成一道环壁，保证成孔质量。

（7）每遇到一层溶洞，无论是否漏浆、是否为充填溶洞，均应向孔中投入一定数量的片石和黏土，然后用小冲程冲击投放的土石混合物，使其挤入裂隙、溶洞内，如此反复操作，实现多次固壁。

（8）钻进过程中，应适当增加黏土数量，提高泥浆密度。若溶洞充满后孔内有漏浆现象，可抛填水泥包、黏土包并用小冲程挤压，使水泥与泥浆混合填充漏浆缝，缝隙饱满后，待水泥与泥浆凝结后再恢复钻进。

3. 大型溶洞处理

（1）遇到较大的溶洞，特别是溶洞底部原本存在漏浆的半充填溶洞，为堵住漏浆，集中水泵向孔中补水以保持水头，同时立即向孔内抛袋装水泥，然后向孔中投入黏土、片石混合物，待漏浆停止后重新钻孔，钻孔到漏浆部位的时间宜控制在水泥终凝时间之前，然后停止 6～10h。如此反复操作，直至漏浆问题解决。

（2）遇到特大型半充填的溶洞时，采用先预钻孔，然后埋钢护筒隔离上部松软覆盖层的方法进行处理。首先采用较大直径的钻头冲击至距溶洞顶 1.0m 位置；接着下内护筒至孔底；接着换小钻头继续冲砸，直至击穿溶洞顶板；然后回填黏土、片石混合物，采用反复冲击的办法将洞内土石混合料冲砸密实；最后转入正常钻进。此方案的关键技术：内护筒必须位置准确；内护筒必须具备足够的刚度；击穿溶洞后须及时回填黏土、片石混合物。

（3）穿越溶洞高度较大的空洞时，采取下钢护筒的处理方案。冲击钻击穿溶洞顶板后，跟进比孔口护筒稍小的钢护筒，用振动锤将钢护筒下沉至溶洞洞底岩面，如图 9-3 所示。钢护筒跟进法一般情况下必须同时结合回填片石和黏土，并且封堵溶洞底部与护筒脚之间缝隙。

（a）钢护筒跟进　（b）钢护筒跟进焊接

（c）振动锤辅助护筒跟进　（d）焊接后的钢护筒跟进

图 9-3　钢护筒跟进施工

4. 不完整溶洞处理

岩溶地区相对较复杂，常会遇到岩面呈斜面、陡坎、石笋、溶沟、溶槽等复杂情况，处理这些情况，可采取以下两种方法。

（1）在孔内分层抛填片石、黏土，然后用冲击钻反复冲击成孔，直到完整岩面。如在冲击过程中，出现冲击钻头有偏移情况，需及时加入片石、黏土，然后再反复冲击，此时，冲程不宜过高（2.0m 左右为宜），并注意控制孔内泥浆浓度。

（2）压浆固结，先探明桩孔位置岩面的具体情况，然后利用地质钻机钻孔压浆，平面布置要基本均匀，但对于沟、槽及岩面较低部位可相对加密，孔深根据岩面情况及所需固结的厚度来确定，固结厚度控制在护筒刃脚上方 50cm 至岩面最低点范围内，周边宽度控制在较桩径大 1.0～1.5cm，岩面片石、黏土层压浆固结完成并达到一定强度后，可开始进行桩基钻孔施工。

5. 岩溶通道串浆、串孔处理

（1）相邻桩在成孔和灌注混凝土时常有干扰现象。例如，其中一个桩钻孔时，相邻桩孔内水面或淤泥面随之翻动。若溶洞不大，可向孔内回填黏土，并掺入一定量的片石、卵石、漂石等石料，使其形成具有一定强度和厚度的护壁，阻隔两孔，使之无法串通。

（2）若溶洞较大，可将整袋黏土抛入孔内，分层加入一定量的袋装水泥，防止施工过程中出现漏浆、塌孔现象。

（3）施工时若通过露出部位发现各桥墩处存在地下横向贯通溶洞，应调整施工顺序，采用间隔施工，协调好各钻机之间的施工，当一个桩孔终孔后灌注混凝土时，相邻有干扰关系的桩孔施工必须暂停并提升钻具。

（4）在相邻桩孔内投入黏土封堵，待混凝土灌注完毕后，清理孔内的黏土，继续钻进成孔。

图 9-4　人工下孔封堵溶洞

6. 深大溶槽、多处裂隙及溶洞处理

这种情况下宜采用预注浆固结或下钢护筒全程跟进方法。当孔位处存在多处裂隙及溶洞，反复回填仍未能成孔时，可在保证安全的前提下，人工下孔采用高标号水泥砂浆封堵孔洞，如图 9-4 所示；当溶洞规模较大时，对孔侧溶洞做护壁处理，具体措施：护壁为 1m 厚的 C30 混凝土，护壁内设单层ϕ16mm 钢筋网片，网格间距 20cm×20cm，护壁外侧做 60cm 厚的浆砌片石，砂浆强度等级为 M7.5。

针对不同类型溶洞常见处治技术见表 9-2。

表 9-2　不同类型溶洞处治技术

<table>
<tr><th>类别</th><th>预处理措施</th><th>钻孔过程中的处理措施</th><th>混凝土灌注过程中处理措施</th></tr>
<tr><td>小型溶洞</td><td rowspan="6">注水泥浆</td><td>抛填片石、黏土，反复冲击固壁</td><td rowspan="6">混凝土填充</td></tr>
<tr><td>一般溶洞</td><td>抛填片石、黏土，反复冲击固壁，并加大泥浆稠度，提高泥浆质量；或采取钢护筒跟进法</td></tr>
<tr><td>大型溶洞</td><td>抛填片石、黏土、水泥，反复冲击固壁，加大泥浆稠度，提高泥浆质量；或采取钢护筒跟进法</td></tr>
<tr><td>不完整溶洞</td><td>抛填片石、黏土，或压浆固结</td></tr>
<tr><td>岩溶通道串浆、串孔</td><td>钻孔间隔施工，抛填片石、黏土、水泥造浆</td></tr>
<tr><td>深大溶槽、多处裂隙及溶洞处理</td><td>预注浆固结或下钢护筒全程跟进法</td></tr>
</table>

9.4.2　岩溶发育区桥梁桩基施工关键技术与质量控制标准

1. 冲击钻孔灌注桩

在岩溶发育、有多层溶洞且每层溶洞顶板厚度不均匀的地基中，主要采用冲击钻孔桩，使钻孔桩穿过多层溶洞，桩底置于基岩或有足够厚度的溶洞顶板上。由于岩溶地区地质情况的不确定性，施工前，对每根桩的地质柱状图进行分析核对，确定溶洞的发育规模和走势；对缺少地质资料或地质资料有疑问的桩位及时进行补充钻探。根据桩位处地质资料逐桩细化钻孔方案和工艺，准备必要的机具和材料。护筒及埋设要求严格按照规范和验收评定标准进行控制。

1）冲击钻孔

冲击钻进过程中，一方面及时捞取渣样并做好分析与记录，与地质勘察资料进行对比，如果发现有较大差异，及时会商论证以确定实际地质情况；另一方面经常对孔位、孔径、垂直度和孔底高程进行检查，保证钻孔质量。当冲击钻进至溶洞处时，按以下工艺进行钻进。

（1）在钻进至距溶洞 0.8m 处时，根据溶洞的发育情况，及时调整施工方案，检查准备的材料或机具。当施工方案和准备的机具与材料能够满足溶洞处理时，以 0.8～1.2m 冲程冲击开溶洞顶板。

（2）对充填物为黏土的溶洞，将直径为 30cm 左右的坚硬片石投入钻孔中，每次投入量以超过顶板 0.6m 为宜，然后利用小冲程反复冲砸；对充填物为碎石的溶洞，投入黏土块或水泥，每次投入量以超过顶板 0.4m 为宜，以小冲程反复冲砸。必要时可重复回填 2、3 次，确保回填物挤入孔壁并达到稳定孔壁的效果。

（3）对无充填物且高度小于 0.8m 的溶洞，投入片石和袋装水泥，并掺加速凝剂，片石直径不大于 30cm，速凝剂掺量为水泥投入量的 6%，水泥与片石投放量比例为 1∶0.4（体积比），每次投放量以超过溶洞顶板 1.0m 为宜，以小冲程反复冲砸，保证溶洞处孔壁坚固圆顺。

（4）对无充填物且发育高度超过 0.8m 的溶洞，将提前准备好的内护筒沉入钻孔，护筒钢板厚度不小于 8mm，护筒直径比设计桩径大 4cm，护筒的中心及垂直度应满足施工规范和验收标准的规定，护筒应穿过溶洞并嵌入其下部完整基岩面。冲击钻进溶洞后，进行正常钻进，掏渣筒清渣，直至钻进至设计高程。

2）冲击钻孔检验

钻进时除按常规对桩孔进行检验外，在钻孔达到设计高程后，应根据现场捞取的渣样与钻孔记录，绘制钻孔桩地质柱状图，核对确认与设计相符后方可进行下道工序。

3）混凝土灌注与分析

及时做好混凝土灌注记录，特别是在灌注至溶洞部位时，要及时对混凝土用量进行分析，以确定溶洞的处理情况，并为桩基检测分析提供必要的依据。混凝土灌注完成后，在混凝土终凝前，应拔除内护筒。

4）桩基检测

桩基检测主要有 5 个方面。①静载试验：通过在桩顶施加静态荷载，测量桩的承载力和变形情况，适用于验证单桩承载力。②低应变法：通过敲击桩顶，利用应力波反射原理检测桩身完整性，适用于检测桩身缺陷。③高应变法：通过重锤冲击桩顶，测量桩顶的速度和加速度，适用于评估桩身完整性和承载力。④声波透射法：通过在桩内预埋声波检测管，发射声波并接收反射波，检测桩身缺陷和完整性。⑤钻芯法：通过钻取桩身混凝土芯样，直接观察桩身质量和缺陷情况，适用于验证其他检测方法的准确性。

综上所述，岩溶地区冲击钻孔灌注桩施工工艺如图 9-5 所示。

2. 人工挖孔灌注桩

人工挖孔灌注桩适用于基岩埋深较浅且地下水不丰富的地区。岩溶地区通常存在较丰富的地下水或软弱夹层，桩基开挖过程中易出现涌水、涌砂、掉入土洞等现象，因此人工挖孔桩在岩溶区的使用受到限制，一般仅在基岩浅埋的情况使用。在岩溶浅埋地区桥梁工程中，挖孔桩与钻（冲）孔桩相结合是较为常见的做法。

1）定位

开始挖孔前，布置好控制网，按桩基位置采用十字交叉法确定每一桩孔的位置，并在桩位处设置定位龙门桩。

2）护壁

根据桩身井口段土质情况将井口挖至 1.0m 深时，即可立模浇筑壁厚 20～30cm 的第一节钢筋混凝土护壁。此节护壁在井口 0.5～1.0m 高度范围内加厚至 50cm，这部分称为锁口，用来防止下节井壁开挖时井口沉陷。混凝土护壁施工采用两个半圆形钢模，用 U 形卡铰接。拆上节，支下节，自上而下周转使用。

3）桩孔掘进

采取边挖边护的方法，一般每节挖深 1m 左右后，沿井壁立模灌注一节钢筋混凝土护壁形成环形框架。

4）溶洞的确定与暴露

当挖孔进尺到岩层时，仔细研究地质超前钻探的结果。如无溶洞，则按正常施工方法开挖；如有溶洞，必须先确定溶洞的埋置深度，根据溶洞埋深，确定开挖深度。挖至溶洞顶面 1m 以上范围时，采用爆破法施工，爆破必须洞穿溶洞顶部（离溶洞较近后采用浅眼松动爆破法），将溶洞暴露。

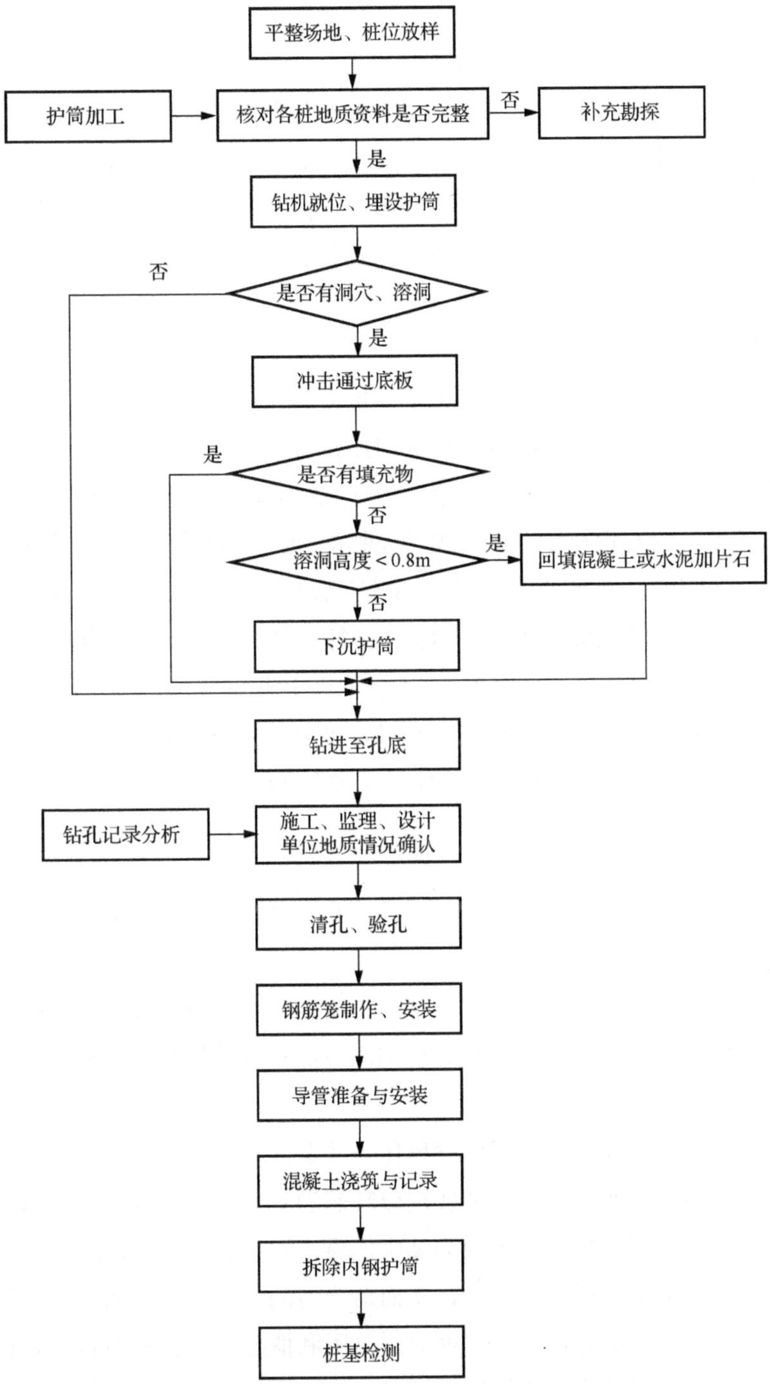

图 9-5　岩溶地区冲击钻孔灌注桩施工工艺

5）检测溶洞内空气和水位

在溶洞部位施工前，应对孔内有毒有害气体情况用专业仪器进行检查，或用吊篮放下敏感的小动物（鸽子或活鸡等）进行检测，确定可安全操作时方可下洞施工。溶洞部位施工，首先要送风 1h 左右，并检查孔内氧气是否充足。施工人员身上安全带要与井口上的挂梯或安全绳牢固连接，下去查看溶洞内是否有承压水，若有，施工人员则应迅速撤到地面等其自然排除，水位稳定后再进行抽水，然后继续开挖。

6）溶洞的处理

（1）若为空溶洞，首先将积水抽干；接着将作业人员用钢筋吊笼放入空溶洞中，用砖砌外围，且其要有足够的壁厚、刚度，以防止灌注混凝土时护壁被挤垮；然后立模板浇筑钢筋混凝土护壁。溶洞处理完成后，继续向下挖进。

（2）若溶洞内有填充物，则根据填充物的种类分别采取不同的措施：填充物是中粗砂、粉细砂时，开挖应浅进尺、强支护，沿上层护壁外围每 20cm 打入ϕ20mm 的钢钎，然后将钢钎上绑扎草袋作为防护；每节最大高度 0.5m。填充物为软塑状黏土、含碎石粉质黏土时，采用短柄铁锹开挖，每挖深 0.5m 左右须及时护壁。挖孔穿越弱风化结晶岩和微风化结晶灰岩时，须采用松动爆破的方式进行开挖。当进入爆破施工阶段，应让护壁混凝土有一定的强度后再进行另一个孔的爆破施工。

3. 预应力管桩

在岩溶地区采用预应力管桩，目前并不是常规方法。以下特殊情况下适合采用预应力管桩。

（1）岩溶不发育，地下有淤泥、土洞、流砂，溶洞连通暗河等情况。

（2）基岩有溶洞发育，微风化岩层埋深较深且厚度较大，能提供承载性能较好的持力层（标贯值大于 25 击）。

（3）在覆盖层较厚、持力层为强风化条件下。

在特定的条件下预应力管桩能实现较理想的效果，可避免钻孔桩施工时的漏浆塌孔等风险。一般采用预制预应力高强混凝土管桩和钢管桩，通常设计为群桩基础形式。采用群桩可以缩短桩长，从而避开溶洞，同时能增加基础抵抗水平力及弯矩的能力。施工中，应注意岩面倾斜等不利情况，倾斜岩面容易导致桩体倾斜甚至断裂。采用预应力高强混凝土桩时，桩底不能直接打到基岩面以避免桩体受损。

9.5　岩溶发育区桥梁桩基成孔中的问题与处理技术

溶洞给冲击钻孔灌注桩施工带来困难，施工不当还容易诱发地面塌陷。

9.5.1　漏浆

岩溶钻孔桩施工时，经常出现孔内泥浆迅速流失，孔内水头迅速下降（几分钟之内水头下降可能超过 10m）的现象，即为漏浆。原因：一是当岩层中存在贯通裂隙、小型溶槽等，且与溶洞或地下水连通；二是遇到溶洞、溶穴、土洞等，护壁泥浆会沿这些通道流失从而产生漏浆。所漏泥浆可能填充溶洞空腔，也可能沿裂隙、暗河等漏出远处地面，也可能从护筒周围地表直接漏出，如图 9-6 所示。

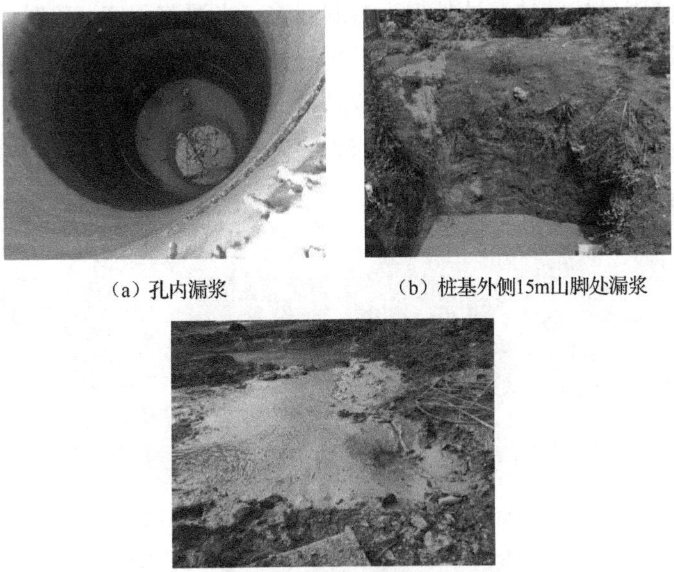

（a）孔内漏浆　（b）桩基外侧15m山脚处漏浆

（c）护筒周围地表漏浆

图 9-6　漏浆

当岩溶发育区公路桥梁桩基成孔过程中出现漏浆问题，可通过以下方法处理。

（1）通过泥浆泵及时向孔内注入泥浆，保证孔口水头压力。

（2）提高泥浆稠度，通过添加纤维素、膨润土等方式，减少空隙渗浆量。

（3）向孔中回填黏土、片石、块石等，反复冲击回填材料以增加护壁密实度和强度。

（4）水泥、黏土或混凝土固结堵漏法处理小裂隙漏浆和大溶洞漏浆。在击穿溶洞出现漏浆之前，准备好大量黏土、片石、块石及袋装水泥备用。具体施工技术如下。

① 对于大溶洞，一旦出现大量漏浆，就将整袋黏土抛入孔内，在抛填黏土袋时，分层加入一定量的水泥包和片石，回填高度超过漏浆位置，然后轻放重锤挤压黏土袋及水泥包，使之充填到溶洞缝隙中，再用重锤小冲程轻击，使水泥和黏土混合，形成水泥土浆，使其挤进岩溶缝隙中。

② 一旦孔内成浆，需停工 12h，待水泥土浆凝固，在桩孔壁形成一层水泥土浆护壁层，并具有一定强度时，再进行冲击成孔，其目的是使溶洞空间内形成一个圆锥体，在其中心钻孔，周围形成有一定厚度和强度的护壁。

③ 对于小裂隙的漏浆，黏土不必装袋，可直接倒入孔内，水泥则需整袋抛入，使其沉底，操作方法同①。

（5）护筒跟进护壁堵漏法处理大溶洞漏浆。当漏浆程度一般时，除加大泥浆稠度外，下沉内护筒以减小漏浆速度；当漏浆程度较大时，除下沉内护筒外，分层抛入片石、黏土等，以填充和堵塞溶洞、溶穴、溶槽，回填至内护筒底部以上 2～3m，然后采用中小冲程重新钻进。漏浆处理方法如图 9-7、图 9-8 所示。

（a）回填黏土

（b）回填片石

（c）回填袋装水泥

图 9-7　抛填黏土、片石和水泥

图 9-8　钢护筒跟进与回填

9.5.2　塌孔、埋钻、钻机倾覆

当岩溶地区覆盖层较厚时，成孔过程中，因基岩附近覆盖土体多疏松多孔，岩溶地下水沿裂隙涌入桩孔造成孔壁坍塌，或者当桩基施工至贯通的裂隙或溶洞时，洞穴顶板被意外击穿或击穿裂隙通道后，孔内会突然失水造成泥浆水头急剧下降，如补浆不及时，覆盖层形成负压，地下水从孔壁渗出，破坏了护壁泥皮，上部覆盖层由于护壁失稳而造成孔壁坍塌，严重者造成大规模孔口地面塌陷，甚至埋钻。同时，漏浆后孔内压力骤降，亦会引起塌孔现象。塌孔、埋钻及钻机倾覆病害分别如图 9-9～图 9-11 所示。

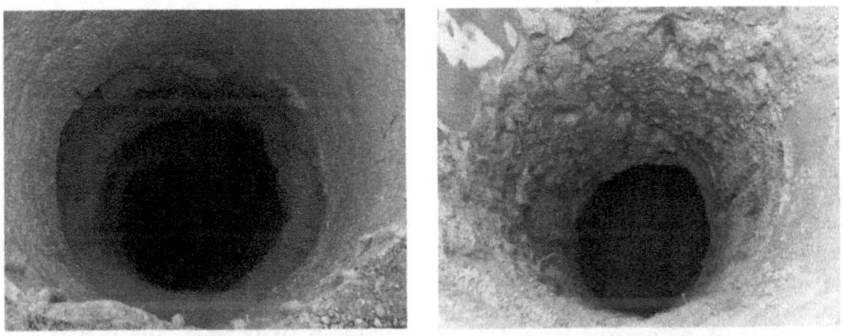

（a）不同深度处塌孔　（b）孔顶塌孔

图 9-9　塌孔

（a）地表坍塌埋钻　（b）孔底塌孔埋钻

图 9-10　埋钻

图 9-11　钻机倾覆

当岩溶发育区公路桥梁桩基成孔过程中遇到塌孔、埋钻、钻机倾覆病害，可通过以下方法处理。

（1）钻头不能长时间停留在孔底不动，应上下活动，不停地循环搅拌泥浆，防止沉渣埋钻的现象发生。

（2）如发生塌孔埋钻，最重要的是将主绳保住，利用回旋钻机扫孔和“反冲法”将钻头提出，然后回填片石、黏土、水泥，必要时回填素混凝土填充塌腔，重新造浆钻进，如图 9-12 所示。

图 9-12　回填水泥、片石及素混凝土

（3）当孔壁局部坍塌，孔内水头无明显损失时，向孔内抛黏土，加大泥浆稠度，下沉内护筒进行处理。另外，溶洞内压大导致充填物多次冲入桩孔内部，应采用混凝土封堵或加大钢护筒跟进措施。

（4）当遇溶洞、溶穴、溶槽，孔内水头突然损失造成塌孔时，若为小面积塌陷，且护筒无位移，除下沉内护筒外，可及时分层抛入片石、黏土、袋装水泥等，以填充和堵塞溶洞，回填至内护筒底部以上 2～3m，然后采用中小冲程重新钻进。

（5）溶洞发育严重时，如连通特大型溶洞或地下暗河，上述处治措施均不能有效处理，即使多次回填片石、黏土等也不能成功阻止漏浆；或者护筒变形，有较大横向位移，无法纠偏时，可拔出钢护筒，用黏土回填，采用内护筒跟进穿过溶洞。

（6）内护筒跟进时应先采用孔径大于 25cm 的大钻头冲击到岩层，然后下放比孔径大 20cm 的长护筒至洞底，再换用正常钻头钻进。

（7）为了预防塌孔引起的钻机侧翻，在溶洞发育处，钻机位置横向垫放 6～8 片 12m 长的 320 工字钢，并在钻机滚筒下密布枕木，扩大钻机与地基接触面，减小孔口处的局部压力。

9.5.3　卡钻、掉钻、粘钻

当桩穿过溶沟、溶槽、溶洞或有半边溶洞侧壁侵入桩身时，钻锤极易被卡住，特别是在钻穿溶洞顶板后，形成探头石或台阶，或溶洞内存在孤石、落石时，易卡住钻头。遇溶洞填充物或较软黏土层易发生吸锤，无法提起锤头的现象，产生粘钻。掉钻一般多为卡钻时强行提拉导致钢丝绳超负荷断裂造成；当溶洞较大时，如突然钻穿溶洞，因重力和惯性力作用拉断钢绳也会产生掉钻的情况。有时钻头会顺溶洞滑走，无法找到。卡钻、粘钻如图 9-13 和图 9-14 所示。

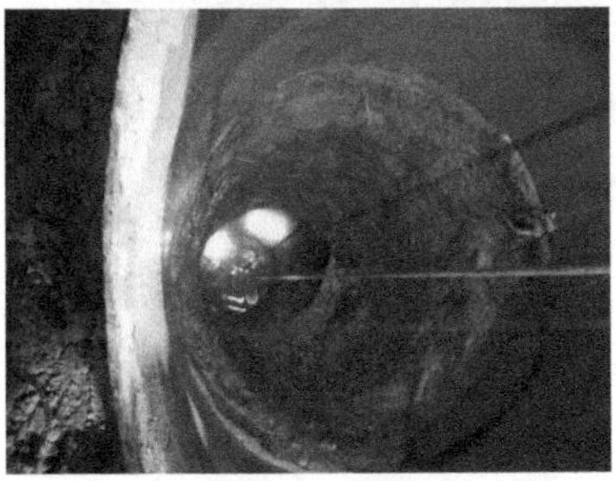

图 9-13　卡钻

图 9-14　粘钻

当岩溶发育区公路桥梁桩基成孔过程中遇到卡钻、掉钻、粘钻病害，可通过以下方法处理。

（1）为预防卡钻，可在基岩中采用 3～5m 的冲程冲进，在靠近溶洞顶约 1m 处采用 0.5～1.5m 的小冲程冲进，轻锤慢打使孔壁圆滑坚固，通过短冲程快频率冲击的方法逐渐将洞顶击穿。

（2）若钻头卡在顶板岩石上部，可缓缓上下活动钻头，待松动后慢慢提出。

（3）若钻头斜卡在顶板岩石中部，可自制简易正绳器，将钻头拉正，缓缓提起。

（4）若钻头卡在顶板岩石下部，则可利用大钻头上下松动，由下向上顶撞的办法，轻打卡点的石头将顶板岩石破坏后提出，亦可用钢丝绳将小钻头放入并将顶板岩石砸碎，再将大钻头提出。

（5）卡钻严重时，利用钢丝绳和千斤顶给钻头一个外力，再用钻机轻打卡点岩石，或者采用“振动爆破法”处理，即将精确计算或经验给出的一定药量的防水炸药用垂直陀螺放入孔内，沿锤的滑槽放到锤底，而后引爆，振松卡锤，再用卷扬机和千斤顶同时提拉。

（6）卡钻钻头取出后应停止向下继续钻孔，回填片石和黏土，回填高度一般为 1.5m，调整钻机冲程后反复冲击，在顶板上部形成坚硬土层以传递冲力，冲击使卡钻的突石、溶洞表面平整，防止卡钻再次发生。

（7）掉钻要以预防为主，经常检查机具设备，及时检修，遇到损坏的部分立即维修或更换，消除隐患。施工时严禁在溶洞内打空锤，应绷紧钢丝绳，采用小冲程进行低打紧击。一旦发现漏浆或异常情况，马上提锤至洞口，如图 9-15 所示。

图 9-15　吊车提锤

（8）为防止掉锤，每隔两天，需将冲击磨损的钢丝绳段切断，重新穿扣主绳。

（9）若出现粘钻问题，常用旋挖钻机将其掏出。若已严重糊钻，应减少冲程，降低泥浆稠度，在黏土层上回填部分砂砾石。

9.5.4　偏孔、斜孔、弯孔

因岩溶地区地质情况复杂，且下伏石灰岩起伏很大，易发生偏孔、斜孔、弯孔现象。偏孔、斜孔如图 9-16、图 9-17 所示。

图 9-16　偏孔

图 9-17　斜孔

当岩溶发育区公路桥梁桩基成孔过程中遇到偏孔、斜孔、弯孔病害，可通过以下方法处理。

（1）若出现偏孔问题，应提起钻头，向孔内抛填大量片石、黏土，抛入量要较斜面顶或偏孔处高出0.3～0.5m，抛填完成后采取低打紧击的方式继续钻孔施工。

（2）在多次抛填片石、黏土后，纠偏效果不明显可改用混凝土灌注的方法纠偏。

（3）若是由于机械、人为原因导致的偏孔，且偏孔不严重时，可采用冲锤修边的方法，冲锤不能过猛且不能提锤过高，否则容易产生卡锤。

（4）若出现斜孔、弯孔问题，可回填片石、黏土重钻，反复数次，逐渐截弯取直。该方法对于轻微的斜孔行之有效；对于斜孔、弯孔严重的情况，可灌注水下素混凝土至斜、弯处以上一定高度，待强度合格后重新施钻。

9.5.5　缩径

钻进遇到溶洞时采用回填处理方法，回填体封堵溶腔不再漏浆，继续进尺后孔外回填体压力大于孔内泥浆压力，回填体向孔内方向变形，成桩后产生桩身缩径。缩径如图9-18所示。若遇到缩径问题，可回填黏土、片石复冲，若复冲后钻头仍无法落下，应更换小钻复冲。

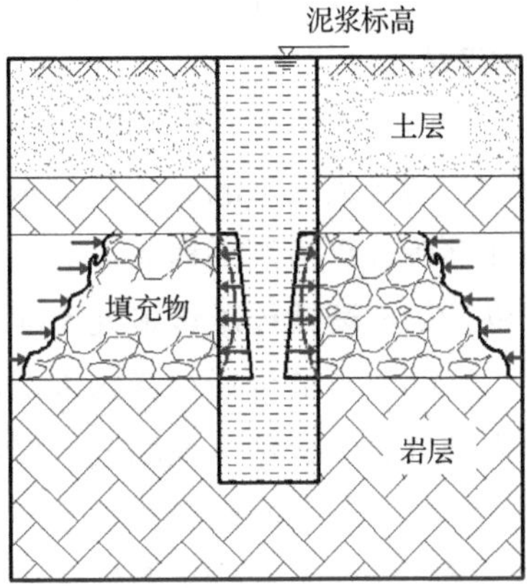

图9-18　缩径

9.5.6　混凝土流失、断桩

对于洞高较大且填充物为流塑状的溶洞，在泥浆护壁作用下形成的临界平衡状态稳定性较差，灌注混凝土时，孔内侧压力增大可能导致护壁破坏而产生混凝土漏浆，或混凝土涌入溶洞，尤其是互相贯通的溶洞，混凝土严重流失必然造成灌注混凝土大量超方，如图9-19所示。

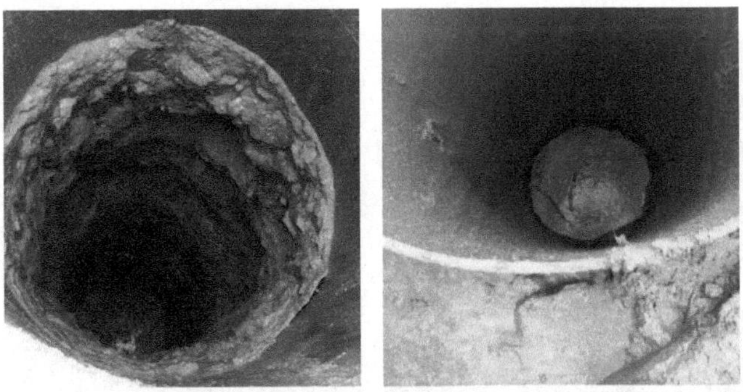

图9-19　混凝土流失

当岩溶发育区公路桥梁桩基成孔过程中遇到混凝土流失造成严重超方时，可通过以下方法处理。

（1）加大混凝土初灌量，避免因首盘混凝土数量不够造成导管埋深不够而断桩。

（2）混凝土灌至溶洞或裂隙处时，适当增加导管埋深，确认安全后，再提升导管。灌注混凝土过程中，在混凝土能下去的情况下，导管下口埋入深度一般宜控制在 4～6m。

（3）对漏浆严重或多次漏浆的个别孔，在灌注时应加大混凝土灌注高度，一般考虑超过设计高程 1.5～2.0m，尽量避免在灌注完成拔出导管后混凝土面下降造成断桩。

（4）对于能预计的小溶洞，成孔后直接灌注混凝土填充，有少量超方是正常的；遇到大的溶洞或溶洞失水现象严重的桩，为防止灌注超方过多或发生事故，在准确计算溶洞高程后，灌注混凝土前先在钢筋笼上对应于溶洞的位置附近固定钢护筒或薄铁板做包裹处理或在整个施工过程中钢护筒持续跟进。

（5）对桩位处存在较大溶洞的钻孔桩，混凝土灌注速度要尽可能快，以免孔内护壁发生变化出现漏浆或塌孔等情况。

（6）若判断已经发生混凝土流失断桩，则应停止继续灌注，流失情况趋于稳定后，待水下混凝土凝结形成一定强度，充填了桩孔周边溶洞，形成护壁后，重新钻孔。

9.5.7　地表开裂塌陷

因反复漏浆、塌孔造成周边地质扰动而发生地表开裂塌陷，如图 9-20 所示。若遇到地表开裂塌陷病害，可埋设加长钢护筒，并对桩位范围内做混凝土硬化处理。

图 9-20　地表开裂塌陷

9.6　岩溶发育区桥梁桩基成桩后的问题与处理技术

岩溶发育区桥梁桩基成桩后的处理技术应以成孔后和成桩后的各项监测结果为依据，目的是保证桩基的工程质量和桩基极限承载力满足要求。终孔后应对成孔的中心位置、孔深、孔径、垂直度、孔底沉渣厚度进行检验；当钻孔的过程中出现处理漏浆时间长或塌孔现象时，应对泥皮厚度进行检验。当各项指标达到要求时方可灌注混凝土成桩。当泥皮厚度超过设计要求时可在成桩后对桩周进行注浆处理来增强桩侧摩阻力。当桩端持力岩层裂隙发育强烈，且桩端持力层顶板厚度比设计要求厚度小时，应对持力层进行桩端后注浆处理。桩端后注浆处理应在下钢筋笼时预埋注浆管，注浆管应穿过沉渣进入岩面。注浆量应由桩端和桩侧土层的类别和渗透性能、桩径、桩长、承载力增幅要求、沉渣厚度、上部结构荷载特点和设计要求等因素确定。桩端后注浆处理的注浆压力应根据岩层裂隙发育情况而定，一般控制在 5～10MPa。在桩端后注浆处理中，应以注浆量为主控因素，以注浆压力为辅控因素。

9.7　莆炎高速公路岩溶发育区桥梁桩基施工工期及效益分析

9.7.1　岩里大桥岩溶发育区桩基施工情况分析

根据岩里大桥岩溶发育区桩基处理资料，分析各桩施工工期占比、回填次数占比、混凝土超方量占比、不同方法占比及钢护筒打入深度占比，如图 9-21～图 9-25 所示。

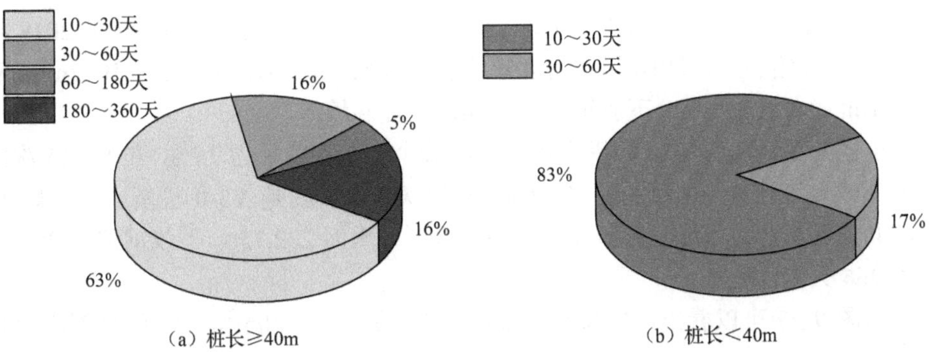

图 9-21　岩里大桥施工工期占比

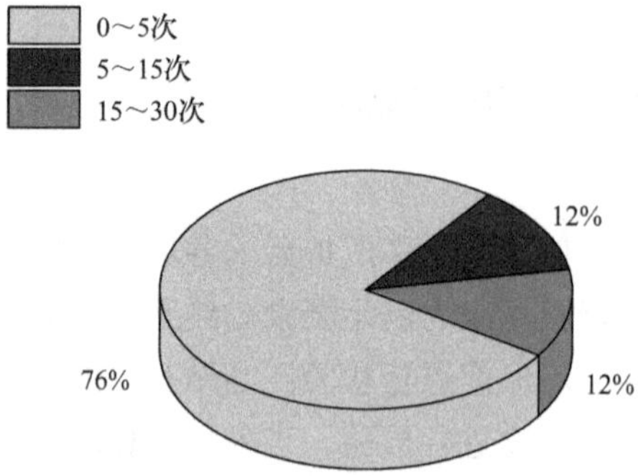

图 9-22　岩里大桥回填次数占比

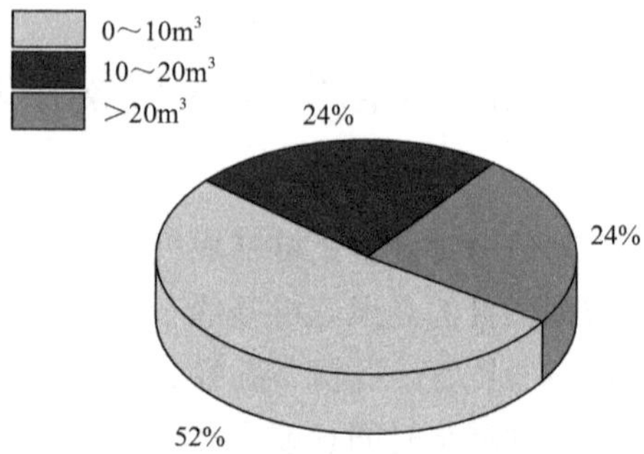

图 9-23　岩里大桥混凝土超方量占比

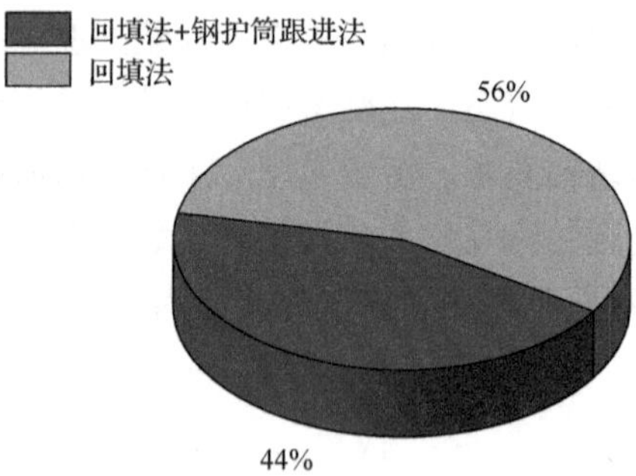

图 9-24　岩里大桥不同处理方法占比

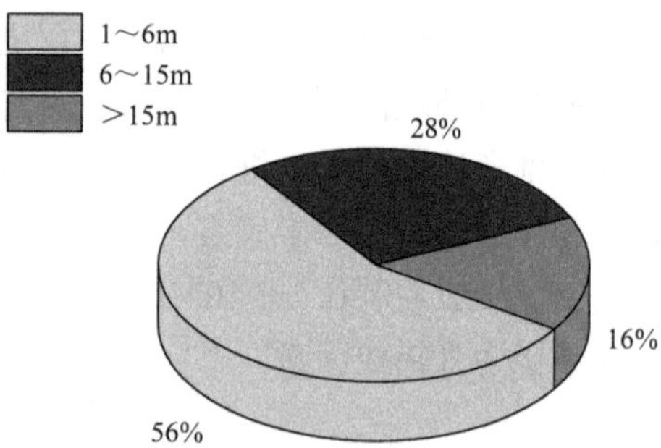

图 9-25　岩里大桥钢护筒打入深度占比

由图 9-21 可以看出，桩长大于等于 40m 时，成桩时长在 30 天以内的占 63%，时长在 30～60 天的占 16%，时长在 60～180 天的占 5%，时长在 180 天以上的占 16%。成桩时间最长的是 Y4-0 桩基，桩长 45.8m，历时 288 天灌注成桩；2018 年 7 月 10 日开始施工，2019 年 4 月 23 日终孔灌注成桩，共计回填土方 140m^3、石方 738m^3、水泥 8t，下放钢护筒 18m，共计回填 16 次。

桩长小于 40m 时，成桩时长在 30 天以内的桩占 83%，时长在 30～60 天的占 17%。成桩时间最长的是 Y4-1 桩基，桩长 38.8m，历时 46 天灌注成桩；2018 年 5 月 19 日开始施工，2018 年 7 月 4 日终孔灌注成桩，共计回填土方 1042m^3、石方 521m^3、水泥 35.86t，下放钢护筒 12m，共计回填 5 次。

由图 9-22 可以看出，岩里大桥回填次数少于 5 次的桩占 76%，在 5～15 次的桩占 12%，在 15～30 次的桩占 12%。回填次数最多的是 Y3-0 桩基，共回填 17 次，共计回填土方 5752.5m^3、石方 3133.03m^3、水泥 222.75t，下放钢护筒 20m，历时 266 天灌注完成。

由图 9-23 可以看出，52%的桩混凝土超方量在 0～10m^3，24%的桩混凝土超方量在 10～20m^3，24%的桩混凝土超方量超过 20m^3。超方量最多的为 Z1-1 桩基，设计桩长 64m，实际桩长 56m，设计混凝土灌注方量为 176m^3，实际灌注方量为 296m^3，超方量达 120m^3，施工工期为 11 天。

由图 9-24、图 9-25 可以看出，岩里大桥需要处理的桩基共 25 根，其中 14 根采用回填法，占比 56%，另外 11 根采用回填法+钢护筒跟进法，占比 44%。56%的桩施工时钢护筒打入深度在 1～6m，28%的桩钢护筒打入深度在 6～15m，16%的桩钢护筒打入深度超过 15m。钢护筒深度最大的为 Z7b-0 桩基，钢护筒打入深度达 28m，历时 58 天灌注完成，共计回填土方 1827.5m^3、石方 991.28m^3、水泥 67.0t，共计回填 12 次。

处治溶洞所需材料成本见表 9-3，岩里大桥有 25 根溶洞桩基施工，其中 14 根采用回填法，11 根采用回填法+钢护筒跟进法，共回填土方 20553.0m^3、石方 17784.0m^3、水泥 4265.7t，使用钢护筒 260m，总成本共计 604.46 万元；若 25 根桩全部采用通长钢护筒跟进法，共需钢护筒 1122.6m，材料总成本约 752.14 万元。

表 9-3　岩里大桥处治溶洞所需材料成本

处治方法	材料	材料用量	单价/元	成本/万元	总成本/万元
回填法	土方/m^3	20553.0	45	430.26	604.46
	石方/m^3	17784.0	70		
	水泥/t	4265.7	500		
钢护筒跟进法	钢护筒/m	260	6700	174.20	
通长钢护筒跟进法	钢护筒/m	1122.6	6700	752.14	752.14

9.7.2　跨省道 204 分离立交桥岩溶发育区桩基施工情况分析

根据跨省道 204 分离立交桥现场岩溶发育区桩基处理资料，分析施工工期占比、回填次数占比、混凝土超方量占比、钢护筒打入深度占比，如图 9-26～图 9-29 所示。

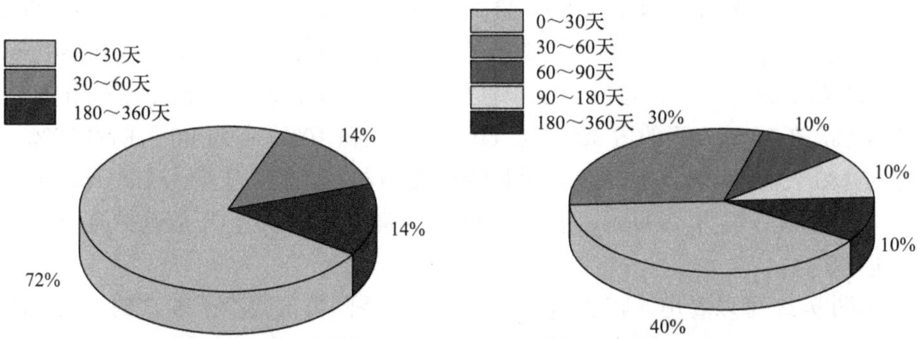

（a）桩长＜40m　（b）桩长≥40m

图 9-26　跨省道 204 分离立交桥施工工期占比

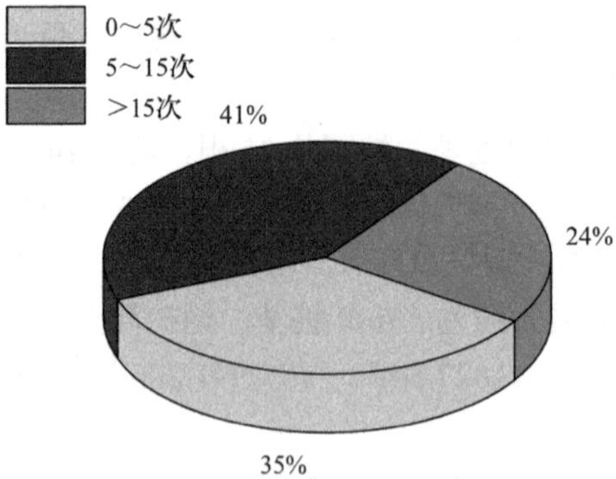

图 9-27　跨省道 204 分离立交桥回填次数占比

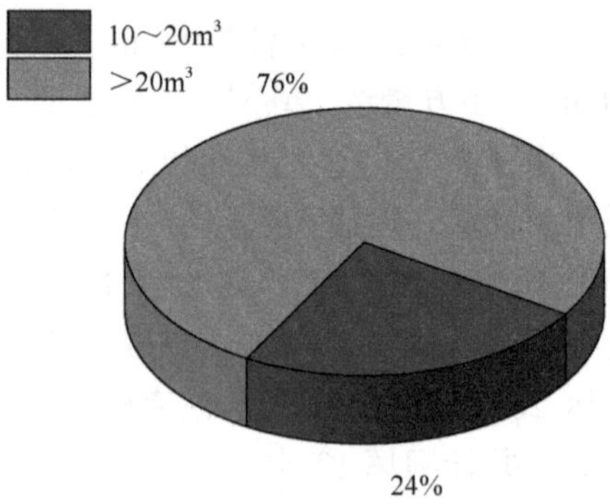

图 9-28　跨省道 204 分离立交桥混凝土超方量占比

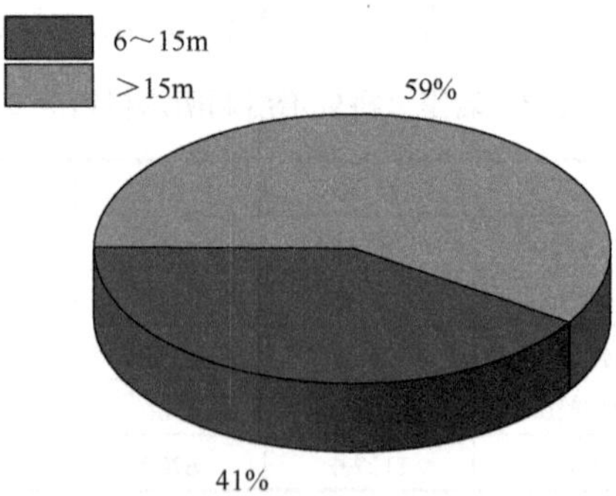

图 9-29　跨省道 204 分离立交桥钢护筒打入深度占比

由图 9-26 可以看出，跨省道 204 分离立交桥共有 17 根桩在施工时遇到溶洞，其中桩长小于 40m 的占 41%，桩长大于等于 40m 的占 59%。施工工期受桩长影响较大，其占比分两种情况讨论。当桩长小于 40m 时，施工工期在 30 天以内的占 72%，在 30～60 天的占 14%，超过 180 天的占 14%。施工工期最长的是 Z3a-0 桩基，施工工期为 337 天，共计回填土方 3251m^3、石方 2914m^3、水泥 91m^3、混凝土 91.5m^3，下放钢护筒 25m，共计回填 23 次。当桩长大于等于 40m 时，施工工期在 30 天以内的占 40%，在 30～60 天的占 30%，在 60～90 天的占 10%，超过 90 天的占 20%，其中超过 180 天的占 10%。施工工期最长的是 Z2-0 桩基，施工工期为 306 天，共计回填土方 6800m^3、石方 4999m^3、水泥 223m^3、混凝土 116.5m^3，下放钢护筒 20m，共计回填 40 次。

由图 9-27 可以看出，跨省道 204 分离立交桥回填次数少于 5 次的桩占 35%，在 5～15 次的占 41%，超过 15 次的占 24%。回填次数最多的是 Z2-0 桩基，共计回填土方 6800m^3、石方 4999m^3、水泥 223m^3、混凝土 116.5m^3，下放钢护筒 20m，施工工期长达 306 天，共计回填 40 次。

由图 9-28 可以看出，24%的桩混凝土超方量在 10～20m^3，76%的桩混凝土超方量超过 20m^3，混凝土超方量最多的 Z0b-0 桩基，超方量为 55m^3，设计桩长 33m，实际桩长 38.5m，设计混凝土灌注方量为 68m^3，实际灌注方量为 123m^3，施工工期为 39 天。

由图 9-29 可以看出，跨省道 204 分离立交桥有 17 根溶洞桩基，均采用回填法+钢护筒跟进法进行处理，41%的桩钢护筒打入深度在 6～15m，59%的桩施工时钢护筒打入深度超过 15m。钢护筒深度最大的 0b#-2 桩基，钢护筒打入深度为 28m，历时 77 天灌注完成，共计回填土方 5155m^3、石方 2577m^3、水泥 149m^3、混凝土 132m^3，共计回填 20 次。

跨省道 204 分离立交桥进行溶洞处治时使用大量的回填材料，其中土方 354228m^3、石方 23085m^3、水泥 1065m^3、钢护筒 200m。17 根桩施工遇到溶洞时均采用回填法+钢护筒跟进法，其中回填法所用回填材料成本约 1808.87 万元，钢护筒跟进法所用钢护筒成本 134.00 万元，该桥处治溶洞所需总成本约 1942.87 万元；若 17 根桩全部采用通长钢护筒跟进法，共需钢护筒 704m，材料总成本约 471.68 万元。处治溶洞所需材料成本见表 9-4。

表 9-4　跨省道 204 分离立交桥处治溶洞所需材料成本

处治方法	材料	材料用量	单价/元	成本/万元	总成本/万元
回填法	土方/m^3	354228	45	1808.87	1942.87
	石方/m^3	23085	70		
	水泥/t	1065	500		
钢护筒跟进法	钢护筒/m	200	6700	134.00	
通长钢护筒跟进法	钢护筒/m	704	6700	471.68	471.68

9.7.3　雪峰大桥岩溶发育区桩基施工情况分析

根据雪峰大桥现场岩溶发育区桩基处理资料，分析施工工期占比、回填次数占比、不同方法占比及钢护筒打入深度占比，如图 9-30～图 9-32 所示。

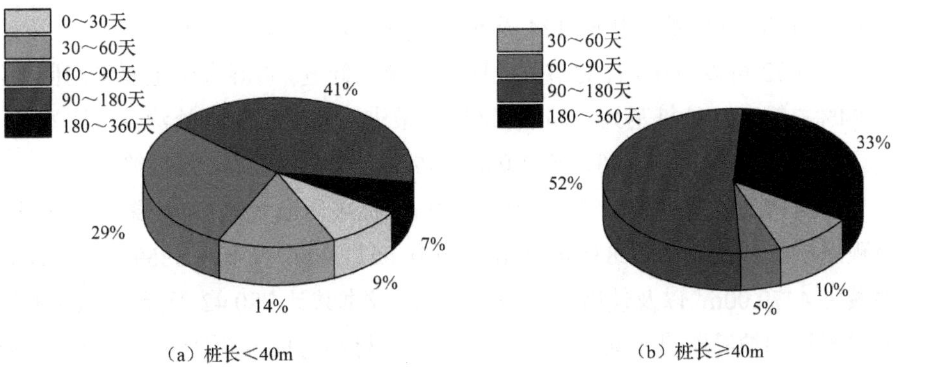

图 9-30　雪峰大桥施工工期占比

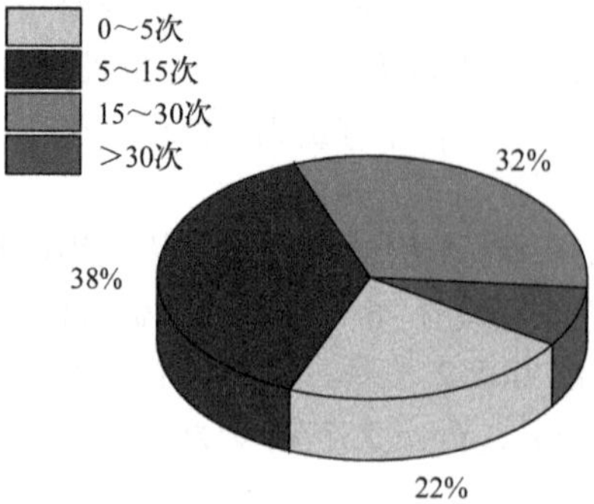

图 9-31 雪峰大桥回填次数占比

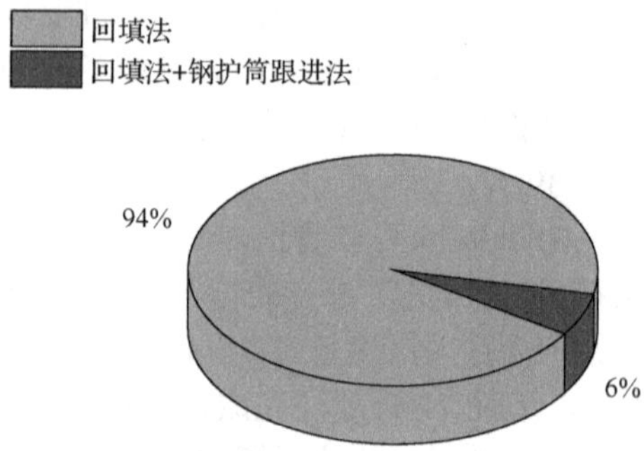

图 9-32 雪峰大桥不同处理方法占比

由图 9-30 可以看出，桩长小于 40m 时，成桩时长在 30 天以内的桩占 9%，时长在 30～60 天的占 14%，时长在 60～90 天的占 29%，时长在 90～180 天的占 41%，时长在 180 天以上的占 7%。成桩时间最长的是 Y12-0 桩，桩长 36m，历时 282 天灌注成桩；2018 年 10 月 3 日开始施工，2019 年 7 月 15 日终孔灌注成桩，共计回填土方 2899.3m^3、石方 141.5m^3、水泥 1428 袋，回填 C30 水下混凝土 212m^3，使用钢护筒 6m，共计回填 36 次。桩长大于等于 40m 时，成桩时长在 30～60 天的占 10%，在 60～90 天的占 5%，在 90～180 天的占 52%，在 180 天以上的占 33%。成桩时间最长的是 Y16a-2 桩，桩长 60m，历时 320 天灌注成桩；2017 年 9 月 20 日开始施工，2018 年 8 月 10 日终孔灌注成桩，共计回填土方 3211.7m^3、石方 108.8m^3、水泥 1050 袋，回填 C30 水下混凝土 46m^3，共计回填 28 次。

由图 9-31 可以看出，雪峰大桥共有 65 根溶洞桩基，主要采用回填法进行处治，其中有 22%的桩回填少于 5 次，38%的桩回填次数在 5～15 次，32%的桩回填次数在 15～30 次，8%的桩回填次数在 30 次以上。回填次数最多的是 Z6b-1 桩，其间反复出现漏浆，采用土石方、水泥回填多次，共计回填土方 2661.1m^3、石方 353.0m^3、水泥 3530 袋，历时 174 天灌注完成，共计回填 36 次。

由图 9-32 可以看出，针对溶洞地区桩基施工问题，雪峰大桥主要采用回填法，占比 94%，仅有 4 处桩基为回填法+钢护筒跟进法对溶洞进行处治，占比 6%。分别是雪峰大桥 Z10-1、Z10-0、Y12-0 和 Y12-1，均使用了 6m 钢护筒。

雪峰大桥需处理的桩基共 65 根，其中 61 根采用回填法，4 根采用回填法+钢护筒跟进法，共回填土方 83506.00m^3、石方 6631.90m^3、水泥 3259.55t 和 C30 水下混凝土 4479.00m^3 以及使用钢护筒 24m，总成本共计 780.42 万元；若 65 根桩全部采用通长钢护筒跟进，共需钢护筒 2305m，材料总成本约 1544.35 万元，处治溶洞所需材料成本见表 9-5。

表 9-5　雪峰大桥处治溶洞所需材料成本

处治方法	材料	材料用量	单价/元	成本/万元	总成本/万元
回填法	土方/m^3	83506.00	45	764.34	780.42
	石方/m^3	6631.90	70		
	水泥/吨	3259.55	500		
	C30 水下混凝土/m^3	4479.00	400		
钢护筒跟进法	钢护筒/m	24	6700	16.08	
通长钢护筒跟进法	钢护筒/m	2305	6700	1544.35	1544.35

9.7.4　莆炎高速公路岩溶发育区桥梁桩基溶洞处治技术及经济效益分析

1. 莆炎高速公路岩溶发育区桥梁桩基溶洞施工技术分析

由于溶洞的隐蔽性、不确定性等特征，地质勘探到的桩位处溶洞发育情况与实际溶洞发育情况常有较大出入，导致桥梁桩基施工设计中给出的溶洞处治方法与实际施工过程中所采用的溶洞处治方法具有显著差异。莆炎高速公路岩溶发育区桥梁桩基溶洞原设计处治方法及实际溶洞处治方法对比见表 9-6～表 9-8。

表 9-6　岩里大桥桩基溶洞处治方法对比

序号	桩号	设计桩长/m	实际桩长/m	桩径/m	原设计溶洞处治方法	实际溶洞处治方法
1	Y1-0	60.0	60.0	2.0	无	回填片石、黏土、水泥
2	Y1-1	60.0	60.0	2.0	无	回填片石、黏土、水泥+钢护筒
3	Y2-1	56.6	55.0	2.0	无	回填片石、黏土、水泥、混凝土+钢护筒
4	Y3-0	44.0	44.0	2.2	无	回填片石、黏土、水泥、混凝土+钢护筒
5	Y3-1	45.1	45.1	2.2	无	回填片石、黏土、水泥、混凝土+钢护筒
6	Y4-0	45.8	45.8	2.2	回填片石、黏土	回填片石、黏土、水泥+钢护筒
7	Y4-1	38.8	38.8	2.2	回填片石、黏土	回填片石、黏土、水泥+钢护筒
8	Y5-0	43.4	43.4	2.0	无	回填片石、黏土、水泥
9	Y5-1	47.7	47.7	2.0	无	回填片石、黏土、水泥
10	Y6-0	41.0	41.0	2.0	回填片石、黏土	回填片石、黏土、水泥、混凝土+钢护筒
11	Y6-1	48.0	48.0	2.0	回填片石、黏土	回填片石、黏土、水泥、混凝土
12	Y7a-0	36.8	33.0	1.5	无	回填片石、黏土、水泥
13	Y7b-1	43.8	43.8	1.5	回填片石、黏土	回填片石、黏土、水泥+钢护筒
14	Z1-0	64	56	2.0	无	回填片石、黏土、水泥
15	Z1-1	57	49.5	2.0	回填片石、黏土	回填片石、黏土、水泥

续表

序号	桩号	设计桩长/m	实际桩长/m	桩径/m	原设计溶洞处治方法	实际溶洞处治方法
16	Z2-0	41	41	2.0	回填片石、黏土	回填片石、黏土、水泥
17	Z3-1	46.8	46.8	2.2	无	回填片石、黏土、水泥+钢护筒
18	Z3-0	50.7	50.7	2.2	无	回填片石、黏土、水泥、混凝土+钢护筒
19	Z4-1	30.5	30.5	2.2	回填片石、黏土	回填片石、黏土、水泥、混凝土
20	Z4-0	30.5	30.5	2.2	回填片石、黏土	回填片石、黏土、水泥、混凝土
21	Z6-1	32.5	32.5	2.0	回填片石、黏土	回填片石、黏土、水泥
22	Z6-0	39.5	39.5	2.0	回填片石、黏土	回填片石、黏土、水泥、混凝土
23	Z7a-1	43	46	1.5	回填片石、黏土	回填片石、黏土、水泥
24	Z7b-1	43	43	1.5	无	回填片石、黏土、水泥
25	Z7b-0	43	51	1.5	无	回填片石、黏土、水泥、混凝土+钢护筒

表 9-7　跨省道 204 分离立交桩基溶洞处治方法对比

序号	桩号	设计桩长/m	实际桩长/m	桩径/m	原设计溶洞处治方法	实际溶洞处治方法
1	Z0a-0	42	41.5	1.5	回填片石、黏土	回填片石、黏土、水泥、混凝土+钢护筒
2	Z0a-1	42	41.5	1.5	回填片石、黏土	回填片石、黏土、水泥、混凝土+钢护筒
3	Y0a-0	38		1.5	回填片石、黏土	无
4	Y0a-1	61	61	1.5	回填片石、黏土	回填片石、黏土、水泥、混凝土+钢护筒
5	Z0b-0	33	38.5	1.5	回填片石、黏土	回填片石、黏土、水泥、混凝土+钢护筒
6	Z0b-1	48	47.5	1.5	回填片石、黏土	回填片石、黏土、水泥、混凝土+钢护筒
7	Y0b-0	58	58	1.5	回填片石、黏土	回填片石、黏土、水泥、混凝土+钢护筒
8	Y0b-1	48	48	1.5	回填片石、黏土	回填片石、黏土、水泥、混凝土+钢护筒
9	Z1-0	37	37.5	1.6	回填片石、黏土	无
10	Y1-0	40.5	40.5	1.6	无	回填片石、黏土、水泥、混凝土+钢护筒
11	Y1-1	24	24	1.6	无	回填片石、黏土、水泥+钢护筒
12	Z2-0	47	47	1.6	无	回填片石、黏土、水泥、混凝土+钢护筒
13	Z2-1	31	31	1.6	回填片石、黏土	回填片石、黏土、水泥+钢护筒

续表

序号	桩号	设计桩长/m	实际桩长/m	桩径/m	原设计溶洞处治方法	实际溶洞处治方法
14	Y2-1	43	41.5	1.6	回填片石、黏土	回填片石、黏土、水泥、混凝土+钢护筒
15	Z3a-0	33	36	1.6	无	回填片石、黏土、水泥、混凝土+钢护筒
16	Z3a-1	33	39	1.6	无	回填片石、黏土、水泥、混凝土+钢护筒
17	Y3a-0	36	36	1.2	无	回填片石、黏土、水泥+钢护筒
18	Y3a-1	31	32	1.2	无	回填片石、黏土、水泥+钢护筒
19	Y3b-0	40	41	1.2	回填片石、黏土	回填片石、黏土、水泥、混凝土+钢护筒

表 9-8　雪峰大桥桩基溶洞处治方法对比

序号	桩号	设计桩长/m	实际桩长/m	桩径/m	原设计溶洞处治方法	实际溶洞处治方法
1	Z0a-0	30	30	1.6	回填片石、黏土	回填片石、黏土、水泥、混凝土
2	Z0a-1	30	30	1.6	回填片石、黏土	回填混凝土
3	Z0a-0	30	30	1.6	回填片石、黏土	回填片石、黏土、水泥
4	Y0a-0	30	38	1.6	回填片石、黏土	回填片石、黏土、水泥
5	Z2-0	57	57	2.0	回填片石、黏土	回填片石、黏土、水泥
6	Z2-1	57	57	2.0	回填片石、黏土	回填片石、黏土、水泥
7	Y2-0	57	50	2.0	回填片石、黏土	回填片石、黏土、水泥
8	Y2-1	57	50	2.0	回填片石、黏土	回填片石、黏土、水泥
9	Z3-2	31	31	2.0	回填片石、黏土	回填片石、黏土、水泥
10	Y3-0	40	40	2.0	回填片石、黏土	回填片石、黏土、水泥
11	Z4a-0	26	26	2.0	回填片石、黏土	回填混凝土
12	Z4a-1	26	26	2.0	回填片石、黏土	回填混凝土
13	Z4b-0	26	26	2.0	回填片石、黏土	回填混凝土
14	Z4b-1	26	26	2.0	回填片石、黏土	回填混凝土
15	Z5a-0	20	20	2.0	回填片石、黏土	回填混凝土
16	Y5a-0	20	20	2.0	回填片石、黏土	回填混凝土
17	Z5b-0	20	20	2.0	回填片石、黏土	回填混凝土
18	Y5b-0	20	20	2.0	回填片石、黏土	回填混凝土
19	Y5b-1	20	20	2.0	回填片石、黏土	回填混凝土
20	Z6b-1	20	27	2.0	回填片石、黏土	回填片石、黏土、水泥
21	Y6b-0	20	22	2.0	回填片石、黏土	回填片石、黏土、水泥
22	Y6b-1	20	22	2.0	回填片石、黏土	回填片石、黏土、水泥
23	Z7a-0	24	29	2.0	回填片石、黏土	回填片石、黏土、水泥
24	Z7b-1	29	29	2.0	无	回填片石、黏土、水泥、混凝土

续表

序号	桩号	设计桩长/m	实际桩长/m	桩径/m	原设计溶洞处治方法	实际溶洞处治方法
25	Z7b-0	29	29	2.0	无	回填片石、黏土、水泥、混凝土
26	Y7b-0	26	26	2.0	无	回填片石、黏土、水泥
27	Y7b-1	28	28	2.0	无	回填片石、黏土、水泥
28	Z8a-1	41	41	2.0	无	回填片石、黏土、水泥、混凝土
29	Z8a-0	40	40	2.0	无	回填片石、黏土、水泥、混凝土
30	Y8a-0	39	39	2.0	无	回填片石、黏土、水泥
31	Y8a-1	33	33	2.0	无	回填片石、黏土、水泥、混凝土
32	Z8b-1	36	36	2.0	无	回填片石、黏土、水泥、混凝土
33	Z8b-2	35	35	2.0	无	回填片石、黏土、水泥、混凝土
34	Y8b-0	43	43	2.0	无	回填片石、黏土、水泥、混凝土
35	Y8b-1	35	35	2.0	无	回填片石、黏土、水泥、混凝土
36	Z9-1	39	39	2.0	无	回填片石、黏土、水泥、混凝土
37	Z9-0	35	35	2.0	无	回填片石、黏土、水泥、混凝土
38	Y9-0	36.5	36.5	2.0	无	回填片石、黏土、水泥、混凝土
39	Y9-1	29.5	29.5	2.0	无	回填片石、黏土、水泥、混凝土
40	Z10-1	44	44	2.0	无	回填片石、黏土、水泥、混凝土+钢护筒
41	Z10-0	44	44	2.0	无	回填片石、黏土、水泥、混凝土+钢护筒
42	Y10-0	39	39	2.0	无	回填片石、黏土、水泥、混凝土
43	Z11-1	37	37	2.0	回填片石、黏土	回填片石、黏土、水泥、混凝土
44	Z12-1	19	19	2.0	无	回填片石、黏土、水泥、混凝土
45	Z12-0	28	28	2.0	无	回填片石、黏土、水泥、混凝土
46	Y12-0	36	36	2.0	无	回填片石、黏土、水泥、混凝土+钢护筒
47	Y12-1	36	36	2.0	无	回填片石、黏土、水泥、混凝土
48	Z13-1	37	37	2.0	无	回填片石、黏土、水泥、混凝土
49	Z13-2	54	54	2.0	无	回填片石、黏土、水泥、混凝土
50	Y13-0	48	48	2.0	无	回填片石、黏土、水泥、混凝土
51	Y13-1	17	43	2.0	回填片石、黏土	回填片石、黏土、水泥、混凝土
52	Z14-1	46	46	2.0	无	回填片石、黏土、水泥、混凝土
53	Z14-0	32	29	2.0	回填片石、黏土	回填片石、黏土、水泥、混凝土
54	Y14-0	40	40	2.0	无	回填片石、黏土、水泥、混凝土
55	Z15-1	37	37	2.0	无	回填片石、黏土、水泥
56	Y15-0	27	27	2.0	无	回填片石、黏土、水泥、混凝土
57	Y15-1	28	28	2.0	回填片石、黏土	回填片石、黏土、水泥、混凝土
58	Z16b-0	40	40	1.6	无	回填片石、黏土、水泥

续表

序号	桩号	设计桩长/m	实际桩长/m	桩径/m	原设计溶洞处治方法	实际溶洞处治方法
59	Z16b-1	35	35	1.6	无	回填片石、黏土、水泥
60	Y16a-0	43	43	2.0	无	回填片石、黏土、水泥、混凝土
61	Y16a-1	43	43	2.0	无	回填片石、黏土、水泥、混凝土
62	Y16a-2	60	60	2.0	无	回填片石、黏土、水泥、混凝土
63	Y16b-0	51	51	2.0	无	回填片石、黏土、水泥、混凝土
64	Y16b-1	52	52	2.0	无	回填片石、黏土、水泥、混凝土
65	Y16b-2	38	38	2.0	无	回填片石、黏土、水泥、混凝土

由表 9-6～表 9-8 可以看出，莆炎高速公路沿线岩溶发育区桥梁桩基所处桩位处原设计溶洞处治方法与实际溶洞处治方法差别巨大。其中，施工过程中遇到溶洞的桩位共 109 个，因地质勘探中未探测到溶洞而导致设计中未给出溶洞处治方法的桩位有 58 个，原设计中给出采用回填片石、黏土全充填的方法处治溶洞的桩位有 51 个；但实际施工过程中，采用回填法处治溶洞的桩位有 76 个，其中采用回填片石、黏土、水泥混凝土充填的方法处治溶洞的桩位有 38 个，采用回填混凝土的方法处治溶洞的桩位有 10 个；采用回填法+钢护筒跟进法处治溶洞的桩位有 31 个，其中采用回填片石、黏土、水泥+钢护筒的方法处治溶洞的桩位有 9 个，采用回填片石、黏土、水泥、混凝土+钢护筒的方法处治溶洞的桩位有 22 个。根据原设计溶洞处治方法与实际施工过程中溶洞处治方法对比可以看出，岩溶发育区桥梁桩基应根据实际情况施工，动态分析桩基设计的合理性，并进一步确定桥梁桩基承载力。

2. 莆炎高速公路岩溶发育区桥梁桩基溶洞处治经济效益分析

岩溶发育区桥梁桩基所在桩位处溶洞的处治多采用回填法和钢护筒跟进法。莆炎高速公路岩溶发育区处治溶洞材料成本见表 9-9。

表 9-9　莆炎高速公路岩溶发育区处治溶洞材料成本

处治方法	材料	材料用量	单价/元	成本/万元	总成本/万元
回填法	土方/m^3	458287.00	45	3003.47	3327.75
	石方/m^3	47500.90	70		
	水泥/t	8590.25	500		
	C30 水下混凝土/m^3	4479.00	400		
钢护筒跟进法	钢护筒/m	484.00	6700	324.28	
通长钢护筒跟进法	钢护筒/m	4131.60	6700		2768.17

由表 9-9 可以看出，莆炎高速公路岩溶发育区桥梁桩基处治溶洞共回填土方

458287.00m^3、石方 47500.90m^3、水泥 8590.25t 和 C30 水下混凝土 4479.00m^3，使用钢护筒 484.00m，总成本共计 3327.75 万元；若 65 根桩全部采用通长钢护筒跟进法，共需钢护筒 4131.60m，材料总成本约为 2768.17 万元。

9.8 小 结

本章在大量调研国内外岩溶发育区桥梁桩基施工技术的基础上，结合莆炎高速公路岩溶发育区桥梁桩基施工实际情况，通过现场调研收集、整理与分析现有资料，提出了针对溶洞位置、尺寸、填充状态、桩基施工方法等因素的溶洞处治措施，研究了岩溶发育区桥梁桩基施工关键技术与质量控制指标，汇总分析了莆炎高速公路 3 座代表性桥梁桩基的施工情况与实际效益，可为类似工程的桩基施工提供技术参考。

（1）归纳了岩溶发育区溶洞勘探技术，分析了各种地质勘察方法的优缺点。

（2）溶洞的预处理技术主要包括预压浆技术、高压旋喷帷幕注浆技术。在预处理时，针对小型溶洞、一般溶洞、大型溶洞可采取注水泥浆措施；在钻孔过程中，可采用抛填片石和黏土进行回填并反复冲砸；对于大型、特大型溶洞采用钢护筒跟进法处治。

（3）提出了岩溶发育区桥梁桩基施工关键技术；根据地形与岩土体特点，确定合理的施工工艺，对不同类型的溶洞采用不同处治技术：当溶洞无填充时，每次回填投入量超过溶洞顶板 1.0m；当填充物为黏土时，每次回填投入量超过溶洞顶板 0.6m，回填物为块径为 30cm 左右的坚硬片石；当填充物为碎石时，每次回填投入量超过溶洞顶板 0.4m，回填物为黏土块或水泥。

（4）结合莆炎高速公路桩基工程实际，研究了岩溶发育区桥梁桩基成孔中和成桩后的问题与处治技术，汇总分析了代表性桥梁溶洞桩基的施工工期与效益，可为类似工程的桩基施工与溶洞处治方法的选择提供借鉴。

第 10 章　岩溶发育区公路桥梁桩基安全评价

10.1　概　　述

目前关于岩溶发育区桥梁桩基承载力安全评价方面的研究较少，实际工程中遇到此类问题，大部分通过直接抛填片石、黏土或钢护筒处理，少有通过安全评价系统进行逐一分析，桩基的安全性无法保证，经济效益与社会效益较差。本章依托莆炎高速公路雪峰大桥、岩里大桥等桥梁工程，评价岩溶发育区公路桥梁桩基的安全性。基于现场调研、离心模型试验、数值仿真及理论分析成果，提出适合岩溶发育区桥梁桩基的安全评价方法，建立岩溶发育区桥梁桩基安全评价模型及灰色理论安全预警模型，并评价雪峰大桥、岩里大桥桩基的安全性。

10.2　岩溶发育区桥梁桩基安全评价模型的建立

10.2.1　现有安全评价方法及适用性分析

目前，在桥梁安全评价领域中有多种评价方法，常用的有外观调查评价法、专家经验评价法（包括专家调查法和专家系统评价法）、层次分析法（analytic hierarchy process，AHP）、可靠性分析评价法、模糊神经网络评价法、模糊综合评价法、灰色理论分析法等。

1. 外观调查评价法

根据外观调查进行损伤评定的方法是由有经验的桥梁技术人员对桥梁桩基础进行详细检查，并根据检查结果进行评定。此种方法仅能进行定性评估，但不能给出定量的损伤程度，且人为因素较多，不同的评定人员，评定结果可能相差较大；一般可在桥梁管理部门决定采用何种维护方法时采用。

2. 专家经验评价法

根据解决问题的方式可将基于专家经验的方法分为专家调查法和专家系统评

价法两种类型。

1）专家调查法

专家调查法也称为德尔菲法，是基于专家的知识、经验和直觉，通过发函、开会或其他形式向专家进行调查分析的方法，可对项目风险因素及其风险程度进行评定。这一方法可采用“专家论证会”的形式进行，过程如下：选择专家、情况介绍、讨论、问答、综合分析、重复调查、形成会议文件等。在意见调查过程中可以采取一些措施，对不同专家的意见进行纠偏。实践表明专家可在缺乏相关资料的情况下，综合有关信息，凭借其工程经验和判断能力，对文件做出合理的量化估计。专家调查法有如下特点。

（1）专家调查法能充分发挥各位专家的作用，集思广益，准确性高，可以把各位专家意见的分歧点表达出来，扬长避短。

（2）专家调查法虽然能汲取各专家之长，但是权威人士的意见能影响他人的观点；有些专家碍于情面，不愿意发表与其他人不同的意见，不愿意修改自己原本不全面的意见。

（3）专家调查法的主要缺点是过程比较复杂，花费时间较长。

2）专家系统评价法

对于较复杂的问题要想采用精确的数学模型来描述是十分困难的，专家系统评价法可以解决这类问题。利用专家所具有的知识处理、推断和表达的能力，实现对实际状况的模糊处理，从而实现对系统的综合评估。

3. 层次分析法

层次分析法又称作多层次权重分析法，是由美国运筹学家匹兹堡大学的塞提教授在 20 世纪 70 年代提出的一种决策方法。层次分析法是一种定性分析和定量计算相结合的数据分析方法，可用于多准则、多目标问题及其他类型问题的决策分析。它将与决策有关的指标分解为目标层、准则层、指标层等层次，在此基础之上进行定性分析和定量计算。此方法主要解决被考核的项目指标的体系结构设计问题，可以紧密地与决策者的主观判断和推理联系起来，对决策者的推理过程进行量化的描述，可以降低加权设计中的不确定因素，它将人的主观判断为主的定性分析进行量化，用数值表示指标的差异，供决策参考。

层次分析法的基本思路与人对一个复杂问题的判断和思维过程大致上是一样的。首先把评价因素分解成若干个层次，然后自上而下对每个层次的评价结果进行综合，整理在一个评价因素即评价目标下，即可得到每个系统选择指标的优劣顺序。应用层次分析法解决实际问题，首先应明确要分析的问题，使其条理化、层次化，整理出递阶层次结构。层次分析法要求的递阶层次结构一般由三个层次组成：①目标层（最高层），解决问题的预定目标；②准则层（中间层），影响目标实现的准则；③指标层（最低层），促使目标实现的要素。

目前采用层次分析法进行系统评估时，可采用灰色理论或模糊数学来实现评价方法的改进。有关研究表明灰色关联方法在桥梁桩基础工作状态底层评价指标的确定方面有一定的适用性，建议采用斜率关联度方法进行单项评价指标的非均匀性变化系数的计算；同时指出采用变权综合法较常权综合法更能突出各影响因素的作用程度，评定结果更接近专家评估的思维模式，具有广泛的适用性。也可借助多次模糊综合评判和直接打分法相结合，在专家咨询的基础上，分析确定影响系统各因素的权重和隶属度，从而计算出系统的总评分，该方法可使繁杂的评估工作科学、简洁而又实用。

4. 可靠性分析评价法

20 世纪 80 年代以来，国内外学者开展了大量的桩基础可靠度研究，既考虑了单桩承载力可靠度、单桩沉降可靠度和采用随机场模拟确定桩周土体参数，也考虑了桩、土、承台共同作用的可靠度问题。目前桩基础进行可靠性分析主要有以下 3 种方法。

1）校准法

校准法是在对收集的数据资料进行统计分析的基础上，给出土抗力及荷载效应的统计参数（均值、方差、变异系数等），在已知土抗力和荷载效应的统计特征的情况下，假定现行规范桩基础设计的安全系数法有关规定在总体上是合理的，对规范进行反演算出按现行规范设计的工程桩所能达到的可靠指标或失效概率，从而对现行规范进行校准。

2）概率极限状态直接设计方法

已知荷载效应和目标可靠性指标，求单桩极限状态下的抗力。

3）概率极限状态间接设计方法

由于概率运算的复杂性，一般采用多系数或单一系数的设计表达式，可使概率极限状态设计中的复杂概率运算得到极大简化，这就产生概率极限状态间接设计法。岩溶发育区桥梁桩基础损伤评估可采用可靠度理论作为评估的理论框架，具体实现方法有两种：一是直接计算桩基础的可靠指标 β，与目标可靠指标 β_T 进行对比；另外一种是应用基于可靠度的桥梁评估规范。对于重要、复杂桥梁可应用直接计算 β 法，其主要包括失效模式、结构分析模型、荷载和抗力模型、目标可靠度 β_T 的确定，以及可靠指标 β 的计算和结构安全判别。此种方法的主要困难集中在系统失效模式和损伤结构抗力模型、目标可靠度 β_T 的确定，这需要在理论与工程实践相结合中确定。

5. 模糊神经网络评价法

模糊神经网络评价法是一种模式识别方法，是模拟人在思维时神经元的工作原理，是一个非线性的动力系统。与传统的模式识别方法相比，它具有很强的容错性和鲁棒性，并具有学习、记忆和联想的功能。强大的非线性映射能力和自适应学习的特点使得人工神经网络非常适合于解决反分析问题，该方法先对需识别的参数在可能范围内产生一批数据，计算出相应的结构动力特性参数后，构造出训练样本，以结构动力特性参数作为输入向量，待识别参数为输出向量，训练神经网络，然后将实测的结构参数输入训练好的神经网络，其输出的就是待识别的参数，训练结果的好坏依赖于训练样本的构造和网络参数的选取。最常用且最有效的两种神经网络是 BP 神经网络和自组织神经网络。

目前，神经网络在桩基础工程领域的应用研究得到了越来越广泛的关注。神经网络方法的应用不要求工程人员具有特别丰富的经验，并且比传统方法更方便、更准确，尤其是在复杂条件下用传统方法无法解决问题时，神经网络通过其独特的映射机制可以找到问题的一般规律从而解决问题。神经网络与传统方法结合更可以取长补短，使很多复杂的桩基础工程问题得到更好的解决。总之，神经网络技术在桩基础工程中的应用前景是非常广阔的。

6. 模糊综合评价法

模糊综合评价法以模糊数学为基础，应用模糊关系合成的原理，将一些边界不清、不易定量的因素定量化进行评估。模糊综合评价法较好地解决了事物的模糊性与算法的确定性这一矛盾，能很好地反映客观事物的本质，但是，如何选择模糊运算法则，如何合理确定隶属函数形式，评判矩阵形成时如何尽可能避免参评人员主观上的不确定性和随机性等问题还未能得到根本解决。

7. 灰色理论分析法

灰色理论分析法包括灰色关联度分析法和灰色局势分析法，其中应用最广泛的是灰色关联度分析法。关联度反映各评价对象对理想对象的接近次序，即评价对象的优劣次序，其中灰色关联度最大的评价对象为最佳。

灰色理论分析法的特点如下。

（1）灰色理论分析法思路明确、计算方法规范，而且在方案决策时避免专家参与，减少了专家的主观意见对评判结果的影响。

（2）灰色理论分析法主要采用数学方法，计算量大，它的两种分析方法均不需要专家的参与，缺少专业指导，而且对各方案中的各个评价指标不进行相对重要度的分析，这也是灰色理论分析法的不足之处。

前面介绍的是目前应用较为广泛的几种评价方法，它们都有着各自的优缺点及适用范围，具体比较分析见表 10-1。

表 10-1　评价方法的比较分析

方法		概念	优点	缺点	适用范围
外观调查评价法		由有经验的桥梁技术人员对桥梁桩基础进行详细检查，根据检查结果进行评定	过程简单，结果易于处理分析	仅能进行定性评估，不能给出定量的损伤程度；人为因素较多，不同的评定人员，评定结果可能相差较大	一般可在桥梁管理部门决定采用何种维护方法时采用
专家经验评价法	专家调查法	基于专家的知识、经验和直觉，通过发函、开会或其他形式向专家进行调查分析的方法，可对项目风险因素及其风险程度进行评定	可充分利用专家个人的知识和经验，最大限度地发挥专家个人的创造能力；组织工作简单，所需调查费用较低，简便易行	由专家进行调查，很难满足调查所要求的全面性；直观性判断，其他人难以审查其正确与否；可能具有片面性；过程较复杂，花费时间较长	客观资料或数据缺乏、需长期预测及技术预测的项目较为适用
	专家系统评价法	是用计算机模拟有经验专家的决策机理，对损伤桩基础进行综合评估	可以解决影响因素众多、关系复杂、其间包含许多不确定因素的复杂问题，并给出专家评价的结果	对具体情况的权重等问题考虑不足	具有知识处理、推断和表达的能力，实现桥梁桩基础损伤评估的模糊处理
层次分析法		将与评价有关的元素分解成目标层、准则层、指标层等层次，在此基础之上进行定性和定量分析的决策方法	能够较好地将定性分析与定量分析相结合；系统性强，简洁、实用	指标过多时统计量大，且权重难以确定；定量数据较少，定性成分多	适用于解决一些难以定量的复杂问题；不适用于对精度要求很高的问题
可靠性分析评价法		可靠性理论所采用的是概率途径方法，以随机过程和随机现象为研究对象，用来研究桩基础评定在很大程度上可以改善和弥补确定性方法的不足	考虑了单桩承载力可靠度、单桩沉降可靠度和采用随机场模拟确定桩周土体参数，也考虑了桩、土、承台共同作用的可靠度	主要困难集中在系统失效模式和损伤结构抗力模型、目标可靠度的确定，这需要在理论与工程实践相结合中加以解决	适用于难以定量的不确定因素较多的情况
模糊神经网络分析法		一种模式识别方法，模拟人在思维时神经元的工作原理，是一个非线性的动力系统	与传统的模式识别方法相比，它具有很强的容错性和鲁棒性，并具有学习、记忆和联想的功能	计算量大，网络结构通用性较差，参数选取的不确定性较强	非常适合于解决复杂的反分析问题
模糊综合评价法		根据模糊数学的隶属度理论把定性评价转化为定量评价，即用模糊数学对受到多种因素制约的事物或对象做出一个总体的评价	结果清晰，系统性强	权重、隶属度的确定方法较多，需视具体情况准确选用	能较好地解决模糊的、难以量化的问题，适用于各种非确定性问题的解决

续表

方法	概念	优点	缺点	适用范围
灰色理论分析法	关联度反映各评价对象对理想对象的接近次序，即评价对象的优劣次序，其中灰色关联度最大的评价对象为最佳	思路明确，计算方法规范	计算量大；不需要专家的参与，缺少专业指导；对方案中各评价指标未进行相对重要度的分析	对于一个系统发展变化态势提供了量化的度量，非常适合动态历程分析

10.2.2　岩溶发育区桥梁桩基安全评价模型的建立

通过对以上几种损伤评价方法的比较并结合各评价指标体系的自身特点，本章选取了层次分析法与模糊综合评价法相结合的模糊层次综合评价法，对岩溶发育区桥梁桩基安全情况进行量化评价，建立相应的安全评价模型。

第一层为目标层。岩溶发育区桥梁桩基安全评价的目的是对岩溶发育区桥梁桩基受不同岩溶发育程度及施工处理措施的影响程度进行评价，以便为岩溶发育区桥梁桩基工程的承载力设计提供依据，故建立一个目标层——岩溶发育区桥梁桩基安全评价。

第二层为准则层。将岩溶发育区桥梁桩基安全评价划分为外部地质因素、设计及施工因素、溶洞处理措施因素三个评价项目，构成其安全评价的准则层。

第三层为指标层。分别针对上一层的每一准则层建立指标，选择岩溶发育区桥梁桩基安全评价中重要的技术评价指标。外部地质因素包括覆盖层特征、围岩模量、岩溶发育程度、桩基与溶洞位置关系；设计及施工因素包括桩基长径比、混凝土强度、桩基成孔质量、桩身完整性；溶洞处理措施因素包括成孔前注浆预处理、抛填材料处理、预灌注混凝土处理、钢护筒处理。

根据以上评价指标的构建方法和要求，建立岩溶发育区桥梁桩基安全评价模型，如图 10-1 所示。

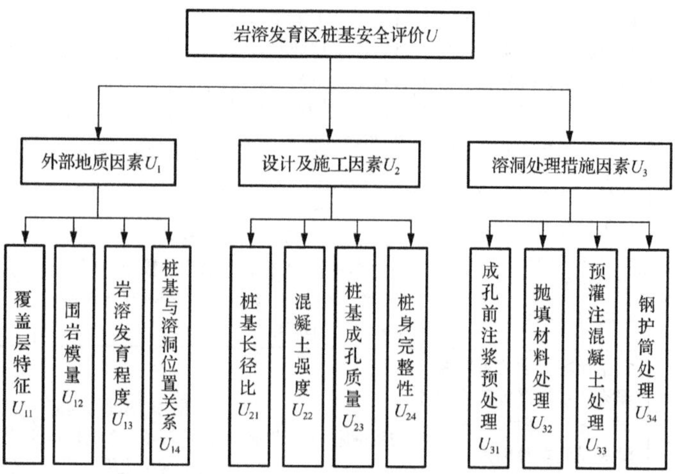

图 10-1　岩溶发育区桩基安全评价模型

10.3　岩溶发育区桥梁桩基安全评价分析

10.3.1　岩溶发育区桩基指标分级标准

指标分级标准是在广泛吸收有关学者的研究成果及调查数据的基础上，经研究对比、分析、综合归纳以后选取的评价指标值和取值范围。通过分析岩溶发育区桩基主要影响因素，并对莆炎高速公路雪峰大桥、岩里大桥等桥梁工程桩基实际情况进行现场调研，结合桥梁设计图纸和相关技术规范，提出适用于岩溶发育区桩基安全评价指标分级标准。标准分为：Ⅰ安全、Ⅱ较安全、Ⅲ不安全。

1. 外部地质因素

从典型桥梁桩基岩溶发育特点出发，系统分析桥梁桩基面临的主要岩溶病害类型及影响因素，研究溶洞对桩基的作用机理，以覆盖层特征、围岩模量、岩溶发育程度、桩基与溶洞位置关系为基础，对溶洞桩基的各个外部地质因素进行了影响程度的划分，共同构成了岩溶发育区桥梁桩基的第一准则层。

1）覆盖层特征

在岩溶发育区，工程场地划为极易塌区或易塌区时，覆盖层的塌陷成了工程建设的主要灾害之一。根据雪峰大桥、岩里大桥的地质资料，以第四系覆盖层为主，可将覆盖层特征根据厚度划分为 3 个评定等级，见表 10-2。

表 10-2　覆盖层特征评定

覆盖层特征	评定等级
裸露-半裸露（<5m）	Ⅰ
浅覆盖（5～20m）	Ⅱ
深覆盖（>20m）	Ⅲ

2）围岩模量

溶洞围岩风化程度不同，桩基承载特性不同。根据《公路工程地质勘察规范》（JTG C20—2011），将岩石分为坚硬岩、较坚硬岩、较软岩、软岩和极软岩，根据围岩的弹性模量可将围岩模量划分为 3 个评定等级，见表 10-3。

表 10-3　围岩模量评定

围岩模量	评定等级
$E \geqslant 30$GPa	Ⅰ
20GPa$\leqslant E<$30GPa	Ⅱ
$E<$20GPa	Ⅲ

3）岩溶发育程度

在岩溶发育区，桩基工程建设中不可避免地遇到漏浆、混凝土流失、断桩等各种类型的病害。岩溶发育具有显著的不均一性，基岩表面溶槽、溶沟起伏不平，形成许多临空面，岩体内溶洞发育。在公路桥梁桩基施工过程中，岩溶地下水向基坑及桩孔内大量突泥涌水，严重影响公路桥梁桩基工程质量及承载力，进而威胁上部结构的安全。岩溶发育程度指标层根据溶洞数量、横截面大小、洞穴走向、连通情况分为以下 3 个评定等级，见表 10-4。

表 10-4　岩溶发育程度评定

岩溶发育程度	评定等级
溶洞数量在 1、2 个，横截面属于小型溶洞（对冲击成孔无多大影响的溶洞），高 0.5～1m，溶洞走向为水平方向，长轴与桩基垂直，连通情况属于独立封闭，不连通	I
溶洞数量>2 个，横截面属于一般溶洞（会对冲击成孔造成影响的溶洞），高 1～4m，溶洞走向为倾斜方向，长轴与桩基斜交（60°<夹角<90°），连通情况属于与其他相邻桩基由裂隙、溶洞互相连通	II
溶洞数量>2 个，横截面属于大型溶洞（对冲击成孔施工影响较大的溶洞），高 4m 以上，溶洞走向为陡倾，长轴与桩基斜交（0°<夹角<60°），连通情况属于与地表或地下河流连通	III

4）桩基与溶洞位置关系

由于地质条件的复杂性及岩溶分布的随机性，桩基与溶洞位置关系有桩孔穿过溶洞、桩体局部穿过溶洞、桩体侧切溶洞壁等情况，桩基承载力随之变化。当桩孔穿过溶洞时，一般直接采用抛填片石、黏土等材料进行充填，或用钢护筒跟进法来确保施工顺利进行，保证成桩质量，使桩基承载力满足上部结构的承载要求。桩基与溶洞位置关系评定见表 10-5。

表 10-5　桩基与溶洞位置关系评定

桩基与溶洞位置关系	评定等级
桩孔穿过溶洞	I
桩体局部穿过溶洞	II
桩体侧切溶洞壁	III

2. 设计及施工因素

1）桩基长径比

桩基的长径比变化对桩基承载力有一定的影响，当直径一定时，长径比越大，桩长越长，极有可能穿越不同地层、桩身穿过串珠状溶洞；另外，为满足相关规范规定，施工过程中桩孔遇到溶洞时，需适当加大桩长来满足一定的嵌岩深度，使桩基承载力达到设计值要求，因此设计及施工因素中桩基长径比对桩基承载力十分重要，桩基长径比评定标准见表 10-6。

表 10-6　桩基长径比评定

桩基长径比（l/D）	评定等级
$l/D \leqslant 15$	Ⅰ
$15 < l/D \leqslant 20$	Ⅱ
$l/D > 20$	Ⅲ

2）混凝土强度

桩身混凝土强度等级反映一定程度的桩基强度，混凝土强度越大，桩基抵抗外力的能力越强，其抗压性能越突出。参考《公路桥涵地基与基础设计规范》（JTG 3363—2019），桩身混凝土强度等级不应低于 C25，结合岩溶发育区桩基设计的特点，分级评定桩基混凝土强度影响，见表 10-7。

表 10-7　桩基混凝土强度评定

桩基础混凝土强度等级	评定等级
混凝土强度等级高于 C35	Ⅰ
混凝土强度等级为 C30～C35	Ⅱ
混凝土强度等级低于 C30	Ⅲ

3）桩基成孔质量

桩基成孔是桩基施工过程中最重要的环节之一，良好的成孔质量是桩基质量的重要保障，成孔质量越好，桩基施工成桩质量越好，进而桩基承载性能越优。参考《建筑地基基础工程施工质量验收标准》（GB 50202—2018）[196]，灌注桩一次清孔后成桩质量检测结果应满足：任意断面孔径偏差±50mm，垂直度允许偏差1/100，孔深允许偏差 0～+300mm，二次清孔后沉渣厚度≤100mm。桩基成孔质量评定见表 10-8。

表 10-8　成孔质量评定

成孔质量	评定等级
孔径、孔深、垂直度、沉渣厚度均满足规范要求	Ⅰ
孔径、孔深、垂直度、沉渣厚度中仅有一项与规范较小差异	Ⅱ
孔径、孔深、垂直度、沉渣厚度有两项及以上不符合规范要求	Ⅲ

4）桩身完整性

桩身完整性是桩基质量及承载性能的重要判定依据，桩身完整与否严重影响桩基的安全使用状况，《建筑基桩检测技术规范》（JGJ 106—2014）采用声波透射法检验大直径桩基的完整性，根据桩身混凝土的声学参数及混凝土声速低限值并结合波形特征，综合评价和判定桩基的类别。桩身完整性评定见表 10-9。

表 10-9 桩身完整性评定

桩身完整性	评定等级
各检测剖面的声学参数均无异常，无声速低于低限值异常	I
某一检测剖面个别测点的声学参数出现异常，无声速低于低限值异常	II
某一检测剖面连续多个测点的声学参数出现异常，混凝土声速出现低于低限值异常，或无法检测首波或信号畸变	III

3. 溶洞处理措施因素

1）成孔前注浆预处理

成孔前注浆预处理在岩溶裂隙型、溶洞型地质模式中均可考虑应用，特别适用于溶洞与其他相邻桩基裂隙、溶洞互相连通，洞穴走向倾斜，受地下水影响的情况，需要注意的是在岩溶特别发育、岩溶地下水丰富地段需进行试注浆，视注浆的效果来决定是否可采用桩周预注浆技术。参考相关规范规定，对岩溶发育区成孔前注浆预处理分级评定，见表 10-10。

表 10-10 成孔前注浆预处理评定

成孔前注浆预处理	评定等级
阻隔地下水，同时封堵溶洞，保证桩周及桩底的完整性	I
阻隔地下水，溶洞部分封堵，保证桩底的完整性	II
阻隔地下水，未能保证桩周及桩底的完整性	III

2）抛填材料处理

抛填片石、黏土等反复冲击处理适用于岩溶裂隙型和小型及一般溶洞，洞穴走向水平及倾斜、地下水量不大的情况。应当注意的是，在溶洞充填物易流失、洞穴陡倾或岩溶地下水丰富地段，泥浆护壁有可能会失稳，给清渣和混凝土灌注成桩带来影响。参考相关规范规定，对岩溶发育区成孔前抛填材料处理进行分级评定，见表 10-11。

表 10-11 抛填材料处理评定

抛填材料处理	评定等级
片石、黏土与水配合比合理，封堵裂隙、溶洞，形成有效的泥浆护壁	I
片石、黏土与水配合比较合理，封堵裂隙、溶洞，泥浆护壁较稳定	II
桩底基岩存在岩溶裂隙、小溶槽等非完整性状况	III

3）预灌注混凝土处理

预灌注混凝土处理适用于大型溶洞，填充物为流塑状、洞穴陡倾、受地下水影响较大的情况。如地下水量较大，混凝土会流失较多，需采取一定的混凝土速凝早强措施，也可加入一定片石。预灌注混凝土处理评定标准见表 10-12。

表 10-12　预灌注混凝土处理评定

预灌注混凝土处理	评定等级
混凝土达到一定强度后，在桩孔周围形成一个圆形或半圆形围护，有效防止因溶洞内流塑状填充物涌入或混凝土流失而引起断桩	I
混凝土养护到一定强度后，在桩孔周围形成一个半圆形围护，较有效地防止因溶洞内流塑状填充物涌入或混凝土流失而引起断桩	II
预灌注的混凝土未能在桩孔周围形成一个圆形或半圆形围护，有可能因溶洞内流塑状填充物涌入或混凝土流失而引起断桩	III

4）钢护筒处理

钢护筒处理适用于大型溶洞，受地下水影响、岩溶发育的各种情况，特别适用于多层溶洞形态，但因岩土体强度等原因钢护筒下沉施工过程中往往出现下沉困难甚至无法下沉的问题，钢护筒能否顺利下沉及下沉困难的应对措施与溶洞的处理效果息息相关。钢护筒按设计要求顺利下沉至设计标高，溶洞处理效果较好；若钢护筒无法下沉，采取增加配筋的方式弥补承载力缺陷，也能发挥较好的护壁效果。钢护筒处理评定见表 10-13。

表 10-13　钢护筒处理评定

钢护筒处理	评定等级
钢护筒按照设计要求顺利下沉至设计标高，形成良好的护壁，避免漏浆、塌孔等病害发生	I
钢护筒未能下沉至设计标高，采取适当增加配筋的方式弥补，形成较为良好的护壁	II
钢护筒未能下沉至设计标高，不采取措施弥补，未能形成护壁	III

10.3.2　岩溶发育区桩基指标权重确定

1. 建立评价系统层次分析结果模型

以岩溶发育区桥梁桩基安全评价为目标层，以外部地质因素、设计及施工因素和溶洞处理措施因素为准则层，各影响指标为评价因子层（指标层），建立层次结构模型。

2. 判断矩阵及权重系数的确定

采用 1～9 标度法对每个指标的相对重要性进行两两比较，构造判断矩阵，计算出最大特征根、对应的特征向量做各层次的单排序，进行判断矩阵一致性检验，其结果如下。

（1）准则层：U={U_1，U_2，U_3}={外部地质因素，设计及施工因素，溶洞处理措施因素}，准则层指标判断矩阵及权重系数见表 10-14。

表 10-14　准则层指标判断矩阵及权重系数

U	U_1	U_2	U_3	归一化权值 W_i
U_1	1	2	3	0.540
U_2	1/2	1	2	0.297
U_3	1/3	1/2	1	0.163
λ_{max}=3.009，CR=0.007<0.1　（通过）				Σ =1

注：λ_{max} 为最大特征值；CR 为一致性比率；Σ 为归一化权值之和。

（2）指标层①：$U_1=\{U_{11}，U_{12}，U_{13}，U_{14}\}$={覆盖层特征，围岩模量，岩溶发育程度，桩基与溶洞位置关系}，指标层①要素判断矩阵及权重系数见表 10-15。

表 10-15　指标层①要素判断矩阵及权重系数

U_1	U_{11}	U_{12}	U_{13}	U_{14}	归一化权值 W_i
U_{11}	1	1	2	2	0.337
U_{12}	1	1	1	2	0.283
U_{13}	1/2	1	1	2	0.238
U_{14}	1/2	1/2	1/2	1	0.142
λ_{max}=4.096，CR=0.036<0.1　（通过）					Σ =1

（3）指标层②：$U_2=\{U_{21}，U_{22}，U_{23}，U_{24}\}$={桩基长径比，混凝土强度，桩基成孔质量，桩身完整性}，指标层②要素判断矩阵及权重系数见表 10-16。

表 10-16　指标层②要素判断矩阵及权重系数

U_2	U_{21}	U_{22}	U_{23}	U_{24}	归一化权值 W_i
U_{21}	1	2	2	3	0.413
U_{22}	1/2	1	2	3	0.292
U_{23}	1/2	1/2	1	2	0.187
U_{24}	1/3	1/3	1/2	1	0.108
λ_{max}=4.100，CR=0.037<0.1　（通过）					Σ =1

（4）指标层③：$U_2=\{U_{31}，U_{32}，U_{33}，U_{34}\}$={成孔前注浆预处理，抛填材料处理，预灌注混凝土处理，钢护筒处理}，指标层③要素判断矩阵及权重系数见表 10-17。

表 10-17　指标层③要素判断矩阵及权重系数

U_3	U_{31}	U_{32}	U_{33}	U_{34}	归一化权值 W_i
U_{31}	1	1/2	1/3	1/4	0.106
U_{32}	2	1	1/2	1/3	0.178
U_{33}	3	1/3	1	1/2	0.197
U_{34}	4	3	2	1	0.519
λ_{max}=4.229，CR=0.085<0.1　（通过）					Σ =1

3. 评价矩阵的确定

为了准确地评价岩溶发育区桥梁桩基的安全性能，通过对岩里大桥、雪峰大桥等桥梁工程的桩基设计及施工现场调查分析，决定采用专家打分法对各指标的隶属度进行判断，隶属度值为评价指标属于某安全性等级的人数与总人数之比。以 20 个专家参加打分的情况为例，打分情况见表 10-18。

表 10-18　专家打分评定等级记录

目标层	准则层	指标层	评定等级		
			I	II	III
莆炎高速公路雪峰大桥、岩里大桥等桥梁工程桩基安全评价	外部地质因素	覆盖层特征	14	4	2
		围岩模量	8	7	5
		岩溶发育程度	12	5	3
		桩基与溶洞位置关系	15	3	2
	设计及施工因素	桩基长径比	12	6	2
		混凝土强度	10	7	3
		桩基成孔质量	14	5	1
		桩身完整性	13	5	2
	溶洞处理措施因素	成孔前注浆预处理	15	4	1
		抛填材料处理	11	5	4
		预灌注混凝土处理	13	6	1
		钢护筒处理	16	3	1

由表 10-18 可以看出，外部地质因素评价矩阵 $\boldsymbol{R}_1$、设计及施工因素评价矩阵 $\boldsymbol{R}_2$、溶洞处理措施因素评价矩阵 $\boldsymbol{R}_3$ 分别如下：

$$\boldsymbol{R}_1=\begin{bmatrix}0.70 & 0.20 & 0.10\\0.40 & 0.35 & 0.25\\0.60 & 0.25 & 0.15\\0.75 & 0.15 & 0.10\end{bmatrix},\quad \boldsymbol{R}_2=\begin{bmatrix}0.60 & 0.30 & 0.10\\0.50 & 0.35 & 0.15\\0.70 & 0.25 & 0.05\\0.65 & 0.25 & 0.10\end{bmatrix},\quad \boldsymbol{R}_3=\begin{bmatrix}0.75 & 0.20 & 0.05\\0.55 & 0.25 & 0.20\\0.65 & 0.30 & 0.05\\0.80 & 0.15 & 0.05\end{bmatrix}$$

10.3.3　岩溶发育区桩基模糊综合评价

根据已确定的单因素评判矩阵和权重，可以得出一级评判准则的结论向量。岩溶发育区桥梁桩基受外部地质因素影响的一级评价向量为

$$\boldsymbol{B}_1=\boldsymbol{W}_1\cdot\boldsymbol{R}_1=\begin{bmatrix}0.337 & 0.283 & 0.238 & 0.142\end{bmatrix}\begin{bmatrix}0.70 & 0.20 & 0.10\\0.40 & 0.35 & 0.25\\0.60 & 0.25 & 0.15\\0.75 & 0.15 & 0.10\end{bmatrix}$$

$$=\begin{bmatrix}0.598 & 0.247 & 0.154\end{bmatrix}$$

岩溶发育区桥梁桩基础受设计及施工因素影响的一级评价向量为

$$\boldsymbol{B}_2=\boldsymbol{W}_2\cdot\boldsymbol{R}_2=\begin{bmatrix}0.413 & 0.292 & 0.187 & 0.108\end{bmatrix}\begin{bmatrix}0.60 & 0.30 & 0.10\\0.50 & 0.35 & 0.15\\0.70 & 0.25 & 0.05\\0.65 & 0.25 & 0.10\end{bmatrix}$$

$$=\begin{bmatrix}0.595 & 0.300 & 0.105\end{bmatrix}$$

岩溶发育区桥梁桩基础受溶洞处理措施因素影响的一级评价向量为

$$\boldsymbol{B}_3=\boldsymbol{W}_3\cdot\boldsymbol{R}_3=\begin{bmatrix}0.106 & 0.178 & 0.197 & 0.519\end{bmatrix}\begin{bmatrix}0.75 & 0.20 & 0.05\\0.55 & 0.25 & 0.20\\0.65 & 0.30 & 0.05\\0.80 & 0.15 & 0.05\end{bmatrix}$$

$$=\begin{bmatrix}0.721 & 0.203 & 0.077\end{bmatrix}$$

于是，

$$\boldsymbol{R}=\begin{bmatrix}\boldsymbol{B}_1\\\boldsymbol{B}_2\\\boldsymbol{B}_3\end{bmatrix}=\begin{bmatrix}0.598 & 0.247 & 0.154\\0.595 & 0.300 & 0.105\\0.721 & 0.203 & 0.077\end{bmatrix}$$

同理，二级评价向量为

$$\boldsymbol{B}=\boldsymbol{W}\cdot\boldsymbol{R}=\begin{bmatrix}0.540 & 0.297 & 0.163\end{bmatrix}\begin{bmatrix}0.598 & 0.247 & 0.154\\0.595 & 0.300 & 0.105\\0.721 & 0.203 & 0.077\end{bmatrix}=\begin{bmatrix}0.617 & 0.256 & 0.127\end{bmatrix}$$

根据以上求得的二级模糊评判矩阵，采用最大隶属度法，把评判向量 $\boldsymbol{B}$ 中最大的一项评判指标相对应的评价集作为评判结果，故莆炎高速公路雪峰大桥、岩里大桥等桥梁工程桩基的安全状况等级为 I 级，即莆炎高速公路雪峰大桥、岩里大桥等桥梁工程桩基处于安全状态。

10.4 安全预警模型建立

桥梁桩基工程属于隐蔽工程，除出露地面部分桩身损伤易于监测，埋置于地下部分桩身的安全隐患较难发现，而一旦桥梁桩基出现安全隐患且未能及时进行必要的维护，将对桥梁的运营安全造成极大的威胁。通过监测其自身的安全运营状态和周边环境的稳定性，分析岩溶发育区桥梁桩基的损伤状态，做出运营安全状态评价。根据现有的安全状态评价值对后期的安全值进行预测，后期桥梁桩基的养护与维修可根据安全预测值采取合理的安全维护措施。

安全预警是基于安全评价数据，对未来的安全状态进行预测，如果安全状态恶化及时报警，并为管理人员提供决策依据。因此安全预警系统是为决策服务的，它对决策系统有“报警器”“调节器”“安全阀”“方向盘”作用。

10.4.1　安全预警常规 GM（1，1）模型

由于岩溶区桥梁桩基安全评价处于动态连续变化中，安全值中既有已知的客观数据，又有未知的主观信息，依靠专家的经验进行判断与分析，其安全预测是一个灰色问题。由于无法获得大量的桥梁桩基监测数据，桩基相关监测数据属于贫数据样本。在显著不确定性和缺乏数据信息的领域，灰色系统中的 GM（1，1）预测模型具有所需样本数据少、不需要计算统计特征等优点。因此，采用常规 GM（1，1）模型建立安全预警系统预测模型。

GM（1，1）中的两个 1 的意义分别为一阶方程与一个变量，实际上是由一个单变量的原始数据列做生成处理后，建立的一阶微分方程构成的。

如由原始数据建立 $X^{(0)}=\{x^{(0)}(1),x^{(0)}(2),x^{(0)}(3),\cdots,x^{(0)}(n)\}$，常规 GM（1，1）模型的建立步骤如下。

1）对原始数据进行累加生成

$$x^{(1)}k=\sum_{i=1}^{k}x^{(0)}(i)\quad k=1,2,\cdots,n$$

$$X^{(1)}=\{x^{(1)}(1),x^{(1)}(2),x^{(1)}(3),\cdots,x^{(1)}(n)\}$$

2）建立灰色微分方程

$$\frac{\mathrm{d}x^{(1)}}{\mathrm{d}t}+ax^{(1)}=b \tag{10-1}$$

3）按最小二乘法求解 $(a\ \ b)^{\mathrm{T}}$

令

$$(a\ \ b)^{\mathrm{T}}=(\boldsymbol{B}^{\mathrm{T}}\boldsymbol{B})^{-1}\boldsymbol{B}^{\mathrm{T}}\boldsymbol{Y}$$

$$\boldsymbol{B}=\begin{bmatrix}-z^{(1)}(2) & 1\\ -z^{(1)}(3) & 1\\ \vdots & \vdots\\ -z^{(1)}(n) & 1\end{bmatrix},\qquad \boldsymbol{Y}=\begin{bmatrix}x^{(0)}(2)\\ x^{(0)}(3)\\ \vdots\\ x^{(0)}(n)\end{bmatrix} \tag{10-2}$$

$Z^{(1)}=\{z^{(1)}(2),z^{(1)}(3),\cdots,z^{(1)}(n)\}$ 为紧邻均值生成序列，其中 $z^{(1)}(k)$ 为

$$z^{(1)}(k)=\frac{1}{2}[x^{(1)}(k)+x^{(1)}(k-1)]\qquad k=2,3,\cdots,n$$

4）求解微分方程，得响应函数

$$x^{(1)}(t)=\left(x^{(1)}(1)-\frac{b}{a}\right)\mathrm{e}^{-at}+\frac{b}{a} \tag{10-3}$$

5）求解还原数列

由 GM（1，1）模型的基本形式：

$$x^{(0)}(k)+az^{(1)}(k)=b \tag{10-4}$$

得灰色预测的离散时间响应序列为

$$x^{(1)}(k+1)=\left(x^{(0)}(1)-\frac{b}{a}\right)\mathrm{e}^{-ak}+\frac{b}{a} \qquad k=1,2,\cdots,n \tag{10-5}$$

从而其预测值还原为

$$x^{(0)}(k+1)=x^{(1)}(k+1)-x^{(1)}(k)=(1-\mathrm{e}^{a})\left(x^{(0)}(1)-\frac{b}{a}\right)\mathrm{e}^{-ak} \qquad k=1,2,\cdots,n \tag{10-6}$$

依据以上公式，就能得到系统状态的预测值，但是需要对模型进行检验以判断预测值是否可靠。灰色预测模型的检验主要有残差检验法、后验差检验法、关联度检验法。

6）对原始数列进行精度检验（残差检验与后验差检验）

模型的精度是模型预测的准确性和实用性的反映。灰色模型的精度检验一般有 3 种方法，即相对误差大小检验法、后验差检验法和关联度检验法，其中相对误差大小检验法是最常用的检验方法。下面简单地介绍这 3 种检验方法。

（1）相对误差大小检验法（残差检验法）。

相对误差大小检验法，是一种直观的逐点进行比较的算术检验方法，需把预测数据与实际数据相比较，观测其相对误差是否满足要求。

设原始序列为

$$X^{(0)}=\{x^{(0)}(1),x^{(0)}(2),\cdots,x^{(0)}(n)\} \tag{10-7}$$

对应的模型模拟序列为

$$X^{(0)}=\{x^{(0)}(1),x^{(0)}(2),\cdots,x^{(0)}(n)\} \tag{10-8}$$

残差为

$$\varepsilon^{(0)}(k)=x^{(0)}(k)-x^{(0)}(k) \tag{10-9}$$

残差序列为

$$\begin{aligned}\varepsilon^{(0)}&=\{\varepsilon^{(0)}(2),\varepsilon^{(0)}(3),\cdots\varepsilon^{(0)}(n)\}\\&=\{x^{(0)}(2)-x^{(0)}(2),x^{(0)}(3)-x^{(0)}(3),\cdots,x^{(0)}(n)-x^{(0)}(n)\}\end{aligned} \tag{10-10}$$

相对残差为

$$q_k=\frac{\varepsilon^{(0)}(k)}{x^{(0)}(k)}\times 100\% \tag{10-11}$$

平均相对残差为

$$\overline{q}=\frac{1}{n}\sum_{k=1}^{n}|q_k| \tag{10-12}$$

设 $p^0=1-\overline{q}$ 为 GM（1，1）模型的模型精度。一般要求 $p^0>80\%$，最好是

$p^0 > 90\%$。

（2）后残差检验法。

求原始数据的平均值、方差、均方差：

$$\overline{x}^{(0)} = \frac{1}{n}\sum_{k=1}^{n} x^{(0)}(k) \tag{10-13}$$

$$S_1^2 = \frac{1}{n}\sum_{k=1}^{n}\left(x^{(0)}(k) - \overline{x}^{(0)}\right)^2 \tag{10-14}$$

$$S_1 = \sqrt{\frac{S_1^2}{n-1}} \tag{10-15}$$

计算残差的均值、方差、均方差、方差比、小误差概率：

$$\overline{\varepsilon}^{(0)} = \frac{1}{n}\sum_{k=1}^{n} \varepsilon^{(0)}(k) \tag{10-16}$$

$$S_2^2 = \frac{1}{n}\sum_{k=1}^{n}\left(\varepsilon^{(0)}(k) - \overline{\varepsilon}^{(0)}\right)^2 \tag{10-17}$$

$$S_2 = \sqrt{\frac{S_2^2}{n-1}} \tag{10-18}$$

$$C = \frac{S_2}{S_1} \tag{10-19}$$

$$P = P\left\{\left|\varepsilon^{(0)}(k) - \overline{\varepsilon}^{(0)}\right| < 0.6745S\right\} \tag{10-20}$$

指标 C 和 P 是后验差检验的两个重要指标。指标 C 越小越好，C 越小，表示 S_1 越大而 S_2 越小。S_1 大说明原始数据方差大，原始数据离散程度大。S_2 小说明残差方差小，残差离散程度小。C 小表明尽管原始数据很离散，而模型所得计算值与实际值之差并不离散。指标 P 越大越好，P 越大，说明残差与残差平均值之差小于给定值 $0.6745S_1$ 的点较多，即拟合值（或预测值）分布比较均匀。按 C 和 P 两个指标，可综合评定预测模型的精度，可按表 10-19 进行精度检验。

表 10-19　模型精度检验等级参照

精度等级	小误差概率 P	均方差比值 C
Ⅰ级（好）	$p \geqslant 0.95$	$C \leqslant 0.35$
Ⅱ级（合格）	$0.80 \leqslant p < 0.95$	$0.35 < C \leqslant 0.50$
Ⅲ级（勉强）	$0.70 \leqslant p < 0.80$	$0.50 < C \leqslant 0.65$
Ⅳ级（不合格）	$p < 0.70$	$C > 0.65$

模型精度级别=Max{P 所在的级别，C 所在的级别}。例如，某 GM（1，1）模型，按 P 精度为一级，而按 C 则为二级，Max{1，2}=2，即该模型的精度为二级。

（3）关联度检验法。

关联度检验法属于几何检验，它是通过考察模型值曲线与建模用的实际值曲线的相似程度进行检验。一般来说，几何形状越接近，变化趋势也就越接近，关联度越大。

关联系数列为

$$\eta=\{\eta_1,\eta_2,\cdots,\eta_n\} \tag{10-21}$$

式中：$\eta_k=\dfrac{\min\left|\varepsilon^{(0)}(k)\right|+\rho\max\left|\varepsilon^{(0)}(k)\right|}{\left|\varepsilon^{(0)}(k)\right|+\rho\max\left|\varepsilon^{(0)}(k)\right|},k=1,2,\cdots,n$。

分辨率 ρ 取 0.5，依据关联系数列就可计算邓氏关联度（灰关联度）$r=\dfrac{1}{n}\sum\limits_{i=1}^{n}\eta_k$。一般要求 $r>0.6$，关联度越大，表明模型的预测效果越好。

10.4.2　安全预警级别评定

按照安全预测所得安全值，确定桥梁桩基工程安全等级，并据此采取相应的维护技术。具体警情划分见表 10-20。

表 10-20　警情划分

安全预测值	安全评价等级	警情
[100,90]	Ⅰ	无警（蓝色）
(90,80]	Ⅱ	轻警（黄色）
(80,70]	Ⅲ	中警（橙色）
<70	Ⅳ、Ⅴ	重警（红色）

10.5　实 例 分 析

桥梁桩基出现安全状况不满足使用要求时就是警情，预测预报可能出现的警情就是预警，因此建立安全预测模型，对于未来安全状况进行预测及警情分析是实现现代管理模式的重要组成部分。参照前述安全评价结果，进行下一周期安全状况灰色预测，进行安全预警分析，原始安全评价值见表 10-21。

表 10-21　实际安全评价值

时间序 $t(i)$	1	2	3	4	5	6	7	8	9	10
安全值 $x(i)$	78.1	79.0	83.0	86.9	74.7	85.3	82.4	78.2	89.8	87.4

原始数据建立：

$$X^{(0)}=\{78.1,79.0,83.0,86.9,74.7,85.3,82.4,78.2,89.8,87.4\}$$

1）对原始数据进行累加

$$x^{(1)}k=\sum_{i=1}^{k}x^{(0)}(i)\quad k=1,2,\cdots,n \tag{10-22}$$

$$X^{(1)}=\{78.1,157.1,240.1,327.0,401.7,487.0,569.4,647.6,737.4,824.8\}$$

2）建立灰色微分方程

$$\frac{\mathrm{d}x^{(1)}}{\mathrm{d}t}+ax^{(1)}=b \tag{10-23}$$

3）按最小二乘法求解 $(a\ \ b)^{\mathrm{T}}$

令

$$(a\ \ b)^{\mathrm{T}}=(\boldsymbol{B}^{\mathrm{T}}\boldsymbol{B})^{-1}\boldsymbol{B}^{\mathrm{T}}\boldsymbol{Y} \tag{10-24}$$

$$\boldsymbol{B}=\begin{bmatrix}-117.6 & 1\\ -198.6 & 1\\ -283.55 & 1\\ -364.35 & 1\\ -444.35 & 1\\ -528.2 & 1\\ -608.5 & 1\\ -692.5 & 1\\ -781.1 & 1\end{bmatrix},\quad \boldsymbol{Y}=\begin{bmatrix}79\\ 83\\ 86.9\\ 74.7\\ 85.3\\ 82.4\\ 78.2\\ 89.8\\ 87.4\end{bmatrix}$$

4）求解微分方程，得响应函数

由上述矩阵求得 $(a\ \ b)^{\mathrm{T}}=(-0.009\ \ 78.9474)^{\mathrm{T}}$，即 $a=-0.009$，$b=78.9474$。因此

$$x^{(1)}(t)=\left(78.1-\frac{78.9474}{-0.009}\right)\mathrm{e}^{0.009t}+\frac{78.9474}{-0.009} \tag{10-25}$$

5）求解还原数列

其预测值还原为

$$x^{(0)}(k+1)=(1-\mathrm{e}^{-0.009})\left(78.1-\frac{78.9474}{-0.009}\right)\mathrm{e}^{0.009k} \tag{10-26}$$

得到未来 10 个周期的安全预测值，见表 10-22。

表 10-22　模型参数计算

时间序 $t(k)$	1	2	3	4	5	6	7	8	9	10
实测值 $\hat{x}^{(0)}(k)$	78.1	79.0	83.0	86.9	74.7	85.3	82.4	78.2	89.8	87.4
预测值 $x^{(0)}(k)$	79.6	80.4	81.1	81.8	82.6	83.3	84.1	84.8	85.6	86.4
残差 $\varepsilon^{(0)}(k)$	−1.5	−1.4	1.9	5.1	−7.9	2.0	−1.7	−6.6	4.2	1.0
相对残差 q_k /%	−1.92	−1.77	2.29	5.87	−10.58	2.34	−2.06	−8.44	4.68	1.14
平均相对残差 $\overline{q}_k$ /%	3.96				模型精度 p^0 /%	96.04				

6）对原始数列进行精度检验

模型精度 $p^0 = 96.04\%$，满足精度要求，可以进行灰色预测计算。

预测值与实测值的对比曲线如图 10-2 所示。

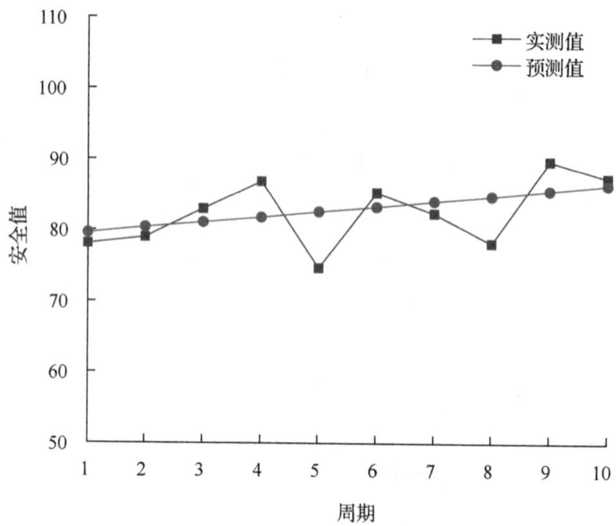

图 10-2　预测值与实测值对比曲线

使用该模型预测的安全值，见表 10-23。

表 10-23　模型预测安全值

时间序 $t(k)$	1	2	3	4	5	6	7	8	9	10
预测值 $x^{(0)}(k)$	79.6	80.4	81.1	81.8	82.6	83.3	84.1	84.8	85.6	86.4
时间序 $t(k)$	11	12	13	14	15	16	17	18	19	20
预测值 $x^{(0)}(k)$	87.1	87.9	88.7	89.5	90.3					

预测的下 5 个周期的安全值分别为 87.1、87.9、88.7、89.5、90.3，桥梁桩基础处于良好工作状态，安全级别为轻警，须采取适当的安全维护技术。

10.6 小　结

本章建立了适用于岩溶发育区公路桥梁桩基础的安全评价体系，基于灰色 GM（1，1）理论提出了岩溶发育区桥梁桩基安全预警技术。主要结论如下。

（1）提出了适用于岩溶发育区公路桥梁桩基础的安全评价模型，其评价指标包括外部地质因素、设计及施工因素和溶洞处理措施因素，指标选取及分级紧扣岩溶发育区桥梁桩基工程实际和相关工程技术规范，可准确评价岩溶发育区桥梁桩基的安全性。

（2）基于岩溶发育区桥梁桩基础安全评价的结果，建立了安全预测样本数据，运用灰色理论 GM（1，1）模型，预测了岩溶发育区未来几个周期内桩基础的安全状态。

参 考 文 献

[1] 光耀华. 岩溶地区工程地质研究的若干新进展概述[J]. 中国岩溶, 1998(4): 70-75.

[2] 王卫东, 吴江斌, 王向军. 嵌岩桩嵌岩段侧阻和端阻综合系数研究[J]. 岩土力学, 2015, 36(S2): 289-295.

[3] 陈慧芸, 冯忠居, 白少奋, 等. 桥梁桩基穿越溶洞的荷载传递机制试验研究[J].岩土力学, 2023, 44(5): 1405-1415.

[4] 冯忠居, 陈慧芸, 白少奋, 等. 公路桥梁桩基穿越超大型溶洞的荷载传递机制试验研究[J].岩石力学与工程学报, 2023, 42(S1): 3700-3711.

[5] 冯忠居, 陈慧芸, 袁枫斌, 等. 桩-土-断层耦合作用下桥梁桩基竖向承载特性[J]. 交通运输工程学报, 2019, 19(2): 36-48.

[6] 冯忠居. 特殊地区基础工程[M]. 北京: 人民交通出版社, 2008.

[7] 陈慧芸, 冯忠居, 蔡杰, 等. 串珠状溶洞影响下桩基竖向承载特性离心试验[J]. 哈尔滨工业大学学报, 2023, 55(6): 83-92.

[8] 陈慧芸, 冯忠居, 夏承明, 等. 溶洞型基桩承载特性离心试验及承载力计算方法[J]. 地下空间与工程学报, 2023, 19(3): 856-866.

[9] 冯忠居, 霍建维, 胡海波, 等. 高寒盐沼泽区干湿-冻融循环下桥梁桩基腐蚀损伤与承载特性[J]. 交通运输工程学报, 2020, 20(6): 135-147.

[10] 冯忠居, 李铁, 冯凯, 等. 基于 Mohr-Coulomb 的强盐沼泽区桩基承载特性探讨[J]. 长江科学院院报, 2020, 37(11): 74-80.

[11] 冯忠居, 胡海波, 董芸秀, 等. 削减桩基负摩阻力的室内模拟试验[J]. 岩土工程学报, 2019, 41(S2): 45-48.

[12] 陈思晓, 冯忠居. 多雨冲沟区桥梁桩基横向承载特性模型试验研究[J]. 公路交通科技, 2018, 35(12): 80-89.

[13] REESE L C, HUDSON W R, VIJAYVERGIYA V N. An investigation of the interaction between bored piles and soil[C]//Proceeding of the 7th International Conference on Soil Mechanics Foundation Engineering. Mexico City: Sociedad Mexicana de Mecánica de Suelos, 1969: 211-215.

[14] RADHAKRISHNAN R, LEUNG C F. Load transfer behavior of rock-socketed piles[J]. Journal of Geotechnical Engineering, 1989, 115(6): 755-768.

[15] CARRUBBA P. Skin friction on large-diameter piles socketed into rock[J]. Canadian Geotechnical Journal, 1997, 34(2): 230-240.

[16] CHARLES W W, YAU T, LI J, et al. Side resistance of large diameter bored piles socketed into decomposed rocks[J]. Journal of Geotechnical & Geoenvironmental Engineering, 2001, 127(8): 642-657.

[17] 张建新, 吴东云, 杜海金. 嵌岩桩承载性状和破坏模式的试验研究[J]. 岩石力学与工程学报, 2004(2): 320-323.

[18] BASARKAR S S, DEWAIKAR D M. Load transfer characteristics of socketed piles in mumbai region[J]. Soils and Foundations, 2006, 46(2): 247-257.

[19] 张智浩, 张慧乐, 马凛, 等. 岩溶区嵌岩桩的破坏模式与工程设计探讨[J]. 岩石力学与工程学报, 2013, 32(S2): 4130-4138.

[20] 冯忠居, 王富春, 苏航州, 等. 黄土洞穴对桥梁桩基竖向承载特性影响的离心模型试验[J]. 长安大学学报(自然科学版), 2017, 37(2): 35-44.

[21] CHEN H Y, FENG Z J, LI T, et al. Study on the vertical bearing performance of pile across cave and sensitivity of three parameters[J]. Scientific Report, 2021(11): 17342.

[22] 冯忠居. 基础工程[M]. 北京: 人民交通出版社, 2001.

[23] 邢皓枫, 孟明辉, 罗勇, 等. 软岩嵌岩桩荷载传递机理及其破坏特征[J]. 岩土工程学报, 2011, 33(S2): 355-361.

[24] 贺国京, 杨汶东, 易锦. 多层岩溶区大直径桩在水平荷载下的数值分析[J]. 中南林业科技大学学报, 2012, 32(8): 154-158.

[25] 尹凯丽, 郝世龙. 武汉地区岩溶对桩基承载力影响数值模拟研究[J]. 水文地质工程地质, 2015, 42(6): 96-102.

[26] LEE J K, JEONG S, KO J. Effect of load inclination on the undrained bearing capacity of surface spread footings

above voids[J]. Computers & Geotechnics, 2015, 66(5): 245-252.
[27] 吴鸿胜. 岩溶地区钻孔灌注桩荷载传递特性分析[J]. 铁道建筑技术, 2015(3): 31-34, 40.
[28] 王富春, 姚贤华, 冯忠居, 等. 盐沼泽腐蚀对公路桥梁桩基础竖向极限承载力影响的数值模拟研究[J]. 公路, 2017, 62(1): 60-66.
[29] 谢书萌. 基于有限差分法的下伏岩溶对桩基承载特性的影响[J]. 长江科学院院报, 2019, 36(4): 77-81.
[30] 鲁贤成, 陈记, 李云安, 等. 岩溶区大直径嵌岩桩荷载传递特征的数值分析[J]. 安全与环境工程, 2019, 26(1): 183-190.
[31] 李金良, 邢宇铖, 崔伟, 等. 竖向荷载作用下岩溶区单桩承载特性研究[J]. 济南大学学报(自然科学版), 2020, 34(4): 417-422.
[32] 雷孝章, 何思明. 嵌岩桩极限侧阻力研究[J]. 四川大学学报(工程科学版), 2005(4): 7-10.
[33] 王建华, 陈锦剑, 柯学. 水平荷载下大直径嵌岩桩的承载力特性研究[J]. 岩土工程学报, 2007(8): 1194-1198.
[34] 冯忠居, 谢永利, 李哲, 等. 大直径超长钻孔灌注桩承载性状[J]. 交通运输工程学报, 2005, 5(1): 24-27.
[35] 冯忠居, 王富春, 苏航州, 等. 黄土洞穴对桥梁桩基竖向承载特性影响的离心模型试验[J]. 长安大学学报(自然科学版), 2017, 37(2): 35-44.
[36] 李琨. 水平受荷嵌岩桩的静载试验研究及有限元分析[D]. 太原: 太原理工大学, 2009.
[37] 刘红军, 王永玮, 王建收. 既有竖向荷载对单桩水平承载特性影响的研究进展[J]. 中国海洋大学学报(自然科学版), 2017, 47(8): 119-125.
[38] SATO S. Loading mechanism of pile foundation[J]. Civil Engineering, 1965, 20(2): 1-5.
[39] VIJAYVERGIYA N V. Load-movement characteristics of piles[J]. Coastal and Ocean Division American Society Civil Engineering, 1977(2): 269-284.
[40] KRAFT L M, RAY R P, KAGAWA T J. Theoretical T-Z curves[J]. Journal of the Geotechnical Engineering Division, 1981, 107(11): 1543-1561.
[41] 陈龙珠, 梁国钱, 朱金颖, 等. 桩轴向荷载-沉降曲线的一种解析算法[J]. 岩土工程学报, 1994(6): 30-38.
[42] 刘杰, 张可能, 肖宏彬. 考虑桩侧土软化时单桩荷载-沉降关系的解析算法[J]. 中国公路学报, 2003(2): 62-65.
[43] EBERHARDT E. The Hoek-Brown failure criterion[J]. Rock Mechanics & Rock Engineering, 2012, 45(6): 981-988.
[44] HOBBS D W. Rock tensile strength and its relationship to a number of alternative measures of rock strength[J]. International Journal of Rock Mechanics and Mining Sciences, 1967, 4(1): 115-127.
[45] KULKARNI R U, DEWAIKAR D M. Analysis of rock-socketed piles loaded in axial compression in Mumbai region based on load transfer characteristics[J]. International Journal of Geotechnical Engineering, 2019, 13(3): 261-269.
[46] 赵明华, 肖尧, 徐卓君, 等. 岩溶区嵌岩桩桩端承载性能研究[J]. 岩土工程学报, 2017, 39(6): 1123-1129.
[47] 蒋武军, 鄢定媛, 王明明, 等. 特大型溶洞回填体桩基荷载-沉降规律与计算研究[J]. 岩土工程学报, 2017, 39(S2): 67-70.
[48] 冯忠居, 谢永利, 李哲, 等. 大直径超长钻孔灌注桩承载性状[J]. 交通运输工程学报, 2005(1): 24-27.
[49] 张聪, 冯忠居, 王富春, 等. 基于离心模型试验的近断层单桩水平承载特性研究[J]. 浙江大学学报(工学版), 2023, 57(3): 542-551.
[50] 张聪, 冯忠居, 王富春, 等. 基于离心模型试验的近断层桥梁桩基竖向承载特性研究[J]. 土木工程学报, 2023, 56(6): 108-116.
[51] 中华人民共和国交通运输部. 公路桥涵地基与基础设计规范: JTG 3363—2019[S]. 北京: 人民交通出版社, 2019.
[52] 刘铁雄, 彭振斌. 岩溶地区大直径灌注桩承载力试验研究[J]. 岩土工程界, 2001(10): 47-49.
[53] 史佩栋, 梁晋渝. 嵌岩桩竖向承载力的研究[J]. 岩土工程学报, 1994(4): 32-39.
[54] 赵明华, 胡志清. 预估试桩极限承载力的调整双曲线法[J]. 建筑结构, 1995(3): 47-52.
[55] 吕福庆, 吴文, 姬晓辉. 嵌岩桩静载试验结果的研究与讨论[J]. 岩土力学, 1996(1): 84-96.
[56] 房卫民, 赵明华, 苏检来. 由沉降量控制桩竖向极限承载力的分析[J]. 中南公路工程, 1999(2): 25-27.
[57] SERRANO A, OLALLA C. Ultimate bearing capacity at the tip of a pile in rock—part 1: theory[J]. International Journal of Rock Mechanics and Mining Sciences, 2002, 39(7): 833-846.

[58] SERRANO A, OLALLA C, GALINDO R A. Ultimate bearing capacity at the tip of a pile in rock based on the modified Hoek-Brown criterion[J]. International Journal of Rock Mechanics and Mining Sciences, 2014, 71: 83-90.
[59] 赵明华, 杨明辉, 曹文贵, 等. 确定嵌岩灌注桩竖向承载力的荷载传递法[J]. 岩石力学与工程学报, 2004(8): 1398-1402.
[60] 赵明华, 曹文贵, 刘齐建, 等. 按桩顶沉降控制嵌岩桩竖向承载力的方法[J]. 岩土工程学报, 2004(1): 67-71.
[61] 龚成中, 何春林. 岩溶地区桩基竖向承载力的研究[J]. 水运工程, 2006(11): 92-96.
[62] KIYOSUMI M, KUSAKABE O, OHUCHI M, et al. Yielding pressure of spread footing above multiple voids[J]. Journal of Geotechnical and Geoenvironmental Engineering, 2007, 133(12): 1522-1531.
[63] 崔科宇, 章敏, 王星华. 嵌岩桩桩端极限承载力研究[J]. 中国铁道科学, 2010, 31(2): 1-5.
[64] 戴国亮, 龚维明, 程晔, 等. 深长嵌岩桩承载力计算方法研究[J]. 岩石力学与工程学报, 2011, 30(S2): 4019-4024.
[65] 龚先兵, 赵明华, 杨明辉, 等. 岩溶区桥梁桩基极限承载力的突变求解方法[J]. 公路交通科技, 2012, 29(11): 53-57, 74.
[66] 杨明辉, 李军, 赵明华. 考虑侧阻增强效应的桩基极限承载力解析算法[J]. 铁道科学与工程学报, 2015, 12(5): 1032-1038.
[67] 孟明辉, 邢皓枫, 刘之葵, 等. 基于桩侧阻力强化效应的嵌岩桩承载力计算[J]. 岩石力学与工程学报, 2013, 32(S1): 2925-2933.
[68] 戴若琪, 谢上飞, 贺炜. 基于岩溶顶板冲切破坏的桥梁桩基承载力分析[J]. 公路工程, 2013, 38(3): 34-37, 52.
[69] 张慧乐, 马凛, 张智浩, 等. 岩溶区嵌岩桩承载特性影响因素试验研究[J]. 岩土力学, 2013, 34(1): 92-100.
[70] SHIMING L V, FAN K. Discussion on calculation of vertical bearing capacity of rock-socketed pile[J]. Guangdong Highway Communications, 2014.
[71] 张明礼, 孙学先, 薛珂. 钻孔灌注嵌岩桩竖向承载力规范计算方法探讨[J]. 公路, 2014, 59(7): 123-128.
[72] 贺成斌, 赵明华, 雷勇. 基于荷载传递法的嵌岩桩负摩阻力计算研究[J]. 工程力学, 2014, 31(11): 110-115.
[73] 赵明华, 邱志博, 张锐. 岩溶区地基极限承载力上限有限元数值模拟分析[J]. 水文地质工程地质, 2014, 41(6): 57-62.
[74] BUDI G S, KOSASI M, WIJAYA D H. Bearing capacity of pile foundations embedded in clays and sands layer predicted using PDA test and static load test[J]. Procedia Engineering, 2015, 125: 406-410.
[75] REZAZADEH S, ESLAMI A. Empirical methods for determining shaft bearing capacity of semi-deep foundations socketed in rocks[J]. Journal of Rock Mechanics and Geotechnical Engineering, 2017, 9(6): 1140-1151.
[76] 王伟, 聂庆科, 袁维, 等. 溶洞顶板破坏对穿越溶洞型桩基极限承载力的影响规律研究[J]. 土木工程学报, 2017, 50(S1): 88-93.
[77] 雷勇, 尹君凡, 陈秋南, 等. 溶洞顶板极限承载力计算方法及试验研究[J]. 公路交通科技, 2017, 34(5): 80-85.
[78] FENG Z J, CHEN H Y, XIA C M, et al. Prediction of bearing capacity of pile foundation in karst area based on model of metabolic GM (1,1)[J]. Iop Conference Series Earth and Environmental Science, 2018, 189(4): 042012.
[79] HE J B, FENG Z J, DONG Y X, et al. Grey theory study on the influence of karst-pile-soil coupling on the ultimate bearing capacity of pile foundation in karst development area[J]. Iop Conference Series Earth and Environmental Science, 2019, 218(1): 1315-1321.
[80] FATTAH M Y, HELO K A, ABED H H. Load distribution in pile group embedded in sandy soil containing cavity[J]. Ksce Journal of Civil Engineering, 2018, 22(2): 509-519.
[81] 赵明华, 徐卓君, 肖尧, 等. 基于平面应变模型的岩溶区嵌岩桩桩端极限承载力计算[J]. 土木工程学报, 2018, 51(2): 88-94.
[82] 冯忠居, 胡海波, 董芸秀, 等. 超大直径空心独立复合桩的竖向承载力计算方法[J]. 长江科学院院报, 2019, 36(12): 91-95.
[83] 肖尧, 赵明华, 张锐, 等. 岩溶区桥梁双桩基础有限元极限分析[J]. 工程地质学报, 2019, 27(4): 923-932.
[84] 李春. 岩溶区桩基极限承载力有限元上限分析[J]. 中外公路, 2019, 39(2): 28-32.
[85] 汪婧. 基于上限分析原理的岩溶桩基破坏模式与极限承载力计算[J]. 铁道科学与工程学报, 2019, 16(9):

2207-2214.

[86] GHARSALLAOUI H, JAFARI M, HOLEYMAN A. Pile end bearing capacity in rock mass using cavity expansion theory[J]. Journal of Rock Mechanics and Geotechnical Engineering, 2020, 12(5): 1103-1111.

[87] CHEN H Y, FENG Z J, WU M, et al. Study on the vertical bearing performances of piles on karst cave[J]. Scientific Reports, 2023, 13(1): 4944.

[88] 冯忠居, 武敏, 何静斌, 等. 陡坡–岩溶耦合作用下公路桥梁桩基极限承载力的计算[J]. 公路, 2021, 66(1): 115-121.

[89] 梁冠亭, 邓利明, 肖铭钊, 等. 多溶洞地层桩端极限承载力下限有限元法分析[J]. 长江科学院院报, 2020, 37(6): 94-99.

[90] 谭鑫, 冯龙健, 胡政博, 等. 竖向荷载下软土中碎石单桩破坏模式及承载力计算[J]. 湖南大学学报(自然科学版), 2021, 48(9): 10-19.

[91] 冯忠居, 董芸秀, 文军强, 等. 宁波深厚软基区公路桥梁桩基承载力计算方法[J]. 天津大学学报(自然科学与工程技术版), 2019, 52(S1): 16-22.

[92] 冯忠居, 张聪, 何静斌, 等. 强震作用下嵌岩单桩时程响应振动台试验[J]. 岩土力学, 2021(12): 1-11.

[93] 刘闯, 冯忠居, 张福强, 等. 地震作用下特大型桥梁嵌岩桩基础动力响应[J]. 交通运输工程学报, 2018, 18(4): 53-62.

[94] 赵明华, 肖尧, 徐卓君, 等. 基于 Griffith 强度准则的岩溶区桩基溶洞稳定性分析[J]. 中国公路学报, 2018, 31(1): 31-37.

[95] 马俊, 王星华. 基于 Hoek-Brown 强度准则桩端溶洞顶板非概率可靠性分析[J]. 地下空间与工程学报, 2014, 10(5): 1146-1150.

[96] HOEK E, BROWN E T. The Hoek-Brown failure criterion—a 1998 update[J]. Journal of Heuristics, 1988, 16(2): 167-188.

[97] GHARSALLAOUI H, JAFARI M, HOLEYMAN A. Cavity expansion in rock masses obeying the "Hoek–Brown" failure criterion[J]. Rock Mechanics and Rock Engineering, 2020(2): 105-113.

[98] BAUS R L, WANG M C. Bearing capacity of strip footing above void[J]. Journal of Geotechnical Engineering, 1983, 109(1): 1-14.

[99] WONG C T, YIM K P, LEUNG M K, et al. Rock-socketed large diameter bored pile and geophysical survey in cavernous karst area: Tin Shui Wai public library cum indoor recreation centre[J]. Procedia Engineering, 2011, 14(2): 1744-1751.

[100] 黎斌, 范秋雁, 秦凤荣. 岩溶地区溶洞顶板稳定性分析[J]. 岩石力学与工程学报, 2002(4): 532-536.

[101] 廖春芳, 彭衡和, 曹文贵, 等. 岩溶及采空区路基岩层顶板安全厚度确定方法研究[J]. 公路, 2003(1): 2-5.

[102] 刘铁雄. 岩溶地区嵌岩桩研究现状综述[J]. 广东土木与建筑, 2005(4): 3-6.

[103] 赵明华, 蒋冲, 曹文贵. 岩溶区嵌岩桩承载力及其下伏溶洞顶板安全厚度的研究[J]. 岩土工程学报, 2007(11): 1618-1622.

[104] 赵明华, 吴文, 陈言章. 考虑嵌岩段侧摩阻力的溶洞顶板稳定性研究[J]. 公路交通科技, 2018, 35(8): 73-79.

[105] JIANG D Y, REN S, LIU X R, et al. Stability analysis of rock salt cavern with catastrophe theory[J]. Rock and Soil Mechanics, 2005, 26(7): 1099-1103.

[106] 曹文贵, 程晔, 赵明华. 公路路基岩溶顶板安全厚度确定的数值流形方法研究[J]. 岩土工程学报, 2005(6): 621-625.

[107] 吴岳明. 椭圆形溶洞顶板挠度的简化分析方法[J]. 工程勘察, 2005(5): 33-35.

[108] 程晔, 赵明华, 曹文贵. 桩基下溶洞顶板稳定性评价的强度折减有限元法[J]. 岩土工程学报, 2005(1): 38-41.

[109] 赵明华, 程晔, 曹文贵. 桥梁桩基桩端溶洞顶板稳定性的模糊分析研究[J]. 岩石力学与工程学报, 2005(8): 1376-1383.

[110] 曹文贵, 颜艳芬, 张永杰. 桩基桩端岩溶顶板稳定性模糊能度可靠性分析方法[J]. 岩石力学与工程学报, 2009, 28(1): 88-94.

[111] 龚先兵, 赵明华, 张永杰. 桩端下伏溶洞顶板稳定非概率可靠性分析方法[J]. 湖南大学学报(自然科学版),

2011, 38(1): 13-17.
[112] 秦溯, 李云安, 孙琳. 基于区间非概率可靠性方法的岩溶区桩基下溶洞顶板稳定性评价[J]. 水文地质工程地质, 2019, 46(5): 81-88.
[113] 李仁江, 盛谦, 张勇慧, 等. 溶洞顶板极限承载力研究[J]. 岩土力学, 2007(8): 1625-1630.
[114] 唐炜. 公路桥梁桩基下伏溶洞顶板稳定性的数值分析[J]. 公路工程, 2016, 41(2): 231-235.
[115] 李海波. 岩溶区下伏溶洞空腔的嵌岩桩基稳定性分析[J]. 公路工程, 2016, 41(6): 70-72, 140.
[116] 陈丽萍. 基于有限元方法的岩溶区桩基础稳定性影响因素分析[J]. 湖南交通科技, 2017, 43(4): 41-45.
[117] LIU B X, JIANG D L, LIU X R. Analysis and control on roof stability of rock-salt cavity[J]. Journal of Chongqing University, 2007, 30(3): 133-135.
[118] FU C H, CHEN S H. Study on instability criteria of surrounding rock of underground engineering cavern based on catastrophe theory[J]. Yantu Lixue/Rock and Soil Mechanics, 2008, 29(1): 167-172.
[119] 蒋冲, 赵明华, 曹文贵, 等. 基于模糊和突变理论的岩溶区桩端溶洞顶板稳定性分析方法研究[J]. 公路交通科技, 2008(12): 49-53.
[120] 梁冠亭, 肖开乾, 郑宏伟, 等. 基于尖点突变理论的岩溶区嵌岩桩溶洞顶板安全厚度研究[J]. 水文地质工程地质, 2018, 45(5): 67-72.
[121] HATZOR Y H, WAINSHTEIN I, MAZOR D B. Stability of shallow karstic caverns in blocky rock masses[J]. International Journal of Rock Mechanics and Mining Sciences, 2010, 47(8): 1289-1303.
[122] 符策简. 岩溶地区隐伏溶洞顶板稳定性及变形分析[J]. 岩土力学, 2010, 31(S2): 288-291, 296.
[123] 马郧, 李松, 朱佳, 等. 确定嵌岩桩下伏溶洞顶板安全厚度的局部强度折减法[J]. 铁道建筑, 2017, 57(10): 109-112.
[124] 闫文佳, 阎宗岭, 贾学明. 桩基荷载下溶洞顶板承载特性物理模拟研究[J]. 公路交通技术, 2012, 100(3): 43-46.
[125] 汪华斌, 刘志峰, 赵文锋, 等. 桥梁桩基荷载下溶洞顶板稳定性研究[J]. 岩石力学与工程学报, 2013, 32(S2): 3655-3662.
[126] Jiang C, Liu L, Wu J P. A new method determining safe thickness of karst cave roof under pile tip[J]. Journal of Central South University, 2014, 21(3): 1190-1196.
[127] 武崇福, 赵宇. 基于厚板理论确定岩溶及采空区路基岩层顶板安全厚度[J]. 公路交通科技, 2014, 31(10): 32-37.
[128] 赵明华, 肖尧, 徐卓君, 等. 基于莫尔破坏判据的溶洞顶板冲切破坏研究[J]. 公路交通科技, 2016, 33(9): 58-63.
[129] 袁维, 刘尚各, 聂庆科, 等. 基于冲切破坏模式的嵌岩桩桩端溶洞顶板临界厚度确定方法研究[J]. 岩土力学, 2019, 40(7): 2789-2798.
[130] 柏华军. 考虑溶洞顶板自重时桩端持力岩层安全厚度计算方法[J]. 岩土力学, 2016, 37(10): 2945-2952.
[131] 何忠明, 刘森峙, 胡庆国, 等. 基于尖点突变理论的路堤填筑下伏溶洞顶板稳定性研究[J]. 中南大学学报(自然科学版), 2016, 47(7): 2456-2462.
[132] 张成良, 刘维正, 曾奕珺. 基于尖点突变理论的路基下伏溶洞顶板稳定性分析[J]. 公路交通科技, 2019, 36(11): 24-32.
[133] 袁杰, 徐光黎, 罗霄, 等. 广清高速改扩建工程桩基溶洞顶板稳定性研究[J]. 科学技术与工程, 2016, 16(18): 83-88.
[134] 赵明华, 唐咸力, 肖尧, 等. 考虑厚跨比的桩基下伏溶洞顶板冲切特性试验研究[J]. 岩土力学, 2018, 39(4): 1159-1167.
[135] 贺建清, 喻畅英, 肖兰, 等. 基于上限定理确定岩溶区桩端极限承载力及其下伏溶洞顶板安全厚度[J]. 自然灾害学报, 2017, 26(2): 47-52.
[136] 周帅. 基于德鲁克-普拉格屈服准则的岩溶顶板安全厚度计算方法[J]. 公路工程, 2017, 42(4): 232-236.
[137] 黄明, 付俊杰, 陈福全, 等. 桩端荷载与地震耦合作用下溶洞顶板的破坏特征及安全厚度计算[J]. 岩土力学, 2017, 38(11): 3154-3162.

[138] 黄明, 付俊杰, 陈福全, 等. 桩端岩溶顶板的破坏特征试验与理论计算模型研究[J]. 工程力学, 2018, 35(10): 172-182.

[139] 张华伟, 谢妮, 刘孔科, 等. 高层建筑桩基荷载下溶洞顶板的安全厚度[J]. 科学技术与工程, 2017, 17(32): 159-167.

[140] 尹君凡, 雷勇, 陈秋南, 等. 偏心荷载下溶洞顶板冲切破坏上限分析[J]. 岩土力学, 2018, 39(8): 2837-2843.

[141] 张永杰, 邓俊强, 杨兴山, 等. 考虑溶洞空间形态的岩溶桩基稳定性分析方法[J]. 中国公路学报, 2019, 32(1): 37-45.

[142] 赵明华, 陈言章, 肖尧, 等. 基于三铰拱突变模型的岩溶区嵌岩桩溶洞顶板稳定性分析[J]. 防灾减灾工程学报, 2020, 40(2): 167-173, 278.

[143] Thongraksa A, Punya-in Y, Jongpradist P, et al. Failure behaviors of rock masses around highly pressurized cavern: Initiation and modes of failure[J]. Tunnelling and Underground Space Technology, 2021, 115(4): 104058.

[144] 赵树强, 李建功. 岩溶地基基础概念设计探析[J]. 工程建设与设计, 2017(15): 65-67, 71.

[145] WILLIAMS A F, JOHNSTON I W, DONALD I B. The design of socketed piles in weak rock[J]. International Conference on Structural Foundations on Rock, 1980, 1: 327-347.

[146] KADERABEK T J, REYNOLDS R T. Miami limestone foundation design and construction[J]. Journal of the Geotechnical Engineering Division, 1981, 107(7): 859-872.

[147] GARLANGER J E. Foundation design in florida karst[J]. Concrete International, 1991, 13(4): 10-15.

[148] 胡玉昆. 岩溶地区大直径嵌岩桩的设计[J]. 中南公路工程, 2001(4): 74-75.

[149] 丘斌. 岩溶地区桥梁桩基设计[J]. 铁道建筑, 2004(5): 13-14.

[150] 李之达, 李耘宇, 胡晓敏, 等. 厚冲击覆盖层岩溶区桥梁钻孔灌注桩优化设计[J]. 湘潭大学自然科学学报, 2005(1): 116-120.

[151] 雷勇, 赵明华, 马缤辉. 按桩顶沉降控制的嵌岩桩嵌岩深度计算方法[J]. 公路交通科技, 2011, 28(5): 86-91.

[152] LEI Y, ZHAO M, MA B. Calculation method for the socketed length of the rock socketed pile by the settlement of the pile top[J]. Journal of Highway and Transportation Research and Development, 2012, 6(3): 65-71.

[153] ZHAO M, FENG M, LIU M, et al. A method to calculate socketed depth of large diameter rock-socketed piles in soft rock ground[J]. Advances in Science and Technology of Water Resources, 2015, 35(1): 73-77.

[154] 陶可, 唐国东, 邓亮, 等. 岩溶区摩擦桩桩长优化设计方法及其应用[J]. 公路工程, 2012, 37(5): 44-46.

[155] 刘晓明, 何青相, 赵明华. 岩溶地基上桥梁桩基设计优化方法研究与实例[J]. 中南大学学报(自然科学版), 2014, 45(5): 1653-1658.

[156] 赵桂娥. 岩溶区嵌岩桩嵌岩深度优化设计[J]. 公路工程, 2017, 42(3): 159-163.

[157] 郑晓慧. 岩溶区桩基力学特性分析及桩型优化设计研究[J]. 地质与勘探, 2018, 54(4): 824-832.

[158] 董芸秀, 冯忠居, 郝宇萌, 等. 岩溶区桥梁桩基承载力试验与合理嵌岩深度[J]. 交通运输工程学报, 2018, 18(6): 27-36.

[159] 戴国亮, 邓会元, 高鲁超, 等. 山区公路桥梁桩基嵌岩深度计算方法研究[J]. 岩土工程学报, 2018, 40(S2): 225-229.

[160] 江杰, 赖增任, 欧孝夺, 等. 多向荷载作用下岩溶区嵌岩桩嵌岩深度计算方法[J]. 铁道建筑, 2020, 60(6): 96-100, 104.

[161] 佟旋, 黄洲, 张兴富, 等. 岩溶强发育地区钻(冲)孔桩设计与处理[J]. 建筑科学, 2021, 37(5): 150-155.

[162] 刘兴远, 郑颖人. 影响嵌岩桩嵌岩段特性的特征参数分析[J]. 岩石力学与工程学报, 2000(3): 383-386.

[163] 冯忠居, 徐博熙, 陈慧芸, 等. 不同溶洞处治措施对桩基承载特性的影响研究[J]. 建筑科学与工程学报, 2024, 41(4): 151-158.

[164] 陈慧芸, 冯忠居, 蔡杰, 等. 串珠状溶洞影响下桩基竖向承载特性离心试验[J]. 哈尔滨工业大学学报, 2023, 55(6): 83-92.

[165] CHEN H Y, FENG Z J, WU M, et al. Study on the vertical bearing performances of piles on karst cave[J]. Scientific Reports, 2023; 13(1):4944.

[166] 曾友金, 王年香, 章为民, 等. 软土质地区微型桩基础离心模型试验研究[J]. 岩土工程学报, 2003(2): 242-245.

[167] CRAIG W H. Installation studies for model piles[J]. Publication of Balkema, 1985, 20(2): 11-15.
[168] 徐光明, 章为民. 离心模型中的粒径效应和边界效应研究[J]. 岩土工程学报, 1996(3): 80-86.
[169] 冯忠居, 蔡俊华, 陈慧芸, 等. 一种离心模型试验横向加载装置: CN201920876318.4[P]. 2020-06-12.
[170] 龚晓南. 桩基工程手册[M]. 北京: 中国建筑工业出版社, 2016.
[171] 章光, 朱维申. 参数敏感性分析与试验方案优化[J]. 岩土力学, 1993(1): 51-58.
[172] 冯忠居. 大直径钻埋预应力混凝土空心桩承载性能的研究[D]. 西安: 长安大学, 2003.
[173] SEED H B, REESE L C. The action of soft clay along friction piles[J]. Transactions of the Asce, 1957, 122(1): 731-754.
[174] 董平, 秦然. 基于剪胀理论的嵌岩桩嵌岩段荷载传递法分析[J]. 岩土力学, 2003(2): 215-219.
[175] 邱钰, 胡雪辉, 刘松玉. 用荷载传递法计算深长大直径嵌岩桩单桩沉降[J]. 土木工程学报, 2001(5): 72-75.
[176] 马文杰, 王旭, 王炳龙, 等. 基于桩土界面荷载传递的荷载-沉降曲线转化研究[J]. 岩土工程学报, 2021, 43(S1): 41-46.
[177] 陈慧芸, 冯忠居, 夏承明, 等. 溶洞型基桩承载特性离心试验及承载力计算方法[J]. 地下空间与工程学报, 2023, 19(3): 856-866, 880.
[178] 刘利民, 何水莲. 孔壁粗糙度对嵌岩桩承载力的影响[J]. 建筑结构, 2000(11): 10-12.
[179] PATTON F D. Multiple modes of shear failure in rock[C]//Proceedings of the First Congress of International Society of Rock Mechanics. Lisbon: International Society of Rock Mechanics, 1966: 509-513.
[180] 赵明华, 陈昌富, 曹文贵, 等. 嵌岩桩桩端岩层抗冲切安全厚度研究[J]. 湘潭矿业学院学报, 2003(4): 41-45.
[181] SAUNDERS P T. 突变理论入门[M]. 凌复华, 译. 上海: 上海科学技术出版社, 1983.
[182] 陈方晔. 岩溶区钻孔桩承载能力试验研究[D]. 西安: 长安大学, 2002.
[183] 广东省交通运输厅. 广东省岩溶地区公路桥梁桩基设计与施工技术指南: GDJTG/T A01—2016. [S]. 广州, 2016.
[184] 广东省住房和城乡建设厅. 岩溶地区建筑地基基础技术规范: DBJ/T 15-136-2018. [S]. 北京: 中国建筑工业出版社, 2018.
[185] 广东省住房和城乡建设厅. 建筑地基基础设计规范: DBJ 15-31-2016. [S]. 北京: 中国建筑工业出版社, 2016.
[186] 广西壮族自治区住房和城乡建设厅. 广西建筑地基基础设计规范: DBJ 45/003-2015. [S]. 北京: 中国建筑工业出版社, 2015.
[187] 贵州省交通运输厅. 贵州山区复杂地质条件公路桥梁桩基设计指导书: JTT 52/01-2015. [S]. 贵阳, 2015.
[188] American Association of State Highway and Transportation Officials. AASHTO LRFD Bridge Design Specifications[S]. Washington, DC: AASHTO, 2017.
[189] 陈慧芸, 冯忠居, 谢富贵, 等. 穿越溶洞桥梁桩基嵌岩深度计算方法研究[J]. 桥梁建设, 2024, 54(3): 109-116.
[190] 黄奇波, 覃小群, 刘朋雨, 等. 不同岩性试片溶蚀速率差异及意义[J]. 地球与环境, 2015, 43(4): 379-385.
[191] 袁道先, 蔡桂鸿. 岩溶环境学[M]. 重庆: 重庆出版社, 1988.
[192] 武健强, 顾春生, 许书刚, 等. 苏南地区碳酸盐岩的溶蚀性分析[J]. 中国岩溶, 2021, 40(4): 565-571.
[193] 黄光明. 福建省三明生态工贸区岩溶特征及岩溶塌陷研究[D]. 北京: 中国地质大学, 2020.
[194] 周世英, 朱德浩, 劳文科. 桂林岩溶峰丛区溶蚀速度计算及探讨[J]. 中国岩溶, 1988(1): 75-82.
[195] 杨柏, 马建林, 周和祥, 等. 桂林市石灰岩生物溶蚀速率研究[J]. 安全与环境工程, 2018, 25(4): 8-11, 27
[196] 中华人民共和国住房和城乡建设部. 建筑地基基础工程施工质量验收标准: GB 50202—2018[S]. 北京: 中国计划出版社, 2018.